13. Jahrgang, Heft 2 (23), 2009

Schwerpunktthema:
Erzählen, Träumen und Erinnern. Erträge klinischer Erzählforschung

Gast-Herausgeber: Geneviève Grimm, Nicole Kapfhamer, Hanspeter Mathys, Suleika Michel, Brigitte Boothe

101 *Brigitte Boothe*
     Editorial

Erzählen im Kontext von Krankheit, Leiden und Konflikt

110 *Elisabeth Gülich, Heike Knerich & Katrin Lindemann*
     Rekonstruktion und (Re-)Interpretation in Krankheitserzählungen – Ein Beitrag aus der linguistischen Gesprächsforschung

125 *Armin Koerfer & Karl Köhle*
     Was ist erzählenswert? Das Relevanzproblem in einer narrativen Medizin

139 *Gabriele Lucius-Hoene*
     Erzählen als Bewältigung

148 *Cybèle de Silveira*
     „Die Gefühle der Entlastung waren so stark" – Narrative Distanzierung von Müttern mit unsicherer Bindungsrepräsentation

154 *Arnulf Deppermann*
     Therapeutisches Fragen als Hebammenkunst

Traum, Beziehung und Not des Lebens

163 *Viktoria Heine & Jörg Frommer*
     „dann hat ich n Traum gehabt [...] da wusst ich was kämpfen is" – Träume in autobiografisch narrativen Interviews mit Überlebenden einer akuten Leukämie

171 *Hanspeter Mathys*
     Die Traummitteilung als triangulierender Mitteilungsmodus

180 *Judith Brändle*
Träume erzählen in der Psychotherapie – Eine erzählanalytische Untersuchung der Träume von Frau W.

188 *Susanne Döll-Hentschker*
Die Veränderung von Träumen im Laufe einer analytischen Behandlung

Psychodynamische Erzählanalyse

200 *Hermann Staats*
Das zählen, was zählt – Zentrale Beziehungskonfliktthemen in Forschung und Praxis

209 *Franziska Stärk*
Geschwisterbeziehung in den Erzählungen von Frau W. – Eine narrative Einzelfallstudie der Psychodynamik in einer Geschwisterbeziehung auf der Basis der Erzählanalyse JAKOB

218 *Vera Luif*
Narrative im therapeutischen Dialog

226 *Marc Luder*
Konstruktionen in der Erzählanalyse JAKOB

Identität und Gedächtnis

238 *Geneviève Grimm*
Funktionen des Erinnerns im Lebensrückblick älterer Menschen

246 *Hans J. Markowitsch*
Stressbedingte Erinnerungsblockaden – Neuropsychologie und Hirnbildgebung

Identität und Selbstkonstitution

256 *Timo Storck*
Künstlerische Selbstkonstitution und erzählte Beziehungsfantasie

265 *David Lätsch*
Identifizierung mit der Kunstfigur – Einige Überlegungen zum Zusammenhang zwischen Fiktion und Identifizierung

273 *Daniel Sollberger*
Diskurse im Narrativ – Diskursive Konstruktionen einer liminalen und medialen Identität in den narrativen Bewältigungen von erwachsenen Kindern psychisch kranker Eltern

282 *Wolfgang Kraus*
    Ich, wir und die anderen – Individualisierungstheoretische Anfragen an eine Theorie narrativer Identität

Zugehörigkeit und Integration

290 *Renate Höfer*
    Exklusionsgefährdung und Inklusionsbegehren

298 *Heidrun Schulze*
    Narration und Figuration – Zum Aspekt biografischer, kultureller und institutioneller Interdependenz beim Erzählen von Krankheitserleben im Kontext von Migrationserfahrung

307 *Alba Polo*
    Die Vaterimago in der weiblichen Adoleszenz – Werkstattbericht einer erzählanalytischen Studie

315 AutorInnen in diesem Heft

Monika Bürgi-Kraus,
Leonore Kottje-Birnbacher,
Ingrid Reichmann,
Eberhard Wilke (Hrsg.)

Entwicklung in der Imagination – Imaginative Entwicklung

Der Band versammelt neue theoretische und klinische Aufsätze zur Katathym-Imaginativen Psychotherapie (KIP).

Deutlich wird die Breite therapeutischer Möglichkeiten der Arbeit mit Imaginationen bei der Behandlung von neurotischen, funktionellen und psychosomatischen Störungen.

Die psychoanalytischen Grundlagen der KIP und die theoretischen Weiterentwicklungen kommen dabei ebenso zur Sprache wie das praktische Vorgehen zum Beispiel in Krisensituationen, in der Traumatherapie oder bei Patienten mit einer Persönlichkeitsstörung.

PABST SCIENCE PUBLISHERS
Eichengrund 28
D-49525 Lengerich
Tel. ++ 49 (0) 5484-308
Fax ++ 49 (0) 5484-550
pabst.publishers@t-online.de
www.psychologie-aktuell.com
www.pabst-publishers.de

352 Seiten
ISBN 978-3-89967-460-6
Preis: 35,- Euro

Editorial

Schwerpunktthema: Erzählen, Träumen und Erinnern. Erträge klinischer Erzählforschung

Brigitte Boothe

Wie geht es los? Wo führt das hin? Erzählen schafft Ereignislust

Erzählungen schaffen Kontur und Prägnanz. Das macht sie erinnerungsfreundlich. Erzählen hat eine Spannungsprämie. Das macht sie einladend. Erzählen beschwört Vergangenheit. Das schafft Anschluss an die Gegenwart. Erzählen schafft Resonanz. Das ermöglicht teilnehmendes, auch identifikatorisches Mitempfinden für Sympathieträger und Empathie beim Hörer. Erzählen schafft Schrecken und tragische Lust. Erzählen macht Wünsche geltend. Das macht aus der indifferenten Welt einen Ort der Häuslichkeit. Erzähler lassen die Dinge leuchten, nicht immer in freundlichem Licht, es kann auch grell oder düster werden. Und bisweilen herrscht narrative Finsternis. Erzähler in Alltag und Psychotherapie fordern Glauben und verdienen ihn nicht immer. Erzähler wollen Zustimmung und werben um Zustimmung. Sie interpretieren und bewerten, nach den Gesetzen einer narrativen Moral.

Das Erzählen lässt sich nach narrativen Effekten porträtieren:

- Erzählen bildet. Das kann man als den Scheherazade-Effekt charakterisieren. Scheherazade setzte auf die Spannungsprämie der Erzählung, die Identifikations- und Empathiebereitschaft ihres ansonsten reizbaren Hörers; und dieser verwandelte sich in 1001 Nächten des Erzählens, erreichte, psychoanalytisch gesprochen, eine strukturelle Veränderung seiner psychischen Organisation. Fürstenerziehung im besten Sinn.
- Erzählen schafft Identität. Das lässt sich als Werther-Effekt kennzeichnen. Man möchte ein solcher werden, wie ein anderer einmal gewesen ist, hieß es bei Peter Handke. Viele wollten werden, wie Goethe den jungen Werther darstellte. Das ist der Sog der Identifikation mit dem Sympathieträger. Erzählungen machen dem Hörer Identifikationsangebote. Doch Erzählen ist identitätsbildend auch für den Produzenten selbst. Wie dies geschieht, lässt sich untersuchen am Verhältnis von Erzähler und dargestellter Ich-Figur oder erzähltem Ich.
- Erzählen schafft Angstlust. Das ist hier als Schauer-Effekt etikettiert. Erzählen ist einladend, hat eine

Spannungsprämie, verwandelt Indifferenz in Bezogenheit, gibt dem Gewöhnlichen eine Aura. Auf dieser Basis wird das Schreckliche erzählbar und genießbar. Es verdient genauere Untersuchung, ob und inwiefern der gelegentlich ekstatische, gelegentlich fremd versachlichende Fragment-, Ruptur- und Impressionscharakter des Erzählens traumatisierter Personen einen eigenen narrativen Gestus ausmacht und an literarische Muster anschließt.

- Erzählen schafft Glauben. Das ist der Don Quichotte-Effekt. Man glaubt selbst, was man erzählt, und fordert vom Hörer Glauben. So war es bei Don Quichotte. Im wirklichen Leben geht es zu wie im Ritterroman, dachte er, und zog in die Welt, um den Kampf aufzunehmen. Dass er gegen Windmühlen kämpfte, wollte er nicht einsehen. Erzählen ist affirmativ, nicht kritisch. Es fordert die Imagination, das szenische Gestalten und das Inszenierungsvermögen, nicht das beobachtende, prüfende und explorierende Denken.
- Erzählen schafft Wunscherfüllung. Das ist der Lore-Effekt: Nicht nur der sprichwörtliche Lore-Roman lädt ein zum Träumen von Liebe, Glück und Erfüllung. Jede Erzählung gewinnt ihre Dynamik aus der Navigation zwischen Erfüllung und Katastrophe. Der Hörer hofft auf das Happy End, fürchtet die Katastrophe. Der Erzähler gewinnt sein narratives Engagement aus dem Interesse, kundzutun, wie es hätte gut sein sollen, wie es nicht gut wurde oder wie es wunderbar gut geworden oder wie es zwischen gut und nicht gut herausgekommen ist.

So weit zu Erzählungen als episodisch-szenischen Ereignisdarstellungen. Die Familie der narrativen Darstellung und der narrativen Kommunikation ist größer. Und die narrative Kommunikation vermittelt so etwas wie eine narratogene Geistesverfassung. Es ist die narratogene Geistesverfassung, die uns sagen lässt: Unser Aufstieg hat sich gelohnt. Ein herrlicher Rundblick! – Denn wir treten der Welt vom Berggipfel aus gegenüber und lassen sie zum Teil der Geschichte unserer Bergwanderung werden. Jemand sagt: Ich habe als Vater versagt. Da sieht einer die Entwicklung seines Kindes als Geschichte eigenen Versagens. Väterliches Versagen ist sein narratives Programm. Die narratogene Mentalität regiert auch Bemerkungen wie: Du bist ein undankbarer Sohn – Der Frühling lacht – Er hat böse gelächelt – Die Hunde knurren bösartig – Die frische Luft tut mir gut. Wenn der Wanderer vom Lohn des Aufstiegs spricht, dann bezieht er sich auf ein Geschichtenmuster, das wir kennen, das Muster vom Lohn der Mühe. Unser Aufstieg hat sich gelohnt. Ein herrlicher Rundblick. Eine Expedition wird positiv gewürdigt, als Anstrengung, an deren Ende ein Erlebnis der Erhebung steht. Was sich da lohnt, was da als herrlich gepriesen wird, ist es in der Perspektive der Akteure und der Erlebenden. Das ist narrative Beschwörung des Lebens als personale Existenz. Ich habe als Vater versagt. So sagt einer kummervoll, der sich verantwortlich macht für das Unglück seines drogenabhängigen Jungen. Wie aber sollte jenseits narrativer Konstruktionen einer Beziehungsgeschichte eine solche Selbstbezichtigung als schicksalhafte Entwicklung plausibel werden? Du bist ein undankbarer Sohn. Dies als Rede eines enttäuschten Vaters, der grollend zum

Eindruck gelangt, dass die eigene Investition in die Ausbildung des Kindes keine Früchte trägt. Gewöhnlich sind solche Vorhaltungen Ausdruck eines Vater-Sohn-Konflikts, der als variantenreiches kulturelles Muster bekannt und tradiert ist. Tragisch oder komisch ist, wie unterschiedlich Vater und Sohn in solchen Fällen die Situation narrativ rekonstruieren. Oft erzählt der Sohn eine Geschichte, die darauf hinausläuft, dass er in seinen ureigensten Neigungen und Möglichkeiten nie gesehen worden sei, der Vater hingegen pflegt ein Narrativ, in dem er alles tat, was mit Opfer, Zeit und Geld im Sohne das Beste hervorzubringen suchte. Der Frühling lacht. Poetisches Sprechen durchdringt den Alltag. In einer beseelten Welt grollt der Donner, sind Hügelwellen sanft. Und anderseits ist eine Rede frostig, eine Erinnerung verschüttet. Welt als beseelte Welt erscheint im Traum. In Träumen gibt es Landschaft. Körperlandschaften sind das, gemäß Freud. Körperlandschaften, denn es ist beseelte Welt, die wir im Traum evozieren. Hier geht es nicht allein um Bildlichkeit oder Metaphorizität. Es sind auch Mikronarrative, die Jahreszeit und Witterung zu Aktion und Ereignis werden lassen, und zwar zu Aktionen und Ereignissen, die auf menschliche Erwartungen und Präferenzen bezogen sind, wie eben der Frühling als festliches Willkommen, der Donner als Drohfigur. Und anderseits schildern wir das körperliche oder körpernahe Affiziertsein oder Ereignishafte mentalen Lebens mit Vokabular aus Witterungs- und Geosphäre, etwa als Mikronarrative der Rezeptivität (frostige Rede bringt zum Frösteln) oder der Nicht-Verfügung (Erinnerung wird nicht kontrolliert). Er hat böse gelächelt. Das ist Teil einer Geschichte mit Davor und Danach. Jemand schildert ein Lächeln als böse, der den Lachenden als intentionalen Akteur in einem größeren Handlungszusammenhang konstruiert. In paranoiden Störungsbildern können solche Narrative eine zentrale Rolle in der mentalen Regulierung von Beziehungswirklichkeit einnehmen. Die Hunde knurren bösartig. Auch Hunde konstruieren wir ohne weiteres als intentionale Akteure zum Beispiel in furchterregenden Träumen und Erzählungen, in narrativen Konstruktionen, die etwa in Kinderängsten und im Phantasieleben von Menschen mit phobischen Störungen zentral werden können. Die frische Luft tut mir gut. Auch diese unauffällige Wendung versteht sich vor narrativem Hintergrund. Welt und Atmosphäre werden konstruiert als interessiert an menschlichem Wohlergehen. Der Alltag lebt von Formulierungen der geschilderten Art, die dem Erzählregime, der Darstellung des Lebens in personaler Perspektive, entstammen. Dazu der Witz vom Schadchen, dem jüdischen Heiratsvermittler, aus Freuds Buch „Der Witz und seine Beziehung zum Unbewussten": Der junge Ehemann wirft dem Schadchen vor: Du hast mir gesagt, der Vater meiner Braut ist nicht am Leben. Und nun erfahre ich, dass er im Gefängnis sitzt! Und, verteidigt sich der Schadchen, ist das ein Leben? Leben als biologisch-gesellschaftlicher Vollzug zum einen, leben als personale Existenz zum andern.

Leben ist kein psychoanalytischer Arbeitsbegriff. Aber die Psychoanalyse leistet als Wissenschaft der Einheit von Körper und Geist einen wichtigen Beitrag zur Entstehung und der Arbeitsweise des psychischen Lebens und der menschlichen Beziehungen. Die leibliche Sensibilität und die elterliche Pflege sind die Wiege des kindlichen Geistes. Die elementaren Erfahrungen von Komfort und Aversion sind Wurzeln der

Phantasietätigkeit und der Fähigkeit, das Dasein im Spiegel der Wünsche zu leben. Die Freude an Wirksamkeit und Orientierung schaffen Aussichten, sich im Leben auszukennen. Geschichten sind so gebaut, dass hier die Welt transformiert wird in einen Ort mit Zuwendungs- und Abwendungsqualitäten. Im Geschichtenprozess wird das Individuum personalisiert, und es nutzt selbst Geschichten, um andere für sein Lebensmodell zu gewinnen. Diese Anderen sollen ja als Agenten der Einflussnahme auf die Welt gewonnen werden.

Traummitteilungen sind Narratogene, aber keine Erzählungen. Es sind berichtende Wiedergaben schwer mitteilbarer Inhalte. Die Mitteilungsform ‚Traum' hat besondere Eigenschaften. Wenn das Berichten von Ereignissen zum weit gespannten Bereich der Narrative zählen soll, dann lassen sich Traumberichte dieser großen, in ihren Grenzen offenen Familie hinzuzählen. Diese Entscheidung hat Vorteile. Man kann das Suchen nach Fundstücken des Erinnerns, das Ringen um Darstellung als narratogenes Verfahren, als Auf-dem-Weg-zur-erzählenden-Ereignisdarstellung, als Entwicklung hin zur Erzählung betrachten. Man berichtet Träume im Sprachgestus intensiver Formulierungsarbeit. Die Traummitteilung verlangt nachträgliche Kontextualisierung im reflexiven Dialog, der das mentale Leben im Traum für das mentale Leben im Alltag relevant setzt. Die Traummitteilung richtet sich an ein Gegenüber, das in den reflexiven Dialog über das mentale Geschehen des Traums eintritt. Einen Traum berichten heißt, die Erinnerung an ein halluzinatorisches Geschehen im Schlafzustand nachträglich zur narrativen Darstellung bringen, das den Charakter des Widerfahrnisses, des Nicht-Kontrollierbaren, der Intransparenz, des Ergriffenseins sprachlich inszeniert und im Dialog vermittelt. Wer seinen Traum berichtet, gibt dem Merkwürdigen narrative Gestalt. Es existiert eine Spannung zwischen dem Begehren nach Resonanz angesichts eines Ergriffenseins von besonderen Eindrücken und der Möglichkeit, sie sprachlich so einzukleiden, dass sie im kulturellen Raum diskursfähig werden. Traumanalyse ist eine Angelegenheit zu zweit, entweder als inszeniertes Zwiegespräch mit einem gedachten Gegenüber oder mit einem realen Gegenüber. In psychoanalytischen Traumdialogen werden beide Positionen – die des Berichtenden und die des Kommentierenden – von zwei verschiedenen Personen ausgefüllt, wobei freilich die Kommentierung mehr und mehr im Lauf der Zeit beim Berichtenden selbst liegen wird. Zu zweit – das ist also einerseits wörtlich, andererseits metaphorisch gemeint. Die Sprache des Traumberichts konstelliert die Offenbarung von Intimität im Modus des Fremdseins. Das ist Subjektivität als Krisenereignis, aus dem die Chance der Selbstexploration zu zweit erwächst. Verständigung über den Traum wird zur dialogischen Suchbewegung von Selbstfremdheit zu punktueller Selbstaneignung.

Träumend bietet ein Einzelner sich seinem Gegenüber in der Distanz der Selbstfremdheit an. Erzählend tritt ein Einzelner seinem Hörer als individuelle Person mit eigener Geschichte entgegen. Erzählend integriert er sich in das soziale Umfeld, macht vergangene Erfahrung neu und lebendig im Hier und Jetzt, organisiert im Nachhinein Erregung, Unruhe, Unsicherheit und Unbehagen und gestaltet das Ereignis in der Erzählung so, dass er Wunschmotive darin unterbringt. Erzählen ist eine besonders bedeutsame und aufschlussreiche Form der Selbstmitteilung: Die narrative Kommunikation ist eine Leistung der sozialen Integration, der egozentrischen Vereinnahmung von Wirklichkeit, der Regieführung und eine Maßnahme der Befindlichkeitssteuerung. Erzählen ist Daseinsaneignung, ist Verwandlung des Gegebenen in Menschenwelt. Es braucht dabei das mitvollziehende und empathische Gegenüber. Erzählen entsteht aus Spannung und gestaltet Spannung; dabei werden individuelle Destabilisierung, Abwehrleistungen und kreative Ressourcen im Spiel narrativer Gemeinschaftsbildung erschließbar.

DIE BEITRÄGE

Die Beiträge aus der klinischen Erzählforschung lassen sich thematisch gruppieren um die Analyse des Erzählens im Kontext von Krankheit und Leiden, um Traumberichte, Konflikt- und Beziehungsdynamik, um Erzählen, Gedächtnis und Identität sowie Erzählen bei prekärer sozialer Integration. Gelegentlich umfassen einzelne Artikel mehrere thematische Bereiche. Die biographische Erinnerung beispielsweise – wie auch die fehlende Erinnerung – verbindet sich zwangsläufig mit der Frage nach biographischer Identität. Personen mit prekärer gesellschaftlicher Integration erzählen auch vom Ringen um Identität. Betroffensein von Krankheit, Leben mit Krankheit erscheint nicht nur in Erzählungen, sondern auch im Traum. Die thematischen Gruppierungen sind daher nicht als abgeschlossene Einheiten zu verstehen, sondern als inhaltliche Zentren, die aufeinander verweisen.

Erzählen im Kontext von Krankheit, Leiden und Konflikt. Elisabeth Gülich, Heike Knerich und Katrin Lindemann untersuchen in „Rekonstruktion und (Re-)Interpretation in Krankheitserzählungen. Ein Beitrag aus der linguistischen Gesprächsforschung", dass im Arzt-Patient-Gespräch das Erzählen von Krankheit interessanten Entwicklungsprozessen unterliegen kann. Die narrative Rekonstruktion von Krankheitsereignissen wird im Gesprächsprozess verändert, besonders was die interpretierende und bewertende Sicht des Patienten angeht.

Armin Koerfer und Karl Köhle widmen sich der für die Praxis des ärztlichen Gesprächs bedeutsamen Frage: „Was ist erzählenswert? Das Relevanzproblem in einer narrativen Medizin". Denn was erfolgreich zur narrativen Darstellung durch den Patienten gelangen kann, muss zwischen Arzt und Patient oft in einem kunstreichen Dialog und im Detail ausgehandelt werden. Die Autoren führen Ideal- und Problemfälle der Relevanzaushandlung zwischen Arzt und Patient vor.

Gabriele Lucius-Hoene diskutiert anhand zweier sehr unterschiedlicher Erzählungen von belastenden Lebenserfahrungen das „Erzählen als Bewältigung". Dabei macht die Autorin insbesondere auf poetische Leistungen der erzählenden Darstellung aufmerksam, Leistungen, die eine aneignend-einladende oder aber eine distanzierend-fremde Form des Narrativierens darstellen.

Cybèle de Silveira ist mit ihrem Beitrag „'Die Gefühle der Entlastung waren so stark' Narrative Distanzierung von Müttern mit unsicherer Bindungsrepräsentation" prototypischen Merkmalen von Erzählungen in Erwachsenen-Bindungs-Interviews auf der Spur, die Mütter mit sicherer Bindung von Müttern mit unsicherer Bindung unterscheiden. Auch hier sind Distanzierungsbewegungen im Erzählprozess ein Merkmal bei Müttern mit unsicherer Bindung, dem besondere Beachtung zu schenken ist. Distanzierung entsteht im Erzählen, wenn die dargestellte Ich-Figur nicht oder nur in reduzierter Weise im erzählten Handeln als Akteurin auftritt.

Arnulf Deppermann stellt in seinem Artikel „Therapeutisches Fragen als Hebammenkunst" erste Befunde einer aktuellen Studie vor, die anhand von transkribierten Psychotherapiesitzungen gesprächsanalytisch untersucht, welchen Stellenwert die therapeutische Aktivität des Fragens hat. Deutungsangebote scheinen keineswegs jene goldene Schlüsselstellung einzunehmen, die man ihnen in der psychodynamischen Gesprächsführung zubilligen möchte. Die kurative Kunst des Fragens scheint durchaus gebräuchlich und empfehlenswert zu sein. Therapeuten scheinen in ihren Reaktionen auf Patientenerzählungen eine bestimmte Reihenfolge „Produktion von Continuern (Fortsetzungssignalen) – Schweigen – Fragen – Deuten" einzuhalten. Sie ermutigen das Selbst-Verstehen des Patienten und machen ein Deutungsangebot erst dann, wenn sie eine entsprechende Hilfestellung als notwendig erachten.

Traum, Beziehung und Not des Lebens. Viktoria Heine und Jörg Frommer präsentieren im Beitrag „'dann hat ich n Traum gehabt [...] da wusst ich, was kämpfen is' – Träume in autobiografisch narrativen Interviews mit Überlebenden einer akuten Leukämie" ihre Studie zur biografischen Krankheitsverarbeitung von Überlebenden einer akuten Leukämie. Einige dieser Überlebenden berichteten von eindrucksvollen Träumen, die sie als kostbar und wertvoll in Erinnerung bewahrten. Sie entschlüsselten sie als Botschaft der Ermutigung und als Zeichen für eine Hoffungs- und Zukunftsperspektive. Die Patientinnen sahen sich in ihrem Lebenswillen gestärkt.

Traummitteilungen stellen den Bezug zu einem Dritten her. Es handelt sich daher mit Hanspeter Mathys bei der „Traummitteilung" um einen „triangulierenden Mitteilungsmodus". Wie dieses spezifische triangulierende Angebot zustande kommt und dann genutzt und entfaltet wird, zeigt der Autor anhand einer psychoanalytischen Langzeitbehandlung. Es handelt sich um die Einzelfallstudie der an der Universität Ulm dokumentierten Behandlung der Patientin Amalie X.

Judith Brändle geht in ihrem Beitrag „Träume erzählen in der Psychotherapie. Eine erzählanalytische Untersuchung der Träume von Frau W." über von der Thematik des Traumdialogs zur Untersuchung von Trauminhalten. Ihre Befunde zeigen, dass die zentrale Konfliktdynamik in spezifischer Weise im Traum zur Darstellung gelangt. Eine regressive Bewegung von einer ödipalen Dynamik hin zu einer narzisstischen Position enttäuschter Abwendung ließ sich in der Traumsequenzanalyse einer nur teilweise erfolgreichen Konfliktbearbeitung aufzeigen.

Um „Die Veränderung von Träumen im Laufe einer analytischen Behandlung" geht es auch in Susanne Döll-Hentschkers Beitrag. Die Autorin stellt Mosers und von Zeppelins Modell kognitiv-affektiver Regulierung in Träumen theoretisch-konzeptuell und in seiner Umsetzung in ein Traumkodierungssystem dar. Im Fallbeispiel vergleicht sie Träume vom Behandlungsbeginn mit Träumen vom Behandlungsende.

Das thematische Spektrum der *psychodynamischen Erzählanalyse* eröffnet Hermann Staats mit Überblick und Diskussion der prominenten Methode des Zentralen Beziehungskonfliktthemas nach Luborsky im Beitrag „Das zählen, was zählt. Zentrale Beziehungskonfliktthemen in Forschung und Praxis". Luborskys Methode des zentralen Beziehungskonfliktthemas ZBKT ist in unterschiedliche Richtungen weiterentwickelt worden. Der Autor beschreibt die Entwicklung des ZBKT-Verfahrens und stellt Ergebnisse aus einer Untersuchung zur Validität unterschiedlicher Vorgehensweisen innerhalb der ZBKT-Methode vor. Neu eingeführte Kategoriensysteme, zusammenfassende Parameter, erweiterte Verfahren zum Sammeln von Narrativen und unterschiedliche Auswertungsverfahren werden in Hinsicht auf ihre wissenschaftlichen und klinischen Vorzüge diskutiert.

Marc Luder verbindet in „Konstruktionen in der Erzählanalyse JAKOB" die lexikalische Analyse von narrativen Formulierungen mit Konzepten der Konstruktionsgrammatik, die bei bestimmten Formen der Wortverbindung oder der Phraseologie wie zum Beispiel „typisch Frau" oder „aus der Bahn geworfen" besonders fruchtbar sind.

Wie mit der Erzählanalyse JAKOB zu arbeiten ist, veranschaulicht Franziska Stärk am Fallbeispiel von Erzählsequenzen in ihrer Studie „Geschwisterbeziehung in den Erzählungen von Frau W. Eine narrative Einzelfallstudie der Psychodynamik in einer Geschwisterbeziehung auf der Basis der Erzählanalyse JAKOB". Es zeigt sich, dass in den Erzählungen charakteristische narrative Muster und Konfliktdynamiken vorkommen, und dass sich diese im Verlauf der Psychotherapie verändern. Auch lassen sich die Ergebnisse mit verschiedenen psychoanalytischen Erklärungsmodellen zur Dynamik von Geschwisterbeziehungen in Verbindung bringen.

Auch Vera Luif thematisiert „Narrative im therapeutischen Dialog" und bringt dabei die Erzählanalyse JAKOB an Schlüsselerzählungen der Patientin Amalie X zur Anwendung.

Es folgen Beiträge zum thematischen Schwerpunkt *Identität und Gedächtnis*. Geneviève Grimm berichtet aus der erzählanalytischen Studie „Funktionen des Erinnerns im Lebensrückblick älterer Menschen". Im höheren Alter, im retrospektiven Nachdenken und Bewerten, im Gewahrwerden eigener Endlichkeit kommt der Selbstreflexion im höheren Lebensalter eine besondere Bedeutung zu. Erinnerungen erlauben die Vergegenwärtigung von Vergangenem, die Neu-Bewertung und Integration gelebten Lebens. Die Autorin stellt dar, welche Formen der Reminiszenz im narrativen Lebensrückblick verwendet werden und inwieweit sich daraus Schlüsse für eine gezielte Form des Lebensrückblicks in der Psychotherapie mit älteren Menschen ziehen lassen.

Hans J. Markowitsch ist kein Erzählforscher, sondern bringt auf der Basis neuropsychologischer Forschung wertvolle Befunde über „Stress bedingte Erinnerungsblockaden – Neuropsychologie und Hirnbildgebung". Er erläutert Zusammenhänge zwischen Stress und Gedächtnisstörungen im Kontext von Fallstudien und stellt heraus, dass die in Kindheit und Jugend relevanten Umwelt- und Umfeldbedingungen, insbesondere die Familiensituation, eine besondere Bedeutung für die Herausbildung und Festigung der Persönlichkeit im Erwachsenenalter haben. Invasiv destruktives Geschehen, Vernachlässigung, Beeinträchtigungen biologischer Art begünstigen ein „mnestisches Blockadesyndrom". Dieses Syndrom kann als *circulus vitiosus* selbstverstärkend über Jahre bestehen bleiben.

Die thematische Reihe *Identität und Selbstkonstitution* eröffnet Timo Storck mit seinem Artikel „Künstlerische Selbstkonstitution und erzählte Beziehungsfantasie". Es geht um die als psychoanalytische Konzeptforschung angelegte Untersuchung künstlerischer Arbeitsprozesse. Im Mittelpunkt steht die systematische Reflexion der Bedeutung und Verwendung von Konzepten wie Fantasie, Sublimierung, Übergangsraum, Wiederholung oder Spiel, zugleich verbindet die Arbeit konzeptuelle und empirische Elemente in Gestalt einer Felduntersuchung in einer Hamburger Kunst-Galerie.

David Lätsch geht es um „Identifizierung mit der Kunstfigur. Einige Überlegungen zum Zusammenhang zwischen Fiktion und Identifizierung". Fiktion, so der Autor, eröffnet den Weg zur Identifizierung, indem sie die wirkliche Bezugsperson durch eine fiktionale Figur ersetzt. Identifizierungen unter Personen fordern und erlauben Überwindung von Rivalität: Man wünscht sich nicht mehr an die Stelle des Objekts, sondern will sein wie das Objekt. Der Wunsch, statt des Anderen zu sein, ermäßigt sich zum Wunsch, wie der Andere zu sein. Diese Verzichtsleistung bleibt für die Identifizierung im Alltag psychische Pflicht und behindert sie. Diese Substitution spielt bei fiktionalen Identifizierungen keine Rolle.

Daniel Sollberger stellt die Frage nach Bedingungen personaler Identität in prekären biographischen Schicksalen: „Diskurse im Narrativ. Diskursive Konstruktionen einer liminalen und medialen Identität in den narrativen Bewältigungen von erwachsenen Kindern psychisch kranker Eltern".

Im Erzählen spannen sich die Dimensionen von Vergangenheit und Zukunft aus der Erzählgegenwart auf. Biographisches Erzählen setzt sich mit Prozesshaftigkeit und Temporalität einer biografischen Identität auseinander. Das narrative Selbstbild entsteht nicht introspektiv, sondern im Spiegel des Anderen. Die Selbstvergewisserung eigener Kontinuität und Kohärenz wird besonders dort virulent, wo sie in Frage steht und gefährdet ist.

Wolfgang Kraus entfaltet „Narrativität und Individualisierung: Konzeptionelle Angebote". Er formuliert konzeptionelle Grundlagen einer Theorie narrativer Identität. Relativ unstrittig ist, dass Personen die Frage „wer bin ich?" narrativ verhandeln. Weit weniger klar ist allerdings, wie sie das tun. Die in sich geschlossene Selbsterzählung scheint ein voraussetzungsvoller Spezialfall von Selbsterzählungen zu sein. Das Universum der Selbsterzählungen ist größer als die eine autobiographische „big story" des eigenen Lebens. Storytelling ist eine vielsinnige Konstruktionsarbeit. Der Prozessaspekt eines „doing identity" wird aus narrationstheoretischer Sicht insbesondere durch den Fokus auf das Erzählen in situ, also in der Interaktion und in einer spezifischen Situation, betont.

Beim thematischen Bereich *Zugehörigkeit und Integration* geht es um – wir übernehmen den Titel des Beitrags von Renate Höfer – „Exklusionsgefährdung und Inklusionsbegehren". Die Autorin beschäftigt sich mit subjektiven Strategien sozialer Verortung aus der Perspektive drohender gesellschaftlicher Ausgrenzung. Sie untersucht, wie Personen darum ringen, sich, trotz Exklusionsgefährdung, als Zugehörige zu erzählen, d.h. drohende Exklusionsgefährdung mit einem Inklusionsbegehren zu beantworten. Die Ergebnisse basieren auf einer laufenden Untersuchung zu „Individualisierung und posttraditionalen Ligaturen" aus dem Sonderforschungsbereich 536 „Reflexive Modernisierung" der LMU München.

Heidrun Schulzes Beitrag trägt den Titel „Narration und Figuration. Zum Aspekt biografischer, kultureller und institutioneller Interdependenz beim Erzählen von Krankheitserleben im Kontext von Migrationserfahrung" und informiert über eine biografietheoretische Studie, die aus der Behandlungserfahrung auf einer interkulturellen psychiatrischen und psychosomatischen Station für türkische Migranten hervorging. Ihre Befunde verdeutlichen, wie das Gegenwartserleben (in Deutschland) und das Vergangenheitserleben (in der Türkei) in einem wechselseitig sich aktivierenden Prozess aufeinander bezogen sind, auch im klinischen Anamnese- und Behandlungsprozess.

Dazugehören und sich als getrennt positionieren. Diese Thematik ist auch in Alba Polos psychoanalytischem Interviewprojekt „Die Vaterimago in der weiblichen Adoleszenz – Werkstattbericht einer erzählanalytischen Studie" zentral. In der qualitativen Studie werden weitgehend narrativ konzipierte Interviews mit zwölf adoleszenten Mädchen durchgeführt. Im Beitrag werden drei Erzählungen von drei verschiedenen Adoleszenten zur Darstellung gebracht, und es wird rekonstruiert, wie jede Jugendliche auf ihre Weise ein Trennungserleben verbalisiert.

Die Beiträge in diesem Band wurden von Autorinnen und Autoren verfasst, die an der Zürcher Tagung „Klinische Erzählforschung – Klinische Erzählpraxis" im Oktober 2008 ihre Arbeiten vorgestellt haben. Ihnen allen gilt unser Dank für das Gelingen dieser Publikation.

BRIGITTE BOOTHE
UNIVERSITÄT ZÜRICH
PSYCHOLOGISCHES INSTITUT
KLINISCHE PSYCHOLOGIE,
PSYCHOTHERAPIE UND PSYCHOANALYSE
BINZMÜHLESTR. 14/16
CH-8050 ZÜRICH
E-MAIL:
b.boothe@psychologie.uzh.ch

REKONSTRUKTION UND (RE-)INTERPRETATION IN KRANKHEITSERZÄHLUNGEN – EIN BEITRAG AUS DER LINGUISTISCHEN GESPRÄCHSFORSCHUNG

Elisabeth Gülich, Heike Knerich & Katrin Lindemann

ZUSAMMENFASSUNG: Theoretisch-methodische Grundlage dieses Beitrags ist die linguistische Gesprächsforschung konversationsanalytischer Prägung. Erzählen wird als konversationelle Methode verstanden, vergangene Ereignisse sprachlich zu rekonstruieren. Ein wesentliches Charakteristikum der narrativen Rekonstruktionsaktivität liegt nun darin, dass in die Rekonstruktionsarbeit immer auch Bewertungen und Interpretationen mit einfließen. Diese entwickeln und verändern sich im Gesprächsprozess.

Anhand von Transkripten zweier als Videoaufnahme vorliegender Arzt-Patient-Gespräche wird gezeigt, wie Krankheitserlebnisse rekonstruiert, interaktiv bearbeitet und interpretiert, manchmal auch re-interpretiert werden.

SCHLÜSSELWÖRTER: Erzählen, Krankheitserzählungen, Arzt-Patient-Gespräche, Angst, Epilepsie, linguistische Gesprächsforschung, Sequenzanalyse

FORSCHUNGSHINTERGRUND UND METHODE

Im Kontext der linguistischen Gesprächsforschung wird Erzählen als eine alltägliche Aktivität verstanden, die in ganz unterschiedlichen Situationen vorkommt – in informellen ebenso wie in professionellen. Erzählen gehört zu den 'rekonstruktiven Gattungen' (Bergmann/Luckmann 1995), d.h. zu den mehr oder weniger verfestigten Formen, auf die Interaktionspartner rekurrieren, um vergangene Ereignisse und Erfahrungen narrativ zu rekonstruieren. Erzählen ist eine Methode unter anderen und unterscheidet sich von anderen Formen der Rekonstruktion (z.B. der durch Frage und Antwort, die im Arzt-Patient-Gespräch häufig gewählt wird).

Gegenstand gesprächsanalytischer Untersuchungen von Erzählungen ist der gesamte Erzählprozess, also die Entstehung der Erzählung aus dem Gesprächsprozess heraus und auch ihre anschließende konversationelle Bearbeitung (Gülich 2007). Analysiert werden nicht nur die Äußerungen des Erzählers, sondern die gemeinsamen und aufeinander bezogenen Aktivitäten aller Beteiligten. Die Erzählung wird als eine 'interaktive Gesprächsstruktur' gesehen (Quasthoff 2001), die von den Gesprächspartnern gemeinsam zustande gebracht wird.

Im Prozess des Erzählens machen die Gesprächspartner einander deutlich, welche Aspekte der Ereignisse sie für relevant und erzählenswert erachten (vgl. z.B. die 'Zugzwänge' bei Kallmeyer/Schütze 1977 oder die 'Jobs' bei

Hausendorf/Quasthoff 1996). Vergangene Ereignisse werden also nicht nur rekonstruiert, sondern zugleich immer auch interpretiert. Manchmal macht ein Interaktant auch deutlich, dass seine aktuelle Perspektive auf die vergangenen Ereignisse nicht mehr mit der früheren übereinstimmt: Er markiert seine Äußerungen als Re-Interpretation.

Rekonstruktive und (re-)interpretative Aktivitäten sind im Gespräch im Allgemeinen miteinander verknüpft und hinterlassen Spuren an der sprachlichen Oberfläche, wo sie beispielsweise in der Situierung der Ereignisse, der Auswahl bestimmter Einzelheiten oder der Bewertung des Erzählten Ausdruck finden.

Anhand von Transkriptausschnitten aus zwei Arzt-Patient-Gesprächen wird im Folgenden untersucht, wie die Teilnehmerinnen vergangene Krankheitsereignisse (Panikattacken und epileptische Anfälle) rekonstruieren und interpretieren. Im Zentrum steht jeweils die narrative Rekonstruktion von Episoden, in denen Angst eine entscheidende Rolle spielt. Besonderes Augenmerk wird auf re-interpretierende Aktivitäten gerichtet. Unter diesem Aspekt werden abschließend die unterschiedlichen Angstdarstellungen miteinander verglichen.

Beide Gespräche stammen aus dem interdisziplinären Forschungsprojekt „Kommunikative Darstellung und klinische Repräsentation von Angst. Exemplarische Untersuchungen zur Bedeutung von Affekten bei Patienten mit Anfallskrankheiten und/oder Angsterkrankungen" (Kooperationsgruppe am Zentrum für interdisziplinäre Forschung der Universität Bielefeld, 2004, vgl. Gülich & Schöndienst 2005). Im Rahmen des Projektes wurden ausführliche Leitfadengespräche zwischen Ärzten und Patienten durch Audio- oder Videoaufnahmen fixiert und detailliert transkribiert, wobei neben dem reinen Wortlaut auch Pausen, Versprecher, parasprachliche Merkmale wie z.B. Lautstärke und Betonungen sowie z.T. nonvokale Handlungen notiert wurden (vgl. Bergmann 2007; Transkriptionskonventionen im Anhang, vgl. Selting et al. 1998).

Aufgrund der gebotenen Kürze können wir hier nicht den *Prozess* unserer ausführlichen sequenziellen Analyse darstellen, sondern müssen uns auf exemplarische Analysen kurzer Gesprächsausschnitte (s. Anhang) beschränken und überwiegend *Ergebnisse* präsentieren.

FALLBEISPIEL FRAU WIESINGER

Es handelt sich um ein Gespräch zwischen der Patientin Frau Wiesinger (Pseudonym) und einem Arzt aus einer epileptologischen Fachklinik, der nicht ihr behandelnder Arzt ist. Zu Beginn des Gesprächs betont die Patientin, die am Abschluss einer sechswöchigen stationären Behandlung einer Panikerkrankung steht, zunächst, dass sie keinen Klärungsbedarf mehr habe. Sie kommt aber im Laufe des Gesprächs gleichwohl auf viele Aspekte Ihrer Angstproblematik zu sprechen; dies wird durch das Interaktionsverhalten des Arztes ermöglicht: Er stellt wenig Fragen, übernimmt an 'übergaberelevanten Stellen' (Sacks & Schegloff & Jefferson 1978) nicht das Rederecht und lässt somit der Patientin Raum für eigene Relevanzsetzungen und Detaillierungen.

Unsere Analyse fokussiert die narrative Rekonstruktion, die damit verbundene Interpretation und Re-Interpretation der damaligen Ereignisse in der Gesprächssituation, die Interaktion

(Initiative, Beteiligung) und einige Darstellungsmittel der Patientin. Es geht um die Erzählung und Bewertung einer Panikattacke mit Erstickungssymptomen nach dem Verzehr von Bärlauch, die dem Klinikaufenthalt direkt vorausgegangen ist, und die von der Patientin in der damaligen Situation für eine Vergiftung gehalten wurde. Diese Episode wird von Frau Wiesinger selbstinitiiert rekonstruiert und auf Initiative des Arztes noch einmal aufgegriffen und bewertet (Analysen zu diesem Fall vgl. auch Gülich 2007).

Nachdem Frau Wiesinger ihr schlechtes Befinden vor dem Klinikaufenthalt mit ihrem aktuellen, deutlich besseren Zustand kontrastiert und dabei ihre Gefühle als „Todesangst" bezeichnet hat, beginnt der hier bearbeitete Ausschnitt nach einer längeren Pause mit einer Nachfrage des Arztes, die auf das Vorherige zurückgreift und zwei Fortsetzungsmöglichkeiten eröffnet, die Länge oder die Intensität der Beschwerden. Frau Wiesinger setzt sehr schnell ein, inhaltlich wird die Fortsetzungsmöglichkeit, die sie wählt, jedoch gemeinsam hergestellt: Während der Arzt seine Nachfrage mit „aber NICHT in dieser intensiTÄT." beendet, sagt sie parallel und teilweise überlappend „nicht in diesem (.) äh: MAß wie's JETZT wa:r.". Damit etablieren die Gesprächspartner interaktiv eine gemeinsame hochstufende Bewertung vergangener Ereignisse und fokussieren deren Intensität. Diese wird dann mit „also das war schon das HEFtigste, was ich HATte," reformuliert und damit erneut hochgestuft. Der Arzt ratifiziert dies mit einem leise und mit fallender Intonation gesprochenen Hörersignal, mit dem er zugleich den Verzicht auf Übernahme des Rederechts signalisiert.

Damit ist eine Fokussierung auf vergangene Ereignisse etabliert: „und zwa:r hab ich am DATUM (1.3) !BÄR!lauch gegessen." (s. Anhang): Das konkrete Datum ebenso wie das Vergangenheitstempus (Perfekt) leiten eine episodische narrative Rekonstruktion ein (vgl. Gülich 2007). Die starke Betonung weist auf die zentrale Rolle von Bärlauch hin.

Es folgt eine Nebensequenz mit expliziter Adressatenorientierung (Frage, ob der Arzt Bärlauch kennt) und einer persönlichen Regelaussage der Patientin in Form einer Verallgemeinerung: „u:nd wir essen das einglich IMm:er im FRÜHjahr" usw.; derartige deskriptiv-verallgemeinernde und iterative Anteile sind oftmals in Erzähleinleitungen zu finden (vgl. die Thematisierungsaktivitäten bei Hausendorf & Quasthoff 1996). Danach steigt Frau Wiesinger wieder in die Rekonstruktionsaktivität ein. Genaue Angaben zum Zeitablauf („am sonntag", „MONtag mittach:", „ne halbe stunde später") zeigen an, dass es wieder um die konkrete Episode geht: Bereits die Auswahl der Details ist eine Interpretationsleistung, die zeigt, was die Erzählerin in dieser Situation für relevant hält (vgl. den 'Detaillierungs-' und den 'Relevanzsetzungs- und Kondensierungszwang' bei Kallmeyer & Schütze 1977): Übelkeit, Erstickungsanfälle, zweimaliges Kommen des Notarztes, Anruf bei der Giftzentrale. Zur Interpretation und Relevanzsetzung dienen auch dramatisierende Mittel, z.B. deutlich hörbares heftiges Atmen, lexikalische Mittel und Betonung („WAHNsinnige erSTICKungsanfälle").

Die explizite Interpretation der Ereignisse erfolgt während der Rekonstruktionsaktivität aus der damaligen Perspektive: „weil ich gedacht ha:be, man kann das ja auch verWECHseln mit: (.) giftigen PFLANzen" usw. Beim Abschluss der Erzählung durch den Kommentar, sie sei damals nicht erstickt, behält Frau Wiesinger die Interpretation aus der damaligen Perspektive bei: „ein giftiges Blatt „!IS! wohl nich <<mit viel Atem> dazwischen gewesen;>".

Anschließend wechselt sie in einen iterativen Rekonstruktions-Modus („<<p> und> (.) diese sympTO:me die ham mich also wirklich über (1.3) die GANze zeit beGLEItet;=<<p> nc,>"). Die leisere Stimme und die fallende Intonation ebenso wie die folgende Pause deuten auf eine Beendigung der Rekonstruktionsaktivität hin, die dann durch eine abschließende Evaluation, wiederum mit leiserer Stimme und fallender Intonation gesprochen, erfolgt („<<p> das wa:r also ganz SCHLIMM;>=<<pp> ne>").

Der Arzt beteiligt sich an der Rekonstruktion dieser Episode und ihrer abschließenden Bewertung, indem er eine 'rezeptionsoffene Haltung' einnimmt: Er gibt zwar keine hörbaren Rückmeldungen, lässt aber der Patientin Raum für ihre Erzählung, indem er beispielsweise keine Versuche macht, das Rederecht zu übernehmen (im Video sind zudem nonverbale Mittel des Aufmerksamkeitsdisplays zu beobachten).

Nachdem Frau Wiesinger kurz zwei Folgeepisoden rekonstruiert hat, initiiert der Interviewer eine Bewertungs- und Interpretationssequenz, in der die Patientin noch einmal in die narrative Rekonstruktion der „Bärlauch-Episode" zurückgeht. Innerhalb dieser erneuten Rekonstruktionsaktivität, bei der eine Art 'Erzählfragment' entsteht, hebt Frau Wiesinger wieder die Interpretationen der Ereignisse aus ihrer damaligen Perspektive hervor: „weil ich wirklich dachte, es geht hier hinten alles ZU?"; „weil ich: eben WISSen wollte, .hh FALLS jetzt irgendwas GIFtiges-".

Auch hier überlässt der Arzt das Rederecht der Patientin, die daraufhin die Ereignisse aus der aktuellen Perspektive interpretiert und bewertet: Sie formuliert eine Hypothese zu einem der damaligen Symptome, dem geschwollenen Rachen („weil wenn der so ganz FRISCH is;> der is sehr <<len> SCHARF und intenSI:V/\> dass das vielleicht <<p> irgendwie auch-> .hhh weil ich sehr VIEL davon geGESsen habe, dass=es (-) !D?ES!wegen vielleicht wa:r; ne,") und betont, dass sie nicht erwarte, dass der für das Folgejahr terminierte Allergie-Test auf Bärlauch positiv ausfalle. Dann kommt sie zu einer Bewertung aus der aktuellen Perspektive, die sich von der damaligen deutlich unterscheidet: Es war keine Vergiftung, sondern „..hh das war (1.0) <<p> wirklich vom kopf;>". Obwohl sie wiederum sehr leise und mit fallender Intonation spricht, übernimmt der Arzt auch hier nicht das Rederecht. Dies ermöglicht der Patientin, ihre Interpretation zu elaborieren: Sie stellt ihre damaligen Gedanken in Form einer Liste körperlicher Erkrankungen dar, die sie mit einer allgemeinen Formulierung der damaligen Perspektive abschließt (s. Ausschnitt Wiesinger II im Anhang). Der Arzt stimmt emphatisch zu, übernimmt aber auch hier nicht das Rederecht, woraufhin die Patientin sehr deutlich die heutige Interpretation darstellt: „W: man GLAUBT nich dass das vom !KOPF! kommt; NE?>= I: =JA; (---) W: aber es !WAR! (--) ne KOPFsache.". Der Arzt nimmt diese vorgeformte Wendung auf und wandelt sie ab, dem stimmt die Patientin in Überlappung laut und betont zu, elaboriert aber nicht weiter, obwohl der Arzt das Rederecht bei ihr lässt. Nach einer durch den Arzt initiierten weiteren Elaborierung des Themas Körper vs. Kopf schließt Frau Wiesinger diese gesamte Sequenz mit einer hochstufenden Bewertung ihrer Krankheitsepisoden ab: „es war !WIRK!lich todesangst; also:- (1.0) so sch' so massiv äh: (--) !WAR!=es noch nicht; das war das SCHLIMMste, was ich jetz:: bis jetz MITgemacht habe;". Danach wechselt sie selbstinitiiert das Thema und kommt auf den Beginn ihrer Krankengeschichte zu sprechen.

Die Analyse dieses Ausschnitts zeigt: Die Patientin stuft den Affekt an verschiedenen strukturell prominenten Stellen hoch. Die gesamte Sequenz und die Erzählung werden durch solche Hochstufungen gerahmt („das HEFtigste", „ganz ganz SCHLIMM"); innerhalb der Erzählung rekurriert sie auf verschiedene sprachliche und parasprachliche Mittel der Hochstufung (z.B. „WAHNsinnige erSTICKungsanfälle", heftiges Atmen). In den rekonstruktiven Teilen plausibilisiert sie ihre vergangene Perspektive (lebensbedrohliches Ereignis, Besuch des Notarztes).

Die Patientin initiiert die narrative Rekonstruktion selbst; der Arzt unterstützt sie, indem er ihr den Raum dafür lässt. Die interaktive Bearbeitungssequenz hingegen wird durch den Arzt initiiert, der jedoch auch hier der Patientin viel Raum für eigene Ausführungen lässt. In dieser Bearbeitungssequenz durchdringen sich Rekonstruktions- und Interpretationsaktivitäten. Obwohl er die Sequenz initiiert, *beteiligt sich der Arzt lediglich an den Bewertungs- und Interpretationsaktivitäten*, er stellt Interpretationen der Patientin nicht in Frage und bietet keine davon abweichenden Erklärungen an. Die einzige Interpretation in diesem Abschnitt, die er um einen eigenen Aspekt ergänzt, ist die Frage, ob die Panik vom Kopf kommt oder „oberhalb vom Kopf". Dies wird jedoch von keinem der Beteiligten weiter ausgeführt.

Die Rekonstruktions- und Interpretationsaktivitäten im vorliegenden Gesprächsausschnitt zeigen seitens der Patientin das *Ergebnis einer Re-Interpretation* aus ihrer Sicht in der aktuellen Erzählsituation. In der Gesprächssituation selbst wird keine neue Interpretation des Ereignisses erarbeitet.

FALLBEISPIEL FRAU KORTE

Im Vergleich dazu lässt sich anhand der folgenden Analyse von Ausschnitten aus einem anderen Gespräch der *Entstehungsprozess einer Re-Interpretation* nachvollziehen. Dieses Gespräch findet zwischen Frau Korte (Pseudonym), Patientin in einer Epilepsieklinik, und einer Ärztin aus einer psychiatrischen Klinik statt, die an der Behandlung zuvor nicht beteiligt war. Frau Korte ist polnischer Herkunft; sie spricht fließend Deutsch, aber mit deutlichem polnischem Akzent.

Im Fokus der Analyse stehen die zweifache narrative Rekonstruktion eines bestimmten Ereignisses, nämlich des Aus-dem-Haus-Laufens während eines epileptischen Anfalls, und die Verknüpfung dieser Erzählungen mit der Thematisierung von Angst, die sich interaktiv sehr aufwändig gestaltet. Es wird deutlich, wie im Laufe des Gesprächs von beiden Gesprächsteilnehmerinnen gemeinsam ein Interpretationsrahmen für diese Ereignisse hergestellt und bearbeitet wird, und wie dadurch frühere Interpretationen modifiziert werden.

Die Interviewerin leitet das Gespräch mit einer offenen Erzählaufforderung ein: Sie wolle gerne zuhören, was Frau Korte wichtig sei und was für

Erwartungen sie an das Gespräch habe. Daraufhin beginnt diese ihre Darstellung mit der Aussage, alles habe „harmlos angefangen", und schildert dann einige wiederkehrende Symptome ihrer Anfälle („bin ich umgekipp", „meistens stElf", „als ob (wir) was sagen WOLte,=und gingh nich;").

Mit der Formulierung „da=war mehr, (---) nachher," gibt sie dann einen Hinweis auf eine Zunahme der Symptomatik (s. Ausschnitt Korte I im Anhang). Im Anschluss an diese Rahmung leitet sie eine iterative Ereignisrekonstruktion ein: „dass ich hatten (2.5) auch so=was dass ich aus dem hAUs laufe;". Daran schließt sie die Rekonstruktion eines als singulär gekennzeichneten Ereignisses an (nächtliches Klingeln an einem Bauernhof).

Diese Erzählung weist eine reduzierte narrative Struktur auf: Frau Korte beginnt zwar nach einer Situierung zunächst mit einer kleinschrittigen Rekonstruktion der Ereignisse („hab=ich licht gesehn,= hab=ich geschEllt,"), kommt dann jedoch sofort zum Ende: „ziemlich lange hat das geDAUert,=bis ich mi erinnert habe wo i wohne,=und wie=i heiß.".

Auch die parasprachliche und nonvokale Gestaltung der Erzählung erscheint reduziert, beispielsweise durch die langsame und relativ unbewegte Sprechweise und den nur sparsamen Einsatz redebegleitender Gesten.

Weiterhin fällt auf, dass das Erzählfragment keinerlei Evaluation enthält, zum Beispiel einen Hinweis darauf, dass das Ereignis schrecklich oder auch beängstigend gewesen sei.

Die Interviewerin gibt währenddessen keine Rezeptionssignale, stellt lediglich abschließend eine verständnissichernde Frage und ratifiziert dann Frau Kortes Antwort.

Anschließend geht Frau Korte mit der Äußerung „ab und zu passiert(e) mi auch," zur iterativen Schilderung weiterer Ereignisse über, die im Kontext mit Fehlleistungen während der Anfälle stehen. Dadurch kann die „Bauernhof-Episode" rückwirkend als die erste Thematisierung einer Reihe solcher Fehlleistungen gesehen werden. Zugleich legt die einleitende Rahmung durch „da=war mehr, (---) nachher", eine Interpretation als Verschlimmerung der ursprünglich „harmlosen" Anfälle nahe.

Es schließen sich etwa 30 Gesprächsminuten an, in denen Frau Korte biografische Details schildert (mehrere Todesfälle in ihrer Familie), die vermutlich eine große Belastung für sie dargestellt haben oder immer noch darstellen. Sie bringt eine solche Belastung aber nur stellenweise und dann nur mit reduzierter Emphase zum Ausdruck.

Nach etwa 35 Gesprächsminuten leitet die Interviewerin mit der Frage nach der Rolle von Ängsten in Frau Kortes Leben eine neue Gesprächsphase ein. Auf diese Frage hin entsteht zunächst eine Stille, die Frau Korte schließlich beendet: Mit einem „WAS?" zeigt sie an, dass sie die Frage nicht verstanden hat. Die Interviewerin reformuliert daraufhin ihre Frage, woraufhin erneut eine Stille entsteht. Anschließend wiederholt Frau Korte in nachdenklichem Tonfall „a:ng:s:t;", dann entsteht eine weitere Stille. Die Antwort auf die Frage der Interviewerin ist immer noch offen. Diese reformuliert dann ihre Frage noch einmal, so dass sie sie nun zum dritten Mal stellt. Nach einer langen Pause, einem leise und zögernd gesprochenen „mh::" und einer Stille von 7.5 Sekunden wiederholt Frau Korte den Begriff „Angst", zeigt also an, dass sie nachdenkt. Schließlich verneint sie die Frage der Interviewerin, die diese Antwort reformulierend entgegennimmt.

Anschließend setzt die Interviewerin die Thematisierung von Angst fort, indem sie auf die Unterscheidung zwischen „normalen" Alltagsängsten sowie „spezieller" Angst hinweist, „die vielleicht auch mit andern beschwerden zu !TUN! hat;". Die erneute Frage, ob es etwas gebe, was ihr Angst mache, verneint Frau Korte wiederum.

Der weitere Prozess der Angstthematisierung umfasst zunächst die Thematisierung konkreter Ängste im Kontext der Anfallsereignisse, die interaktiv vergleichsweise leicht thematisierbar sind und von Frau Korte selbstinitiiert genannt werden. Es handelt sich dabei um die Angst vor Verletzungen durch Stürze im Anfall, vor unabsichtlichem Ladendiebstahl während der Anfälle sowie um ihre Besorgnis, wenn ihr Sohn nachts nicht nach Hause kommt.

Anschließend fragt die Interviewerin nach Angst *während* der Anfälle. Diese Frage ist erneut gefolgt von Verzögerungssignalen wie Pausen und sowohl verbalen als auch nonverbalen Markierungen für Nachdenklichkeit. Schließlich sagt Frau Korte mit starker Emphase und steigend-fallender Intonation „!JA!/\", wobei sie lebhaft nickt. Somit bringt sie in mehrfacher Weise ihr „Erkennen" zum Ausdruck. Anschließend sagt sie „DAS hab=ich vergessen;", gibt also eine Erklärung dafür, dass sie diese Art von Angst bisher nicht thematisiert hat, und fährt fort mit der Aussage, dass sie Angst bekomme, „dass GLEICH was pasSIERt,". Sie zitiert dann ihre Gedanken, die sie in diesen Momenten habe, in direkter Rede, als würde sie zu sich selbst sprechen: „musst du RAU:S/\ weil du STERben kannst a=gleich;=NE,". Mit dieser Aussage stellt sie eine Verbindung her zwischen ihrer Angst, dem Aus-dem-Haus-Laufen und der drohenden Möglichkeit zu sterben.

Kurz darauf vergleicht die Interviewerin Frau Kortes Gefühle während dieser Ereignisse mit Todesangst. Noch bevor sie ihre Äußerung beendet hat, stimmt Frau Korte mit starker Emphase zu: „GANZ genaU.". Die Interviewerin nimmt diese Zustimmung mit einer Ratifizierung entgegen, woraufhin Frau Korte mit schnellem Anschluss das Gefühl der Todesangst als „das !SCHRECK!lichste, was sein kann." bewertet.

Anhand der bisher dargestellten Transkriptausschnitte wird – im Unterschied zu unserem ersten Fallbeispiel – deutlich, wie schwierig sich das Sprechen über Angst beziehungsweise über eine bestimmte Art von Angst gestalten kann. Es ist eine starke Beteiligung der Interviewerin nötig (durch wiederholtes Reformulieren von Fragen, Erklärungen, Nachfragen usw.), bis es in mehreren Schritten schließlich dazu kommt, dass anstelle der generellen Verneinung von Angst die Thematisierung von Todesangst während des Anfallsgeschehens und deren Bewertung als „das !SCHRECK!lichste, was sein kann." steht.

Im Anschluss an diese Bewertung rekonstruiert Frau Korte selbstinitiiert eine als typisch gekennzeichnete Anfallsepisode: das Aus-dem-Haus-Laufen in der Nacht und Klingeln beim Nachbarn (s. Ausschnitt Korte II im Anhang). Sie stellt beim Rekonstruieren dieser Ereignisse durch die sequenzielle Nähe sowie die Verknüpfung mit dem Konnektor „und" eine *implizite* Beziehung zwischen der direkt zuvor thematisierten Todesangst und den nächtlichen Ereignissen her. Es handelt sich hier um die gleiche Art von Episode, die Frau Korte bereits zu Beginn des Gesprächs geschildert hatte. Die Hauptelemente – nachts aus dem Haus laufen und bei jemandem klingeln – sind identisch, aber die Episode wird nun detaillierter ausgeführt: Andere Personen werden genannt (der Nachbar, Polizei, Ärzte) und es wird zum Teil Interaktion mit diesen anderen dargestellt, was in der ersten Erzählung dieser Episode nicht der Fall war. Die narrative Gestaltung ist sowohl auf der Ebene des Parasprachlichen als auch auf der Ebene des Nonvokalen erkennbar lebhafter.

Im Anschluss an den zitierten Ausschnitt fragt die Interviewerin, ob Frau Korte *während* der Anfälle bei ihrem Nachbarn geklingelt habe, woraufhin Frau Korte nun *explizit* eine Verknüpfung zwischen der Todesangst und dem nächtlichen Aus-dem-Haus-Laufen herstellt: „wenn (de) ich den TOdesangst hab; da hab=ich da geSCHELLt bei ihn,".

Hier wird nun, etwa 40 Minuten nach der ersten Thematisierung dieser Episode(n), der Grund für das Klingeln beim Nachbarn angegeben: Es ist ein Ausdruck von Todesangst. Dieser Zusammenhang ist zu Gesprächsbeginn noch nicht etabliert, sondern er wird von Frau Korte und der Interviewerin in einem kleinschrittigen Prozess interaktiv erarbeitet. Dadurch wird die Episode, die beim ersten Erzählen im Kontext von Fehlleistungen während der Anfälle steht und durch Frau Kortes Alleinsein erklärt wird, in diesem zweiten Durchgang in einen ganz neuen Interpretationsrahmen gestellt, sie wird reinterpretiert und zugleich ergänzt.

Die Analyse dieses Gesprächs verdeutlicht also den *Prozess*, in dem durch die Interaktion ein (neuer) Interpretationsrahmen für ein vergangenes Ereignis geschaffen wird, während der analysierte Ausschnitt aus dem Gespräch mit Frau Wiesinger zeigt, welche *Rolle* solche bereits zu einem früheren Zeitpunkt erfolgten Reinterpretationen von Ereignissen für das erneute Erzählen dieser Ereignisse spielen können.

Ein weiterer Unterschied zwischen diesen beiden Gesprächen besteht darin, dass Frau Wiesinger in ihren Rekonstruktionen die Ereignisse häufig und stark bewertet, wodurch sie deren Relevanz hochstuft. Bei Frau Korte hingegen spielen Bewertungen und Emotionen zunächst keine explizite Rolle für die geschilderten Ereignisse; deren Bedeutung wird erst durch die Interaktion mit der Interviewerin erarbeitet.

Die Interviewerin ist somit stark an der Rekonstruktion beteiligt: Gemeinsam wird ein (neuer) Interpretationsrahmen für die Ereignisse geschaffen. Eine solche starke Beteiligung des Interviewers bei der Ereignisrekonstruktion ist bei Frau Wiesinger nicht zu beobachten, sie benötigt kaum 'Hilfe' für den Rekonstruktions- und Interpretationsprozess.

Tabelle 1 fasst diese Ergebnisse des Vergleichs noch einmal zusammen.

Fazit

Die genaue Analyse narrativer Rekonstruktionsprozesse, die hier zwar nicht im Detail vorgeführt, aber doch angedeutet werden konnte, ist geeignet, die Relevanz auf den ersten Blick vielleicht belanglos oder gar unverständlich erscheinender Episoden herauszuarbeiten. Dabei wird auch die Rolle des wiederholten Erzählens derselben Episoden deutlich: Jede neue narrative Rekonstruktion bietet die Möglichkeit zu einer neuen Interpretation der Ereignisse und Erfahrungen

Tab. 1

Frau Wiesinger: Bärlauch-Episode	Frau Korte: Aus-dem-Haus-Laufen
Re-Interpretation wird gezeigt (Ergebnis)	Interpretationsrahmen wird geschaffen (Prozess)
Bewertungen, Hochstufungen (selbstinitiiert)	Bewertungen und Hochstufungen werden interaktiv erarbeitet
Geringe Beteiligung des Arztes an Rekonstruktion und Bewertung (Unterstützung der Patientin durch Überlassen des Rederechts)	Starke Beteiligung der Ärztin an Rekonstruktion und Interpretation (Unterstützung der Patientin durch Nachfragen, Anbieten von Interpretationsmöglichkeiten, gemeinsame Erarbeitung des Interpretationsrahmens)

(vgl. Schütze 1994). In diesem Sinne bezeichnet Siegfried Lenz das Erzählen als eine 'Selbstbefreiung': „Erzähl es, damit du es besser verstehst. Das Erzählen ist für mich eine Möglichkeit, mir klar zu werden über bestimmte Heimsuchungen, über bestimmte Erlebnisse. Nicht um sie zu bilanzieren, sondern um sie durchschauen zu können." (Interview in: Die ZEIT, Nr. 20, 8. Mai 2008). Auch Frau Wiesinger und Frau Korte werden sich beim Erzählen und durch das Erzählen über ihre Krankheitserlebnisse klar.

Auf diese Weise können aber auch die behandelnden Ärzte oder Psychotherapeuten bestimmte Aspekte der Erkrankung deutlicher erkennen. Das Erzählen kann auf neue Aspekte aufmerksam machen und die Einordnung und Einschätzung von Krankheitssymptomen ergänzen, ggf. auch verändern. Dies erfordert allerdings eine Vermittlung zwischen den unterschiedlichen Wahrnehmungseinstellungen auf klinischer und gesprächsanalytischer Seite. Während die klinische Wahrnehmungseinstellung normalerweise auf das gerichtet ist, was der Patient sagt, also auf Sachverhaltsmitteilungen, und auf das, *was der Arzt relevant findet*, fokussiert die gesprächsanalytische Wahrnehmungseinstellung die *Formen des Mitteilens*, die Hinweise auf die *Relevanzsetzungen des Patienten* geben. Erstes Anliegen in interdisziplinärer Kooperation muss es sein, zwischen diesen Unterschieden zu vermitteln und die Perspektive der jeweils anderen Disziplin zumindest kennen zu lernen.

LITERATUR

Bergmann, J. (2007). Flüchtigkeit und methodische Fixierung sozialer Wirklichkeit: Aufzeichnungen als Daten der interpretativen Soziologie. In Hausendorf, H. (Hrsg.), Gespräch als Prozess. Linguistische Aspekte der Zeitlichkeit verbaler Interaktion (S. 33-66). Tübingen: Narr.

Bergmann, J. & Luckmann, Th. (1995). Reconstructive genres of everyday communication. In Quasthoff, U. (Ed.), Aspects of Oral Communication (pp. 289-304). Berlin: de Gruyter.

Gülich, E. (2007). „Volle Palette in Flammen". Zur Orientierung an vorgeformten Strukturen beim Reden über Angst. Psychotherapie & Sozialwissenschaft, 59-87.

Gülich, E. (2007). Mündliches Erzählen: narrative und szenische Rekonstruktion. In Lubs, S., Jonker, L., Ruwe, A. & Weise, U. (Hrsg.), Behutsames Lesen. Alttestamentliche Exegese im interdisziplinären Methodendiskurs (S. 35-62). Leipzig: Evangelische Verlagsanstalt.

Gülich, E. & Schöndienst, M. (2005). Kommunikative Darstellung und klinische Repräsentation von Angst. Exemplarische Untersuchungen zur Bedeutung von Affekten bei Patienten mit Anfallskrankheiten und/oder Angsterkrankungen. Abschlussbericht. ZiF-Mitteilungen 3/2005.

Günthner, S. (2006). Rhetorische Verfahren bei der Vermittlung von Panikattacken. Zur Kommunikation von Angst in informellen Gesprächskontexten. Gesprächsforschung – Online-Zeitschrift zur verbalen Interaktion, 7, 124-151. (www.gespraechsforschung-ozs.de).

Hausendorf, H. & Quasthoff, U. (1996). Sprachentwicklung und Interaktion. Eine linguistische Studie zum Erwerb von Diskursfähigkeiten. Opladen: Westdeutscher Verlag.

Kallmeyer, W. & Schütze, F. (1977). Zur Konstitution von Kommunikationsschemata der Sachverhaltsdarstellung. In Wegner, D. (Hrsg.), Gesprächsanalysen (S. 159-274). Hamburg: Buske.

Quasthoff, U. M. (2001). Erzählen als interaktive Gesprächsstruktur. In Brinker, K., Antos, G., Heinemann, W. & Sager, S. F. (Hrsg), Text- und Gesprächslinguistik. Ein internationales Handbuch zeitgenössischer Forschung, Bd. 2 (S. 1293-1309). Berlin, New York.

Sacks, H. & Schegloff, E. A & Jefferson, G. (1978). A simplest systematics for the organization of turn-taking for conversation. In Schenkein, J. (Ed.), Studies in the organization of conversational interaction (pp. 7-55). New York: Academic Press.

Schütze, F. (1994). Das Paradoxe in Felix' Leben als Ausdruck eines „wilden" Wandlungsprozesses. In Koller, H. C. & Kokemohr, R. (Hrsg.), Lebensgeschichte als Text. Zur biographischen Artikulation problematischer Bildungsprozesse (S. 13-60). Weinheim: Deutscher Studien Verlag.

Selting, M., Auer, P., Barden, B., Bergmann, J., Couper-Kuhlen, E., Günthner, S., Meier, Ch., Quasthoff, U, Schlobinski, P. & Uhmann, S. (1998). Gesprächsanalytisches Transkriptionssystem (GAT). Linguistische Berichte, 173, 91-122.

ELISABETH GÜLICH
E-MAIL:
elisabeth.guelich@uni-bielefeld.de

Anhang 1: Tanskriptausschnitte

Beispielausschnitt Frau Wiesinger I:
Rekonstruktionssequenz (im Original Z. 190-220)

W: (--) und zwa:r hab ich am DATUM (1.3) !BÄR!lauch <<p>
   gegessen.>
(-)
W: <<p, all> weiß nich> ob sie BÄRlauch KENnen:,=
W: =[<<p> das ist eine:>]
I: =[ja die gan]ze GEgend riecht <<dim> ja [davon.>]=
W: [JA:;]=

W: =JA:;
W: u:nd wir essen [das einglich] <<f> IMm:er im FRÜHjahr?>
I: [im FRÜHling;]

W: .hh <<all> weil das> soll ja auch sehr geSUND sein?
(-) .hh und mein MANN hatte da: äh:: FRIschen bärlauch:
(.) am sonntag gePFLÜCKT,=
=und ich hab am MONtag mittach: .hh zum ERSTen davon
ge!GES!sen\/
(--) und ne halbe stunde später wurd mir also Übel?
.hhh und dann kamen also WAHNsinnige erSTICKungsanfälle?
(1.1) <<p> hab> zwei mal den NOTarzt gehabt,=
=der konnte also auch wirklich was !SEH=N! im HALS,
(-) .hhhh (.) !OH!=h ich hab die <<f> GIFTzentrale
angerufen,>=
=weil ich gedacht ha:be man kann das ja auch verWECHseln
mit: (.)
giftigen PFLANzen,
<<all> dass da nun irgendwie n giftiges> <<f> !BLATT!>
(.)
<<tiefer> dazwischen gewesen !WÄ!re.>
(--)
W: .hhh hh aber es !IS! wohl nich <<mit viel Atem>
dazwischen gewesen;>=
=<<mit viel Atem> weil=hh> ich !BIN! nich erSTICKT,=
=<<p> und> (.) diese sympTO:me die ham mich also wirklich
über
(1.3) die GANze zeit beGLEItet;=<<p> ne,>
(-)
W: <<p> das wa:r also ganz ganz SCHLIMM;>=<<pp> ne>

Beispielausschnitt Frau Wiesinger II:
Interpretationssequenz (im Original Z. 342-358)

W: .h nur diese ganzen: (-) orGAnischen beSCHWERden,
 un:d <<all> was ich alles geDACHT habe,>=
 =<<all> du hast was an=ner SCHILDdrüse,>=
 =<<all> und de hast DIES,>=
 =<<all> und de hast DAS,>=
 =und HERZ,=
 =und- .hhhh
 das IS einfach so-=
 =<<len> man GLAUBT nich dass das vom !KOPF! kommt;=NE?>=
I: =JA;
 (---)
W: aber es !WAR! (--) ne KOPFsache.

I: oder von OBERhalb vom [kopf] sogar.=
W: [<<p> JA->]

W: =<<p> mhm\/>
 (1.1)
I: <<pp> JA;>
 (---)
I: man denkt es is:: !KANN! nur eigentlich im körper

I: SE[LBST <<dim> irgendwas (nich)>]
W: [<<pp> es:> KANN nur]

W: irgendwas nich STIMmen [<<p> da;=NE,>]
I: [<<p> JA:::;>]

Beispielausschnitt Frau Korte I:
Episode „Aus-dem-Haus-Laufen" (Anfangsphase des Gesprächs, im Original Z. 61-91)

K: <<len, ausatmend> u:nd=äh> <<len> da=war mehr,>
 (---) nachher,
 (-) (und) da:: (---)
 <<all> i hab> den: glaub=ich schon=ge schon gesagt,=
 =dass ich hatten (2.5) auch so=was dass ich aus dem hAUs
 laufe;
 (--)
K: i war schon: (.) i=der in der nacht bei bAUerHOF,
 .hh das war (---) knapp (.) zwölf Uhr,
 (2.0) weil=ich=s a' (.) alleine (war=i') in in der
 WOHnung, mein sohn war in australien,=

=da hat=er studiert,
() .hh ((leicht seufzendes Ausatmen))
K: (1.5) u::nd jetzt is=er da/\
(2.5) u::n:d=äh::m (.)
ja;
(1.5)
K: hab=ich licht gesehn,=
=hab=ich geschEllt,
.hh dann: (2.0) ziemlich <<len> lA:nge> (---) ziemlich
lange hat das geDAUert,=
=bis ich mi erinnert habe wo i wohne,=
=und wie=i heiß.
(3.0)
I: ((Schnalzlaut)) <<all> da wo sie geschellt ham;>=
=<<dim> an dem bauernhof.>
(-)
 _/
 \
 K nickt

I: <<p> m=HM,>
(--)
K: <<pp> JA;>
(---)
K: <<p> wusste i gar nix;>

Beispielausschnitt Frau Korte II:
Episode „Aus-dem-Haus-Laufen" II (nach Einführung der Angst-Thematik, im Original Z. 953-980)

K: u:n:d=ä:hm (-) ich hab mein NACHbar gegenüber die türn
immer an::(-)geschellt,
.h und der war schon auch (-) paar ma in der NACH:th,
(---) dann seitdem: habe ich (im:/ihm:) (.)
da war (.) poliZEI zu hause,
.h da warn die Ärzte,=
=haben die mich MITgenommen,
(---) un=dann war=ich wieder nachher zu hause,=
=weil=i WOLlte nich in krankenhaus bleiben,
(1.0) u::nd=ä:hm (-) seitDEM hab=ich mein: (--) ein: (--)
WOHnungsschlüssel bei dem NACHbarn.=
=wenn was pasSIERt dann brauchen de (--) keine RUfen
hab=i gesagt, .hh der sollte mir einfach nur AUFmachen,=
=un ich lege <<dim> mich hin.=ne,>
(1.7)
I: .hh das war IN nem ANfall;=

```
=dass sie zu dem nachbarn geGANgen sind;
K: NEIN;
 (--)
K: <<all> aHA/\>=
=bei dem ANfall,=JA;=
=wenn (de) ich den TOdesangst hab;>


I: m=[HM?]
K: [.hh] da hab=ich da geSCHELLt bei ihn,=

K: [weil ich] dachte wenn ich: irgendwo nich WEGlaufe,=
I: [ m=HM, ]

K: =dann gleich bin ich weg;=ne,
I: m=HM,
```

Anhang 2: Transkriptionskonventionen (GAT-Basistranskript)

[ ]	Überlappungen und Simultansprechen
=	direkter Anschluss
(.)	Mikropause
(2.0)	gemessene Pause in Sek.
:; ::; ...;	Dehnung, Längung, je nach Dauer
'	Abbruch durch Glottalverschluss
akZENT	Primär- bzw. Hauptakzent
ak!ZENT!	extra starker Akzent
!	Ausruf, Emphase
?	hoch steigende Intonation, Frageintonation
,	mittel steigende Intonation
;	mittel fallende Intonation
.	fallende Intonation
-	gleichbleibende Intonation
/\	steigend-fallende Intonation
\/	fallend-steigende Intonation
↑	auffälliger Tonhöhensprung nach oben
↓	auffälliger Tonhöhensprung nach unten
( )/ (das)	unverständlicher/vermuteter Wortlaut
(das/was)	mögliche Alternativen
<<lächelnd> na ja>	interpretierende Kommentare, mit Reichweite
((schnauft))	para- und außersprachliche Handlungen/Ereignisse
.h; .hh; .hhh	deutliches Einatmen, je nach Dauer
h, hh, hhh	deutliches Ausatmen, je nach Dauer
Ä: (na:. s=meld si niemand;) _____/	Beschreibung von nonverbalen/ sichtbaren Kommunikationsanteilen
\	
legt Hörer auf, wählt andere Telefonnummer	

Lautstärke- und Sprechgeschwindigkeitsveränderungen mit Reichweite:
<<f> >/<<ff> >	forte, laut/ fortissimo, sehr laut
<<p> >/<<pp> >	piano, leise/ pianissimo, sehr leise
<<all> >/<<acc> >	allegro, schnell/ accelerando, schneller werdend
<<len> >/<<rall> >	lento, langsam/ rallentando, langsamer werdend
<<cresc> >	crescendo, lauter werdend
<<dim> >	diminuendo, leiser werdend

Sämtliche Personen- und Ortsnamen sind anonymisiert worden (z.B. A-STADT, ARZT-1, SOHN-1). Das Einverständnis des Patienten zur Aufzeichnung und wissenschaftlichen Auswertung des Gespräches ist zuvor eingeholt worden.

Ursula Frede
Herausforderung Schmerz
Psychologische Begleitung von Schmerzpatienten

Titel von Schmerzbewältigungsprogrammen und Ratgebern zum Thema Schmerz wie "Nie mehr Schmerzen", "Chronische Schmerzen sind heilbar" suggerieren, dass Schmerzen prinzipiell kontrollierbar sind. Eine solche Vorstellung kann mitunter falsche Hoffnungen wecken und Menschen in Verzweiflung stürzen, wenn sich ein Schmerz trotz verschiedenster Behandlungen und persönlicher Anstrengungen nur geringfügig lindern lässt. Im vorliegenden Buch wird ein Konzept psychologischer Begleitung von Schmerzpatienten entwickelt, in dem die Frage "Wie können Schmerzen kontrolliert und bewältigt werden?" durch die Frage ersetzt wird: "Wie kann dieser individuelle Mensch in seiner ganz konkreten Situation lernen, mit seinem Schmerz zu leben?" Um Betroffene bei diesem Lernprozess zu unterstützen, sind Erkenntnisse der Neurowissenschaften über neurobiologische Steuerungsmechanismen ebenso zu berücksichtigen wie die Bedingungen, denen Menschen im Falle chronischer Schmerzen ausgesetzt sind - Bedingungen, die sie nur zum Teil beeinflussen können. Eine differenzierte Sicht menschlicher Kontrollmöglichkeiten entlastet den Patienten ebenso wie seinen Therapeuten vom Druck überhöhter Erwartungen, baut belastenden Enttäuschungen vor und fördert eine vertrauensvolle Beziehung zwischen beiden bei ihrer gemeinsamen Suche nach Möglichkeiten, wie der Herausforderung durch den Schmerz begegnet werden kann. Therapeutische Grundhaltungen und Interventionen werden entwickelt. Beispiele aus der Praxis veranschaulichen Indikation, Durchführung und mögliche Auswirkungen. Das Konzept wird sowohl von der Therapeuten- als auch von der Patientenperspektive bestimmt, da die Autorin seit vielen Jahren selbst von chronischen Schmerzen betroffen ist.

376 Seiten, ISBN 978-3-89967-378-4, Preis: 25,- €

PABST SCIENCE PUBLISHERS
Eichengrund 28, D-49525 Lengerich, Tel. ++ 49 (0) 5484-308, Fax ++ 49 (0) 5484-550, pabst@pabst-publishers.de, www.psychologie-aktuell.com, www.pabst-publishers.de

Was ist erzählenswert? Das Relevanzproblem in einer narrativen Medizin

Armin Koerfer & Karl Köhle

ZUSAMMENFASSUNG: Das Problem der Relevanz ist ein allgemeines Problem jeder Kommunikation, es gilt aber in der ärztlichen Sprechstunde und Visite in besonderer Weise. Dies hängt mit der Verschränkung der Laien- und Expertenperspektiven zusammen, aus denen heraus wechselweise entschieden werden muss, was denn hier und jetzt überhaupt relevant sein soll. Das Problem der Relevanz stellt sich insbesondere für eine „narrative Medizin", in der für Patientenerzählungen größere Gesprächsräume konstruktiv zu eröffnen und zu nutzen sind. Was erzählenswert ist, muss zwischen Arzt und Patient oft im Detail ausgehandelt werden. In einem Rückmeldemodell der Arzt-Patient-Kommunikation sollen Ideal- und Problemfälle der Relevanzaushandlung zwischen Arzt und Patient unterschieden werden.

SCHLÜSSELWÖRTER: narrative, medicine, relevance, tellability, negotiation

Die narrative Wende in der Medizin

Der „narrative turn" hat nicht nur die Sozialwissenschaften im Allgemeinen (Mishler 1995) und die Psychotherapie im Besonderen erreicht (Boothe 1994, Schafer 1995, McLeod 2007), sondern inzwischen auch die Medizin im engeren Sinn erfasst (Launer 2002, Greenhalg & Hurwitz 2005, Charon 2006). Das gegenwärtig starke Interesse an der Theorie und Praxis des Erzählens hängt mit der universellen Funktion und Struktur dieser Kommunikationsform zusammen:

Der Ausdruck 'narrativ' bezeichnet ein Textschema, das in allen Kulturen für die Ordnung von Erfahrung und Wissen grundlegend ist. Im Darstellungsschema der Narrativität wird ein Zusammenhang von Geschehen und Handlung in eine nach Relevanzgesichtspunkten geordnete und unter einer temporalen Anschauungsform stehende Geschichte überführt. Zugleich wird diese Geschichte im Medium der Sprache konkretisiert und perspektiviert (…). Jede Geschichte steht unter dem Prinzip der relativen Abgeschlossenheit (…). Sie ist zugleich eine temporale Interpretation der Differenz von Ausgangs- und Endzustand und ihre Veranschaulichung in einem spezifischen Feld der Erfahrung (Stierle 1984, S. 398).

Diese universelle Kommunikationsform hat als Patientenerzählung in der ärztlichen Sprechstunde und Visite eine besondere institutionelle Ausprägung erfahren, die damit zu tun hat, dass der „klinische Zugang zum Patienten" (Morgan & Engel 1977) vor allem ein sprachlicher Zugang ist. Dieser Zugang zum Patienten ist eben nicht durch das bloße Frage-Antwort-Muster der traditionellen Anamneseerhebung herzustellen, sondern bedarf einer dialogischen Verständigung zwischen Arzt und Patient, die sich wesentlicher Formen des alltäglichen Erzählens und Zuhörens bedient.

Die Bedeutung von Narrativen als elementare Verständigungsform ist nicht nur in der linguistischen, sondern auch in der klinischen Gesprächsforschung erkannt worden. In Analogie zur „evidence based medicine" wird für eine „narrative based medicine" plädiert, nach der die Erzählung ideale „Brückenfunktionen" für den kommunikativen Austausch zwischen Arzt und Patient wahrnehmen kann (Launer 2002, Hurwitz, Greenhalgh & Skultans 2004, Brody 2005, Heath 2005, Greenhalgh & Hurwitz 2005, Charon 2006). Die Plädoyers für einen *narrativen* Ansatz in der Medizin lassen sich vor allem mit der Alltagsnähe dieser Kommunikationsform begründen, die sich gegenüber einem rein *interrogativen* Interviewstil in vielfacher Hinsicht als überlegen erweist. Denn beim Erzählen können mehr und vor allem andersartige Informationen zur Sprache kommen, als dies durch die bloße Beantwortung eines professionell-terminologischen Fragenkatalogs möglich wäre. Die wesentlichen Unterschiede sind bereits von Pionieren zur klinischen Gesprächsforschung jeweils auf einen kurzen Nenner gebracht worden.

- Wenn man Fragen stellt, so erhält man Antworten darauf – aber weiter auch nichts (Balint 1988, S. 186).
- When you have heard a story, you know more than you can say (Stiles 1995, S. 125)
- Interrogation generates defensiveness, narration encourages intimacy (Engel 1997, S. 60).

So wird der Arzt mit einem *interrogativen* Interviewstil über fragmentarische Antworten auf seine Fragen hinaus bestenfalls einen *Bericht* des Patienten über eine objektive *Krankheitsgeschichte* erlangen können, die sich vor allem auf somatische Beschwerden erstreckt *(disease)*. Dagegen wird der Arzt den Patienten mit einem *narrativen* Interviewstil zu einer *Erzählung* seiner subjektiven *Krankengeschichte* bewegen können, die das individuelle Krankheitserleben des Patienten als erkrankte Person einbezieht *(illness)* (v. Uexküll 1981, Kleinman 1988). In seiner Dialogrolle als aktiver Zuhörer wird der Arzt dabei die Unterschiede beachten, die der Patient *mit Worten machen* kann, nämlich zum Beispiel zwischen Ereignis und Erlebnis, äußerer und innerer Welt, objektiver und subjektiver Bedeutung, historischer und narrativer Wahrheit, kalendarischer und biografischer Zeit, Anonymität und Intimität, Rationalität und Emotionalität usw. (Tab.1) (Koerfer, Köhle & Obliers 2000, Köhle 2003). Je nachdem wird der Patient zum Arzt eher eine anonyme Beziehung als Dienstleister wählen, dem er vor allem biomedizinische Themenangebote macht, oder eine intime Beziehung als Helfer suchen, dem er sich auch mit seinen psychosozialen Problemen anvertraut.

Allerdings bleiben die Themen- und Beziehungsangebote von Patienten oft ambivalent, wenn sie nicht durch entsprechend komplementäre Gegenleistungen des Arztes beantwortet werden. So berichtet ein Patient zunächst zurückhaltend über den Tod seiner Mutter als bloßes *Ereignis*, um es ersichtlich dabei bewenden lassen zu wollen, bevor er dann doch vom *Erleben* einer mangelnden Trauerarbeit erzählt, wozu es allerdings zuvor einer besonderen Erzähleinladung durch den Arzt bedurf-

Tab. 1: Synopse Bericht versus Narrativ

	Bericht	**Narrativ**
Gegenstand	Ereignisse	Erlebnisse
Bereich	Äußere Welt	Innere Welt
Geltung	Historische Wahrheit	Narrative Wahrheit
Zeit	Kalendarisch	Biographisch
Raum	Alltägliche Realität	Szenische Vorstellung
Bedeutung	Objektiv	Subjektiv
Sprache	Impersonal Abstrakta Indirekte Rede	Personal Metaphern Direkte Rede
Evaluation	Rational	Emotional
Beziehung	Anonymität	Intimität
Fokus	Krankheitsgeschichte	Krankengeschichte
Themen	Bio-medizinisch	Biopsychosozial
Funktion	Dienstleistung	Helfen

te (Koerfer & Köhle 2007). Denn aufgrund einer restriktiven Vorstellung vom Sinn und Zweck der ärztlichen Sprechstunde gehen Patienten häufig von einer anderen *Relevanzordnung* des überhaupt *Sagbaren* aus, mit der sie sich in einer Art Selbstzensur zunächst auf rein somatische Patientenangebote beschränken. Hier muss der Arzt durch Interventionstechniken des aktiven Zuhörens rechtzeitig gegensteuern, um einen Richtungswechsel vom bloßen Bericht zur Erzählung zu erreichen und dadurch das mögliche Spektrum des *Erzählbaren* (reportability, tellability), das prinzipiell für jede Erzählsituation kognitiv und interaktiv geltend zu machen ist (Labov 1997, 2001, 2007, Ochs & Capps 2001), gerade auch für Patienten zu vergrößern.

DAS RELEVANZPROBLEM

Bei allen Besonderheiten folgen die Gespräche zwischen Arzt und Patient denselben Basisregeln der Verständigung wie die Alltagskommunikation. Hier wie dort stellt sich das Relevanzproblem, über das an jeder Entwicklungsstelle des Gesprächs und insbesondere beim Sprecherwechsel in kommunikativer Abstimmung zwischen den Gesprächspartnern neu zu entscheiden ist (Schütz 1971, Kallmeyer 1978, Koerfer 1994, 2000, 2004). Auch in der ärztlichen Sprechstunde müssen Patienten ihre Interaktions- und Themenangebote laufend einem Relevanztest unterziehen, etwa unter der Fragestellung: „Was ist hier und jetzt erzählenswert?" Reziprok muss der Arzt seinerseits über die laufenden Patientenangebote unter dem Aspekt der Relevanz immer wieder neu befinden.

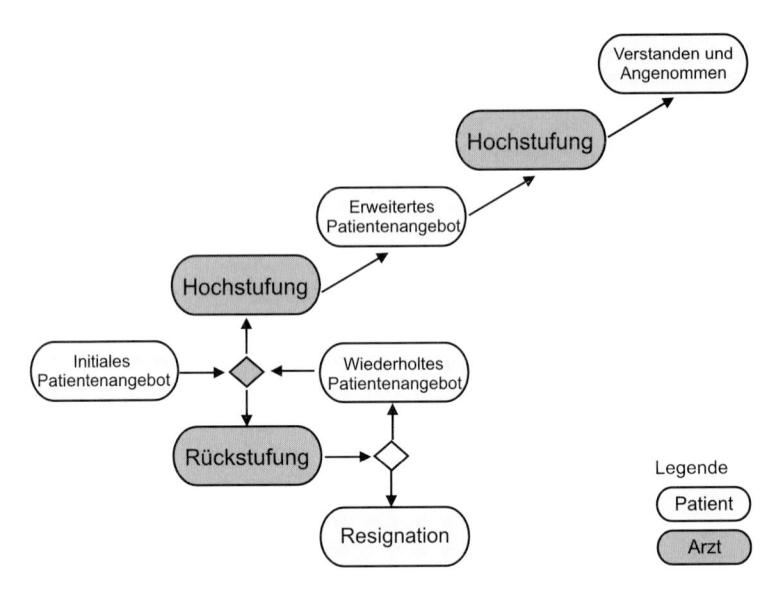

Abb. 1: Rückmelde-Modell der Arzt-Patient-Kommunikation

Anhand eines Flussdiagramms (Abb. 1), das je einen Entscheidungsknoten für Arzt und Patient enthält, können im Wesentlichen drei Typen von Gesprächsverläufen differenziert werden.

- Im Idealfall fördert der Arzt die narrativen Patientenangebote regelmäßig mit einer *Relevanzhochstufung*. Dabei bedient er sich so lange spezifischer Formen des aktiven Zuhörens (Hörersignale, Repetitionen, Paraphrasen, Reflexionen, usw.), bis er zu einem vorerst hinreichenden *empathischen Verständnis* der individuellen Wirklichkeit des Patienten und seines aktuell relevanten Anliegens gelangt ist.
- Im negativen Fall nimmt der Arzt eine *Relevanzrückstufung* der Patientenangebote vor, indem er etwa einen sog. Kommunikationsstopper („truncator") setzt („okay", „gut") und erkennbar einen radikalen Themenwechsel vollzieht, so dass der Patient endgültig resigniert und auf eine Erneuerung oder gar Erweiterung seines Themenangebots verzichtet.
- Beim komplexen Mischtyp erneuert der Patient sein narratives Patientenangebot trotz vorangegangener Rückstufungen gegebenenfalls mehrfach, bis er schließlich beim Arzt doch Gehör findet. Dabei kann es bei der Mischung aus Rückstufung und Hochstufung zu Interaktionsschleifen mit erheblichen kommunikativen Reibungsverlusten kommen.

Der ideale Fall, bei dem der Arzt durch wiederholte Relevanzhochstufung zu einem baldigen Verständnis des ständig erweiterten narrativen Patientenangebots kommt, ist sicher die Ausnahme, aber empirische Fälle sind wie im Folgenden doch an einem derart normativen Rückmelde-Modell der Arzt-Patient-Kommunikation zu bemessen. Dabei geht es nicht nur um die bloße Alternative von Verhindern versus Fördern von Patientenerzählungen. Einmal hervorgelockt, müssen Erzählungen interaktiv in Gang gehalten und schließlich gemeinsam in ihrer individuellen Bedeutung für den Patienten evaluiert und im nachfolgenden Gesprächsverlauf entsprechend konstruktiv weiterbearbeitet werden. In dieser Hinsicht lassen die folgenden Beispielsequenzen auf recht unterschiedliche Entwicklungsstufen „narrativer Kompetenz" (Charon 2001, 2006) der Ärzte schließen.

VERHINDERUNG VON ERZÄHLUNGEN

In der klinischen Erzählforschung ist bereits früh im Detail herausgearbeitet worden, wie Erzählungen verhindert werden, weil sie „unerwünscht" sind (Bliesener 1980, Bliesener & Köhle 1986). Im folgenden Gespräch verfällt ein Arzt dermaßen früh in einen interrogativen Interviewstil, dass der Raum für Erzählungen der Patientin erheblich beschränkt wird.

B1   „Herzschmerzen" (1)
01 A   so Frau A, was führt Sie her? .
02 P   also ... allgemein jetzt ähm ...
03 A   wo sind Ihre Hauptprobleme, was/ oder Hauptbeschwerden, weswegen Sie kommen? .
04 P   öfters schon mal Herzschmerzen . also Stiche in der Herzgegend.
05 A   seit wann haben Sie diese Stiche? ...[3]...
06 P   schon etwas länger ... also 1998 war es schon ganz schlimm und da hab ich denn auch die Mandeln entfernt bekommen.

Der Arzt beginnt hier mit einer der gängigen Eröffnungsfragen, die zunächst noch einen relativ weiten Antwortspielraum belassen. Diesen versucht die Patientin entsprechend zu nutzen („also allgemein jetzt ähm ..."), bevor ihr der Arzt unmittelbar „ins Wort fällt", und zwar mit einer zweimaligen Spezifikation des Relevanten, mit der er das mögliche allgemeine Themenspektrum zunächst auf „Hauptprobleme" und dann noch mal auf „Hauptbeschwerden" reduziert. Wenn die Patientin ganz im Sinne dieser Intervention mit einer körperbezogenen Beschwerdeschilderung („Herzschmerzen") antwortet, stellt sich hier die Frage nach der verschenkten Chance für eine Problempräsentation ganz in den eigenen Worten der Patientin oder sogar für die Präsentation eines ganz anderen Problems. Ebenso werden in einem späteren Gesprächsstadium wesentliche Chancen einer biopsychosozialen Anamneseerhebung verpasst:

B2   „Herzschmerzen" (3)
01 A   haben Sie viel Aufregung? .
02 P   ja Stress .
03 A   wie sieht der aus der Stress? .
04 P   ja, viel Arbeit . und dann .
05 A   hm . was machen Sie denn beruflich? .
06 P   Arzthelferin .
07 A   ah ja ... ähm . haben Sie Luftnot dabei? .
08 P   nein .
09 A   Schweißausbrüche? .
10 P   ja, Schwitzen . hm . also häufig, jeden Morgen ...
11 A   hm ...
12 P   ganz stark, und ... dann im Laufe des Tages nicht mehr . aber morgens ganz stark .
13 A   also bei den Stichen haben Sie nicht so [Schweißausbrüche? .
14 P   [nein . nein

Mit dem verunglückten Fehlstart der frühen Unterbrechung und der inhaltlichen Weichenstellung scheint der weitere Gesprächsverlauf derart konditioniert, dass beide Interaktionspartner einer Fixierung auf ein Frage-Antwort-Muster unterliegen, das schließlich durch Ein-Wort-Fragen und -Antworten gekennzeichnet ist. Selbst beim einmal entwickelten psychosozialen Themenkomplex *Stress* und *Beruf* nimmt der Arzt eine *Relevanzrückstufung* durch radikalen Themenwechsel vor, indem er nach einem Begleitzeichen beim Hauptsymptom fragt („... haben Sie Luftnot dabei?") und das Gespräch damit erneut auf biomedizinische Themen lenkt. Insgesamt kommt die Patientin kaum zu Wort, ihr längster Beitrag umfasst schon zu Beginn 28 Wörter, bevor sie dann immer einsilbiger wird. Das Gespräch, das bereits nach zwei Minuten beendet wird, hinterlässt bei externen Ratern den Höreindruck eines „Verhörs", dessen „ausfragende" Trichtertechnik die Patientin alsbald verstummen lässt. Schließlich ist das Gespräch nicht deswegen „schlecht", weil es kurz ist, sondern es ist kurz, weil es „schlecht" ist. Beide Partner haben sich am Ende offenbar nichts mehr zu sagen.

FÖRDERUNG VON ERZÄHLUNGEN

Im folgenden Beispiel gelingt dem Arzt beides, nämlich eine für die Erkrankung des Patienten zentrale biografische Erzählung hervorzulocken und sie für die weitere gemeinsame Gesprächsarbeit konstruktiv zu nutzen. Nachdem die (ca. 30-jährige) Krankengeschichte des Patienten, der nach eigener Auskunft mit wechselnden Erfolgen „immer schon wegen Magen in Behandlung" war, ausführlich zur Sprache gekommen ist, beantwortet er die ärztliche Frage nach seinem Beruf zunächst sehr zurückhaltend.

B3 „ich sitz im Büro rum" (1)
01 A was machen Sie denn beruflich?.
02 P ich bin Beamter bei der Stadt A .
03 A und was für'n Tätigkeitsbereich? .
04 P ich sitz im Büro rum .
05 A (ja) . das macht keinen Spaß? .
06 P tja . sagen wir mal so ... [lächelt] äh . ich bin eigentlich nicht der Typ des Beamten .
07 A sondern eher was? [immer leiser] (was würden Sie sagen, was ?) .

Dem *resistierenden*, weil zunächst unterbestimmten Antwortverhalten des Patienten, das mit Streeck (1995) als eine interaktive Form von *Widerstand* ausgelegt werden kann, versucht der Arzt mit einer *insistierenden* Interventionsbatterie von (Nach-)Fragen zu begegnen, durch deren kumulative Wirkung er die anschließende Patientenerzählung erfolgreich elizitieren kann. Dieser Effekt wird insbesondere durch die kommunikative Funktion der spezifischen, emotionsbezogenen Reflexionsfrage des Arztes („das macht keinen Spaß?") erreicht, mit der offenbar die psychodynamisch relevante Erzählmotivation des Patienten passgenau angesprochen wird, wie dies anschließend mit dem vom Patienten gewählten Typ einer biografischen Erzählung deutlich wird.

B4	"das hat mich irgendwo etwas aus der Bahn geworfen" (2)	Kommentar
08 P	[lehnt sich bereits zurück, wendet den Blick ab] ich hatte an' für sich was ganz anderes vor, das .. hat mal .... (4) .... irgendwo hat's angefangen, ich hab darüber nachgedacht, sehn Se, man denkt ja über sowat nach, wie kommt sowat, wieso (Sie mich so was fragen) . wahrscheinlich hab ich ... (3) ... irgendwo den ersten Knacks bekommen .... (4) .... ich wollte an' für sich Naturwissenschaften studieren, hatte/hab dat auch angefangen, hab aber dann im Vorexamen dann geschmissen ..	Nonverbale + verbale Rahmung Thema Orientierung Meta-Kommunikation Metapher (Leitthema) Orientierung Komplikation, Skandalon
09 A	hm .	
10 P	das hat mich irgendwo etwas aus der ... Bahn geworfen ...	
11 A	hm .	Metapher
12 P	wollte an/wollte an' für sich Physik studieren, aber was ganz anderes ... und dann hab ich irgendwo [schüttelt Kopf] in der Prüfung völlig versagt ... ich konnte also nichts mehr aus mir rausbringen [würgt, räuspert sich] ... wie dat denn so ist [lächelt, Blickkontakt] .	Subjektive Perspektive Skandalon Re-Inszenierung Symptomwiederholung
13 A	hm .	
14 P	und dann hab ich mich nicht mehr getraut, noch mal anzufangen . und dann hab ich rumgehangen . wusste nicht, was ich machen sollte .	Subjektive Perspektive Problem-Komplikation
15 A	hm .	
16 P	und hab dann kurz so mit links ne Verwaltungsgeschichte gemacht, hab mich zum Beamten ausbilden lassen, ohne mich da besonders bei anzustrengen .	Problem-"Lösung" Pseudo-Sinn-Konzept
17 A	hm ...	
18 P	und mach dat dann jetzt mehr oder weniger so, weil's mir auch net Spaß macht, leider [Blickkontakt] ...	Evaluation: Resignation Coda / Turn

Derartige Erzählungen sind durch eine Reihe von Neustarts, metakommunikativen Parenthesen, Redundanzen, Korrekturen und Reparaturen gekennzeichnet. Sieht man von diesen Phänomenen der Mündlichkeit einer solchen Kommunikationsform ab, dann treten die wesentlichen Funktions- und Strukturelemente von Erzählungen in ihrer *Normalform* (Labov, & Waletzky 1997, Labov 1997, 2001, Koerfer et al. 2000) deutlich hervor (vgl. Kommentarspalte). Insgesamt handelt es sich um eine *biografische* Erzählung gegenüber dem Arzt als *privilegiertem* Zuhörer, dem gegenüber diese Lebensgeschichte vielleicht erstmals so erzählt wird, wie sie erzählt wird, in dieser Form und Funktion einer *Lebenserklärung* im Sinne *narrativer Selbstauslegung* persönlicher Erfahrung. Das biografisch prägende *Skandalon*, mit dem der Erzähler sich selbst als *Versager* darstellt, dem *beim Erzählen* reinszenierend nochmals die Stimme zu versagen droht, wird dem ärztlichen Zuhörer ebenso drastisch vor Augen geführt wie die dauerhafte *Leidensperspektive*, die bis in die Gegenwart der Erzählsituation in der Sprechstunde anhält.

Dabei werden die interaktive Gestaltauslösung und Gestaltschließung des Erzählens deutlich: Nach einer relativ langen Erzählung von über einer Minute beschließt der Erzähler seine Erzählung mit einer emotionalen Evaluation (P: „net Spaß macht, leider"), deren Thematik der Arzt mit seiner empathischen Rückmeldung vorausgehend gerade initiiert hatte (A: „das macht keinen Spaß?"). Dieser evaluative Erzählabschluss ist ein starker Beleg für die Wirksamkeit der sequentiellen Organisation über größere Diskurseinheiten in der Arzt-Patienten-Kommunikation hinweg. Deren konditionelle Relevanzen unterliegen nicht immer der vollständigen Kontrolle der Interaktanten. So muss dem Patienten die eigene *Wiederaufnahme* des vom Arzt eingeführten *Vokabulars* nicht einmal bewusst sein. Der Arzt setzt jedenfalls eine *emotive Semantik* (*Spaß* versus *Frust*) in Kraft, mit der psychodynamisch die Erzählung überhaupt nur abgerufen werden kann. Die ärztliche Intervention erfolgt hier antizipatorisch und interaktiv mit einer *Passgenauigkeit* (Koerfer et al. 2000, 2008), mit der der Arzt die Lebens- und Gefühlslage des Patienten treffsicher zu erreichen scheint.

BEARBEITUNG VON ERZÄHLUNGEN

Diese Kunst der ärztlichen Gesprächsführung wird vom Arzt bei der anschließenden Intervention mit einer weiteren Relevanzhochstufung erneut unter Beweis gestellt, indem er den vom Patienten narrativ entwickelten Emotionsgehalt aufnimmt und zugleich fortführt, was gerade im ärztlichen Umgang mit Emotionen keine Selbstverständlichkeit ist (Butow et al. 2002, Koerfer et al. 2004). Was schon an der sprachlichen Oberfläche als manifestes *Bedauern* („leider") zum Ausdruck kommt, sollte in der Arzt-Patient-Kommunikation als psychodynamischer Konflikt erkannt und in der weiteren Gesprächsarbeit entsprechend berücksichtigt werden. Dabei ist die *Form* der Intervention hier außerordentlich ökonomisch, indem der Arzt auf die letzte Patientenäußerung (P: „net Spaß macht, leider") mit einem unmittelbar konsekutiven Anschluss reagiert, der eine Art von *joint sentence production* darstellt (A: „ja, so *dass* Sie auch immer das Gefühl haben, sich eigentlich unter Wert zu verkaufen, ne?"). So findet die Erzählung eine interaktive Gestaltschließung mit einer relevanzhochstufenden Doppelfunktion: Die direkte empathische Rückmeldung des Arztes kann vom Patienten zugleich in der Funktion einer neuen Erzähleinladung wahrgenommen werden:

B5   „vielleicht noch mal anfangen" (3)
01 A   ja, so dass Sie auch immer das Gefühl haben . sich eigentlich unter Wert zu verkaufen, ne?.
02 P   das sowieso . ich würd' am liebsten aufhören ... und würd vielleicht noch mal anfangen zu studieren, nur so aus Hobby, irgendwie .
03 A   hm .
04 P   das wäre so vielleicht ne Idee von mir .
05 A   hm.
06 P   aber ob ich dat dann noch schaffe ... ich bin (...) [längere Fortsetzung] .

Inwieweit ärztliche Interventionen das Kriterium der *Passgenauigkeit* erfüllen (Koerfer et al. 2008), lässt sich im Allgemeinen direkt an der Reaktion der Patienten erkennen, so auch in diesem Fall: Wie sehr der Arzt hierbei erneut die *Gefühlslage* seines Patienten getroffen hat, lässt sich nicht nur direkt an dieser deutlich markierten Zustimmung erkennen *("das sowieso")*, sondern auch an der Art und Weise der weiteren Nutzung der Intervention als Erzähleinladung für eine *Wunscherzählung*, deren Perspektive von beiden Interaktionspartnern sowohl in dieser als auch in der Folgestunde für die zukünftige Lebensgestaltung des Patienten im Sinne einer Neukonstruktion seiner Geschichte *(new story)* (Brody 1994) weiterbearbeitet wird.

Im Kontext des gesamten Gesprächs, dessen Dauer sich mit 8.30 Minuten durchaus im „verträglichen" Rahmen eines (haus)ärztlichen Erstkontaktes bewegt, fügen sich die einzelnen narrativen Sequenzen schließlich zu einem Lebensnarrativ des Patienten, das sich in einem evaluativen Lebensverlaufsmuster darstellen lässt. Folgt man der Typologie von Gergen (1998, 2002), so handelt es sich um ein progressiv-regressives Verlaufsmuster, bei dem die regressive Tendenz für die wesentliche Lebenszeit im Erwachsenenalter dominiert, in der auch das Krankheitsempfinden nur selten (Urlaub, OP) gebessert ist (Abb. 2).

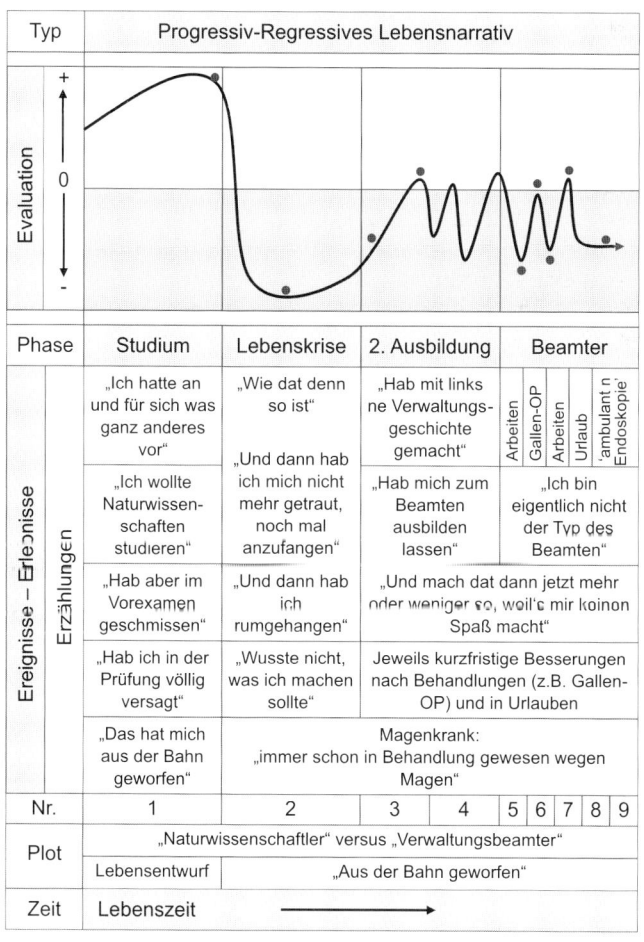

Typ	Progressiv-Regressives Lebensnarrativ			
Evaluation				
Phase	Studium	Lebenskrise	2. Ausbildung	Beamter
Ereignisse – Erlebnisse / Erzählungen	„Ich hatte an und für sich was ganz anderes vor"	„Wie dat denn so ist"	„Hab mit links ne Verwaltungsgeschichte gemacht"	Arbeiten / Gallen-OP / Arbeiten / Urlaub / ambulante Endoskopie
	„Ich wollte Naturwissenschaften studieren"	„Und dann hab ich mich nicht mehr getraut, noch mal anzufangen"	„Hab mich zum Beamten ausbilden lassen"	„Ich bin eigentlich nicht der Typ des Beamten"
	„Hab aber im Vorexamen geschmissen"	„Und dann hab ich rumgehangen"	„Und mach dat dann jetzt mehr oder weniger so, weil's mir keinen Spaß macht"	
	„Hab ich in der Prüfung völlig versagt"	„Wusste nicht, was ich machen sollte"	Jeweils kurzfristige Besserungen nach Behandlungen (z.B. Gallen-OP) und in Urlauben	
	„Das hat mich aus der Bahn geworfen"	Magenkrank: „immer schon in Behandlung gewesen wegen Magen"		
Nr.	1	2	3	4	5	6	7	8	9
Plot	„Naturwissenschaftler" versus „Verwaltungsbeamter"			
	Lebensentwurf	„Aus der Bahn geworfen"		
Zeit	Lebenszeit →			

Abb.2: Lebensnarrativ: "Das hat mich aus der Bahn geworfen"

Nach einer Klimax im Studienbeginn mit einer aussichtsreichen Berufsbiografie erfolgt der erwartungswidrige Absturz durch ein folgenschweres Prüfungsversagen (t_1), das den Patienten mit seinem Schicksal auf eine selbstanklagende Weise hadern lässt: In seiner Selbstevaluation lässt der Patient nach dem katastrophalen Tiefpunkt einer existenziellen Identitätskrise (t_2) („nicht mehr getraut ... rumgehangen ... wusste nicht, was ich machen sollte") und einer Kompromissbildung durch eine „Verwaltungsgeschichte" (t_3) ein dauerhaftes Diskrepanz-Erleben zwischen seiner beruflichen Realität (t_4) und seinen Wünschen und Fähigkeiten erkennen (vgl. Abb. 2), was sich bei einem ständigen evaluativen Aufwärtsvergleich in der *Schlussevaluation* seiner Erzählung (t_5) gleichsam als *Unlust* („net Spaß macht, leider") manifestiert. Im Sinne eines Gesamtplots, der Ereignisse zu einer *story* macht (Ricoeur 1981), stellt sich der Erzähler als Leidender dar, der sich seit den Tagen als junger Mann als „aus der Bahn geworfen" erlebt. Genau diese Lebensthematik des Patienten galt es zunächst narrativ zu entwickeln und gemeinsam zu bearbeiten, bevor der Arzt dann später die Problematik des Patienten mit einer treffsicheren Metaphorik („die Arbeit scheint Ihnen auf den Magen zu schlagen") resümierend auf den Begriff bringen kann:

B6 „net richtig gebraucht werden" (4)
01 A hm. hm ... tja, aber die Arbeit scheint Ihnen ja tatsächlich auf den Magen zu schlagen, wa? .
02 P ja irgendwo dieses sss Gefühl . nicht richtig gebraucht zu werden . find ich-
03 A hm .
04 P das stört mich so etwas .
05 A hm.
06 P nicht ausgelastet zu sein .
07 A hab'n auch nicht das Gefühl, dass die Arbeit, die Sie leisten ähm wertvoll ist für irgendeinen Zweck?
08 P nein ich halte die Arbeit für unnötig
...

Auch in dieser Gesprächsequenz erweist sich die Passgenauigkeit der ärztlichen Interventionen durch die spontane Rückmeldung des Patienten, der sich gegen Ende des Gesprächs offenbar voll verstanden und angenommen fühlt. Damit ist im Dialog mit dem Patienten, dessen narrative Selbstauslegung vom Arzt konstruktiv gefördert und erweitert wird, ein erster Ansatzpunkt für ein biopsychosoziales Verständnis- und Behandlungskonzept gewonnen.

EVALUATION NARRATIVER ANAMNESEERHEBUNG

Bei einem narrativen Ansatz müssen die Gespräche mit dem Patienten nicht notwendig länger ausfallen, sondern lediglich anders geführt werden. Zielsetzung der ärztlichen Gesprächsführung ist es, das Spektrum allgemein des überhaupt *Sagbaren* und spezifischer des *Erzählbaren* (reportability, tellability) zu vergrößern (Labov 1997, 2007, Ochs & Capps 2001). Einmal in Gang gesetzt, sollten sich Ärzte dem „hermeneutischen Zwang von Erzählungen" (Bruner 1998) nicht verschließen, sondern aktiv stellen und die narrative Selbstauslegung ihrer Patienten durch explorative, supportive, interpretative und gegebenenfalls konfrontative Interventionstechniken konstruktiv fördern.

Inwieweit Ärzte ihre Patienten erzählend zu Wort kommen lassen, lässt sich bereits an der formal-quantitativen

Darstellungsform der Dialogrollenstruktur von Gesprächen erkennen (Abb. 3). Das exemplarische Verlaufsdiagramm gibt das prototypische Gespräch zwischen dem Arzt und dem Patienten mit Magenbeschwerden wieder (§§ 4, 5). Das Gespräch zeichnet sich formal durch eine Reihe längerer Redebeiträge (>100 Wörter) des Patienten aus, wobei die letzten beiden größeren Beiträge (= Säulen) das zentrale Lebensnarrativ („aus der Bahn geworfen") (§ 4) und die anschließende Wunscherzählung („noch mal anfangen") enthalten (§ 5). Mit dem ausgeprägt narrativen Interviewstil nimmt sich der Arzt hier auf ca. 20 % des Gesprächsanteils zurück; dies etwa im Unterschied zu Gesprächen, in denen Patienten mit ihren Redebeiträgen die Obergrenze von 30 Wörtern nicht überschreiten, weil der Arzt einen extrem interrogativen Interviewstil mit einem Gesprächsanteil von mehr als 50 % praktiziert. Solche Gespräche nehmen eher die Qualität eines „Verhörs" an (§ 3), bei dem narrative Ansätze gleichsam „im Keim erstickt" werden.

Was sich im direkten Paarvergleich von Gesprächen zeigt, kann durch formal-quantitative Analysen im Gruppenvergleich erhärtet werden. Ohne dass die Erstgespräche mit Patienten selbst wesentlich länger wurden, konnten wir in unseren Prä-post-Studien zur Evaluation von Balintgruppenarbeit eine signifikante Zunahme ($p < .05$) von längeren Redebeiträgen (> 40 Wörter) der Patienten („Rederecht am Stück") nachweisen, was bereits eine stärkere narrative Nutzung des vom Arzt gewährten Rederechts durch den Patienten nahe legt (Köhle et al. 1995, 2001, Koerfer et al. 2000). Das längere Rederecht am Stück ist zwar keine hinreichende, aber offenbar eine notwendige Bedingung für die Güte von Gesprächen, was sich durch entsprechende Laien- und Expertratings bestätigen lässt (ebd.). Ein Gespräch, bei dem ein

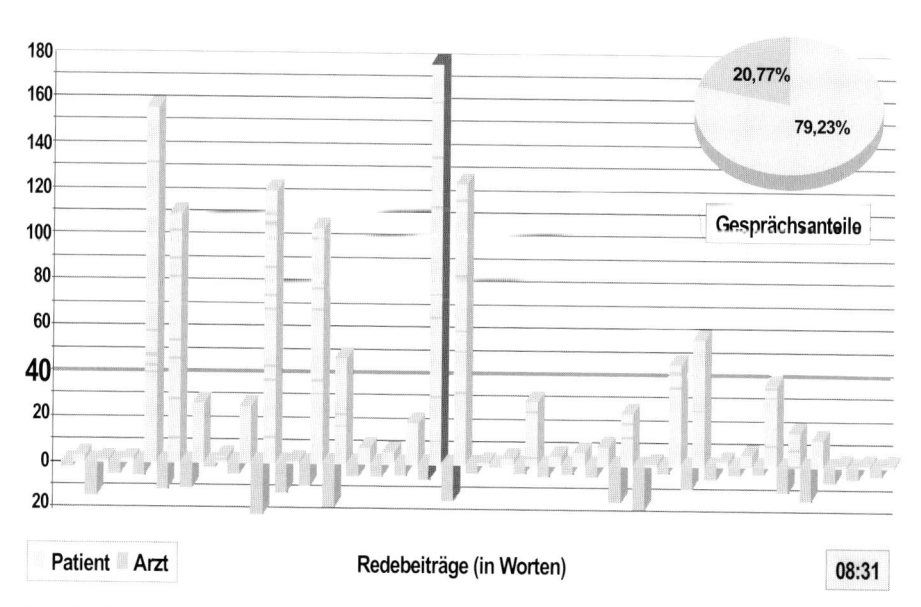

Abb.3: Dialogrollen-Struktur: narrativer Interviewstil

Patient als Erzähler nicht hinreichend zu Wort kommen kann, wird offenbar auch insgesamt als weniger gelungen eingeschätzt.

LITERATUR

Balint, M. (1988). Der Arzt, sein Patient und die Krankheit. Stuttgart: Klett-Cotta (engl. 1964).

Bliesener, Th. (1980). Erzählen unerwünscht. In Ehlich, K. (Hrsg.), Erzählen im Alltag (S. 143-178). Frankfurt/Main: Suhrkamp.

Bliesener, Th. & Köhle, K. (1986). Die ärztliche Visite. Chance zum Gespräch. Opladen: Westdeutscher Verlag.

Boothe, B. (1994). Der Patient als Erzähler in der Psychotherapie. Göttingen: Vandenhoeck & Ruprecht.

Brody, H. (1994). „My story is broken; can you help me fix it?" Medical ethics and the joint construction of narrative. Literature and Medicine, 13, 1, 81-92.

Brody, H. (2005). Geleitwort. In Greenhalgh, T. & Hurwitz, B. (Hrsg.), Narrative-based Medicine – Sprechende Medizin (S. 11-13). Bern etc.: Huber (engl. 1998).

Bruner, J. (1998). Vergangenheit und Gegenwart als narrative Konstruktionen. In Straub, J. (Hrsg.), Erzählung, Identität und historisches Bewußtsein (S. 46-80). Frankfurt/M.: Suhrkamp.

Butow, P. N., Brown, R. F., Cogar, S., Tattersall M. H. N. & Dunn, S. M. (2002). Oncologists' reaction to cancer patients' verbal cues. Psycho-Oncology, 1, 47-58.

Charon, R. (2001). Narrative Medicine: A model for empathy, reflection, profession, and trust. Journal of the American Medical Association, 286, 1897-902.

Charon, R. (2006). Narrative Medicine. Oxford: Oxford University Press.

Engel, G. L. (1997). From Biomedical to Biopsychosocial. Psychother. Psychosom., 66, 57-62.

Gergen, K. J. (1998). Erzählung, moralische Identität und historisches Bewußtsein. In Straub, J. (Hrsg.), Erzählung, Identität und historisches Bewußtsein (S. 170-202). Frankfurt/M.: Suhrkamp.

Gergen, K. L. (2002). Konstruierte Wirklichkeiten. Stuttgart: Kohlhammer.

Greenhalgh, T. & Hurwitz, B. (Hrsg.). Narrative-based Medicine – Sprechende Medizin. Bern etc.: Huber (engl. 1998).

Habermas, J. (1981). Theorie des kommunikativen Handelns. 2 Bde. Frankfurt/M.: Suhrkamp.

Heath, I. (2005). Auf der Spur von Krankengeschichten. In Greenhalgh, T. & Hurwitz, B. (Hrsg.), Narrative-based Medicine – Sprechende Medizin (S. 115-125). Bern etc.: Huber (engl. 1998).

Hurwitz, B., Greehalgh, T. & Skultans, V. (eds.) (2004). Narrative Research in Health and Illness. Oxford: Blackwell.

Kallmeyer, W. (1978). Fokuswechsel und Fokussierungen als Aktivitäten der Gesprächskonstitution. In Meyer-Herrmann, R. (Hrsg.), Sprechen, Handeln, Interaktion (S. 191-241). Tübingen: Niemeyer,

Kleinman, A. (1988). The Illness Narratives. New York: Basic Books.

Koerfer, A. (1994). Institutionelle Kommunikation. Opladen: Westdeutscher Verlag.

Koerfer, A., Köhle, K., Faber, J., Kaerger, H. & Obliers, R. (1996). Zwischen Verhören und Zuhören. In Bahrs, O.,Fischer-Rosenthal, W. & Szecsenyi, J. (Hrsg.), Vom Ablichten zum Im-Bilde-Sein (S. 109-131). Würzburg: Königshausen & Neumann,

Koerfer, A., Köhle, K. & Obliers, R. (2000). Narrative in der Arzt-Patient-Kommunikation. Psychotherapie und Sozialwissenschaft, 2, 87-116.

Koerfer, A., Obliers, R. & Köhle, K. (2004). Emotionen in der ärztlichen Sprechstunde. Förderung empathischer Kommunikation durch Fortbildung in psychosomatischer Grundversorgung. Psychotherapie und Sozialwissenschaft, 6, 243-262.

Koerfer, A. & Köhle, K. (2007). Kooperatives Erzählen. Zur Konstruktion von Patientengeschichten in der ärztlichen Sprechstunde. In Redder, A. (Hrsg.), Diskurse und Texte (S. 629-639). Tübingen: Stauffenburg.

Koerfer, A., Köhle, K., Obliers, R., Sonntag, B., Thomas, W, & Albus, Ch (2008). Training und Prüfung kommunikativer Kompetenz. Aus- und Fortbildungskonzepte zur ärztlichen Gesprächsführung. Gesprächsforschung, 9, 34-78 (www.gespraechsforschung-ozs.de).

Köhle, K., Obliers, R., Koerfer, A., Kaerger, H., Faber, J. & Mendler, T. (1995). Evaluation des Fortbildungseffektes einer Balint-Gruppe. Ein multimethodaler Ansatz. Psychosomatische und psychosoziale Medizin (PSM), 1, 6-15.

Köhle, K., Kaerger-Sommerfeld, H., Koerfer, A., Obliers, R. & Thomas, W. (2001). Können Ärzte ihr Kommunikationsverhalten verbessern? In Deter, H.-D. (Hrsg.), Psychosomatik am Beginn des 21. Jahrhunderts (S. 301-310). Bern: Huber.

Köhle, K. (2003). Kommunikation. In Adler, R. A., Herrmann, J. M., Köhle, K., Langewitz, W., Schonecke, O., Uexküll, Th. v. & Wesiack, W. (Hrsg.), Psychosomatische Medizin. 6. Aufl. (S. 43-63). München, Jena: Urban & Fischer.

Labov, W. (1972). The transformation of experience in narrative syntax. In Labov, W., Language in the Inner City (pp. 354-396). Philadelphia: University of Pennsylvania Press.

Labov, W. (1997). Some further steps in narrative analysis. Journal of Narrative and Life History, 7, 395-415.

Labov, W. (2001). Uncovering the event structure of narrative. In Tannen, D. & Alatis, J. E. (eds.), Linguistics, Language and the Real World: Discourse and beyond (pp. 63-83). Washington, DC: Georgetown University Press.

Labov, W. (2007). Narrative pre-construction. In Bamberg, M. (Hrsg), Narrative – State of the Art (pp. 47-56). Amsterdam, Philadelphia: Benjamins.

Labov, W. & Waletzky, J. (1973). Erzählanalyse: Mündliche Versionen persönlicher Erfahrung. In Ihwe, J. (Hrsg.), Literaturwissenschaft und Linguistik. Bd. 2. (S. 78 126). Frankfurt/Main: Fischer Athenäum (engl. 1967).

Launer, J. (2002). Narrative-based primary care. A practical guide. Oxford: Radcliffe Medical Press.

McLeod, J. (2007). Narrative thinking and the emergence of postpsychological therapies. In Bamberg, M. (ed.), Narrative – State of the Art (pp. 237-247). Amsterdam, Philadelphia: Benjamins.

Mishler, E. G. (1995). Models of narrative analysis: A typology. Journal of Narrative and Life History, 5 (2), 87-123.

Morgan, W. L. & Engel, G. L. (1977). Der klinische Zugang zum Patienten. Bern etc.: Huber (engl. 1969).

Ochs, E. & Capps, L. (2001). Living Narrative. Cambridge: Harvard University Press.

Ricoeur, P. (1981). Narrative Time. In Mitchell, W. J. T. (ed.), On Narrative (pp 165-186). Chicago & London: University of Chicago Press.

Schafer, R. (1995). Erzähltes Leben. München: Pfeifer (engl. 1992).

Schütz, A. (1971). Das Problem der Relevanz. Frankfurt/M.: Suhrkamp.

Schütz, A. (1974). Der sinnhafte Aufbau der sozialen Welt. Frankfurt/M.: Suhrkamp (Orig. 1932).

Stierle, K. (1984). Narrativ, Narrativität. In Ritter, J. & Gründer, K. (Hrsg.), Historisches Wörterbuch der Philosophie. Bd. 6. (S. 388-402). Darmstadt: Wiss. Buchgesellschaft.

Stiles, W. B. (1995). Stories, tacit knowledge, and psychotherapy research. Psychotherapy Research, 5 (2), 125-127.

Streeck, U. (1995). Die interaktive Herstellung von Widerstand. Zsch. Psychosom Med., 41, 241-252.

Uexküll, Th. v. (1981). Lebensgeschichte und Krankheit. In Maurer, F. (Hrsg.), Lebensgeschichte und Identität. (S. 150-167). Frankfurt/M.: Fischer.

ARMIN KOERFER
KLINIK FÜR PSYCHOSOMATIK UND
PSYCHOTHERAPIE DER UNIKLINIK KÖLN
KERPENERSTR. 62
D-50937 KÖLN
E-MAIL: armin.koerfer@uk-koeln.de

Thomas Fuchs, Kai Vogeley, Martin Heinze (Hrsg.)

Subjektivität und Gehirn

Nachdem das neuzeitliche Subjekt im Laufe der letzten 150 Jahre einige Kränkungen (z.B. durch Darwin, Freud oder die so genannte Postmoderne) erfahren hat, scheint ihm die jüngste neurowissenschaftliche Forschung den Todesstoß zu versetzen. Will man aber das Projekt einer aufgeklärten Gesellschaft nicht aufgeben, in der Menschen als freie und bewusste Subjekte handeln, muss Subjektivität restituiert und reformuliert werden.

In diesem Band stellen renommierte Philosophen und Psychiater unterschiedliche Konzeptionen von Subjektivität vor, die nicht nur die Herausforderungen der Neurowissenschaften am Beginn des 21. Jahrhunderts annehmen, sondern auch zwischen den oftmals verhärteten Fronten produktiv vermitteln. Der Band ist aus der Jahreskonferenz 2006 der Deutschen Gesellschaft für Psychiatrie, Psychotherapie und Nervenheilkunde (DGPPN) im Berliner ICC hervorgegangen und schließt an den Vorjahresband "Willensfreiheit - eine Illusion" an.

302 Seiten, ISBN 978-3-89967-433-0, Preis: 25,- €

PABST SCIENCE PUBLISHERS
Eichengrund 28, D-49525 Lengerich
pabst@pabst-publishers.de
www.psychologie-aktuell.com
www.pabst-publishers.de

ERZÄHLEN ALS BEWÄLTIGUNG

Gabriele Lucius-Hoene

ZUSAMMENFASSUNG: Die Frage nach der Bewältigungsleistung von autobiographischem Erzählen wird anhand zweier kontrastiver Erzählungen von belastenden Lebenserfahrungen diskutiert. Im Mittelpunkt der Analyse stehen performative Verfahren der Ästhetisierung des Erlebten und ihr Beitrag zur Distanzierung und Gestaltung der Erfahrung.

SCHLÜSSELWÖRTER: autobiografisches Erzählen, Performativität, Ästhetisierungsverfahren

ERZÄHLEN ALS BEWÄLTIGUNG

Die Frage nach Kriterien des „Gelingens" von Bewältigungsprozessen bleibt im Rahmen der Coping-Forschung nach wie vor offen. Die Adaptivität von Bewältigungsprozessen gilt als hochgradig kontextabhängig, und eine generelle Klassifizierung von Bewältigungsstrategien als gut oder schlecht wird meist abgelehnt.

Vertreter narrativer Therapieansätze bieten Kriterien, die erfolgreiche Erzählungen mit therapeutischem Charakter von nicht erfolgreichen abgrenzen, wie z.B. narrative Formungen und Strategien. Häufig genannte Aspekte sind Kohärenz und Kongruenz als Ausdruck einer entsprechend konzipierten integren Identität, biografische Sinnstiftung, Authentizität der Erfahrungsaufbereitung, Autorenschaft als Übernahme der Verantwortung für die eigene Geschichte, soziale Passung als intersubjektive Anschlussfähigkeit, aber auch Widerständigkeit gegen die Dominanz von Master-Narrativen, Fähigkeit zur Einbindung von Emotionalität im Wechsel mit Selbstreflexivität und viele andere mehr (vgl. Deppermann & Lucius-Hoene 2005).

Welche Wirkfaktoren können die Bewältigungsfunktion des Erzählens plausibel machen (vgl. Lucius-Hoene 2002)? Sie lassen sich in der speziellen sprachlichen Aufbereitung einer Erfahrung in der Textsorte Erzählen, in der Verschiebung des Erzählten gegenüber dem Erlebten und im Akt der Narrativierung selbst begründen. Um diese Wirkfaktoren zu fassen, bieten sich drei Ebenen der Betrachtung an:

Erstens der hervorgebrachte Plot, die Struktur der Geschichte, oder die thematische Konstruktion als bevorzugter Ort der Wirklichkeitskonstruktion der Erzählerin. Die Erzählung erzwingt

- eine Ordnungs- und Linearisierungsleistung,
- eine Plausibilisierung eigener Handlungen und Motive, um die Geschichte verständlich zu machen,
- einen Spannungsaufbau mit evaluierenden Momenten,
- die Vermittlung eines „valued endpoint" oder einer Moral, um zur Ge-

staltschließung zu kommen (Lucius-Hoene 2002).

Auf der Ebene des plots lassen sich Topoi finden, deren Bewältigungscharakter auf der Hand liegt:
- Geschichten der retrospektiven Aufwertung der eigenen Handlungen oder der Rettung des Selbstwertgefühls durch Distinktion und Besonderung,
- Rechtfertigungs-, Genugtuungs- und Rachegeschichten, die einen selbstwertverträglichen Umgang oder eine Verhinderung von negativen Gefühlen wie Scham oder Schuld ermöglichen,
- Normalisierungsgeschichten, in denen etwas Bedrohliches oder Abweichendes auf Unbedeutendes oder Regelrechtes zurückgeführt wird,

und so fort.

Zweitens wirkt der interaktive Charakter des Erzählens als Bewältigungsressource durch den gemeinsam etablierten Erzählraum. Das Erzählen ermöglicht durch entsprechende Positionierungsstrategien die „Vereinnahmung" der Zuhörerin als Zeugin oder Expertin, die Sozialisierung der eigenen Erfahrung und damit eine Dezentralisierung aus der Perspektive der eigenen Leidversunkenheit in eine sozial akzeptierbare Gestalt.

Drittens lässt sich mit der Performativität des Erzählens eine weitere Ebene der Bewältigung beschreiben (vgl. Baumann & Briggs 1990). Mit den performativen Aspekten des Erzählens wird die Art und Weise betrachtet, wie die Erzählerinnen über die Struktur und Thematik ihrer Geschichte hinaus inszenierende und modalisierende sprachliche Mittel einsetzen.

In den Analysen der folgenden beiden Textbeispiele sollen vor allem diese performativen Aspekte herausgearbeitet werden.

Bei den vorgestellten Texten handelt es sich um offene und narrationsfördernde (Lucius-Hoene & Deppermann 2004) Forschungsinterviews. Ziel der Analyse sind die narrativen Bewältigungsressourcen, die die beiden Erzählerinnen nutzen.

Mein erstes Textbeispiel stammt aus einer Forschungsarbeit zur Beziehung zwischen Bindungserfahrungen und Trauerprozessen bei Frauen nach einer Fehl- oder Totgeburt (Ritter 2006). Die 36-jährige Erzählerin, Frau Arnold, konnte in einer ausführlichen, sprachlich wie inhaltlich differenzierten Erzählung ihre ganze Erfahrungsgeschichte vermitteln. Die vorliegende Erzählung der Totgeburt bezieht sich auf ihr zweites Kind; zum Zeitpunkt des Interviews lag dieses Erlebnis etwa 4 Jahre zurück. Die dritte Schwangerschaft und Geburt, die im Text ebenfalls beschrieben werden, war etwa 2 Jahre vor dem Interview.

Frau Arnold schildert im Interview diese zweite Schwangerschaft als ideal, sich selbst humorvoll-selbstironisch als mustergültige Schwangere. Als die Wehen einsetzen, fährt sie bestens vorbereitet mit ihrem Mann in die Klinik.

```
01  die hebamme hat mich in empfAng
    genommen (-)
02  mein mann hat mir die tAsche aufs
    bett gestellt hat gesagt
03  ich park das AUto noch (-)
04  und ähm ich hab gesagt klar mach
05  und die hebamme hat mich aufs
    bEtt gelegt und hat gesagt
06  wir machen jetzt mal=n cetegE
07  wir hören mal nach den hErztönen
08  ...
```

09	und sie packte mir die schAllköpfe auf den bauch
10	und schloss den monitor an und es blieb STILL (4.0)
11	das war nich gUt (7.0)
12	<<pp> mir wars sofort klar –
13	es war mir ganz klar ich hab auch gesagt das kind ist tot.>
14	die hebamme geriet in panik hh
15	die fing an durch die gegend zu titschen
16	die fing an <<zitierend> NEIN NEIN NEIN
17	das langsam ich hol den ULtraschall (2.0)
18	dann rannte sie rAUs (-) <<lachend> holte neues gerÄt
19	und ähm – schloss mich wieder an> und es blieb wieder still
20	und sie geriet immer mehr in pAnik
21	sie wurde immer nervöser
22	und sie schob diese diese diese schallköpfe
23	auf meinem bauch hin und her.

Die Erzählerin schildert nun, wie die Hebamme verzweifelt versucht, mit allen möglichen Aktionen doch noch Herztöne hervorzulocken.

24	sie wollt es nicht wahrhaben und ich saß immer da und sagte
25	das kind ist tOt .h dieses kind ist tOt.
26	ich hab sie nur noch in erinnerung wie sie wirklich
27	in diesem rAUm rum rannte komplett kOpflos und verzweifelt
28	und mich nicht aushielt weil ich so immer nur sagte
29	das kind ist tOt es em mantramäßig
30	<<lachend> das kind ist tot das kind ist tot>

Schließlich wird die Ärztin geholt, die den Tod des Kindes bestätigt.

31	also ich bin AUFgesprungen bin durch die gEgend gerannt
32	durch diesen kreisssaal .hh
33	und hab aber gleichzeitig auf dem anderen auge noch mitbekommen
34	wie die hebamme alle türen schloss;
35	tschick tschick tschick tschick tschick>

Sie beschreibt, wie der Mann dazukommt:

36	das muss für ihn ( ) der moment der hÖlle gewesen sein
37	schätz ich mal er hat ich (3.0) ich hab mich auf ihn wenig konzentriert
38	aber es muss für ihn ganz ganz fürchterlich gewesen sein
39	das einfach zu ertragen die gewissheit zu ertragen
40	die ich schon ne weile vOrher wusste hhh ähm ja und es wa:r- (--)
41	die perfekte geburt (--) kein dammriss kein dammschnitt (2.0)
42	<<p> bis darauf dass es danach so unglaublich still war; > (5.0)
43	<<pp> und die stille war hart> (4.0)
44	wenn ich etwas wenn mir etwas zu schaffen macht dann is=es diese stille
45	wenn mir etwas zu schaffen macht dann is=es die stille am cetege
46	.h und wenn mir etwas zu schaffen macht dann is=es
47	wenn ich heute beim gynäkologen sitze und aus dem cetegeraum
48	die herztöne von fremden kindern höre

Mehrfach greift sie dieses Motiv der Stille wieder auf, als sie die Begegnung mit dem totgeborenen Kind schildert:

49	unser kind war da <<p> körperlich anwesend, (---)
50	auch wenn sie nicht auf uns reagiert hat so war sie doch da>

51	sie wa:r natürlich noch warm <<pp> weil sie in mir drin war>
(---)	
52	ähm auch sie war wElch wir hatten sie im arm (-)
53	aber sie war so still (1.5)
54	und um uns drumrum (---)
55	<<pp weinend> brüllten die babies aus den anderen kreissälen
56	(3.0) und das war schwer auszuhalten> (3.0)

In der weiteren Erzählung kommt nun die dritte Schwangerschaft zur Sprache.

57	ende der woche sollte eingeleitet werden
58	ich bin am Montag hin (…) also es ging mir gut (…)
59	ja: und dann schlossen sie mich ans cetege
60	und nach zwanzig minuten kommt=se und sagt=se
61	m drehen=se sich doch no=mal auf die andere seite (--)
62	ich sag warUm-
63	ja=s cetege is nicht gAnz so hundertprozentig
64	<<p> und ich sag okay gut (-)
65	drehn wer uns auf die andere seite>
66	<<unbekümmert> .hh nach zwanzig minuten kommt se rein
67	und sagt .h ja legen sie sich doch nochmal auf den rücken>
68	<<unsicher> ich sag warUm>
69	ja=s nich ganz optimal
70	dann hab ich gesagt s=iss okAY tun se mir nen Gefallen
71	und rufen=se meinen mann an; der soll mir die klIniktasche bringen;
72	ich bin ohne da <<betont>wir leiten ein>.
73	ne ne ne ne ne nee. (---) alles in ORDnung;
74	des (-) cetege stimmt nur nicht ganz.

In mehreren Wortwechseln kontrastiert sie nun das Herunterspielen der Geburtshelfer einerseits mit ihrer dezidierten Forderung nach einer sofortigen Geburtseinleitung, womit sie sich schließlich auch durchsetzt.

79	hab ich gesagt nee <<p> das mach ich nich>
80	glauben sie allen ERNstes dass ich nach ner tOtgeburt
81	wenn sie mir sagen dass das ceteGE nich ganz in ordnung is
82	nach hause gehe mich hinlege und gut schlafe? im leben nich
83	.hh ja das wär überhaupt kein problEm
84	und ich bräucht mir überhAUpt keine sOrgen machen
85	hab gesagt ich MACH mir sorgen ich bleib hier
86	sie schicken mich nIch wieder weg
87	<<betont> ich bleibe hier>.
88	geben sie mir=n telefon
89	ich ruf meinen mann an besprechen sie=s bitte mit den ÄRZten
90	und dann kam se wieder und sagte oKAY
91	…
92	hab meinen mann angerufen hab gesagt pack die tasche
93	versorg das kind bring mir die tasche ((lacht))
94	sieh zu dass du FREI bekommst
95	wir leiten jetzt ein.

Die Geburt verläuft dann erfolgreich, das Kind ist gesund.

Für unsere aktuelle Fragestellung sind mehrere Aspekte der Darstellung bemerkenswert. Zu Beginn erscheint die Erzählerin eingetaucht in die erzählte Zeit und schildert minutiös in fast isochroner Detailliertheit den Handlungsablauf mit dramatischen Höhepunkten von hoher Hörerwirksamkeit. Auf der Ebene der Handlungskonstituierung, der Agentivität als linguistischer Realisierung des Zustandekommens von Ereignissen und der Performativität setzt Frau Arnold mehrere komplexe und sehr auffallende Darstellungsstrategien ein.

Zunächst fällt die Agentivität der Erzählerin im Hinblick auf Handlungsautonomie, Kontrolle und Verantwortung für das Geschehen in der Gestaltung der Geburtsszene im Krankenhaus auf. Anfangs erscheint alles ganz normal im Ablauf von Routinehandlungen. Der Bruch erfolgt erst, als keine Herztöne abzuleiten sind (Z. 13-15). Damit wird der Hörer aus der scheinbar harmlosen Ablaufschilderung in die Dramatik hineingerissen. Die Erzählerin fokussiert vor allem auf die Hebamme: Als die Herztöne sich nicht darstellen lassen, werden ihre Aktionen immer verzweifelter und konfuser. Demgegenüber demonstriert die Erzählerin schon von Beginn an ein unumstößliches Wissen: Als der Monitor still bleibt, setzt sie nicht auf eine technische Panne und ist diejenige, die die schreckliche Wahrheit erfasst und ausspricht. So positioniert sie die beiden Personen in Umkehr der erwartbaren Rollen konträr: Die professionelle Person agiert hilflos und will die Realität nicht wahrhaben, während die eigentlich Betroffene die Wahrheit sofort anerkennt. Sie bleibt trotz der Tragik des Geschehens in der Phase der Situationsanalyse souverän: Sie konfrontiert sich mit der schrecklichen Wahrheit; erst als die Ärztin den Tod bestätigt, bricht sie zusammen.

In der zweiten Episode der Geburt des dritten Kindes übernimmt die Erzählerin dann eine ganz aktive und dominante Rolle, in der sie die Experten unter ihren Willen zwingt und die Machtverhältnisse zwischen Professionellen und Laien umkehrt. Auch hier schildert die Erzählung zunächst harmlose Routine und dramatisiert sich, als das CTG des Kindes bei der Routineuntersuchung als „nicht optimal" beschrieben wird. Sie schaltet sich aktiv ein und gibt den Auftrag, dass nun die Geburtseinleitung zu erfolgen hat (Z. 76). Damit positioniert sie sich wie selbstverständlich als Expertin und Part des Behandlungsteams. Nun dramatisiert sich auch diese Episode: Während die Geburtshelfer abwiegelnd agieren und den Ernst der Lage zu verkennen scheinen, tritt sie in ihrer Schilderung aufgrund ihrer Vorerfahrungen als äußerst bestimmend auf; sie erscheint als eigentliche Expertin, der es gelingt, sich gegen die Sorglosigkeit und Indifferenz durchzusetzen. Sie kann autonom handeln, übernimmt Verantwortung für den Ablauf, erzwingt Kontrolle.

Mit dieser Agentivität konstituiert sie eine Art biografische Heilung und Sinnstiftung für das Leid durch die Totgeburt: Ihre tragische Vorerfahrung ermöglicht es ihr nun, aktiv entgegen der Macht und Inkompetenz der Experten das dritte Kind zu retten. Damit hat die vorherige Leiderfahrung ihren lebensgeschichtlichen Sinn im Dienste des dritten Kindes bekommen.

Als performative Aspekte lassen sich Ästhetisierungsverfahren beschreiben (Günthner 2002): Inszenierungen dialogischer Rede, Verfahren der Dramatisierung durch Spannungsaufbau und der Gebrauch von Wiederholungen, Kontrastierungen und Komik. So häufen sich reinszenierende Momente dialogischer Rede und die minutiöse Abarbeitung der einzelnen Handlungsschritte; die zweite Episode besteht praktisch nur aus Rede-Gegenrede-Konstruktionen. Ein weiteres intensiv genutztes Stilelement mündlichen Erzählens sind Iterationen. Wiederholte Sätze wie „Das Kind ist tot, ich bleibe hier, wir leiten ein" dienen als poetische Mittel der Alltagskommunikation (Schwitalla 1994) durch Dramatisierung und Intensivierung.

Eine weitere Spannungsaufladung und Ästhetisierung erfährt die Erzählung durch die Kontrastierungen. In der ersten Szene ist es die antagonistische Positionierung der Hebamme und ihres eigenen erzählten Ichs: Die eine will es nicht wahrhaben, die andere ist wissend. Im zweiten Ausschnitt ist es der Kontrast zwischen den unverantwortlich sorglosen professionellen Experten und ihrem erzählten Ich als durchsetzungsfähige Kämpferin für das Kind. Im Zusammenhang mit dem Kind selbst werden die ideale Schwangerschaft und die perfekte Geburt mit der folgenden Totgeburt kontrastiert; die Weichheit und Wärme des Kindes mit seiner Bewegungslosigkeit und Stille und diese Stille wiederum mit dem Schreien der anderen Babies. So ist es die Kontrastierung zwischen dem Idealen, Wünschenswerten oder dem normalerweise Erwartbaren und der Stille des Kindes, die als das verdichtete Bild des Todes erscheint.

Ein weiteres, in dieser Thematik ungewöhnliches und wirkungsvolles Ästhetisierungsverfahren ist die Komik. Sie wird von der Erzählerin durch Darstellung von Absurditäten der Situation und lächerlichen Handlungen der Beteiligten erzeugt und mit Amusement vermittelt: die kopflos agierende Hebamme, ihr eigenes stoisches, „mantramäßiges" Wiederholen von „Das Kind ist tot", das onomatopoetisch gestaltete Abschließen der Türen.

Weitere für die erzählerische Bewältigung bedeutsame Elemente des Erzählens sind Perspektivübernahme sowie das kontrollierte Zulassen von Gefühlsausdruck.

Die Perspektivenübernahme betrifft andeutungsweise die Hebamme, ausführlich den Ehemann. Hier versetzt die Erzählerin sich empathisch und reflektierend in seine Erfahrungsperspektive. Damit gelingt es ihr, sich in der erzählten Geschichte auch mit der emotionalen Situation ihres Mannes auseinanderzusetzen; in einigen Zeilen konstruiert sie das Geschehen aus der bei ihm vermuteten Wahrnehmung und reflektiert über die korrespondierenden Gefühle.

Neben der fast genüsslichen Inszenierung von Komik findet sich ebenso involvierend die Tragik. Sie wird nicht nur als Verzweiflung berichtet, sondern auch in der Erzählzeit als Trauer mit Tränen und längeren Pausen wieder erlebt. So wechselt die Erzählerin zwischen verschiedenen berichteten Affekten und erlebt sie auch im Akt des Erzählens nach: Spannung, Verzweiflung, Schmerz, Empörung, Entschlossenheit.

Was leistete das Erzählen in diesem Fallbeispiel für die Bewältigung?

Gegenüber der Ohnmachtserfahrung des Verlusts des Kindes erwirbt sich die Erzählerin in der erzählten Geschichte und in ihrer sprachlich effektvoll gestalteten Wiedergabe wieder Handlungsmächtigkeit und Kontrolle. Sie reklamiert und bestätigt ihr privates Wissen und ihre Deutungsmacht aufgrund der privilegierten Beziehung zum Kind; die Handlungsmächtigkeit der Mutter rangiert über der der Experten. Darüber hinaus entsteht eine biografische Heilung durch Initiative beim nächsten Kind.

Die Ästhetisierungsverfahren schaffen eine Distanzierung zum Geschehen, die es der Erzählerin durch poetischen Zauber ermöglichen, sich im Erzählen selbst zu betrachten und über die ethische und ästhetische Dimension zu einer neuen Person zu werden. Die poetisierte und inszenatorisch verdichtende Sprache treibt sie über den Ort der Erinnerung hinaus in eine eigene Form der Sinnstiftung und Selbsterschaffung. Zu dieser Erfahrung des Erzählens in der aktuellen Situation des Interviews resümiert die Erzählerin abschließend selbst, dass es ihr sehr gut getan habe.

Dafür, dass eine Erzählung in ihrer Bewältigungsdimension auch scheitern oder zumindest teilweise misslingen kann, indem sie nicht über den bruchstückhaften Erinnerungsbericht und seine Evaluation hinausgelangt, soll das zweite Textbeispiel als Kontrast zum ersten dienen.

Es stammt aus dem Nachfrageteil eines narrativen Interviews mit einer 60-jährigen Erzählerin, Frau Barth, die als Mitglied einer karitativen religiösen Lebensgemeinschaft seit vielen Jahren in der aktiven Betreuungsarbeit von Straßenkindern arbeitet. Ihre Lebenserzählung zeugt von einer tiefen Überzeugung der Sinnhaftigkeit ihrer Lebenswahl.

Im Nachfrageteil wird dann eine Vertiefungsfrage (Z.1-3) gestellt.

```
01 I   kannst=du: (.) von einer situation er-
       zählen, (.)
02     die du erlebt hast, (-) die für dich- (.)
       besonders herAUsfordernd war?
03     (2,5)
04 E   TJA. (-) wie wir morgens um- (.)
       fÜnf? (-) losgezogen sind, (--)
05     bei zehn grad minus, (1,5) um KIN-
       der, (.) aufzusuchen
06     da sin=mer in=n schUppen gekom-
       men- (2,0)
07     war dUnkel und es stAnk uns hat=s
       fast widder- (.) rau:sgezogen da; (--)
08     und wir ham auch gar net geSEH=n
       was da ist weil=s ja dUNkel war, (.)
09     nur als wir anschließend dann- (.)
       die fOtos, (-) sahen ganz- (-)
10     war=n mädchen blUtüberströmt
       ganz offensichtlich vergewaltigt wor-
       den (2,0)
11     .hh überall lag lagen alkohol lagen
       leere flaschen rum kondome rum
       und- (.)
12     <<erregt> fUrchtbar !FURCHT-
       BAR!> (--)
13     dieses mädchen lag halbnackt da;
       (.)
14     wir ham=sie dann- (.)
15     bei zehn grad minus, (.) auf der blo-
       ßen erde, (---)
16     wir ham dann natürlich nen kranken-
       wagen bestellt; (--)
17     <<sehr leise> das mädchen ist dann
       gestorben>.
18     (2,5) des wa:r, (-) sehr hart. ((....))
```

Zunächst bietet die Erzählerin im Sinne einer episodischen Erzählung eine Orientierung zu Zeit, Ort und Umständen mit einer Wir-Gruppe als Akteur. In Zeile 8 zerbricht der chronologische Handlungsstrang; die Erzählerin macht einen zeitlichen Vorgriff auf das klärende Wissen, das sie nachher bei Betrachtung der Fotos erhält, und schildert dann wieder die Entsetzen erregende Situation. Dies schließt sie ab mit dem sehr emphatischen und wiederholten Ausruf „furchtbar", der die ganze Situation evaluativ zusammenfasst. Das Bestellen des Krankenwagens ist die einzige Aktion der Wir-Gruppe, die berichtet werden kann; so leise, dass es kaum verständlich ist, fügt sie dann den Tod des Mädchens an und resümiert: „das war sehr hart" (Z.18).

Die Frage der Interviewerinnen war die nach einer besonderen Herausforderung; was sie erzählt, ist eine Geschichte von Ohnmacht angesichts überwältigender entsetzlicher Zustände. Sie vermittelt diese Ohnmacht und emotionale Betroffenheit auch auf der strukturellen und performativen Ebene: Nach der Situationswahrnehmung finden bis auf das Holen des Krankenwagens praktisch keine Handlungen mehr statt, die Geschichte zeigt auf der Ereignisebene Kohärenzsprünge und Lücken. Das Erleben ist von Hilflosigkeit und Überwältigung durch die Umstände gekennzeichnet; die eigene Person handelt gar nicht, sondern vollzieht nur noch in der Wir-Gruppe das Selbstverständliche – den Krankenwagen zu holen –, was nur noch nachgeschaltet ist und das Mädchen auch nicht retten kann. Die expressive Evaluation kann sowohl der erzählten Situation als auch der gegenwärtigen Erzählsituation entstammen und vermittelt, dass Betroffenheit und Entsetzen immer noch anhalten. Von einer ästhetisierenden Gestaltung kann ebenso wenig die Rede sein wie von einem hörerorientierten Spannungsaufbau oder einer dramatischen Inszenierung. Die Erzählung erweckt den Eindruck, dass das Erlebnis nach wie vor eine erhebliche emotionale Belastung und Verstörung darstellt, also als Beispiel dafür dienen kann, wie es auch in der narrativen Aufarbeitung nicht zu bewältigen ist. Die performativen Möglichkeiten der Sprache können nicht genutzt werden zur neuen Wirklichkeitskonstruktion, die Art der Erfahrung verhindert dies, lässt die Sprache nicht frei. Das Schockierende der erlebten Szene verweigert sich der Ästhetisierung, Inszenierung und gestalterischen Distanzierung. Dass dies nicht etwa an einer mangelnden sprachlichen Kompetenz der Erzählerin liegt, beweisen andere Teile der Erzählung.

Welche Bedeutung kommt der erzählerischen Performativität im Bewältigungsprozess zu? Eine Betrachtungsmöglichkeit bietet Sibylle Krämer (2002) mit ihrer „Reflexion auf die phänomenale Fluidität des Wortes": „Wo wir miteinander sprechen, benutzen wir nicht Wörter, sondern bewegen uns im Medium des Wortes." Fluidität erscheint als Eigensinnigkeit/Eigenart des Erzählens, jenseits von Intentionalität oder Unbewusstheit die Wirkmächtigkeit des Erzählens geschehen zu lassen. Performativität ist hier der Aspekt des Zusammenfallens von Wort und Tat. Die performativen Leistungen unserer ersten Erzählerin beschreiben keine sozialen Tatsachen, sondern sie schaffen soziale Tatsachen als neu erstandene Wirklichkeit und Identitätszuwachs durch die erzählerische Selbststilisierung. Narratives Bewältigen geschieht auch durch die fluktuierenden Möglichkeiten des Mediums, es wird nicht als Aufgabe angestrebt und abgearbeitet wie ein Programm, sondern durch den Vollzugs-, den Handlungscharakter des Erzählens erschaffen. Gleichzeitig beinhaltet es die Möglichkeit zur Distanzierung, zum exzentrischen Blick auf sich selbst und damit der Gestaltbarkeit von Erfahrung.

So könnten wir sagen: Im ersten Fall der Geburtsgeschichten kann das Erzählen als Performanz etwas für die Erzählerin leisten, was Bewältigung mit sich führt, im zweiten Fall nicht.

Aber würde dies bedeuten, dass die gut inszenierte und gestaltete Geschichte auch immer eine erfolgreiche Bewältigungsgeschichte ist? Sicher nicht. Hier stellt sich die Frage nach der zeitlichen und sozialen Reichweite der Erzählung. So mag eine performativ erfolgreiche Geschichte im Augenblick und situativen Kontext des Erzählens hoch erfolgreich und emotional wie kognitiv für das Selbstwertgefühl befriedigend sein, ob sie aber Anschlussoptionen für künftige Handlungen, für die

Geschichten anderer und kokonstruierte narrative Perspektiven bietet, ist damit noch nicht garantiert. So könnte die therapeutische Herausforderung und Chance der narrativen Haltung in der Sorge für beide Aspekte stehen: in der Förderung der thematischen Nachhaltigkeit und Tragfähigkeit der narrativen Konstruktionen, aber auch in der Unterstützung bei der ästhetischen Gestaltung als Gewinnung von kreativer Distanz.

LITERATUR

Bauman, R. & Briggs, C. (1990). Poetics and performance as critical perspectives on language and social life. Annual Review of Anthropology, 19, 59-88.

Deppermann, A. & Lucius-Hoene, G. (2005). Trauma erzählen – kommunikative, sprachliche und stimmliche Verfahren der Darstellung traumatischer Erlebnisse. Psychotherapie & Sozialwissenschaft, 7, 35-73.

Günthner, S. (2002). Stimmenvielfalt im Diskurs: Formen der Stilisierung und Ästhetisierung in der Redewiedergabe. Gesprächsforschung, 3, 69-82. (Download unter: http://www.gespraechsforschung-ozs.de/heft2002/ga-guenthner.pdf)

Krämer, S. (2002). Sprache-Stimme-Schrift: Sieben Gedanken über Performativität als Medialität. In Wirth, U. (Hrsg.), Performanz (S. 323-346). Frankfurt/M.: Suhrkamp.

Lucius-Hoene, G. (2002). Narrative Bewältigung von Krankheit und Coping-Forschung. Psychotherapie & Sozialwissenschaft, 4, 166-203.

Ritter, A. (2006). Perinatale Verluste in narrativen Interviews. Unveröffentlichte Diplomarbeit. Freiburg: Institut für Psychologie.

Schwitalla, J. (1994). Poetisches in der Alltagskommunikation. In Halwachs, D., Penzinger, C. & Stütz, I. (Hrsg.), Sprache, Onomatopöie, Rhetorik, Namen, Idiomatik, Grammatik. Grazer linguistische Monographien, 11, 228-243.

GABRIELE LUCIUS-HOENE
ABT. FÜR REHABILITATIONSPSYCHOLOGIE UND PSYCHOTHERAPIE
INSTITUT FÜR PSYCHOLOGIE DER UNIVERSITÄT FREIBURG
D-79085 FREIBURG
E-MAIL:
lucius@psychologie.uni-freiburg.de

„Die Gefühle der Entlastung waren so stark"

Narrative Distanzierung von Müttern mit unsicherer Bindungsrepräsentation

Cybèle de Silveira

ZUSAMMENFASSUNG: Gibt es eine *Grammatik von Bindung* bezogen auf agentisches und non-agentisches Erzählen? Anhand von 28 Adult Attachment Interviews (AAIs) haben wir untersucht, ob sich unsichere von sicheren Müttern quantifizierbar in ihrer sprachlichen Ausdrucksweise bezogen auf aktive Narrationen versus distanzierte Formulierungen unterscheiden. Wir erwarteten, dass agentische Erzählweisen mit einer sicheren Bindungsrepräsentation in Verbindung stehen und non-agentische mit einer unsicheren. Mit einem Kodiermanual zu narrativen Handlungsspielräumen in autobiografischen Erzählungen haben wir den relativen Anteil der Variablen narrative Agentizität und narrative Distanzierung in den AAIs textlinguistisch erhoben. Die Ergebnisse bestätigen, dass sich unsicher gebundene Mütter signifikant stärker non-agentisch distanziert ausdrücken als sicher gebundene Mütter. Wir diskutieren die Ergebnisse im Hinblick auf eine *Grammatik von unsicherer Bindung* und deren mögliche narrative Psychopathologie als Risikofaktor von Bindungssicherheit.

SCHLÜSSELWÖRTER: Adult Attachment Interview, Bindungsrepräsentation von Müttern, Narrative Distanzierung, Narrative Psychopathologie

Das Gefühl der Autonomie spiegelt das Erleben, handeln zu können und Erfolg bei der Bewältigung von Schwierigkeiten zu haben. Dies führt im Zusammenhang mit einer sicheren Bindung zu Kompetenzerleben (Bischoff-Köhler 2008). Das Leben "in die Hand nehmen" zu können ist, zusammen mit selbstreflektiven Fähigkeiten, ein entscheidender Faktor dafür, Copingstrategien zur Bewältigung von Lebensereignissen zu entwickeln. Dies drückt sich in autobiografischen Narrationen von Menschen, die schwere Lebensprobleme meistern, aus (vgl. Hauser, Allen & Golden 2006). Die Fähigkeit, eigenes Handeln oder das anderer intentional zu verstehen, ist entwicklungspsychologisch die Basis zur Bildung einer kohärenten Selbststruktur. Damit das Kind sich seines eigenen Erlebens bewusst werden kann, muss die Mutter das Kind als intentionales Wesen betrachten und dessen Wünsche, Gefühle und Intentionen spiegeln (Fonagy & Target 2002). Die Verbalisierung dieser inneren Zustände durch die Mutter setzt voraus, dass diese zur *Mentalisierung* (Fonagy), d.h. über eigene und andere seelische Zustände angemessen reflektieren zu können, fähig ist (vgl. Berger et al. 2007). Der spätere Ausdruck von Handeln in der Sprache beim Kind fußt auf diesen, in der Mutter-Kind-Beziehung erworbenen, geistigen Handlungsmodellen (Fonagy 2003), ebenso wie der Ausdruck moralischen Handelns (Legerstee 2008). Fivush und Nelson (2000) nennen die Form des interaktiven Einübens und Strukturierens von Erlebnissen *Memory Talk*. Hierbei bilden die Äußerungen der Mütter ein strukturierendes Gerüst, welches dem Kind dazu verhilft, seine Erinnerungen zu organisieren. Mütter zeigen verschiedene Ausprägungen von Elaboriertheit im Sprechen über Vergangenes. Mütter mit einem elaborierten Erinnerungssprachstil fragen mehr nach Details, konzentrieren sich auf den emotionalen Gehalt einer Erzählung und bewerten das Erzählte. Sie fördern die episodische Erinnerungsfähigkeit ihrer Kinder und deren Fähigkeiten, Erlebtes zu narrativieren. McCabe, Peterson und Connors (2006) konnten darüber hinaus zeigen, dass Mütter, die mit ihren Kindern elaboriert sprechen, d.h. nachfragen und ihnen zuhören, sicher gebundene Kinder haben. Sicher gebundene Kinder teilen sich nicht nur den wichtigen Bindungsfiguren gegenüber mit, sondern erwarten auch von einer ihnen fremden Person ein ähnliches Verhalten wie das ihrer Mutter (ebd.). Die Mutter fungiert demnach nicht nur als *secure base,* sondern auch als eine positive internalisierte Instanz. Deren sprachliches Vorbild verhilft dem Kind, seine narrativen Fähigkeiten aufzubauen und diese in Kontakten mit anderen einsetzen zu können.

Die narrativen Fähigkeiten eines erwachsenen Erzählers sind ein Indikator für dessen Bindungsrepräsentation. Das *Adult Attachment Interview* (AAI; George, Kaplan & Main 1996) befasst sich mit der Kompetenz des Erzählers, sich in seiner autobiografischen Erzählung kohärent, d.h. authentisch und glaubwürdig, darzustellen. Aus dieser Erzählkompetenz können Rückschlüsse auf seine mentalen Bindungsrepräsentationen gezogen werden. Ein kohärenter Erzählstil im AAI geht mit einer sicheren Bindungsrepräsentation einher (George et al. 1996). Personen, die klar, offen und gut nachvollziehbar erzählen, werden den *autonom-sicheren* Bindungsrepräsentationen zugeordnet. *Unsicher-distanzierende* Bindungsmodelle weisen hingegen eine Abwehr von Bindungserfahrungen durch die Verwendung des unpersönlichen Subjekts *man*, von abstrakten Begriffen, von Nominalisierungen und des agentlosen Passivs auf (vgl. Gloger-Tippelt 2001). Abgebrochene Sätze, vage Phrasen und Allgemeinausdrücke kennzeichnen die *unsicher-präokkupierten* Bindungsrepräsentationen (vgl. Gomille 2001).

In einer Sekundäranalyse von 28 AAIs von Müttern der Heidelberger Längsschnittstudie (Gomille & Gloger-Tippelt 1999) verfolgten wir die Frage, ob sich anhand sprachlicher Spezifika agentische versus non-agentische Sprachstile im Zusammenhang mit sicherer und unsicherer Bindungsrepräsentation quantifiziert differenzieren lassen (vgl. de Silveira, Habermas & Gloger-Tippelt 2008). Grundgedanke dabei war, eine textlinguistische *Grammatik von Bindung* auf der Sprachoberfläche zu bestätigen. Unserer Annahme nach ist in der Kohärenzdefinition im AAI implizit enthalten, dass ein sicher gebundener Sprecher sich selbst als Erfahrender als auch als aktiv Handelnder benennen kann, und dass er situationsbezogen internal und external adäquat attribuieren kann. Eine inkohärente Erzählung sollte demgegenüber auf grammatikalische Strukturen zurückgreifen, die eine erzählerische Eigenverantwortung mindern.

Narrative Agentizität sehen wir als inhaltlich synonym zu Intentionalität und Instrumentalität an, als eine autobiografische Kreation von eigenen Intentionen und nicht als nur eine Reaktion auf etwas (vgl. Plunkett 2001). Sie spiegelt Meisterung und Unabhängigkeit (vgl. Quigley 2001), zeigt aber auch die Fähigkeit, die Hilfe anderer aufzusuchen und Konflikte konstruktiv anzugehen. Des Weiteren beziehen wir narrative Agentizität auf internale Kontrollüberzeugung als Verortung von Verantwortlichkeit (vgl. Rotter 1966). Der narrativen Distanzierung ordnen wir grammatikalische Passivformen und die externale Attribuierung auf *mächtige* Andere (Rotter 1966) zu. Wir erwarteten, dass Mütter mit einer sicheren Bindungsrepräsentation mehr narrative Agentizität in ihren Erzählungen zeigen als unsichere Mütter, und dass Mütter mit einer unsicheren Bindungsrepräsentation mehr narrative Distanzierung zeigen als sichere Mütter. Die untersuchten Mütter entstammen der höheren Sozialschicht (85% Abitur) und hatten bei der Befragung ein durchschnittliches Alter von 34 Jahren. Jedes AAI wurde von den damaligen Untersucherinnen in der Längsschnittstudie ausgewertet (zu den Interraterreliabilitäten siehe Gomille & Gloger-Tippelt 1999). Folgende Bindungsrepräsentationen zeigten sich: 13 Mütter (46,4%) sicher-autonom, 11 (39,3%) unsicher-distanzierend und 4 (14,3 %) unsicher-präokkupiert (vgl. Gloger-Tippelt 1999; Gomille & Gloger-Tippelt 1999). Auf diese AAIs haben wir ein pragmasyntaktisches Kodiermanual angewendet, mit welchem vom Rater textlinguistische Hinweismarker auf agentische bzw. non-agentische Variablen kodiert werden können (zur Methodik der Kodierung und Interraterreliabilitäten siehe de Silveira, Habermas & Gloger-Tippelt 2008; zur Einteilung in Propositionen Habermas & de Silveira 2008). Bei der Kodierung von narrativer Agentizität wird das handelnde *Ich* explizit genannt. Kodierbeispiele sind (bezogen auf Agens und Verb): „Ich habe mir Freunde gesucht"; „Ich rief bei ihr an". Unter narrativer Distanzierung hingegen werden auf den Erzähler bezogene linguistische Passivformen kodiert, die es vermeiden, eine direkte, aktive Handlung des Erzählers auszudrücken. Hierunter fallen zum Beispiel Nominalisierungen („Da kommen Gefühle hoch für Mütter"; „Dann kamen die Drogen", vgl. Capps & Bonanno 2000), Impersonalisierungen („Man hatte Freunde", vgl. Capps & Ochs 1995; Yamamoto 2006), Verben der Notwendigkeit („Ich musste die Situation ertragen", vgl. Capps & Bonanno 2000), Unsicherheits- bzw. Hilflosigkeitsformulierungen („Dass ich so beziehungsunfähig bin", vgl. Capps & Ochs 1995) und Redewendungen und Generalisierungen („Das ist halt so das Alter"). Während sich für narrative Agentizität keine signifikant bedeutsamen Unterschiede der Gruppen zeigten, stellte sich narrative Distanzierung in der Gruppe der unsicher gebundenen Mütter stärker als in der Gruppe der sicher gebundenen Mütter dar (vgl. de Silveira, Habermas & Gloger-Tippelt 2008). Unsichere Bindungsrepräsentationen im AAI sind demnach textlinguistisch durch vom Ich-Erzähler distanzierte Sprachformen ausgezeichnet, welche als ein Aspekt der Grammatik von unsicherer Bindung angesehen werden können. Dies entspricht den Befunden im AAI bezogen auf die unsicher-distanzierte Bindungsrepräsentation. Emotionale Nähe zum Erzählten darf nicht gezeigt, sondern muss vermieden und abgewehrt werden (Gloger-Tippelt 2001). Es kann aufgrund des vorliegenden größeren Anteils der unsicher-distanzierenden Bindungsrepräsentationen angenommen werden, dass für diese Gruppe die sprachlichen Parameter der Schmälerung einer eigenverantwortlichen Erzählung zutreffen. Die Vermutung liegt nahe, dass Non-Agentizität eine Verminderung von emotionaler Regulierung beinhaltet. Das Auftreten von narrativer Distanzierung zum einen im Sprachstil von Müttern und zum anderen in der Sprachgestaltung ihrer Kinder ist eine sich anschließende Forschungsfrage. Nach der Annahme von Fonagy und Target (1997) und Fonagy, Gergely und Target (2007) erzeugt eine sichere Bindung Muster verbaler Interaktionen zwischen Bezugsperson und Kind, welche dessen entwickelndes Denken über Gefühle fördern. Studien zu Mutter-Kind-Dialogen konnten bestätigen, dass sicher gebundene Kinder, im Gegensatz zu unsicher gebundenen Kindern, einen kohärenten, offenen und Emotionen integrierenden Sprachstil zeigen (siehe Überblick von Oppenheim 2006). Oppenheim (ebd.) nimmt an, dass fehlende emotionsregulierende Dialoge für Kinder ein Risikofaktor sein können, psychopathologische Auffälligkeiten zu entwickeln. Eine gelungene Emotionsregulierung geschieht entwicklungsgeschichtlich über eine sichere Bindung und letztendlich auch über Sprache (vgl. z.B. Grossmann & Grossmann 2001; Oppenheim 2006). Eine Abwehr von Emotionen im Sprachstil von Müttern kann ein Risikofaktor in der Entwicklung ihrer Kinder sein. Unser Konstrukt der Non-Agentizität lässt eine Verknüpfung zu einer nicht gelungenen Emotionsregulierung über den Sprachstil zu und gibt somit einen Hinweis auf eine narrative Psychopathologie in autobiografischen Erzählungen. Diese Parameter können für eine Indikationsstellung in Erziehungsberatungsstellen, Psychotherapie und in der Präventionsarbeit berücksichtigt werden. Können Mütter sich selber stärker als Agenten ihrer Lebenserfahrungen benennen und diese kohärent mit Emotionen füllen, werden sie womöglich diese Fähigkeit auch eher bei ihren Kindern stärken können.

LITERATUR

Bischof-Köhler, D. (2008). Zusammenhänge von Bindung, Erkundung und Autonomie. In Brisch, K. H. & Hellbrügge, T. (Hrsg.), Der Säugling – Bindung, Neurobiologie und Gene. Grundlagen für Prävention, Beratung und Therapie (S. 225-240). Stuttgart: Klett-Cotta.

Berger, M., Freiberger, E., Kalckreuth, B. von, Knott, M., Wiesler, C. & Windaus, E. (2007). Leitlinien. Regulationsstörungen, psychische und psychosomatische Störungen im Säuglings- und frühen Kleinkindalter. In Cierpka, M. & Windaus, E. (Hrsg.), Psychoanalytische Säuglings-Kleinkind-Eltern-Psychotherapie. Konzepte-Leitlinien-Manual (S. 51-85). Frankfurt/M.: Brandes & Apsel.

Capps, L. & Bonanno, G. A. (2000). Narrative bereavement: Thematic and grammatical predictors of adjustment to loss. Discourse Processes, 30, 1-25.

Capps, L. & Ochs, E. (1995). Constructing panic. The discourse of agoraphobia. London: Harvard University Press.

Fivush, R. & Nelson, K. (2000). Socialization of memory. In Bower, G. H. & Tulving, E. (Eds.), The Oxford Handbook of Memory (pp. 283-296). Oxford University Press.

Fonagy, P. (2003). Das Verständnis für geistige Prozesse der Mutter-Kind-Interaktion und die Entwicklung des Selbst. In Fonagy, P. & Target, M. (Hrsg.), Frühe

Bindung und psychische Entwicklung. Beiträge aus Psychoanalyse und Bindungsforschung (S. 31-48). Gießen: Psychosozial.

Fonagy, P. & Target, M. (2002). Ein interpersonales Verständnis des Säuglings. In Hurry, A. (Hrsg.), Psychoanalyse und Entwicklungsförderung von Kindern (S. 11-42). Frankfurt/M.: Brandes & Apsel.

Fonagy, P., Gergely, G. & Target, M. (2007). The parent-infant dyad and the construction of the subjective self. Journal of Child Psychology & Psychiatry, 48, 288-328.

George, C., Kaplan, N. & Main, M. (1996). Adult Attachment Interview. Unpublished manuscript. University of California, Berkeley (3rd edition).

Gloger-Tippelt, G. (1999). Transmission von Bindung bei Müttern und ihren Kindern im Vorschulalter. Praxis der Kinderpsychologie und Kinderpsychiatrie, 48, 113-128.

Gloger-Tippelt, G. (2001). Unsicher-distanzierende mentale Bindungsmodelle. In Gloger-Tippelt, G. (Hrsg.), Bindung im Erwachsenenalter: Ein Handbuch für Forschung und Praxis (S. 174-200). Bern: Huber.

Gomille, B. (2001). Unsicher-präokkupierte mentale Bindungsmodelle. In Gloger-Tippelt, G. (Hrsg.), Bindung im Erwachsenenalter: Ein Handbuch für Forschung und Praxis (S. 201-225). Bern: Huber.

Gomille, B. & Gloger-Tippelt, G. (1999). Transgenerationale Vermittlung von Bindung: Zusammenhänge zwischen den mentalen Bindungsmodellen von Müttern, den Bindungsmustern ihrer Kleinkinder sowie Erlebens- und Verhaltensweisen der Mütter beim Übergang zur Elternschaft. Praxis der Kinderpsychologie und Kinderpsychiatrie, 48, 101-112.

Grossmann, K. E. & Grossmann, K. (2001). Die Bedeutung sprachlicher Diskurse für die Entwicklung internaler Arbeitsmodelle von Bindung. In Gloger-Tippelt, G. (Hrsg), Bindung im Erwachsenenalter: Ein Handbuch für Forschung und Praxis (S. 75-101). Bern: Huber.

Hauser, S. T., Allen, J. P. & Golden, E. (2006). Out of the woods: Tales of resilient teens. Cambridge, MA: Harvard University Press.

Habermas, T. & Silveira, C. de (2008). The development of global coherence in life narratives across adolescence: Temporal, causal, and thematic aspects. Developmental Psychology, 44, 707-721.

Legerstee, M. (2008). Das Bewusstsein mentaler Zustände im Säuglingsalter: Die Rolle von Beziehungen. In Hellbrügge, T. & Brisch, K. H. (Hrsg.), Der Säugling – Bindung, Neurobiologie und Gene (S. 266-312). Stuttgart: Klett-Cotta.

McCabe, A., Peterson, C. & Connors, D. M. (2006). Attachment security and narrative elaboration. International Journal of Behavioral Development, 30, 398-409.

Oppenheim, D. (2006). Child, parent, and parent-child emotion narratives: Implications for developmental psychopathology. Development and Psychopathology, 18, 771-790.

Plunkett, M. (2001). Serendipity and agency in narratives of transition: Young adult women and their careers. In McAdams, D. P., Josselson, R. & Lieblich, A. (Eds.), Turns in the road: Narrative studies of lives in transition (pp. 151-175). Washington DC: American Psychological Association.

Quigley, J. (2001). Psychology and grammar: The construction of the autobiographical self. Theory & Psychology, 11, 147-170.

Rotter, J. B. (1966). Generalised expectancies for internal versus external control of reinforcement: A case history of a variable. American Psychologist, 45, 489-493.

Silveira, C. de, Habermas, T. & Gloger-Tippelt, G. (2008). Narrative agency of secure and insecure mothers in the Adult Attachment Interview: A text linguistic approach to narrative psychopathology. Manuscript submitted for publication.

Yamamoto, M. (2006). Agency and impersonality. Their linguistic and cultural manifestations. Studies in language and companions series (vol. 78). Amsterdam: John Benjamins.

DIPL.-PSYCH. ET PÄD.
CYBÈLE DE SILVEIRA
GOETHE UNIVERSITÄT FRANKFURT
INSTITUT FÜR PSYCHOLOGIE
ARBEITSBEREICH PSYCHOANALYSE
SENCKENBERGANLAGE 15
D-60054 FRANKFURT AM MAIN
E-MAIL: silveira@em.uni-frankfurt.de

H. Haltenhof, G. Schmid-Ott, U. Schneider (Hrsg.)

Persönlichkeitsstörungen im therapeutischen Alltag

Diagnostik und Therapie von Persönlichkeitsstörungen zählen zu den schwierigsten Aufgaben von Psychiatrie, Psychotherapie und Psychologie, da die Grenzen zum Normalpsychologischen verschwimmen können. Das vergangene Jahrzehnt war allerdings durch große Fortschritte im Verständnis verursachender und aufrechterhaltender Faktoren sowie in evidenzbasierten Therapieoptionen gekennzeichnet.

Ziel des Buches ist es, an relevanten Beispielen die unterschiedlichen Aspekte von Diagnostik und Therapie der Persönlichkeitsstörungen unter klinischen Gesichtspunkten darzustellen.

Neben Abschnitten zur Begriffsbestimmung, Diagnostik, Symptomatik sowie psychodynamischen und verhaltenstherapeutischen Therapiekonzepten besteht ein innovativer Ansatz darin, auch Problemfelder aufzugreifen, die in der Forschung noch umstritten oder eher vernachlässigt sind. Zentrale Beiträge beschäftigen sich mit Traumafolgen, Migrationseinflüssen, Suizidalität und Krisenintervention bei Persönlichkeitsstörungen.

"Der Band bildet in umfassender Weise den ´state of the art´ der gegenwärtigen Forschung ab und ist ausgesprochen praxisnah geschrieben" (Harald J. Freyberger).

356 Seiten, ISBN 978-3-89967-517-7, Preis: 30,- €

PABST SCIENCE PUBLISHERS
Eichengrund 28, D-49525 Lengerich, Tel. ++ 49 (0) 5484-308, Fax ++ 49 (0) 5484-550, pabst@pabst-publishers.de, www.psychologie-aktuell.com, www.pabst-publishers.de

THERAPEUTISCHES FRAGEN ALS HEBAMMENKUNST

Arnulf Deppermann

ZUSAMMENFASSUNG: Während die Relevanz von Patientenerzählungen und therapeutischen Deutungen für den Therapieprozess viel diskutiert wird, wird den therapeutischen Fragen weniger Beachtung geschenkt. In diesem Artikel wird dafür argumentiert, therapeutische Fragen als potenziell veränderungsrelevante Verfahren der gemeinsamen Konstruktion von Erzählungen zu betrachten. Therapeutische Fragen sind maieutisch ausgerichtet, das heißt sie regen den Patienten an, von sich aus die Erzählung zu expandieren und dabei zu psychologisch relevanten Deutungen des Erzählten zu gelangen. Therapeuten scheinen in ihren Reaktionen auf Patientenerzählungen der Präferenzreihenfolge „Produktion von Continuern (Fortsetzungssignalen) – Schweigen – Fragen – Deuten" zu folgen. Sie greifen also erst zur selbstproduzierten Deutung, wenn der Patient von sich aus keine produziert. Diese Präferenzreihenfolge der Therapeutenreaktionen reflektiert eine Präferenz für die Selbstdeutung des Patienten, die maieutisch, das heißt durch sokratisches Fragen, unterstützt wird.

SCHLÜSSELWÖRTER: Psychotherapie, Erzählen, Konversationsanalyse, Fragen, Präferenzstruktur, Deuten, Schweigen, Therapeutische Interaktion, sokratisches Fragen

ERZÄHLINTERAKTION UND FRAGEN IN DER THERAPIE

Die vielfältige Relevanz der Erzählungen des Patienten für den therapeutischen Prozess gehört inzwischen zum Gemeingut psychoanalytischer Erkenntnis (Boothe 1994): Erzählen ist Instrument der Bewältigung und der heilsamen Re-Interpretation der Erfahrung, es ist der Weg zum Verständnis der eigenen Handlungsmöglichkeiten und symptomatischer, inszenierter Ausdruck von Konflikten und Beziehungsmustern. Streeck (2004) weist mit Recht darauf hin, dass Therapie kein Erzählmonolog, sondern Interaktion ist. Doch dies betrifft auch die Erzählungen selbst: Sie sind dialogische, emergente Konstruktionen, die durch die gemeinsame Aktivität von Patient und Therapeut zustande kommen, interpretiert und elaboriert werden. Wenn in der psychoanalytischen Literatur diskutiert wird, wie der Therapeut auf Erzählungen des Patienten reagiert und damit zu ihrer Veränderung beiträgt, dann steht die Intervention durch Deutung im Vordergrund (z.B. Mertens 1990, S. 88ff.). Hier möchte ich zeigen, dass Therapeuten in einer anderen, viel unspektakuläreren und häufiger anzutreffenden Weise die Erzählungen ihrer Patienten mitgestalten und modifizieren, nämlich durch Fragen. Dabei werde ich mich darauf konzentrieren, wie Fragen von Therapeuten als maieutische Praktik sokratischen Fragens (vgl. Hanke 1991) eingesetzt werden. Mit dieser „Hebammenkunst" wird dem Patienten die Aufgabe zugewiesen, seine Erzählung selbst psychologisch zu deuten. Dabei wird er durch die Frage kategorial angeleitet. Oftmals weisen Fragen auf eine (mehr oder weniger klar bestimmte) Deutungshypothese des Therapeuten voraus, zu der der Patient von sich aus als eigener Deutung gelangen soll.

CONTINUER, SCHWEIGEN UND FRAGEN IM ERZÄHLPROZESS

Wo ist der Ort von Fragen in Patientenerzählungen, was ist ihr Anlass? Fragen in Therapiegesprächen können ganz unterschiedliche Funktionen haben (vgl. Wrobel 1983). Sie können als Informationsfragen der Füllung von Wissenslücken des Therapeuten dienen, zum Beispiel anamnestische Fragen wie: „was fürn krebs war das?". Therapeuten stellen weiterhin oft Nachfragen, die der Verstehenssicherung dienen, wenn eine Aussage des Patienten nicht richtig gehört oder verstanden wurde.

Während diese Fragen durch Verständigungs- und (oftmals differentialdiagnostische) Informationsbedürfnisse des Therapeuten motiviert sind, sollen uns hier Fälle interessieren, in denen Fragen therapeutisch relevant werden. Sie dienen dann nicht (nur) der Aufklärung des Therapeuten über etwas, was der Patient bereits weiß, sondern dazu, gemeinsam mit dem Patienten eine Deutung zu konstruieren beziehungsweise diesen dazu zu veranlassen. Generell sind therapeutische Fragen ein Mittel der Elizitierung von Erzählexpansionen, wenn der Patient von sich aus seine Erzählung nicht weiter expandiert. Im folgenden Beispiel hatte die Patientin über massive Schmerzen und anfallsartiges Weinen seit der letzten Therapiestunde ge-

klagt. Sie sagt, es falle ihr schwer, darüber zu reden, doch sie fühle sich gezwungen, dies zu tun.

#1 IDS-Mannheim angepiekt 4020.16
135   PA: ich mein sie können mich nich zwingen dazu aber
136   ich meine sie wissen [was] ich meine
137   TP: [mhm]
138   TP: ich glaub [schon]
139   KL: [dass] ich mich gezwungen fühle
140   TP: ja
141   KL: das auszusprechen
142   TP: ja
143   KL: denn irgendwo muss ja dieser (-)
144   TP: der [knoten sitzen]
145   KL: [knoten sitzen] ne?
146   TP: ja
147   (3.0)
148   TP: was is das denn so mit dem (3.2) dem weinen (--)
149   KL: nu [ich bin immer schon]
150   TP: [warum weint man denn]

Therapeutin und Patientin vervollständigen gemeinsam die vage Einschätzung der Patientin „irgendwo muss ja dieser der knoten sitzen" (Z.143f.). Die Therapeutin bestätigt mit der Rückmeldepartikel „ja" (Z.146), lässt aber drei weitere Sekunden vergehen (Z.147), bis sie mit einer Frage nach den Gründen des Weinens die Patientin zur Elaboration ihrer Erzählung auffordert. Die Rückmeldepartikel wird hier als ein „Continuer" (Schegloff 1982) eingesetzt, das heißt als Fortsetzungssignal, das anzeigt, dass die Therapeutin die Erzählung der Patientin als nicht abgeschlossen behandelt und ihr weiterhin das Rederecht (besser: die Redepflicht) zuweist.

Wir sehen in #1, dass die Frage ein inhaltlich spezifiziertes, funktionales

Äquivalent für einen Continuer ist. Fragen, die keine reinen Informationsfragen beziehungsweise Verstehensprüfungen sind, sondern zur Elaboration von Erzählungen in Bezug auf psychologische Aspekte auffordern, werden meist nach Pausen, die deutlich länger als übliche Redeübergabepausen (max. eine Sekunde) sind, angeschlossen beziehungsweise nach einem Continuer produziert, auf den hin der Patient seine Erzählung aber nicht expandiert hatte.

Im Unterschied zur Frage präjudizieren Continuer und Schweigen die Art und Weise der Erzählexpansion inhaltlich-kategorial nicht. Damit stellt der Therapeut sicher, dass der Patient einen erzählerischen Zusammenhang abschließen kann. Zum anderen aber – dies gilt vor allem in Beispielen wie #1, wo Patienten durch abschließende Evaluationen, Moral- oder Codaformulierungen den Erzählabschluss deutlich markieren – wird mit dem Verzicht auf Rederechtübernahme verdeutlicht, dass vom Patienten eine selbstgesteuerte Elaboration der erzählten Geschichte erwartet wird. Durch ihre sequenzielle Platzierung implizieren Continuer und Schweigen die Erwartung, dass eine thematisch kohärente Fortsetzung erfolgt. Deshalb ist es folgerichtig, dass Therapeuten Continuer und Schweigen gerade dann platzieren, wenn Patienten in ihrer Erzählung auf die für die Therapie zentral relevante Ebene der Darstellung von psychischen Sachverhalten gekommen sind. Entscheidend sind daher nicht die Beschränkung auf Continuer und das Schweigen des Therapeuten als solche, sondern wann sie geschehen.

Therapeuten benutzen hier also elementare alltagsweltliche Techniken der Initiierung von Erzähl-Expansionen. Therapeuten scheinen generell einer Präferenz zur selbstbestimmten Erzählelaboration und damit zur selbstgesteuerten Selbstexploration zu folgen. Erst wenn diese vom Patienten nicht wahrgenommen wird, leiten sie die Selbstexploration des Patienten aktiv durch Fragen an.

Fragen als retrospektive Verstehensdokumentation

Fragen haben ganz generell eine prospektive und eine retrospektive Seite. Die prospektive Seite ist evident: Fragen etablieren Anforderungen an zukünftiges Handeln des Patienten, indem sie eine thematische Agenda setzen und dazu auffordern, ein bestimmtes Thema weiter zu expandieren, Informationen zu geben, zu begründen et cetera. Doch Fragen haben auch eine retrospektive Seite. Sie setzen nämlich bestimmte Sachverhalte als gegeben voraus. Sie sind damit auch eine Form der Verstehensdokumentation: Mit der Frage zeigt der Therapeut mehr oder weniger deutlich an, wie er den vorangehenden Beitrag des Patienten verstanden hat.

Verstehenskriterien in der Psychotherapie

Nicht erst in Deutungen, sondern schon an den Fragen des Therapeuten wird deutlich, dass in der Therapie ganz andere Verstehenskriterien als bei anderen Gesprächsanlässen gelten: Das Verstehen des Therapeuten ist ein perspektivisches, das heißt, der Therapeut versteht und deutet die Patientenäußerungen stets unter der Maßgabe des institutionellen Zwecks der Therapiesitzung, etwa der Diagnose und Beurteilung der Therapieeignung im Erstgespräch, des Ausdrucks von psychischen Problemen, Emotionen, Konflikten, Widerstand, Übertragung et cetera. Entsprechend fokussieren erzählexpandierende Fragen des Therapeuten fast ausschließlich psychologische Aspekte wie Emotionen, Motive, Erwartungen, Kognitionen und Ursachenerklärungen des Patienten, nicht aber etwa situative Details, den weiteren Fortgang einer Geschichte, Informationen über die beteiligten Personen und Schauplätze und so weiter. Im Gegenteil, genau dies unterscheidet die therapeutischen Fragen von Informationsfragen und von der Typik des Fragens im Alltag.

Die Tatsache, dass der Therapeut die Patientenerzählung durch seine psychologische Verstehenshaltung und die daraus resultierenden psychologischen Frageinhalte in besonderer Weise steuert, mag trivial klingen. Doch genau hierin besteht die Spezifik der gemeinsamen Prägung der Erzählung in der Therapie! Vom Patienten aus sind Erzählungen nämlich häufig Ereignis- und Erlebnisschilderungen ohne ausgeprägte oder gar eindeutige psychologische Komponente: Viele Patientenschilderungen beinhalten weder Schilderungen des subjektiven Erlebens noch werden sie vom Patienten psychologisch kategorisiert und interpretiert. Therapeutische Nachtragen initiieren beziehungsweise vertiefen dagegen den Prozess der psychologisch ausgerichteten narrativen Ausarbeitung der Erzählung und führen dazu, dass die therapeutische Erzählung eine gemeinsame Erzählung ist, die oftmals nicht mit Alltagserzählungen vergleichbar ist. Der Unterschied zu anderen Erzählanlässen sei an einem unspektakulären, aber typischen Beispiel verdeutlicht. Ausschnitt #2 zeigt die Klage der Patientin aus der bereits in #1 wiedergegebenen Therapiesitzung:

#2 IDS-Mannheim angepiekt 4020.16
01   KL: also am ich bin am (-) DONnerstag letzte woche ja bei ihnen gewesen
02   und dann (-)
03   .hh äh hat das das gespräch hat mich irgendwie=n bisschen arg
04   aufgeRÜTtelt- (.) [muss] ich sagen und
05   TP: [mhm.]
06   KL: und prompt am nächsten morgen als wenn ich=s geahnt hätte
07   ich hätt=s ihnen schriftlich geben kö[nnen] (-)
08   TP: [mhm]
09   KL: .h fingen diese (.) grässlichen
10   TP: mhm
11   KL: schmerzen da wieder an.
12   TP: mhm
13   KL: .hh un die ganze woche das heißt also (1.1)
14   und mal mehr mal weniger (---)
15   mal gar nich (-) aber eben latent da
16   TP: mhm
17   KL: un un heute morgen also masSIV. (--)
18   un ich hab schon gedAcht ich könnte gar nich zu IHnen kommen
19   TP: mhm (-)
20   KL: des is also-
21   TP: wie sehen sie denn da die verBINdung?
22   irgendwie hat=s ja was mit dem gesprÄch zu tun ne?
23   KL: also das nehm ich an dass es das hat weil
24   TP: ham wer da so=n punkt getroffen?
25   KL: [ja ja da]
26   TP: [oder so=n] nerv. hhh
27   KL: da ham wer irgendwas geTROFfen

Während im Alltagsgespräch empathische Anteilnahme oder der Dank, trotzdem gekommen zu sein, die zu erwartende Hörerreaktion auf die Erzählung der Patientin wäre, fordert die Therapeutin sie auf, ihre Sicht der Verbindung zwischen der letzten Therapiestunde und ihren somatischen Beschwerden weiter auszuführen (Z.21: „wie sehen sie denn da die verBINdung?"). Wir sehen hier die Spezifik des therapeutischen, in Fragen dokumentierten und damit für den weiteren Erzählprozess wirksam werdenden Verstehens:
- Die Nachfrage richtet sich auf das psychologische Motiv für den Zustand der Patientin.
- Die Nachfrage setzt einen erhöhten Präzisions- und Detaillierungsmaßstab für die erzählerische Darstellung. Es reicht nicht aus, zu sagen, dass die letzte Therapiesitzung und die Beschwerden der Patientin etwas miteinander zu tun haben.
- Die Nachfrage dringt in das private Territorium der Patientin ein: Sie wird interaktiv für ihre privaten Gefühle und Erlebnisse auskunfts- und rechenschaftspflichtig gemacht.

Syntaktische Fragetypen

Wenn wir von den spezifischen Inhalten und Kategorisierungen der Frage absehen, können wir feststellen, dass es drei grundsätzliche syntaktische Fragetypen gibt. Diese drei Fragetypen bringen jeweils eine spezifische Konstellation des Verhältnisses von Verstandenem und Nicht-Verstandenem zum Ausdruck.

a) W-Fragen

beginnen mit einem Fragepronomen wie *wer, wie, was, warum* et cetera. Sie fokussieren eine spezifische Eigenschaft eines Ereignisses oder Zustands. Linguistisch gesehen bezieht sich das Fragepronomen auf eine thematische Rolle wie Agens (Wer handelt?), Patiens (Wer ist betroffen?), Zeit, Ort, Ursache et cetera, welche der Therapeut in Bezug auf die Erzählung des Patienten als noch nicht bekannt beziehungsweise verstanden kategorisiert. W-Fragen zeichnen sich dadurch aus, dass einerseits eine thematische Kategorie als noch nicht verstanden beziehungsweise klärungsbedürftig angezeigt wird, andererseits jedoch die in der Frage enthaltenen Kategorisierungen und Prädikationen als gültig und verstanden vorausgesetzt werden. In #2, Z.27: „wie sehen sie denn da die verbindung" etwa wird als nicht verstanden herausgestellt, welcher Art der Zusammenhang zwischen Therapiegespräch und somatischen Problemen der Patientin ist. Dass Ersteres Letzteres bedingt, wird dagegen als verstanden und gegeben vorausgesetzt.

b) Verb-Erst(V1)-Fragen

beinhalten demgegenüber eine vollständige Proposition, die als unsicher präsentiert wird. Im folgenden Beispiel reagiert ein Therapeut auf die Erklärung eines Patienten, er habe auch schon darüber nachgedacht „dem ein ende [zu] machen" mit der Frage:

#3 Uni-Freiburg Ewald HIV_1 ab 13:55[1]
114 A: schon ma konkret da drüber nachgedacht oder (--) is so(---)
115 P: hh
116 A: mehr n ausdruck von (-) s=mir alles zu viel und ich weiß nich mehr
117 P: eher so in die richtung ja (-)
118 A: okay
119 (6.2)
120 P: ich mein (-) so (--) geht=s mir eigentlich gut (-) bis auf n paar
121 nebenwirkungen (-) nebenwirkungen vielleicht von dene tabletten

Im Unterschied zu W-Fragen wird in V1-Fragen keine Kategorie als unbekannt beziehungsweise nicht-verstanden angezeigt, sondern der Fragende formuliert eine Proposition, deren Wahrheitswert jedoch als ungewiss markiert wird. Mit anderen Worten: Der Fragende beansprucht implizit, die relevanten Alternativen zu kennen, aber noch nicht zu wissen, welche der Alternativen zutrifft. Dementsprechend machen V1-Fragen eine Ja-Nein-Antwort erwartbar, während W-Fragen auf jeden Fall eine Kategorisierung beziehungsweise Beschreibung der unbekannten Kategorie einfordern. Allerdings wäre es zu kurz gegriffen, V1-Fragen einfach als Ja-Nein-Fragen zu betrachten. Zum einen zeigen manche V1-Fragen durch ihre Formulierung, dass eine der beiden Antworten präferiert bzw. erwartet wird. Zum anderen erwarten die Fragenden oftmals nicht einfach nur eine Ja- oder Nein-Antwort, sondern eine weitere Erläuterung der Zustimmung oder Ablehnung. Diese Erwartung wird sowohl an den Antworten deutlich, die sich meist nicht auf Ja oder Nein beschränken, und ebenso an der so genannten „dritten Position", das

heißt der Reaktion der Fragenden auf die Antwort. Dies sehen wir in #3. Der Therapeut stellt in Z.114-116 eine Alternativfrage. Der Patient bestätigt die Gültigkeit der zweiten vom Therapeuten genannten Alternative (Z.117). Handelte es sich um eine Ja-Nein-Frage, müsste dies hinreichend sein. Der Therapeut produziert jedoch nur einen Continuer (Z.118) und schweigt dann (Z.119), zeigt also, dass er die Antwort als nicht ausreichend ansieht. Nach 6.2 Sekunden Pause setzt der Patient daraufhin zu einer weiteren Erläuterung an.

In einer Untersuchung von Fragen in Arzt-Patient-Gesprächen haben wir festgestellt, dass zwar auf W-Fragen mit durchschnittlich 13.2 Wörtern die längsten Antworten erfolgen, auf V1-Fragen aber Antworten mit immerhin durchschnittlich 10.2 Wörtern erfolgen (Deppermann/Spranz-Fogasy i.V.). Für Therapiegespräche haben wir noch keine Auszählung an einem größeren Korpus vorgenommen, doch deuten die bisherigen Beobachtungen darauf hin, dass es sich hier ähnlich verhält. Die viel beschworene Unterscheidung zwischen offenen und geschlossenen Fragen scheint also nicht dem zu entsprechen, wie in der kommunikativen Praxis tatsächlich unterschiedliche Fragetypen eingesetzt und verstanden werden.

c) Deklarativsatzfragen

implizieren in noch höherem Maße die Präsupposition verstanden zu haben. Mit ihnen werden dem Patienten nicht nur wie bei V1-Fragen Alternativen hinsichtlich möglicher Verständnisse angeboten, sondern es wird ein

---

[1] Ich danke Almut Helmes (Abt. für Rehabilitationspsychologie des Psychologischen Instituts der Universität Freiburg) für die Erlaubnis, dieses Datum zu nutzen.

wahrscheinliches Verständnis zur Ratifikation vorgelegt. Die Stärke der Verstehenspräsupposition wird vor allem daran deutlich, dass sie eine starke Präferenz für Zustimmung etablieren. Anders verhält es sich, wenn sie prosodisch markiert sind, etwa durch stark steigende Intonation oder einen besonders hervorgehobenen Akzent. Dann zeigen sie Skepsis an und fordern zur Korrektur auf.

PROSPEKTIVE FUNKTIONEN VON FRAGEN

Kommen wir nun zu den prospektiven Funktionen von Fragen für den weiteren Gesprächsverlauf. Fragen fokussieren bestimmte Aspekte und setzen sie selektiv relevant. Fragen, welche die psychologisch relevanten Aspekte einer Patientenerzählung fokussieren, zeigen daher mehr oder weniger deutlich an, wo aus Sicht des Therapeuten die Erzählwürdigkeit einer Erzählung, ihre Moral und ihr Erkenntniswert zu suchen sind. Über das Stellen von Fragen und ihre (minimale) Beantwortung kann zwischen Therapeut und Patient ein Kampf um den relevanten Fokus des Therapiegesprächs ausgetragen werden. Fragen steuern das Folgehandeln des Patienten: Sie fordern zur Erläuterung, Rechtfertigung, Erklärung et cetera auf. Damit sind sie diagnostisch aufschlussreich: Wie geht der Patient mit angesprochenen Deutungsdimensionen um? Welche kognitiven und emotionalen Bereitschaften aktualisiert er, welche kommunikativen Fähigkeiten stellt er unter Beweis, wie definiert und gestaltet er die Therapiebeziehung? Fragen deuten schließlich oft darauf hin, dass der Therapeut eine Deutungshypothese hat. Dies zeigt sich in der dritten Position, das heißt der Reaktion des Therapeuten auf die Antwort des Patienten auf seine Frage. Dass der Therapeut auf eine andere Antwort abzielte, wird dann an einer Reformulierung der Frage oder aber an der Ersetzung der Frage durch eine Deutung deutlich. Schauen wir uns dazu die Fortsetzung von #1 an.

#4 IDS-Mannheim angepiekt 4020.16
148   TP: was is das denn so mit dem (3.2) dem weinen (--)
149   KL: nu [ich bin immer schon]
150   TP: [warum weint man denn]
151   KL: ich bin immer schon so leicht am wasser gebaut das is schrecklich
152   TP: das ham sie ja letzte woche schon gesacht ne? (-)
153   so da sachten sie ja (-) äh ich wein dann schnell jetz is ihnen ja
154   auch mehr zum heulen als zum lachen zumute
155   KL: ja ganz sicher
156   TP: ja
157   KL: ja
158   TP: das spür ich schon
160   TP: (---) aber so mit dem weinen denk ich (--) das is ja oft auch
161   TP: so=ne möglichkeit oder ein zugang für die angst (--)
162   KL: wie [meinen sie das ein] zugang für die angst
163   TP: [ich mein es is ja]

Die Frage in Z.148/150: „Was ist denn das mit dem weinen ... warum weint man denn" wird von der Patientin mit einer Paraphrase beantwortet: „bin immer so nah am wasser gebaut". Die Therapeutin zeigt, dass diese Antwort nichts Neues bringt (Z.152). Nachdem die Patientin keine weiteren Anstalten macht, nach einer Erklärung für das Weinen zu suchen, präsentiert die Therapeutin schließlich selbst eine Deutung: „aber so mit dem weinen denk ich (--) das is ja oft auch so=ne möglichkeit oder ein zugang für die angst" (Z.160f.).

FAZIT:
THERAPEUTISCHE FRAGEN ALS MAIEUTISCHE STRATEGIE UND DIE PRÄFERENZ FÜR DIE SELBSTDEUTUNG DES PATIENTEN

Erzählstrukturell gesehen führen die Fragen des Therapeuten zu einer kollaborativen Konstruktion der Erzählung, die so zu einer diagnostischen wie veränderungsrelevanten Therapieerzählung wird. Fragen können verschiedene Funktionen haben. Sie können ganz einfach dazu dienen, Informationen zu gewinnen, um den Patienten besser zu verstehen. Darüber hinaus können sie als maieutische Anregung für den Patienten dienen, indem sie auf Teile, Formulierungen, Deutungsmöglichkeiten et cetera seiner Darstellung fokussieren, die dem Patienten zur weiteren eigenen Reflexion gegeben werden. Wichtig ist hierbei, dass Fragen nicht deterministisch den Weg vorzeichnen, den der Patient in seiner Selbstexploration gehen wird. Der Patient kann sie mit weiteren Erzählungen und Argumentationen, mit Fokuswechseln, der Zurückweisung von Fragepräsuppositionen oder ihrer Relevanz beantworten, was wiederum zu therapeutisch relevanten neuen Informationen, Erkenntnissen, Erzählungen, Enaktierungen et cetera führen kann. Fragen haben eine größere Offenheit für autoepistemische Effekte, die auch für den Therapeuten unvorhersehbar sein können, im Gegensatz zu direkten Deutungen, die häufiger auf Zurückweisung oder manifestiertes Unverständnis (Widerstand) stoßen, den Patienten aber nicht zur eigenen Erzählexpansion anregen. Die Reaktionen von Therapeuten auf die Patientenantworten zeigen, dass Fragen vielfach eingesetzt werden, den Patienten dazu zu bringen, eine Interpretation, die der Therapeut selbst schon gebildet hat, beziehungsweise eine Intervention, die er bezweckt, von sich aus zu entwickeln. Fragen werden also oft, ähnlich wie dies im fragend-entwickelnden Unterricht bezweckt wird (vgl. Becker-Mrotzek/Vogt 2001, S. 71ff.), als Hebammenkunst eingesetzt.

Die untersuchten Daten zeigen, dass Therapeuten einer Präferenzreihenfolge für ihre Aktivitäten zur Elizitierung von Erzählexpansionen und damit von autoepistemischen Effekten zu folgen scheinen: Continuer → Schweigen → Fragen → Deuten. Das heißt, präferenziell wird dem Patienten durch Continuer und Schweigen die Initiative überlassen, selbst einen aktuellen thematischen Fokus therapeutisch relevant weiterzuentwickeln. Gelingt dies nicht, werden Fragen zur Fokussierung und zur kategorialen Anleitung der Erzählexpansion eingesetzt. Erst wenn dies nicht dazu führt, dass der Patient einen präzisierenden, klärenden oder erklärenden Zugang zum psychischen Problem gewinnt, greift der Therapeut zum Mittel der Deutung.

Fragen sind also im Vergleich zu Deutungen ein weiches, strategisches und didaktisches Verfahren, das bevorzugt wird, soweit es Erfolg hat, das jedoch durch die Deutung ersetzt wird, wenn es sich nicht als erfolgreich erweist. Diese Präferenzreihenfolge der kommunikativen Aktivitäten der Erzählexpansion reflektiert eine Präferenz für die Selbstdeutung und damit für die kommunikative und epistemische Autonomie des Patienten im therapeutischen Veränderungsprozess, der aber vom Therapeuten stützend begleitet und an den richtigen Stellen gelenkt wird.

LITERATUR

Boothe, B. (1994). Der Patient als Erzähler in der Psychotherapie. Göttingen: Vandenhoeck & Ruprecht.

Becker-Mrotzek, M. & Vogt, R. (2001). Unterrichtskommunikation. Tübingen: Niemeyer.

Deppermann, A. & Spranz-Fogasy, T. (i.V.). Doctors' questions and mutual understanding in medical interaction.

Hanke, M. (1991). maieutike techne. Zum Modell der sokratischen Gesprächstechnik. In Flader, D. (Hrsg.), Verbale Interaktion (S. 50-91). Stuttgart: Metzler.

Mertens, W. (1990). Einführung in die psychoanalytische Therapie. Band 2. Stuttgart: Kohlhammer.

Schegloff, E. A. (1982). Discourse as an interactional achievement. In Tannen, D. (Ed.), Analyzing discourse (pp. 73-91). Washington DC: Georgetown UP.

Streeck, Ulrich (2004). Auf den ersten Blick. Stuttgart: Klett-Cotta.

Wrobel, A. (1983). Fragen im psychoanalytisch orientierten Erstinterview. In Keseling, G. & Wrobel, A. (Hrsg.), Latente Gesprächsstrukturen (S. 147-169). Weinheim: Beltz.

ARNULF DEPPERMANN
E-MAIL:
deppermann@ids-mannheim.de

M. Heinze, T. Fuchs, F. Reischies (Hrsg.)

Willensfreiheit – eine Illusion? Naturalismus und Psychiatrie

Nachdem die Debatten über die Willensfreiheit lange Zeit unversöhnlich vor allem zwischen Neurologen und Philosophen geführt wurden, ist es an der Zeit für einen Brückenschlag zwischen den Fronten. Diesen möchte der Band leisten, indem er die Freiheit des Willens bzw. das Problem des Determinismus aus neuen, zum Teil ganz unerwarteten Perspektiven in den Blick nimmt. Quantenphysikalische Lösungen stehen hier z.B. neben zeitphilosophischen Erörterungen. Einen Schwerpunkt bilden Beiträge aus der Psychiatrie, die sich in besonderer Weise eignet, dem Thema an Beispielen wie dem psychisch kranken Straftäter neue Einsichten abzugewinnen sowie zwischen Natur-, Geistes- und auch Rechtswissenschaften zu vermitteln.

256 Seiten, ISBN 978-3-89967-337-1, Preis: 20,- €

PABST SCIENCE PUBLISHERS
Eichengrund 28, D-49525 Lengerich
pabst@pabst-publishers.de
www.psychologie-aktuell.com
www.pabst-publishers.de

„DANN HAT ICH N TRAUM GEHABT [...] DA WUSST ICH WAS KÄMPFEN IS" – TRÄUME IN AUTOBIOGRAFISCH NARRATIVEN INTERVIEWS MIT ÜBERLEBENDEN EINER AKUTEN LEUKÄMIE

Viktoria Heine & Jörg Frommer

ZUSAMMENFASSUNG: In unserer Studie zur biografischen Krankheitsverarbeitung von Überlebenden einer akuten Leukämie wurden 17 autobiografisch-narrative Interviews erhoben. Die Informanten waren mindestens ein Jahr krankheits- und behandlungsfrei. Träume werden oft als Ereignisse mit symbolischer Bedeutung angesehen. Dementsprechend können sie den Träumenden und dadurch sein Handeln beeinflussen. Nachstehend werden zwei Beispiele von Träumen vorgestellt, um zu zeigen, welche Bedeutung die Patienten ihren Träumen beimessen, und welche Rolle diese Bedeutungszuschreibung für das Entrinnen aus der Verlaufskurve hat. Konfrontationen mit dem Tod im Traum wirken wie ein 'Wachrütteln' aus einem lethargischen Zustand und entfachen eine kämpferische Haltung gegenüber der Krankheit.

SCHLÜSSELWÖRTER: autobiografisch-narratives Interview, Träume, Krebs, Leukämie, qualitative Forschung

EINLEITUNG

Der Ausbruch einer schweren Krankheit, so auch die Diagnose 'akute Leukämie', trifft die betroffenen Patienten meist überraschend und unvorbereitet (Corbin & Strauss 1993). Auch wenn diese Diagnose in den letzten Jahrzehnten aufgrund verbesserter Behandlungsmöglichkeiten und somit größerer Überlebenschancen den vernichtenden Schrecken eines sicheren Todesurteils zu verlieren beginnt, müssen sich die Betroffenen zunächst mit dem traumatischen Erlebnis der Diagnose und einer unverzüglich einzuleitenden Therapie abfinden. Erste Reaktionen der Betroffenen auf die Diagnose sind häufig Assoziationen mit Schmerz, Siechtum und die Angst vor dem baldigen Tod (Hagemann 2003).

Die Erkrankung der akuten Leukämie verläuft rasch und bedarf einer sofortigen, intensiven medizinischen Therapie und kann auch bei maximaler Behandlung bei einem großen Teil der Patienten zum Tode führen (Köhler 2006). Durch intensive Chemotherapie kann bei 30-40% der Patienten eine Heilung erreicht werden. Dennoch bleiben für alle Patienten mit akuten Leukämien eine hohe krankheits- und therapiebedingte Morbidität sowie eine vitale Bedrohung bestehen. Die instabile Krankheitssituation verlangt zudem schnelles medizinisches Handeln. Die Patienten finden somit zwischen Diagnosestellung und Therapiebeginn kaum bis keine Gelegenheit, die Geschehnisse zu realisieren bzw. sich mit ihrer Familie zu beraten. In der Zeit nach der als traumatisch erlebten Diagnose müssen die Patienten lernen, mit ihrer Krankheit umzugehen, und ihre Biografie neu entwerfen.

Im Folgenden werden das Sample, die Methodik und anschließend eine zentrale Frage unserer Studie vorgestellt: Wie gelingt es Menschen mit einer akuten Leukämie, den Schock und die Traumatisierung durch die tödliche Bedrohung zu verarbeiten? Hierzu wird zunächst die akute Leukämie als Auslöser für eine Verlaufskurve des Erleidens dargestellt und dann werden zwei Traumbeispiele präsentiert. Dabei sollen zwei Aspekte beleuchtet werden: Welche Relevanz schreiben die Patienten den Träumen zu, und welche Rolle hat diese Deutung für das Entrinnen aus der Verlaufskurve des Erleidens.

SAMPLE UND METHODIK

SAMPLE

Die Studie untersucht die Lebensgeschichten von 17 Überlebenden einer akuten Leukämie (N=17, 8 männlich, 9 weiblich). Laut der Definition von Kornblith (1998) sind Überlebende einer akuten Leukämie ein Jahr krankheits- und behandlungsfrei. Dieser Definition folgend entschieden wir uns, Personen in die Studie einzubeziehen, die mindestens ein Jahr krankheits- und behandlungsfrei waren.

Nach Zustimmung der zuständigen Ethikkommission zum Studienkonzept, entsprechender Aufklärung und schriftlicher Einverständniserklärung der einzelnen Informanten erfolgte die Aufnahme in die Studie. Die Informanten wurden über die Klinik für Hämatologie/Onkologie der Universitätsklinik Magdeburg rekrutiert. Der jüngste Studienteilnehmer war 24 Jahre und die älteste Studienteilnehmerin war 73 Jahre alt. Die Interviews wurden von der Erstautorin dieses Beitrags geführt. Als Interviewort wurde das eigene Zuhause der Informanten gewählt, da eine dem Informanten vertraute Umgebung der Mitteilungsbereitschaft förderlich ist.

Die autobiografisch-narrativen Interviews wurden mit dem Einverständnis der Informanten auf Tonband aufgezeichnet. Die Interviewdauer lag zwischen 53 und 176 Minuten. Die Transkription der anonymisierten Interviews erfolgte nach den von Mergenthaler und Stinson (1992) vorgeschlagenen Regeln. Die Auswertung der Interviews erfolgte nach Schütze (1983).

ERHEBUNGSMETHODE

Zur Untersuchung individueller Belastungsverarbeitung eignet sich in besonderer Weise das autobiografisch-narrative Interview (Schütze 1983), da dieses aufgrund der Erhebung von Erzählungen sehr reichhaltige Informationen liefert. Autobiografisch-narrative Interviews beinhalten umfassende und spontane Erzählungen, die durch einen vom Interviewer initiierten erzählgenerierenden Stimulus ausgelöst werden (z. B. „Ich möchte Sie bitten, mir Ihre Lebensgeschichte zu erzählen, all die Erlebnisse, die für Sie persönlich wichtig waren. Sie können sich dazu so viel Zeit nehmen, wie Sie möchten. Ich werde Sie nicht unterbrechen, mir nur einige Notizen machen, auf die ich später noch eingehen werde."). Der Interviewte erzählt frei mit eigener Relevanzsetzung. Sobald sich der Interviewte auf das narrative Interview einlässt und mit einer Erzählung beginnt, unterliegt er bestimmten Zugzwängen des Erzählens. Der Gestaltschließungszwang führt dazu, dass der Erzähler eine einmal begonnene Erzählung zu Ende bringt. Der Kondensierungszwang bewirkt eine verdichtete Darstellung, die sich schon aus Zeitgründen nur auf das für das Verstehen des Ablaufs Notwendige beschränkt. Der Detaillierungszwang schließlich hat zur Folge, dass zum Verständnis notwendige Hintergrundinformationen und Zusammenhänge im Rahmen der Erzählung dargestellt werden. Durch diese Zugzwänge und die daraus folgende Verselbstständigung der Darstellung beim Erzählen wird der Interviewte dazu getrieben, auch über sonst verschwiegene Ereignisse und Erfahrungen zu sprechen. Zudem wissen Menschen viel mehr von ihrem Leben, als sie in ihren eigenen Theorien von sich darstellen können. Dieses Wissen wird auf der Ebene des Erzählens verfügbar.

Auswertungsmethode

Parallel zur Erhebung und Aufbereitung der auf Tonband aufgenommenen Interviews wurde mit deren Auswertung begonnen. Der erste Schritt der Analyse ist die Textsortenanalyse. Zunächst wurden formal-analytische Darstellungsstücke, nämlich Erzählpassagen, argumentative Passagen und Beschreibungen, bestimmt und das jeweils dominante Kommunikationsschema der Sachverhaltsdarstellung im Textverlauf herausgearbeitet. Im Anschluss erfolgten die strukturelle Beschreibung und Segmentierung der Haupterzählung mit Hilfe von Rahmenschaltelementen. Ziel war die Herausarbeitung einzelner Erfahrungsstücke des Lebensweges. Die anschließende analytische Abstraktion hatte die biografische Gesamtformung zum Ziel, dabei wurden die dominanten Prozessstrukturen des Lebensablaufes (Schütze 1995) bestimmt. Es können vier grundsätzliche Prozessstrukturen des Lebensablaufes unterschieden werden: a) institutionelle Ablaufmuster und normative Erwartungen des Lebensablaufes (diese beruhen auf gesellschaftlich institutionalisierten Mustern des Lebensablaufs, denen der Biografieträger quasi unhinterfragt folgt), b) Handlungsschemata von biografischer Relevanz (dies sind vom Biografieträger bewusst geplante und realisierte Handlungen), c) Verlaufskurven des Erleidens (hierbei handelt es sich um Ereignisverkettungen, die von einem Verlust von Handlungsorientierung und Erfahrungen des Erleidens gekennzeichnet sind) und d) biografische Wandlungsprozesse (dies sind Prozesse, in deren Folge sich die Identität des Individuums verändert und neue Handlungsmöglichkeiten eröffnet werden). Die in der Gesamtbiografie enthaltenen Prozessstrukturen wurden in den lebensgeschichtlichen Gesamtzusammenhang gebracht und ausgearbeitet. Schließlich wurden die Besonderheiten der individuellen Lebensgeschichte in Zusammenhang mit kollektiven und sozialen Prozessen gebracht und als Ergebnis generalisierungsfähige Kategorien entwickelt (Perleberg et al. 2006).

Aufgrund der Datenmenge und der zeitintensiven Aufbereitung bzw. Analyse des Materials konnte die fallübergreifende Analyse noch nicht beendet werden und befindet sich derzeit in Arbeit. Zu diesen Arbeitsschritten gehören der kontrastive Vergleich und die Erstellung eines theoretischen Modells. Diese Analyseschritte lassen sich wie folgt beschreiben: Mittels kontrastiver Vergleiche der gebildeten Kategorien erschließen sich weitere analytisch relevante Kategorien. Durch die Explikation der Kategorien werden abschließend die in ihnen implizit enthaltenen theoretischen Potentiale und theoretischen Beziehungsgeflechte erarbeitet. Die erkannten Ordnungsmuster sozialer und biografischer Prozesse werden in ein systematisches theoretisches Modell integriert.

DAS KONZEPT DER VERLAUFSKURVE DES ERLEIDENS

Bei der Erforschung von Bewältigungsstrategien bei Patienten mit akuter Leukämie bzw. Überlebenden dieser Erkrankung ist es unerlässlich, besonders die Verlaufskurven des Erleidens zu betrachten. Der Terminus Verlaufskurve des Erleidens beschreibt einen sozialen und biografischen Prozessablauf, der durch persönliche Erfahrungen insbesondere des Erleidens charakterisiert ist. Das Konzept des Erleidens umschreibt Ereignis- und Aktivitätssequenzen innerhalb einer Biografie, die nicht in Termini des sozialen Handelns begriffen werden können. Wird ein Individuum mit einem krisenhaften Lebensverlauf konfrontiert, so gestaltet dieses seine Lebensverhältnisse solange aktiv, wie es seine biografischen Handlungsschemata aufrechterhalten kann und die in Krisensituationen kumulierten Verlaufskurvenpotentiale keine Verstrickungsverläufe mit Fallkurvencharakter verursachen. Die besondere Schwierigkeit eines Leidensprozesses besteht darin, dass noch ehe die Betroffenen effektive biografische Bearbeitungsstrategien entwickeln können, ihre bis dahin erworbenen Kompetenzen des sozialen Handelns vollständig oder anteilig aufgehoben werden und ihre Handlungs- und Identitätsorientierungen zerbrechen.

Erleidensprozesse zerschlagen also die intentionale Ordnung des Handelns und degradieren die Handlungskompetenz der Betroffenen, welche sich nicht mehr aktiv verhalten, sondern reaktiv, also durch erlebte Ereignisse und deren Rahmenbedingungen beeinflusst. Diese Erfahrungen erzwingen Reflexionen, Erklärungsversuche, Versuche der neuen Situationsdefinition und Versuche der Entwicklung von Wegen und Mustern des Bearbeitungs-, Kontroll- und Auswegshandelns. Verlaufskurven des Erleidens gefährden nicht nur die erworbenen Handlungs- und Welterfassungsstrukturen des Betroffenen, sondern auch den Konstitutionsaufbau der eigenen Identität und des eigenen Leibbezugs (Glaser & Strauss, 1968; Riemann & Schütze, 1991; Schütze 1999).

ERGEBNISSE – „DANN HAT ICH N TRAUM GEHABT [...] DA WUSST ICH WAS KÄMPFEN IS"

Der Beginn der Verlaufskurve des Erleidens verlief bei den Patientinnen 002-UE und 006-UE, ebenso wie bei den anderen Befragten in unserer Studie, ähnlich. Zu den berichteten Symptomen vor dem ersten Arztbesuch und der Diagnose der akuten Leukämie gehörten allgemeine Ermattung, erkältungsähnliche Symptome und Auffälligkeiten im Blutbild. Die Mitteilung der Diagnose spielt eine wesentliche Rolle im Prozess der Traumatisierung durch die Erkrankung. Die Diagnose wirkt abstrakt, gar unwirklich, sie wird zunächst nicht voll realisiert.

„Sagte se zu mir 'ja: Sie haben ne Leukämie', ich denke wupp noch ein, noch n

Schlag ins Gesicht, ja des is Leukämie! Super! ich denke 'nee das reicht', dann bin ich aufgestanden, 'Frau *Grothe ich bin doch noch gar nicht fertig', sage 'lassen Se mich in Ruhe, lassen Se mich einfach nur in Ruhe', [...] meine Tränen liefen schon in dem Moment, aber des war mir relativ ja? 'was n los?', sage 'lassen Se mich! in Ruhe!, fassen Se mich nich an!'. Sagt se 'Sie müssen nich gleich aggressiv werden', sage 'ich bin nich aggressiv, ich bin die Ruhe in Person, fassen Se mich nur nich an'." (Patientin 002-UE).

Die instabile Krankheitssituation verlangt zudem ein schnelles medizinisches Handeln, da die Prognose mit jedem Tag ohne Behandlung schlechter wird. Zwischen Diagnosestellung und Therapiebeginn finden die Patienten kaum bis keine Zeit, die Geschehnisse zu realisieren oder sich mit ihrer Familie zu beraten. Sie werden mit scheinbar harmlos wirkenden, erkältungsähnlichen Symptomen ins Krankenhaus gebracht und finden sich dort als schwerkranke Menschen in einer ihnen fremden Umgebung wieder.

Bei den Überlebenden gibt es innerhalb der Geschichte der Erkrankung objektiv und parallel oder zeitversetzt auch subjektiv einen Punkt, an dem sich das Blatt wendet. Von diesem Punkt an beginnt der Betroffene, sich aus den Fesseln der tödlichen Bedrohung zu lösen, und versucht die Verlaufskurve zu kontrollieren. Der Impuls zum Entkommen aus der Verlaufskurve kann z.B. durch Träume begünstigt werden. Diese helfen dem Patienten, sich mit seiner Erkrankung zu arrangieren und neue Perspektiven zu schaffen.

Beim Entkommen aus der Verlaufskurve zeigten die Befragten unterschiedliche Entrinnensstrategien. So konnten Träume als eine mögliche Entrinnensstrategie aus der Verlaufskurve des Erleidens identifiziert werden. Träume werden häufig als Ereignisse mit symbolischer Bedeutung oder als Prophezeiungen angesehen. Dementsprechend haben sie auf die Träumenden eine enorme Wirkung und können damit deren Handeln beeinflussen.

Die Patientin 1 (zum Diagnosezeitpunkt 18 Jahre und zum Interviewzeitpunkt 25 Jahre alt) erzählt, dass sie während der Anfangsphase ihrer Therapie stark unter den Nebenwirkungen litt (z.B. Pilzinfektionen im Mundraum). Diese erlebte sie als so belastend, dass sie sich wünschte, am nächsten Morgen nicht mehr aufzuwachen:

„da hab ich mir so gedacht, du willst! einfach nich mehr, sage ich will morgen nich mehr aufwachen, hab ich mir so gedacht, des ging mir so durch den Kopf ich konnte ja nichts sagen, weil ich ja überall Pilze hatte, ich will! morgen! nich! mehr! aufstehn, nich mehr aufwachen."

Zu dieser Zeit träumte sie des Nachts, dass sie den Keller eines Hauses in einem dunklen Wald betrat. In diesem Keller traf sie auf schwarz gekleidete Schulkinder, mit schwarzen glatten Haaren und nichts außer dunklen Augen als Gesicht. Eine den Kindern gleichende Frau schrie „schnappt sie euch".

„o:h! ich denn da raus [...] in den Wald! rein, [...] und die Kinder dann auf einma hochgesprungn! konntn die auf einma fliegen! [...] und da! wusst! ich das! is nur n Traum! [...] und da hab ich zu mir selber! gesagt du kannst jetzt auch fliegen, also schwing dich hoch! ja? die haben mich trotzdem! gekriegt, die haben mich gekriegt! diese Weibsbilder! ja? die alle auf mich drauf! und denn hab ich mich, ich hab die alle weg geschubst! und bin dann hoch und in der Sekunde bin ich aufgewacht [...] ich bin richtig laut geworden so in in den Zimmer."

Weiter erzählt die Patientin, dass eine Krankenschwester ihr erklärt habe, der Traum stelle den Angriff der Krebserkrankung auf die Patientin und deren Gegenwehr dar. Mit dieser Deutung kann sich die Patientin identifizieren und verweist auf die prophetischen Worte ihrer Mutter:

„'ja du musst kämpfen, kämpfen. kämpfen', [...] hä? wie soll ichn das machen? ja? 'ja:! d- kann ich dir jetzt nich er- beschreiben! des kriegst schon mit' und dann hat ich n Traum gehabt ja? da wusst ich was kämpfen! is ja?"

Der Traum ließ sie eine kämpferische Haltung gegenüber der Krankheit entwickeln. Sie konnte die düsteren Personen (sinnbildlich die Krebserkrankung) im Traum von sich stoßen und glaubte somit daran, auch in der Realität den Kampf aufnehmen zu können. Sie ist fähig, ihr Leben wieder in die Hand zu nehmen und nicht länger den Krebs darüber bestimmen zu lassen.

Patientin 2 (zum Diagnosezeitpunkt 47 Jahre und zum Interviewzeitpunkt 54 Jahre alt) rang im Traum mit dem „leibhaftigen" Tod und besiegte ihn. Hier wurde die Krebserkrankung durch die Figur des Todes personifiziert. Da eine akute Leukämie nicht lokalisierbar und damit keine Verbildlichung möglich ist (z.B. gegenüber dem Röntgenbild bei Brustkrebs), wurde es der Patientin durch die Figur des Todes ermöglicht, einen konkreten und lokalisierbaren Gegenstand zu bekämpfen.

„dieser Traum hat mir irgendwo-, da hatte ich so das Gefühl, also 'du bist stark und du kannst das schaffen', und da habe ich nachts mit dem Tod gekämpft, des muss man sich mal vorstellen, ich war zu Hause in einem Zimmer bei meinen Eltern [...] und da hab ich so mit- [...] wie so n Nachtjespengst, mit dem hab ich gekämpft! und da bin ich als Sieger! hervorgegangen, bin ich aufgewacht! und hab ich so innerlich das Gefühl jehabt 'so: das schaffste', ich hab den im Traum, den Tod besiegt ja? als Wesen, [...] des heißt natürlich nicht, dass ich ganz sicher war, dass ich die Krankheit nicht wiederbekommen könnte, aber des hat mich irgendwie stärker gemacht.'" (Patientin 006-UE).

DISKUSSION

Der Aufsatz präsentiert die Forschungsmethode des autobiografisch-narrativen Interviews und zeigt seine Anwendbarkeit auf psychoonkologische Fragestellungen. Die Methode ermöglicht tiefe Einsicht in Bewältigungsstrategien der Patienten durch Erhebung von Stegreiferzählungen und deren Inbeziehungsetzung mit den Prozessstrukturen. Dabei rückt die Prozessstruktur der Verlaufskurve des Erleidens in den Mittelpunkt des Interesses. Während zur Prozessstruktur von Verlaufskurven umfangreiche Forschung vorliegt, sind die Details des Entrinnens aus der Verlaufskurve – speziell bei onkologischen Patienten – bisher nicht untersucht worden. Aus unseren Daten konnten u.a. Träume als eine Entrinnensstrategie aus der Verlaufskurve des Erleidens identifiziert werden (Heine et al. submitted).

Obwohl die vorgestellten Patientinnen eine Entkommensstrategie aus der Verlaufskurve gefunden haben, nimmt die Leukämie bei ihnen (wie auch bei den anderen Informanten der Studie) einen hohen Stellenwert in ihrer biografischen Darstellung ein. Dies lässt vermuten, dass sie der Verlaufskurve noch nicht vollständig entkommen konnten. Weiter zeigen die Ergebnisse, dass aufgrund der starken Nebenwirkungen, des Gefühls der Hilflosigkeit und der fehlenden Kraft zum Kämpfen viele der Patienten (wie auch die vorgestellte Patientin 1) von Suizidgedanken nach dem Ende des ersten Therapiezyklus und dem Beginn des zweiten erzählen.

Die Träume konfrontierten die Patientinnen verhüllt und indirekt mit dem eigenen möglichen Tod. Das Erkennen, dass der eigene Tod aufgrund der geringen Überlebenschance bei einer akuten Leukämie wahrscheinlich ist, wirkte bei ihnen wie ein 'Wachrütteln' aus einem lethargischen bis stark abwehrenden Zustand und entfachte eine kämpferische Haltung gegenüber der Krankheit. Die Patientinnen waren wieder fähig, ihr Leben subjektiv selbst zu bestimmen, und konnten somit der Fremdbestimmung durch die Krebserkrankung entgegenwirken. Setzt man unsere Befunde in Beziehung zur aktuellen Diskussion um Stile der Krankheitsbewältigung, so lässt sich sagen, dass sie weder rein rationalen Coping-Strategien zugeordnet werden können noch rein emotionalen. Vielmehr wäre vorzuschlagen, Träume als kreative Coping-Strategie zu bezeichnen, basierend auf positiven Illusionen.

LITERATUR

Corbin J. & Strauss A. (1993). Weiterleben Lernen. Chronisch Kranke in der Familie. München und Zürich: Piper.

Glaser, B. G. & Strauss A. L. (1968). Time for dying. Chicago: Aldine.

Hagemann W. (2003). Nach der Krebsdiagnose. Systemische Hilfen für Betroffene, ihre Angehörigen und Helfer. Göttingen: Vandenhoeck & Ruprecht.

Heine, V., Schütze, F., Köhler, M., Köhler, K., Kielstein, A., Koenigsmann, M. & Frommer, J. (submitted). Autobiographical Narrative Interviews with Acute Leukemia Survivors. Qualitative Health Research.

Koehler, K., Kreutzmann, N., Koenigsmann, M., Koehler, M., Franke, A. & Frommer, J. (2006). Normalisierung durch Übernahme der Patientenrolle – Subjektive Krankheitsvorstellungen, Bewältigungsstrategien und Zukunftserwartungen bei Patienten mit akuter Leukämie nach Adaptation an den Klinikalltag. Psychotherapie & Sozialwissenschaft, 8, 11-27.

Kornblith A. B. (1998). Psychosocial adaption of cancer survivors. In Holland, J. C. (Ed.), Psycho-Oncology. New York: Oxford University Press.

Mergenthaler, E. & Stinson, Ch. (1992). Psychotherapy transcription standards. Psychotherapy Research, 2, 125-143.

Perleberg, K., Schütze, F. & Heine, V. (2006). Sozialwissenschaftliche Biographieanalyse von chronisch kranken Patientinnen auf der empirischen Grundlage des autobiographisch-narrativen Interviews. Psychotherapie & Sozialwissenschaft, 8, 95-145.

Riemann, G. & Schütze, F. (1991). Trajectory as a basic theoretical concept for analyzing suffering and disorderly social processes. In Maines D. R. (Ed.), Social organization and social process: Essays in honor of Anselm Strauss (pp. 333-357). New York: De Gruyter.

Schütze, F. (1983). Biographieforschung und narratives Interview. Neue Praxis, 13, 283-293.

Schütze, F. (1995). Verlaufskurven des Erleidens als Forschungsgegenstand der interpretativen Soziologie. In Krüger, H.-H. & Marotzki, W. (Hrsg.), Erziehungswissenschaftliche Biographieforschung

(S. 116-157). Opladen: Leske und Budrich.

Schütze, F. (1999). Allgemeinste Aspekte und theoretische Grundkategorien des Werkes von Anselm Strauss für die Fallanalyse im Sozialwesen. In Kirsch, R. & Tennstedt, F. (Hrsg.), Engagement und Einmischung. Festschrift für Ingeborg Pressel (S. 321-336). Kassel: Universität/Gesamthochschule.

VIKTORIA HEINE
UNIVERSITÄTSKLINIKUM MAGDEBURG
A.Ö.R.
ABT. PSYCHOSOMATISCHE MEDIZIN UND PSYCHOTHERAPIE
LEIPZIGER STR. 44, HAUS 19
D-39120 MAGDEBURG
E-MAIL: viktoria.heine@arcor.de

H. Hennig, E. Fikentscher, U. Bahrke, W. Rosendahl

Beziehung und therapeutische Imaginationen

Katathym Imaginative Psychotherapie als psychodynamischer Prozess

Ein Leitfaden

Mit diesem Band unternehmen die Autoren den Versuch, traditionelles klassisches Vorgehen nach Leuner mit einer Reihe neuerer Überlegungen und Erfahrungen zur Modifikation der KIP in der psychotherapeutischen Arbeit zu verbinden. Auf diese Weise kann der Leser die Entwicklung des Verfahrens von der Originalfassung Leuners bis hin zu Veränderungen verfolgen, die sich aus den bisherigen Diskussionen zu Forschungs- und Praxisergebnissen nachvollziehbar ableiten lassen. In Sonderheit wird die Entwicklung der KIP als psychodynamischer Prozess in den Mittelpunkt gestellt. Insofern setzen die einzelnen Kapitel des Buches die Weiterentwicklung des dynamischen Konzeptes der Autoren fort, den Symbolinhalt von Imaginationen als Spiegel von Beziehungen zu interpretieren. Neben der Anwendung der KIP als dynamische Einzeltherapie finden sich sowohl spezielle Hinweise zum gruppentherapeutischen Vorgehen als auch zur imaginationstherapeutischen Arbeit im stationären Bereich.

312 Seiten, ISBN 978-3-89967-357-9, Preis: 20,- €

PABST SCIENCE PUBLISHERS
Eichengrund 28, D-49525 Lengerich, Tel. ++ 49 (0) 5484-308, Fax ++ 49 (0) 5484-550, pabst@pabst-publishers.de, www.psychologie-aktuell.com, www.pabst-publishers.de

DIE TRAUMMITTEILUNG ALS TRIANGULIERENDER MITTEILUNGSMODUS

Hanspeter Mathys

ZUSAMMENFASSUNG: Neben dem inhaltlichen Aspekt von Träumen interessiert im psychoanalytisch-psychotherapeutischen Behandlungskontext auch deren Funktion hinsichtlich ihres Mitteilungscharakters. Dieser Beitrag untersucht im Rahmen einer Einzelfallstudie kommunikative und interaktive Funktionen von Traumerzählungen in einer psychoanalytischen Langzeitbehandlung. Eine der grundlegenden Funktionen der Traumerzählung besteht darin, dass durch den Rekurs auf einen Traum ein Bezug zu einem Dritten eingeführt wird, was hier als triangulierender Mitteilungsmodus bezeichnet wird. Diese Referenz auf ein gleichzeitig eigenes und doch fremd anmutendes seelisches Produkt ermöglicht Beziehungsregulierung und schafft eine Atmosphäre der Annäherung an schwer mitteilbare Inhalte.

SCHLÜSSELWÖRTER: Funktionen von Traummitteilungen, Triangulation, Interaktion, Gesprächsanalyse

In diesem Beitrag soll anhand einer Einzelfall-Studie die Relevanz der Erzähl- und Dialogsituation von Traumschilderungen im psychoanalytischen Setting untersucht werden. Der Fokus liegt also nicht in erster Linie darauf, welche Bedeutung der Inhalt eines Traums hat, sondern auf der Art und Weise, wie der Traum erzählt wird und wie darüber gesprochen wird. Die Leitfrage lautet also: Welche kommunikativen und interaktiven Funktionen lassen sich im Zusammenhang des Dialogs über den Traum erschließen?

Diese Fragestellung stellt eine ergänzende Perspektive zu derjenigen dar, welche auf die klassische Analyse des Trauminhalts fokussiert. Während dort die Frage nach dem „Was?" im Vordergrund steht, interessieren hier die Fragen nach dem „Wie?" und dem „Wozu?".

DIE GESPRÄCHSANALYSE ALS METHODE DER WAHL

Mit dieser Art der Fragestellung beschäftigt sich die Gesprächsanalyse (Deppermann, 2001, Lucius-Hoene & Deppermann, 2004). Als ethnomethodologisches Verfahren basiert sie hauptsächlich auf der Konversationsanalyse (vgl. Peräkylä, 2004), übernimmt aber auch Elemente aus der interaktionalen Soziolinguistik, der discursive psychology, der grounded theory und der objektiven Hermeneutik. Von der Konversationsanalyse stammt die methodologische Prämisse, dass Gesprächsteilnehmer einander aufzeigen, welchen Sinn und welche Bedeutung sie ihren Äußerungen wechselseitig zuschreiben (sog. „display"-These). Anders als bei ausschließlich psychoanalytisch-hermeneutischen Verfahren, die manchmal zu schnell Aussagen über mutmaßliche intrapsychische Vorgänge formulieren, geht es im Rahmen ethnomethodologischer Verfahren darum, die Prinzipien zu rekonstruieren, an denen sich die Beteiligten selbst beim Handeln und Interpretieren im Gespräch orientieren. Dies soll an wahrnehmbaren, der Beobachtung zugänglichen Merkmalen ausgewiesen werden. Die Konversationsanalyse interessiert sich deshalb für die „Oberfläche" des Gesprächs. Das heißt aber nicht, dass den Gesprächsteilnehmern diese Prinzipien bewusst wären. Vielmehr eignet sich diese Herangehensweise dazu, sichtbar zu machen, welche latenten interaktiven Muster Gesprächsteilnehmer etablieren. Damit bildet sie eine Empirie-nahe methodische Grundlage für darauf aufbauende psychoanalytisch-hermeneutische Aussagen zu dieser Art der Fragestellung.

DATENGRUNDLAGE

Grundlage dieser Einzelfall-Studie ist die psychoanalytische Psychotherapie einer Patientin mit dem Pseudonym Amalie X, die als „Musterfall" der deutschen Psychoanalyse gilt (Kächele, et al., 2006). Die Behandlung dauerte 531 Stunden, 517 wurden per Tonband aufgezeichnet. In diesen Sitzungen hat Amalie 95 Träume erzählt, verteilt auf 72 Stunden. Manchmal wurde also auch mehr als ein Traum pro Stunde erzählt. Als Basis der Untersuchung dienten die transkribierten Tonbandaufnahmen dieser „Traumstunden", die teilweise nachtranskribiert wurden. Das Material wurde freundlicherweise von der Ulmer Textbank zur Verfügung gestellt.

Spätestens durch den dritten Band des Lehrbuchs der analytischen Psychotherapie (Thomä & Kächele, 2006; Kächele et al., 2006) ist der Fall „Amalie X" nicht nur ein Musterfall der deutschen Psychoanalyse, sondern auch der Musterfall einer Einzelfallstudie. Es handelt sich bei diesem Forschungsband um ein sehr ausführliches Konzept psychoanalytischer Einzelfallforschung mit tonbandgestütztem Material und einem Mehr-Ebenen-Ansatz. Dadurch entsteht eine eindrückliche Durchdringung dieses Musterfalls, die sowohl subjektive als auch objektive Untersuchungskriterien berücksichtigt.

WELCHE FUNKTION HABEN DIE TRAUMMITTEILUNGEN BEI AMALIE X?

Die zu untersuchenden Passagen dieses Einzelfalls werden aus folgenden zwei Stunden extrahiert: Stunde 7 und Stunde 517. Stunde 7 steht ganz zu Beginn der analytischen Behandlung, sie beinhaltet den zweiten Traum, der erzählt wurde. Stunde 517 bildet die allerletzte Stunde der Analyse.

TANZE ICH AUS DER REIHE MIT SOLCHEN TRÄUMEN? (STUNDE 7)

Nach einigen Bemerkungen über den Schulalltag – Frau Amalie X ist von Beruf Lehrerin – erzählt die Patientin (P) ihrem Therapeuten (T) einen Traum, den sie folgendermaßen einleitet:

Passage 1 (zu den Transkriptionsregeln vgl. Deppermann, 2001)
1   P: ach ja mich beschäftigt aber noch was ganz anderes (2.0) und zwar (6.0) hm (15)
2   T: ja
3   P: jahaaa (lacht) ich ich genier mich sozusagen
4   T: hm=m
5   P: ach ja das war ein traum heut nach [und]
6   T: [ja]
7   P: und ich will eigentlich wissen ob ich da, hm (7.0) sehr anders liege als eben, andere leute (3.0)

Mit der Traumankündigung wird ein konkretes Anliegen geknüpft, das schambesetzt ist (Z 3). Das Anliegen wird in Z 7 formuliert. Was vorerst offen bleibt, ist, worauf sich das Anliegen eigentlich bezieht. Formal wird aber deutlich: Das Anliegen (Z 1 und Z 7) bildet den kontextuellen Rahmen für die Traumerzählung (Z 5). In diesem Traum erscheint eine sinnliche Madonna, die in einer Hochzeitsnacht-Szene gleich von zwei Männern entjungfert wird. Jedenfalls versuchen das beide. Beim ersten Mann klappt es aber nicht, dieser entpuppt sich als kleines Kind, das sich stillen lässt. Der zweite „schafft es", wie Amalie formuliert. Im weiteren Gespräch im Anschluss an diese Traumschilderung äußert sie ihr Erstaunen darüber, dass ihre Träume so konkret und unverhüllt einen sexuellen Inhalt haben, und sie fragt sich, ob das normal sei, da Träume doch üblicherweise eher in verschlüsselter Form erscheinen.

Im Verlauf des weiteren Dialogs weitet sich die Frage nach der Normalität beim Träumen auf die Frage nach der Normalität hinsichtlich Sexualität überhaupt aus. Die Patientin ist Mitte 30 und hat noch keine sexuellen Erfahrungen im Rahmen einer intimen Beziehung.

Passage 2
1   P: aber also GANZ extrem und und und gar nicht irgendwie eben
2   das kind das war (.) irgendwie eine farce nicht?
3   T: h=hm
4   P: das war eben gar kein kind. (3) natürlich ist es genau (.) die frage
5   die ich habe eben eh in punkto (-) sexualität und sinnlichkeit
((7 Zeilen ausgelassen))
13 und deswegen frage ich mich eben. eh (--) ja wieweit das (-) ich meine
14 man kann vielleicht gar nicht so fragen wie ist es richtig aber
15 man frägt sich natürlich. (12)

In den ersten Zeilen zeigt sich der fließende Übergang zwischen der Traumwelt und der Ausweitung auf die Bereiche „Sinnlichkeit und Sexualität" überhaupt. In Z 4 ist gut zu beobachten, dass es erst um das Kind im Traum geht, nach einer kurzen Pause dann findet die Ausweitung statt. In Z 13f. stellt sich die Eingangsfrage, die ursprünglich auf den Traum bezogen war („liege ich da anders als andere Leute"), für Amalie nun ganz grundsätzlich für den Bereich der Sexualität: respektive „wie ist es richtig?".

FAZIT ZU STUNDE 7

Es zeigt sich in diesem Stundenverlauf, dass Amalie weniger am konkreten Inhalt ihres Traums interessiert ist und an der Frage, was er für sie bedeuten könnte. Vielmehr erzählt sie ihn vorwiegend im Hinblick auf ihre Ausgangsfrage: Sie will wissen, ob sie mit solchen Träumen aus der Reihe tanzt oder nicht. Damit verknüpft ist die Frage: Ich will wissen, ob ich mit dem ganzen Bereich der Sexualität aus der Reihe tanze oder nicht. Eine Frage, die sie, so die hier vertretene Auffassung, wahrscheinlich nicht losgelöst vom Traum in dieser Direktheit an das Gegenüber herantragen würde. Was nun die kommunikative Funktion der Traumerzählung betrifft, kann also festgehalten werden, dass der Traum als Erzählplattform gewählt wird, um über Beschämendes reden zu können. Die Traummitteilung fungiert hier als Kompromiss, zwischen dem Wunsch, über Sexualität zu reden, und der Beschämungsangst, dies allzu direkt zu tun. Durch den Rekurs auf einen Traum wird ein fernes drittes Moment eingeführt, ein nächtliches Erlebnis, das außerhalb der eigenen Verantwortbarkeit stattgefunden hat und den Dialog über diese Themen initiieren hilft.

Das Erzählen des Traums steht in allererster Linie im Dienste der Wegbereitung: als einleitende Vorbereitung, um besser oder überhaupt über Heikles, Schwieriges, Beschämendes reden zu können. Die Traumerzählung soll eine Art Atmosphäre schaffen dafür. Der Modus der Traumerzählung eignet sich ganz ausgezeichnet für diesen Zweck. Das Träumen geschieht nachts, nirgendwo anders als in einem selbst. Und doch fühlt es sich nicht so an, als würde man das Ganze selber produzieren. „Mir hat geträumt", diese Passivformulierung bringt die Sache auf den Punkt. Es gibt kein Subjekt, kein Ich, das sich als Urheber der nächtlichen Szenen versteht. Vielmehr wird das Geträumte als ein von außen kommendes Widerfahrnis erlebt. Und doch ist niemand anders als der Träumende selbst Regisseur und Produzent dieses kurzen, oft surrealen Films, der da nachts auf der inneren Traumleinwand abläuft. Anders formuliert:

Traumerzählungen sind gekennzeichnet durch „Offenbarung von Intimität im Modus des Fremdseins" (Boothe, 2006, S. 163). Intimes, das verdrängt und damit unbewusst wird, kann nur im Modus des Fremden erscheinen. Von daher rührt auch die verantwortungslose, „naive" Distanzierung vom eigenen Traumgeschehen. Es kommt in der Tat von „wo anders" und doch von einem selbst. Das ist so, weil die Produktionsbedingungen und die Erzählbedingungen unterschiedlichen Bewusstseinszuständen entstammen: dem Schlaf und dem Wachsein.

Dieses subjektive Gefühl zum eigenen und doch fremden Traum schafft einen großen Freiheitsgrad, wie sich die Träumerin zu ihrem Traum positionieren will. Sie selbst kann den Grad bestimmen, wie weit sie sich dieses mentale Eigen-Produkt aneignen kann und will oder ihn in distanzierter Fremdheit belässt. In dem untersuchten Fall benutzt sie ihn auf ganz spezifische Art und Weise. In Form einer Paraphrase: „also was das mit diesen 2 Männern und der Madonna mit mir zu tun hat, weiß ich auch nicht so genau. Aber was mich interessiert: Ist das eigentlich normal so unverhüllt über sexuelle Dinge zu träumen? Und ach ja, wenn wir grad schon beim Thema sind: Bin ich normal mit meiner Sexualität oder fall ich da irgendwie aus dem Rahmen?" Dies ist die Botschaft, die mit der Traummitteilung an den Analytiker herangetragen wird. In diesem Beispiel geschieht dies auf explizite Art und Weise, in der Mehrzahl der Fälle eher implizit.

Wie verabschiedet man sich von seinem Analytiker?
(Stunde 517)

Es ist die allerletzte Stunde der Psychoanalyse von Frau Amalie X. Wie macht man das in der allerletzten Stunde? Wie verabschiedet man sich von seinem Analytiker nach über 5 Jahren und mehr als 500 Stunden?

Passage 3

1   P: 'oh (hh.) (3) (hh.) (hh.) ohje; (hh.) (14) wie sagen politiker so
2   schön wenn sie geburtstag haben, (1) ein ganz normaler arbeitstag. (.hh) (hh.) (2)
3   ganz normaler arbeitstag (53) hm (.hh) (hh.) (sehr tiefes Ausatmen) (2) ich
4   erzähl ihnen noch einen traum;
5   T: hm
6   P: hm; (4) soll ja patienten geben die dann einfach wegbleiben die letzte stunde ich
7   nahe dran des zu tun; (2) oder (1) nichts mehr sagen (-) kann man auch machen (2)
8   kann man alles machen sicher (7) ich habe geträumt dass (1) irgendwo doktor *171
9   ging, (-) NEIN (-) stimmt doch gar nicht; *59 (3) unter kollegen und (2) ich weiß nicht
10 ich lachte über den oder man lachte über den (-) so wie der des macht oder so;
11 T: ging, also wegging=
12 P: nein er lief.
13 T: (-) h=hm ja.
14 P: aber ich glaub es war die frau *95 gemeint und es ging um (.) analysen aufhören und und (.hh) äh
15 irgendwie wurde es (.) belacht wie der das macht ah ja klar DER!

Was formal auffällt, ist die Eröffnung (Z 1) in einer betont zögerlichen und von stöhnenden und leidenden Lauten und Äußerungen geprägten Art und Weise. Es macht nicht den Anschein, dass der Analysandin das Reden leicht fällt in dieser letzten Stunde. Mit der Aussage in Z 2f. macht sie deutlich, dass sie diesen besonderen Anlass, die letzte Stunde ihrer Analyse, so normal wie möglich über die Bühne bringen möchte. Sie zeigt damit aber auch an: Ich weiß eigentlich ganz genau, dass es sich nicht um eine normale Stunde handelt, aber ich würd gern so tun, als sei es so. Ich weiß aber auch, dass von mir erwartet wird, dass ich die letzte Stunde als etwas Besonderes sehen sollte. Darin besteht ein gewisses Dilemma. Die Lösung bietet ein Traum, in dem es um „Analysen aufhören" (Z 14) geht.

In der zweiten Passage der letzten Stunde wird zu Beginn über den Inhalt des ersten Traums gesprochen.

Passage 4

1   P: ich kann nur wiederholen dass ihre frau =
2   T: h-hm
3   P: gut in schuh reinpasste. (--) und ich nur mit hilfe eines schuhlöffels das tun konnte. -- (stöhnt)
4   T: es war auch eine frage wie viel hilfe sie bekommen haben hier und (1.5) ähm
5   P: wissen sie ich wollt noch schnell sagen was ich heut nacht [geträumt hab]
6   T: [h=hm]
((Zweite Traumerzählung „Interpretation für Anthroposophen"))
31 P: aber sie wollten glaub ich noch was anderes sagen (2.0) wie viel ich mitbekommen hab wolln sie des in
32 gramm und komma wissen? kann ich ihnen keine [antwort geben].

In Z 4 spricht der Analytiker ausgehend vom ersten Traum etwas an, das in der letzten Stunde in der Luft liegt: Was hat die Analysandin eigentlich bekommen hier, was nimmt sie mit, wenn diese letzte Stunde vorbei ist? Am liebsten wäre es dem Therapeuten wohl, wenn seine Patientin voller Dankbarkeit zu verstehen gäbe, dass die Therapie sehr viel geholfen hat, der Therapeut seine Sache ganz ausgezeichnet gemacht hat, und ihr der Abschied schwer falle. Wie reagiert Amalie auf diese offenkundige Erwartungshaltung ihres Analytikers?

Amalie geht in ihrer Reaktion mit keiner Silbe auf diese Erwartung ein (Z 5). Anstatt der erwarteten Aufforderung nachzukommen, erzählt sie einen weiteren Traum. Die Funktion ist der ersten Traummitteilung in dieser Stunde 517 sehr ähnlich. Hier wie dort steht die Bewältigung einer kommunikativen Aufgabe im Zentrum, derer sich Amalie mit der Mitteilung eines Traums fürs Erste entledigt. Weder will sie über das Thema Abschied sprechen, und erst recht nicht darüber, ob und wie ihr diese Therapie geholfen hat. Interessant ist jedoch, dass dieses Thema mit der Traumerzählung nicht erledigt ist.

Z 31 schließt unmittelbar an das Gespräch vor der Traumerzählung an (Z 4). Amalie entlarvt mit dieser Aussage die mutmaßliche Erwartungshaltung ihres Analytikers. Dieser formuliert neutral in Z 4: „es war eine Frage, wie viel Hilfe Sie bekommen haben hier." Amalie betont in ihrer Reformulierung, dass es der Analytiker ist, der dies zu wissen begehrt. Mit einer ausgesprochen sarkastischen Metapher gibt sie ihm zu verstehen, was sie von diesem Ansinnen hält. Sie stellt den Analytiker als Buchhalter dar, der in genauen Mengenangaben den Therapieerfolg messen will, in Zahlen, Gramm und Komma. Derart das ganze Unterfangen als absurd dargestellt, scheint es konsequent, darauf keine Antwort zu geben. Damit erledigt sie das Thema final.

Fazit zu Stunde 517

In Stunde 517 wird der Traum nicht mitgeteilt, um über ein anderes wichtiges Anliegen zu sprechen, wie dies in Stunde 7 der Fall war. Vielmehr dient die Traumerzählung dazu, um über etwas anderes *nicht* sprechen zu müssen: Themen wie Abschied und evaluierender Rückblick können damit fürs Erste umgangen werden. Bemerkenswert ist nun, dass diese Themen nicht mit der Traumschilderung erledigt sind. Der erste Traum dreht sich in der Eingangssequenz explizit um den aktuellen Gesprächskontext „Wie beendet man Analysen?". Bei der zweiten Traummitteilung wird nach der Darstellung des Traums explizit der Redebeitrag des Analytikers vor dem Traum aufgenommen, wenn auch nicht im Sinne der präferierten Folgeerwartung. In beiden Fällen dient also der Traum als spezifisch triangulierendes Element, um den dyadischen Raum zu öffnen und über den Umweg des Traums wieder auf das ursprüngliche Gesprächsthema zurückzukommen.

Der Traum als dritter Pol

Ganz allgemein formuliert und unabhängig von der Traummitteilung ist mit dem Konzept der Triangulierung Folgendes gemeint: In einem Dreieck wird das Verhältnis zwischen zwei Polen durch die Bezugnahme auf den dritten Pol reguliert (Grieser, 2003, S. 1).

Es hat sich gezeigt, dass Amalie sich gerne und oft dieses trianguliereden Erzählmodus bedient. Die unverhüllt sexuellen Träume, die als gegeben übernommen werden und „für die man ja nichts kann", dienen als willkommener Anlass, um über das beschämende Thema „Sexualität", das mit viel Unsicherheit verbunden ist, überhaupt sprechen zu können (Stunde 7). Und wenn es um Abschied geht, um die Frage, wie man das jetzt am besten macht, und wenn der Analytiker gar noch wissen will, was er einem mit auf den Weg gegeben hat, ist es äußerst vorteilhaft, wenn man einen, ja zwei Träume zur Verfügung hat, die man erzählen kann, um die heikle und schwierige Abschiedszeremonie besser über die Runden zu bringen (Stunde 517).

INTERAKTIONSMUSTER DES TRAUMDIALOGS

Die spezifische Qualität der Traumerzählung als eines Mitteilungsformats kann nun nochmals deutlicher und konturierter bestimmt werden: Durch die Einführung einer Traumerzählung wird aus einem dyadischen ein triadischer Kommunikationsraum etabliert, was gleichbedeutend ist mit einer Form von Beziehungsregulation zwischen Analytiker und Analysandin. In dieser Richtung lässt sich nun als Zusammenfassung der untersuchten Traumstunden ein Interaktionsmuster im Sinne einer makroprozessualen Gestalt formulieren, das für die meisten Traumdialoge zwischen Amalie und ihrem Analytiker handlungsleitend ist. Auf Grund der Komplexität des Traumdiskurses macht es mehr Sinn, das dynamische Prinzip für die makroprozessuale Entwicklung im Sinne einer rekursiven Erzeugungsregel zu beschreiben, als detailliert die einzelnen Bausteine eines allfälligen Sequenzmusters herauszuarbeiten (Deppermann, 2001).

In vielen Fällen führt Amalie ein Traumnarrativ ein, um die direkte Beziehung zum Analytiker über das triadische Moment des Traums zu modulieren und zu regulieren. Das ist nicht nur eine Distanzierung vom Hier und Jetzt sondern oftmals eine gelungene Kompromissleistung, insofern als es im Traum weiter um die analytische Beziehung geht, aber eben im Modus des Traums, und damit im Modus größerer Distanz und weniger Verantwortung. Aus verschiedenen Passagen wird ein interaktives Muster deutlich, das zeigt, wie eine vorübergehende Distanzierung aus dem Hier und Jetzt der therapeutischen Beziehung über den Umweg des Traums zu einer neuerlichen Annäherung wird, um auch über heikle, unliebsame oder beschämende Dinge sprechen zu können. Dadurch dass dieser Umweg über den Traum als ein Drittes im Sinne eines „fremden" Widerfahrnisses von außen gewählt wird, kann ziemlich offen auch über manch heikles Thema gesprochen werden, ohne dass dies von Amalie offensichtlich als zu direkt und damit zu beschämend erfahren wird. Der Mitteilungsmodus der Traumerzählung lässt sich als sprachliche Inszenierung interpretieren, die eine spezifische Art der Beziehungsmodulierung und -regulierung kennzeichnet.

Da es sich bei Traummitteilungen im psychoanalytischen Setting im Allgemeinen um durchaus erwünschtes Material handelt, und dieser Analytiker im Speziellen bereits ab der ersten Stunde deutlich gemacht hat, dass er für Traumschilderungen ein offenes Ohr hat, handelt es sich um eine explizit willkommene kommunikative Gattung, die allerdings in ihrer spezifischen Funktion eingesetzt wird. Somit handelt es sich hier um einen Anwendungsfall einer „Strategischen Nutzung" (Deppermann, 2001). Eine solche liegt „dann vor, wenn die mit ihr verbundenen erwartbaren, regelbasierten Reaktionen oder Inferenzen von Gesprächspartnern dazu benutzt werden, um andere, nicht offengelegte Ziele zu erreichen" (Deppermann, 2001, S. S. 101). Amalie benutzt den Modus der Traummitteilung in einer triangulierenden, beziehungsregulierenden Funktion. Dies kann als implizites „nicht offengelegtes Ziel" verstanden werden.

FAZIT FÜR DIE TECHNISCHE ARBEIT MIT TRÄUMEN

Aufgrund dieser Befunde stellen sich für die klinisch-therapeutische Arbeit mit Träumen neue Fragen. Es liegt auf der Hand, gerade bei der Abschluss-Stunde 517 die Funktion der Traumerzählung als Widerstand zu sehen. Eigentlich ginge es doch jetzt um die Interaktion im Hier und Jetzt. Die Mitteilung eines Traums führt von der gegenwärtigen Beziehung weg und stellt damit eine Abwehrbewegung dar. Die genaue Analyse der Passagen zeigt, dass es sich aber nicht nur um ein Abwenden vom gegenwärtigen Beziehungsgeschehen handelt als vielmehr um eine Erläuterung mithilfe des Traums. Sozusagen als eine Möglichkeit, „etwas gleichsam ‚durch die Blume' – mit Hilfe eines Traumes – auszudrücken?" (Mertens, 2005/6, S. 48).

Der Therapeut ist gefordert, sein hermeneutisches Repertoire zu erweitern. Versteht er dieses Vorgehen grundsätzlich als Widerstand? Oder versteht er es als unerlässliches rhetorisches (Hilfs-)Mittel, damit über etwas gesprochen werden kann, was sonst gar nicht oder nicht so hätte mitgeteilt werden können. Aus dem Modell der Triangulierung ergibt sich eine erweiterte Haltungs- und Handlungsmöglichkeit des Therapeuten für den Umgang mit der Traummitteilung: Er kann den Bezug des Patienten zu seinem Traum nicht nur daraufhin befragen, inwiefern dabei von der Übertragungsbeziehung zum Therapeuten die Rede ist, sondern auch daraufhin, ob der Traumbezug in einem triangulierenden Sinn eingeführt wird (Grieser, 2003). Dies ist insofern eine nicht ganz anspruchslose Aufgabe, als der analytische Therapeut damit umgehen können muss, dass der Patient sich einem Dritten zuwendet und damit die eigene Position des Analytikers als relativiert erscheint.

Für die Patientin könnte genau dies eine zentrale Frage sein: Darf ich mich einem Dritten zuwenden oder verübelst du mir das? Kann ich mich einem Dritten zuwenden, um überhaupt über etwas sprechen zu können, das auch unsere Beziehung betrifft, das ich aber so in dieser direkten dyadischen Konstellation gar nicht zur Sprache bringen kann; etwas, das ich nur so darstellen kann, indem ich mich auf etwas beziehe, das zwar von mir selber produziert wurde, aber jetzt im Moment des Erzählens mir „willkommen" fremd erscheint und ich erst einmal offen lassen kann, wie viel davon ich mir selber aneigne oder in distanzierter Fremdheit belasse.

Diese „Strategie" der Patientin, durch den Rekurs auf eine dritte Referenzquelle den dyadischen Raum in einen triadischen zu erweitern, ist im untersuchten Material von zentraler Bedeutung. Sie eröffnet kommunikative Räume, die es ermöglichen, etwas zur Sprache zu bringen, das überhaupt nicht oder nicht in dieser Art und Weise hätte mitgeteilt werden können.

LITERATUR

Boothe, B. (2000). Traumanalyse: Vom Fremdsein zur Selbstkenntnis. In Boothe, B. (Hrsg.), Der Traum – 100 Jahre nach Freuds Traumdeutung. Zürich: vdf Hochschulverlag an der ETH.

Boothe, B. (2006). Wie erzählt man einen Traum, diesen herrlichen Mist, wie porträtiert man seinen Analytiker? In Wiegand, M., von Spreti, F. & Förstl, H. (Hrsg.), Schlaf und Traum. Neurobiologie, Psychologie, Therapie (S. 159 169). Stuttgart: Schattauer.

Deppermann, A. (2001). Gespräche analysieren. Opladen: Leseke & Budrich.

Grieser, J. (2003). Von der Triade zum triangulären Raum. Forum der Psychoanalyse, 19, 1-17.

Kächele, H. C. A., Buchheim, A., Grünzig, H.-J., Hölzer, M., Hohage, R., Jimenez, J. P., Leuzinger-Bohleber, M., Mergenthaler, E., Neudert-Dreyer, L., Pokorny, D. & Thomä, H. (2006). Psychoanalytische Einzelfallforschung: Ein deutscher Musterfall Amalie X. Psyche, 60, 387-425.

Lucius-Hoene, G. & Deppermann, A. (2004). Rekonstruktion narrativer Identität – ein Arbeitsbuch zur Analyse narrativer Interviews. (2. Aufl.). Wiesbaden: VS Verlag für Sozialwissenschaften.

Mertens, W. (2005/06). Anmerkungen zu Fritz Morgenthalers Buch „Der Traum". Journal für Psychoanalyse, 45/46, 31-51.

Peräkylä, A. (2004). Making Links in Psychoanalytic Interpretations: A Conversation Analytical Perspective. Psychotherapy Research, 14 (3), 289-307.

Thomä, H. & Kächele, H. (2006). Psychoanalytische Therapie. Forschung. Heidelberg: Springer.

HANSPETER MATHYS
UNIVERSITÄT ZÜRICH
PSYCHOLOGISCHES INSTITUT
KLINISCHE PSYCHOLOGIE, PSYCHOTHERAPIE UND PSYCHOANALYSE
BINZMÜHLENSTR. 14/16
CH-8050 ZÜRICH
E-MAIL:
hp.mathys@psychologie.uzh.ch

Träume erzählen in der Psychotherapie – eine erzählanalytische Untersuchung der Träume von Frau W.

Judith Brändle

ZUSAMMENFASSUNG: Die vorgestellte Arbeit nähert sich dem Traum aus erzählanalytischer Perspektive, das heißt, sie betrachtet die Traumschilderung als eine an einen Zuhörer gerichtete und gestaltete Erzählung. In dieser Studie werden mit dem Verfahren der Erzählanalyse JAKOB Traumerzählungen untersucht, die von der Klientin Frau W. im psychoanalytischen Behandlungssetting mitgeteilt worden sind. Die Analyse der Traumerzählungen zeigt, dass konflikthafte Themen von Frau W. auch in ihren Träumen auftreten. Die untersuchten Traumerzählungen weisen ein charakteristisches Muster auf, das eine Darstellung von konflikthaftem Material erleichtert oder überhaupt ermöglicht. Dies gelingt der Erzählerin insbesondere mit Hilfe der Traumeinleitung, welche die Traumerzählung thematisch ankündigt.

SCHLÜSSELWÖRTER: Traum, Traumerzählung, Erzählanalyse JAKOB, Konfliktdynamik

EINLEITUNG

Der Beitrag stellt die erzähldramaturgische Untersuchung der Autorin dar, die sich im Rahmen der Lizenziatsarbeit mit mündlichen Traumberichten auseinandergesetzt hat (Brändle 2008). Gegenstand der vorgestellten Arbeit sind 10 Traumerzählungen, die während der psychoanalytischen Therapie der Klientin Frau W. berichtet und aufgezeichnet worden sind.

Dabei wird die Mitteilung des einzelnen Traums, die als Erzählung an den Analytiker gerichtet ist, in den Mittelpunkt der Aufmerksamkeit gerückt, was in direktem Gegensatz zu Freuds Vorgehen bei der Traumdeutung steht. Der Träumer verleiht dem Erlebten eine sprachliche Form und zeigt es seinem Zuhörer gleichsam vor. Durch das zentrale Mittel der Versprachlichung – die Erzählung – wird der Traum in eine kommunikative Form gebracht. Dabei wird davon ausgegangen, dass in einer Erzählung konflikthaftes Material zur Darstellung kommt, und dass die sprachliche Präsentation eines Traumes etwas über den darin enthaltenen latenten Konflikt aussagt. Es gilt zu prüfen, ob gerade im Fall von Traummitteilungen durch die Referenz auf ein vergangenes Ereignis in besonderem Maße konflikthafte Themen zum Ausdruck gebracht werden können. Möglicherweise können Traumerzählungen durch ihre Referenzialität auf das Traumerlebnis einen Abstand schaffen, der Sicherheit bietet, so dass beim Träumenden eine Entlastung und

Angstreduktion bewirkt wird, was die Konfliktdarstellung überhaupt erst möglich macht.

DER TRAUM ALS NARRATIV RESPEKTIVE „NARRATOGEN"

Im Mittelpunkt des Interesses steht der bisher eher wenig berücksichtigte Charakter des Traumes als Narrativ. Bis zu seiner Versprachlichung ist der Traum ein privates psychisches Freignis, das als solches anderen unzugänglich ist und sich lediglich dem Träumer erschließt. Freud (1905) hat den Traum aus diesem Grund als „vollkommen asoziales seelisches Produkt" (zit. nach Bergmann 2000, S. 42) bezeichnet. Will man einem anderen Menschen Einblick in seine Träume geben, müssen diese erst in eine mitteilbare Form gebracht werden. Dabei steht der Traumerzähler vor dem Problem, etwas noch nie Dargestelltes darzustellen, und ist somit auf entsprechende Mittel angewiesen. Ein Mittel dieser Versprachlichung ist die Erzählung. Die ungeordnete und inkohärente Traumerfahrung kann mithilfe der Erzählung geordnet und strukturiert werden. Die mündliche Erzählung kann demgemäß als Versuch angesehen werden, das Erlebte mitzuteilen und in einen kommunikativen Zusammenhang zu bringen.

In der Traumerzählung verbindet sich die Erfahrung des Träumens mit der elementaren Kommunikationsform des Erzählens. Dabei ist der Traumerzähler mit der Schwierigkeit konfrontiert, die konträren Bereiche der Traumerfahrung und der Kommunikation zusammenzuführen. Laut Hanke (2001, S. 229) ist die Traumerzählung durch die spezifische Kombination der beiden Bereiche bestimmt und bildet somit eine 'Enklave' in der Alltagserzählung.

Anders als das Träumen, das dem Träumenden gleichsam auferlegt wurde und nicht beeinflussbar ist, stellt das Erzählen ein Handeln dar, das motiviert ist. Wird also ein Traum erzählt, muss davon ausgegangen werden, dass der Träumer zu dieser Erzählung motiviert ist.

Im therapeutischen Kontext erzählen Patienten Träume, um dem Therapeuten einen Einblick in ihre emotionale Welt zu ermöglichen. Aus erzählanalytischer Perspektive ist davon auszugehen, dass in Erzählungen Konflikthaftes zur Darstellung gebracht wird, wobei Wünsche, Ängste und Abwehrmechanismen bei der Modellierung der Erzählung maßgeblich beteiligt sind. Der sprachlichen Inszenierung kommt dabei eine wesentliche Rolle zu, da diese eine sequentielle Struktur entstehen lässt, die das Erzählte dynamisch organisiert.

Obschon sich Traummitteilungen als sequentielle Organisation gestalten und dramaturgisch konstruiert werden können, unterscheiden sie sich in wesentlichen Punkten von Erzählungen des Alltags. Ein deutlicher Unterschied liegt in der Art und Weise, *wie* ein Traum mitgeteilt wird. Dementsprechend sollte der Traum auch als Sonderform der Erzählung angesehen, respektive als eigenes Genre definiert werden. Boothe (2006, S. 187) beschreibt die Traummitteilung als „eigene kommunikative Gattung", die besser als „Narratogen" denn als „Narrativ" bezeichnet werden sollte. Diese Erzählähnliche Gattung zeichnet sich durch eine ganze Reihe von charakteristischen rhetorischen Besonderheiten aus. Dabei ist besonders die Anheimstellung hervorzuheben, die nach einer Ergänzung von Seiten des Zuhörers verlangt. Diese Rollenzuweisung an den Zuhörer hat Mathys (2001, S. 151) folgendermaßen umschrieben: „Bring du Licht in das Dunkel, ich bin dazu nicht in der Lage." Die Traumkommunikation kann dementsprechend als gemeinsamer Suchprozess umschrieben werden, der sich in einer spezifischen Form der Verständigung zwischen Erzähler und Zuhörer ereignet. Die Angewiesenheit auf ein resonantes und kommentierendes Gegenüber führt dazu, dass Traumerzählungen in der Alltagskommunikation in höchstem Maße intimisierend und tendenziell in Gefahr sind, aufdringlich zu wirken. Im analytischen Kontext ist dies anders; es ist davon auszugehen, dass Traummitteilungen willkommen sind und vom professionellen Gegenüber angemessen aufgenommen werden.

DATENGRUNDLAGE

Das Datenmaterial entstammt den Transkripten einer psychoanalytischen Therapie, die in den Jahren 1990 bis 1996 an der Praxisstelle der Abteilung Klinische Psychologie, Psychotherapie und Psychoanalyse der Universität Zürich durchgeführt wurde. In dieser Zeit fanden 318 Therapiestunden statt, die auf Video aufgezeichnet wurden. 14 dieser Stunden wurden auf Wunsch der Klientin nicht aufgezeichnet, so dass 304 Stunden in transkribierter und anonymisierter Form vorliegen. In den 304 Therapiesitzungen sind 27 Erzählungen als Traumerzählungen identifiziert worden.

Kriterien für die Klassifizierung als Traumerzählung sind ein Erzähleinstieg und ein Erzählausstieg. Da die formale Struktur, respektive die sprachliche Präsentation eines Traums, für diese Arbeit von besonderem Interesse ist, werden Träume ausgewählt, die eine spezifische Eigenheit der Traumerzählungen von Frau W. darstellen. Es sind diejenigen Träume, deren zentrale Thematik, mitunter auch deren Ergebnis, bereits in der Traumeinleitung vorweggenommen wird. Gleich einem Abstract wird über den folgenden Inhalt orientiert und eine Art Erzählentwurf angedeutet. Dies kann in Form einer im Traum auftretenden Handlung beschrieben werden (T2: „am Samstag am Morgen früh da sagte ich Ihnen alle Schande") oder aber in Form einer Themenankündigung (T10: „gestern habe ich geträumt, ich hätte die Zähne verloren") zum Ausdruck gebracht werden. Werden diese Kriterien berücksichtigt, lassen sich 10 Träume (T1 bis T10) finden, die sich über den gesamten Therapieverlauf verteilen und die vorhandenen Häufungen von Traumerzählungen in Mittel- und Schlussphase der Therapie repräsentieren.

Die thematische Ankündigung der Traumerzählungen, welche die Form einer Einleitung hat, nimmt eine wichtige Funktion in den Traumerzählungen von Frau W. ein, da sie noch vor den eigentlichen Traumerzählungen Setzungen macht, die dann unmittelbar aufgenommen werden. Alle Traumerzählungen halten sich an diese Setzungen, nehmen ihre Thematik in einer spezifischen Weise auf und bringen sie zu einem Abschluss. Die Einleitung kündigt nicht nur an, um was für eine Art von Erzählung es sich handeln wird, sondern sie enthält ganz spezifische Funktionen, die sich im Verlauf der Traumerzählungen als wesentlich erweisen. Mit der thematischen Vorankündigung, zeigt die Erzählerin an, dass sie es für notwendig hält, ihre Traumerzählung vorzubereiten und einzuführen. Dies kann als Hinweis gewertet werden, dass bei der darauf folgenden Traumerzählung besonders problematisches und konflikthaftes Material zum Vorschein kommt, das nur schwer mitteilbar ist. Die folgende in Segmente gegliederte Traumerzählung mag dies beispielhaft illustrieren:

T9-„Absolut draußen"
1   ich hatte eben auch noch einmal genau den gleichen Traum
2   und dieses Mal habe ich verloren
3   konnte ich meinen äh quasi meinen Stuhl nicht behaupten
4   (T : Aha wie ist es dann dort gegangen)
5   ich kann es nicht genau sagen
6   es hat irgendwie
7   also die die zwei beteiligten Personen waren M. und mein Chef oder
8   und äh es wäre eben auch darum gegangen
9   dass ich also quasi nicht hinaus gedrängt werde
10 und das ist mir nicht gelungen
11 es ist mir passiert
12 aber ich ich kann nichts näheres sagen
13 ich weiß einfach
14 ich war absolut draußen
15 das hat mich so grauenhaft enttäuscht oder

Alle 10 Traumerzählungen wurden mit der Erzählanalyse JAKOB untersucht, ein qualitatives Untersuchungsinstrument, mit dem mündliche Alltagserzählungen analysiert und therapeutische Prozesse erforscht werden können. In der Untersuchung wird das für Alltagserzählungen konzipierte Verfahren auf Traumerzählungen angewandt. Eine kurze Einführung zur Erzählanalyse JAKOB finden Sie im Beitrag von Marc Luder in diesem Heft.

Die systematische Analyse einer Erzählung gliedert sich in mehrere, aufeinander aufbauende Arbeitsschritte, die ihrerseits entweder der Erzähldynamik oder der Konfliktdynamik zugeordnet werden. Während im Rahmen der Analyse der Erzähldynamik deskriptiv und textnah die Struktur der Erzählung untersucht wird, wird mit der Analyse der Konfliktdynamik die Erzählung unter psychodynamischer Perspektive interpretiert. An dieser Stelle wird vom manifesten Text zu seinem latenten, unbewussten Gehalt übergegangen. Grundlegende Annahme dieses Interpretationsschrittes ist, dass die Erzählung einen dynamischen Kompromiss zwischen einem unbewussten Wunsch, einem Angstmotiv und der entsprechenden Abwehr darstellt und diese neu verhandelt. Für eine ausführliche Darstellung der psychoanalytischen Konzepte Wunsch, Angst und Abwehr wird auf das Manual der Erzählanalyse JAKOB verwiesen (Boothe et al. 2002, S. 87-92).

STRUKTUR DER ERZÄHLUNG

Im vorliegenden Textbeispiel nimmt die Erzählerin in der Einleitung Bezug auf einen anderen, äquivalenten Traum, von dem anzunehmen ist, dass er dem Therapeuten mitgeteilt wurde (S1). Sie merkt an, im aktuellen Traum „verloren" zu haben und „ihren Stuhl nicht behauptet" haben zu können (S2). Auf die Nachfrage des Therapeuten (S4), wie sich das im Traum denn abgespielt habe, beginnt sie mit der eigentlichen Traumerzählung, die ohne jede Versetzung anfängt.

Mit der Startdynamik wird eine Situation eröffnet, an der neben dem erzählten Ich eine weibliche Arbeitskollegin („M") sowie der männliche, höhergestellte Chef teilhaben (S7).

Auffallend ist die Positionierung der auftretenden Akteure, die lediglich in diesem Segment eine Subjektposition einnehmen, während es sich in allen anderen Segmenten um Personal- und Demonstrativpronomen handelt.

KONFLIKTDYNAMIK

In der Startdynamik ist eine triadische Konstellation angelegt, die einen Rivalitätskampf zwischen dem Ich und der Arbeitskollegin nahelegt. Die Beteiligung der beiden Akteure an der Situation drückt eine Verbindung aus, die das erzählte Ich einschließt. Die männliche Figur ist nicht irgendjemand, sondern der Vorgesetze des Ich. Eine Autoritätsperson, der Stärke, Kompetenz und Anerkennung zugeschrieben werden und von der absolute Privilegierung erhofft wird. In der Erfüllungsphantasie schwebt ein mächtiger, bewundernswerter Mann vor, der das Ich mit seinen phallischen Ressourcen auszeichnen kann. Dafür müsste das Ich jedoch im Konkurrenzkampf triumphieren und die Arbeitskollegin beseitigen. Diese spezifische Konstellation deutet auf einen *ödipalen weiblichen Triumphwunsch* hin.

Diesem Wunsch steht eine mächtige *Beschämungsangst* entgegen: Das erzählte Ich wird aus der Situation hinausgedrängt und ist „absolut draußen" (S14). Warum und von wem das Ich hinausgedrängt wird, bleibt indessen unklar. Die Endgültigkeit ist niederschmetternd, die Ernüchterung groß. Das Ich wird nicht nur als potentielle Partnerin des hierarchisch höher gestellten und bewunderten Mannes abgelehnt, sondern verliert auch in beruflicher Hinsicht sein Gesicht vor dem Vorgesetzten.

Wie bereits bei der Positionierung der Akteure aufgefallen ist, verwendet die Erzählerin neutrale Pronomen und lässt nicht die beteiligten Figuren aktiv auftreten. So wird lediglich angedeutet, dass die Arbeitskollegin und der Chef beteiligt waren, die eigentliche Aktion des Herausdrängens und Ausschließens jedoch hat keinen benennbaren Akteur. Überdeutlich kommt dies in S11: „es ist mir passiert" zum Ausdruck. Es ist davon auszugehen, dass die verpönten und bedrohlichen Triebimpulse und Affekte gegenüber den beiden beteiligten Akteuren *verdrängt* werden. Lediglich das Konstatieren der Enttäuschung zum Schluss der Erzählung macht deutlich, dass eine emotionale Erkenntnis vorhanden ist, die Frustration und Entmutigung einer hedonistischen Besetzung ausdrückt.

KONFLIKTMODELLIERUNG

In der Traumerzählung ist eine triadische Konstellation angelegt, in der ein Wunsch nach ödipalem, weiblichem Triumph erkennbar wird. Die Aussichtslosigkeit der Situation zwingt das erzählte Ich zur drastischen Abwehrform der Verdrängung, um die aufkommende Angst vor Beschämung entschärfen zu können. Nur so kann der Wunsch nach ödipalem, weiblichem Triumph, wenn auch nur ganz unterschwellig, zugelassen werden.

Es ist eindrücklich zu sehen, dass die Erzählerin bereits in der Einleitung in eindeutigen Worten festhält, wie aussichtslos die Situation im Traum war (S2 und S3). Somit wird noch vor dem eigentlichen Beginn vorweggenommen, dass überhaupt keine Möglichkeit auf einen wunschgemäßen Ausgang besteht. Auf den Konflikt bezogen heißt dies, dass die Angst vor Beschämung so bedrohlich ist, dass jede Form von Affektwahrnehmung unterdrückt werden muss.

Somit wird die Traumerzählung als eine Erzählung des Scheiterns klassifiziert, bei der bereits in der Einleitung auf mangelnde Fähigkeiten und nicht gelingende Selbstbehauptung verwiesen wird, die sich für den Verlauf fatal erweisen.

BEFUNDE DER TRAUMANALYSEN

Im Anschluss an die Analyse aller 10 Traumstorys lassen sich folgende Befunde formulieren:

Die Analyse der formalen Struktur hat ergeben, dass sich hinter den Traumerzählungen viel konflikthaftes Material verbirgt, das mit Hilfe bestimmter Erzählmerkmale dargestellt werden kann. Um differenziertere Aussagen über diese Konflikte machen zu können, werden im Folgenden die Ergebnisse in Bezug auf die Konfliktdynamik dargestellt.

ZENTRALE WÜNSCHE, ÄNGSTE UND ABWEHRMECHANISMEN

Bei den Wünschen ist eine klare Dominanz von ödipalen Themen auszumachen, wobei phallisch-narzisstische Themen über den Verlauf der analytischen Behandlung zunehmen. Bei den Ängsten zeigt sich ein etwas anderes Bild: Diese werden durchgehend dominiert von analen Themen, wobei die ödipale Thematik auch maßgeblich vertreten ist.

Gesamthaft zeigen sich drei zentrale Konfliktdynamiken, die sich in unterschiedlicher Modellierung und Kompromisshaftigkeit wiederholen:
- Der Wunsch nach dem Erleben von positiver Selbstverfügung und Selbstwirksamkeit bei gleichzeitiger Angst vor Auslieferung an fremde Kontrolle.
- Der Wunsch nach der eigenen Positionierung und Selbstbehauptung als souveräne Figur, die Anerkennung und Bewunderung verdient, bei bestehender Angst vor Ressourcenschwund und gleichzeitiger Angst vor Auslieferung an fremde Kontrolle.
- Der Wunsch nach dem Eingehen von Zweisamkeit mit einem männlichen Gegenüber (unter Ausschluss der störenden Dritten) bei bedrohlicher Angst vor Zurücksetzung und Beschämung.

Die vorkommenden Abwehrmechanismen sind breit gefächert und können nach der Einteilung von Mentzos (1994, S. 60-67) als psychoneurotische Abwehrmechanismen bezeichnet werden. Bei Frau W. bewegen sich die meisten Abwehrmechanismen im Bereich der zwischenmenschlichen Konstellationen. Die wiederholte Anwendung des Abwehrmechanismus der Verschiebung von Passivität in Aktivität zeigt an, wie wichtig es ist, die durch das Gegenüber ausgelöste Angst unter Kontrolle zu bringen. Dabei wird der „Spieß umgedreht" und mit dem Gegenüber gerade so verfahren, wie es dem Ich durch dieses zuvor ergangen ist. Zentrale Interaktionspartner sind hierbei die Figur des Therapeuten und andere männliche Figuren. Die Abwehrmechanismen Entwertung, Agieren und Emotionalisierung werden hingegen vorwiegend bei weiblichen Interaktionspartnern angewendet. Dazu kommen weitere Abwehrmechanismen wie Rationalisierung, Verschiebung, Verleugnung und Verdrängung, die vor allem in den später erzählten Träumen zum Einsatz kommen. Der drastische Abwehrmechanismus der Verdrängung wird insbesondere bei schwierigen, ödipalen Situationen herangezogen und tritt im gesamten Therapieverlauf immer wieder auf.

ZUSAMMENHANG MIT DER THEMENANKÜNDIGUNG

Für alle vorgefundenen Konfliktdynamiken kann ein Zusammenhang mit der Themenankündigung konstatiert werden, und es hat sich gezeigt, dass die Themenankündigung für die Patientin ein Mittel darstellt, die eingeleitete Thematik beizubehalten und den Traum somit in eine Richtung entwickeln zu lassen, die unbedrohlich ist. Eine bestimmte Thematik wird im Vordergrund behalten, um den dahinterliegenden Wunsch zu verbergen. Damit wird dem Zuhörer eine bestimmte Lesart nahe gelegt, die dieser zu beachten hat. Außerdem kann die Einleitung zusätzliches Wissen über die Konfliktdynamik andeuten, was sich für das Verständnis und die Ergründung der Konfliktdynamik als sehr hilfreich erwiesen hat. Nicht zuletzt dient die Themenankündigung auch der Entlastung von Verantwortung, die die Patientin in Bezug auf ihre Traumerzählung und den dahinter liegenden Konflikt innehat. Angesichts der schwierigen Themen, die in den Traumerzählungen zum Vorschein kommen, ist diese Funktion durchaus plausibel.

PSYCHODYNAMISCHE HYPOTHESEN ZU FRAU W.

Die Analyse der Traumerzählungen zeigt, dass konflikthafte Themen von Frau W. in ihren Träumen auftreten. Insbesondere der zentrale Wunsch nach Zweisamkeit, der durch den Wunsch nach weiblichem ödipalem Triumph repräsentiert wird, taucht vermehrt auf, muss jedoch stark abgewehrt werden. Ein Blick auf die Konfliktentwicklung, die sich beim Vergleich der Konfliktdynamiken über den ganzen Verlauf der Therapie ergibt, führt zu folgender Hypothese: Eine dauerhafte Frustration von libidinösen Wünschen hat Frau W. dazu gebracht, diese Ansprüche aufzugeben. Dies zeigt sich direkt in den Träumen der Patientin: In immer wiederkehrenden Ausschlusssituationen bleibt das erzählte Ich bis zum Ende der Analyse außen vor, und der Wunsch nach einem Partner kann nicht erfüllt werden. In der zweitletzten Traumerzählung (T9, s. oben) zeigt uns Frau W., dass sie nach 308 Therapiestunden sexuell und in der triadischen Konstellation noch immer chancenlos ist. Was zum Schluss bleibt, ist der Verweis auf Selbstbehauptung, eine regressive Besinnung auf phallisch-narzisstische Themen. Aufgrund der Desillusionierung über den unbefriedigten Partnerwunsch überrascht diese Rückbesinnung nicht, da mit dem Entschluss, sich selbst genug zu sein, keine Zurücksetzung mehr riskiert werden muss. Die Bezogenheit auf das männliche Objekt wird lediglich aus phallisch-narzisstischer Perspektive eingestanden, wobei dieses in sicherer Distanz bleibt und von da aus bestätigen und anerkennen soll. Selbstprofilierung ist immer noch einfacher zu erreichen als Privilegierung durch einen anderen.

Zentral ist die Angst vor Kontrollverlust, die sich im Zusammenhang mit der Themenankündigung der Träume besonders deutlich gezeigt hat. Selbst bei der Traumerzählung ist die sprachliche Darstellung weniger frei, als man erwarten könnte. Kontrolle kann nicht einfach hergeben werden, und gerade bei so schwierigen Themen wie Sexualität und Zweisamkeit wird eine Einleitung gebraucht, um dem Traum eine bestimmte Richtung zu geben. Sogar die Traumerzählung hat für die Patientin potentiellen Bedrohungscharakter, und demzufolge erscheint es notwendig, den Analytiker auf eine bestimmte Lesart festzulegen. Mit dieser sprachlichen Besonderheit kann zumindest so viel Kontrolle ausgeübt werden, dass eine Darstellung des konflikthaften Materials möglich wird. Es hat sich gezeigt, dass Frau W. in ganz spezifischer Art und Weise ihre Träume einleitet, damit einerseits ein gewisses Maß an Kontrolle aufrechterhalten wird, was ihr anderseits ermöglicht, einiges an konflikthaftem Potenzial erzählerisch darzustellen.

Literatur

Bergmann, J. R. (2000). Traumkonversation. In Boothe, B. (Hrsg.), Der Traum – 100 Jahre nach Freuds Traumdeutung (S. 41-57). Zürich: vdf Hochschulverlag an der ETH Zürich.

Boothe, B. (2006). Körpererleben in der Traummitteilung und Körpererfahrung im Traum. Psychotherapie im Dialog, 7(2),185-189.

Boothe, B., Grimmer, B., Luder, M., Luif, V., Neukom, M. & Spiegel, U. (2002). Manual der Erzählanalyse JAKOB. Version 10/02. Universität Zürich: Psychologisches Institut, Klinische Psychologie I.

Brändle, Judith (2008). Träume erzählen in der Psychotherapie: Eine erzählanalytische Untersuchung der Träume von Frau W. Unveröffentlichte Lizentiatsarbeit, Universität Zürich, Psychologisches Institut, Klinische Psychologie, Psychotherapie und Psychoanalyse.

Freud, S. (1905). Der Witz und seine Beziehung zum Unbewussten. G.W., Bd 6.

Hanke, M. (2001). Kommunikation und Erzählung: zur narrativen Vergemeinschaftungspraxis am Beispiel konversationellen Traumerzählens. Würzburg: Königshausen & Neumann.

Mathys, H. (2001). „...ich hab heut Nacht so einen herrlichen Mist geträumt..." Amalies Traumerzählungen analysiert mit der Erzählanalyse JAKOB. Unveröffentlichte Lizentiatsarbeit, Universität Zürich, Psychologisches Institut, Klinische Psychologie I.

Mentzos, S. (1994). Neurotische Konfliktverarbeitung: Einführung in die psychoanalytische Neurosenlehre unter Berücksichtigung neuer Perspektiven. Frankfurt am Main: Fischer.

Judith Brändle
Hildastr. 3
CH-8004 Zürich
E-Mail: judith.braendle@gmx.ch

DIE VERÄNDERUNG VON TRÄUMEN IM LAUFE EINER ANALYTISCHEN BEHANDLUNG

Susanne Döll-Hentschker

ZUSAMMENFASSUNG: Das Modell kognitiv-affektiver Regulierung in Träumen wird in seinen wesentlichen Inhalten und seiner Umsetzung in ein Traumkodierungssystem dargestellt. Anhand eines Fallbeispiels werden Träume vom Behandlungsbeginn mit Träumen vom Behandlungsende verglichen. Initial- und Beendigungstraum werden ausführlich dargestellt. Die aus der Traumkodierung gewonnenen Einschätzungen zum Behandlungserfolg werden abschließend mit anderen Forschungsergebnissen zu diesem Fall konfrontiert.

SCHLÜSSELWÖRTER: Psychotherapieforschung, Veränderungsmessung, Affektregulierung, Traumerzählung, psychoanalytische Behandlung, Traumkodierung

EINLEITUNG

Träume als relativ eindeutig abgrenzbare und überschaubare Erzähleinheiten bieten sich für die Untersuchung von Veränderungsprozessen in Psychoanalysen an. Träume sind nach Moser (2003) simulierte Mikrowelten, d.h. aktive Problemlösungsstrukturen, die den Vorteil haben, dass sie unter Ausschaltung realer Interaktionen den aktuellen inneren Zustand des Träumers darstellen, soweit dieser in überwiegend bildhafter Darstellung symbolisierbar ist. Unerledigte Erregungszustände können so probeweise erlebt werden. In Träumen können Interaktionen und Objekte in Dimensionen verändert werden, die im wirklichen Leben und Verhalten nicht möglich sind. Deshalb zeigen Veränderungen in Träumen die inneren Möglichkeiten und Einschränkungen ebenso wie die individuellen Muster von beiden. Eine zu hohe Affektintensität kann die Symbolisierungsfähigkeit zerstören. Damit einher geht auch die Zerstörung der Informationsfunktion des Affektes. Entweder ist eine Darstellung im Traum gar nicht möglich oder sie wird immer wieder abgebrochen, wie dies für traumatische Wiederholungsträume typisch ist. Dass Träume eine Suche nach Problemlösungen sind und tatsächlich zu einer solchen auch beitragen können, ist heute eine weitgehend akzeptierte Annahme (z.B. Mertens 2000). Das Modell kognitiv-affektiver Regulierung in Träumen (Moser & von Zeppelin 1999) beschäftigt sich mittels formaler Kriterien mit den manifesten Trauminhalten und seinen Strukturen sowie deren Veränderung innerhalb eines Traums oder zwischen verschiedenen Träumen zu unterschiedlichen Zeitpunkten, z.B. im Rahmen einer psychoanalytischen Behandlung. Hier bietet sich insbesondere der Vergleich von Träumen aus der Anfangszeit mit Träumen aus der Beendigungsphase an, wie er im Folgenden anhand eines Fallbeispiels dargestellt werden soll.

Das Modell der Traumgenerierung und die Traumkodierung

Aktualisierungen, z.B. Tagesreste, stimulieren einen fokalen Konflikt, der durch aktuelle Erlebnisse in einer (oder der analytischen) Beziehung bereits (vor)aktiviert ist. Solche Aktualisierungen können Erlebnisse, Gedanken, Wünsche oder auch Affekte sein. Im Traum wird nun nach einer Lösung des aktivierten Konfliktes gesucht, die sowohl die benötigte Sicherheit wie auch das gewünschte Involvement (verstanden als sich in Beziehung zu anderen begeben) berücksichtigt. Affektregulierung im Traum wird verstanden als permanenter Rückkopplungsprozess zwischen den beiden Prinzipien Sicherheit und Involvement. Unter dem fokalen Konflikt wird ein Traumkomplex angenommen, der sich in unterschiedlichen fokalen Konflikten darstellen kann. Der Traumkomplex kann einen oder Teile verschiedener im episodischen Gedächtnis gespeicherter Komplexe enthalten. Die Annahme dieses Traumkomplexes ist eng verbunden mit dem Gedächtnismodell, wonach Affekte, Selbst- und Objektrepräsentanzen sowie generalisierte Interaktionserfahrungen (RIGs; Stern 2000) in Netzwerken miteinander verbunden sind. Traumatische Erfahrungen sind in den normalerweise flexiblen Netzwerkstrukturen quasi erstarrte Gebiete mit nicht integrierten, frei flottierenden (abgespaltenen) Affekten, die auf der Suche nach Lösungen für diese traumatischen Erfahrungen in immer gleicher Form aktiviert werden. Mittels der Traumorganisation wird diejenige Mikrowelt erschaffen, die es erlaubt, einen Traum zu generieren, der in der Lage sein könnte, für den zugrunde liegenden Konflikt eine Lösung zu finden. Der Traum verwendet die affektiven Informationen des Komplexes, um daraus die Traumbilder zu schaffen. Die kognitiven Elemente des manifesten Traums enthalten die affektiven Informationen, bewahren sie gleichsam auf, damit sie zum passenden Zeitpunkt in Interaktionen umgesetzt werden können. Um diese Aspekte des Traumgeschehens deutlich zu machen, wurde das Kodierungssystem entwickelt (Moser & von Zeppelin 1999) und in einer reduzierten sowie auf Reliabilität und Validität geprüften Fassung vorgelegt (Döll-Hentschker 2008).

Der Traumprozess verstanden als Affektregulierungsgeschehen lässt sich in die Positionierungen, die dem Sicherheitsprinzip folgen, und die Interaktionen, die dem Involvementprinzip folgen, unterteilen. Als Übergang zwischen diesen beiden Prinzipien werden die Bewegungsspuren (Trajektorien) begriffen, die von einer Positionierung zu einer Interaktion führen können oder aus einer Interaktion heraus wieder in eine Positionierung. Beiden Prinzipien gemeinsam ist, dass sie von negativen und positiven Affekten reguliert werden. So ist Angst der Motor für eine Ausweitung der Sicherheit, die auch im Involvement immer regulierend eingreift und z.B. an der Ausgestaltung der konkreten Interaktionsform beteiligt ist, aber auch dazu führen kann, dass eine Interaktion abgebrochen und eine neue Situation generiert wird. Ebenso ist Hoffnung (auf Wunscherfüllung oder Konfliktlösung) sowohl im Sicherheits- wie auch im Involvementprinzip wirksam. Nur in Interaktionen können neue Problemlösungen erprobt und gefunden werden (Moser & von Zeppelin 1999). Daher ist von einer Tendenz des Traums hin zur Interaktion auszugehen.

Um diese Tendenz sichtbar zu machen, werden für die Kodierung drei Spalten verwendet: das Positionsfeld (links), das Feld der Trajektorien (mittig) und das Interaktionsfeld (rechts). Im *Positionsfeld* werden belebte Objekte (OP) und unbelebte kognitive Elemente (CEU) kodiert sowie die Attribute (ATTR), mit denen sie ausgestattet sind, und ihre Positionierung (POS REL). Im *Feld der Trajektorien* werden sämtliche Bewegungen von Traumelementen kodiert. Im *Interaktionsfeld* werden die Interaktionen kodiert, die unter Bezug auf entwicklungspsychologische Theorien unterteilt sind in Relationen der Selbstveränderung (IR.S), in Resonanzrelationen (IR.C res) und Responsrelationen (IR.C resp). Zu unterscheiden ist außerdem, ob diese Interaktionen den Träumer (Subjektprozessor, SP) selbst betreffen oder von ihm an anderen beobachtet werden (IR.D). Diese Unterscheidungen der Interaktionen sind für die Frage des Involvements von besonderer Bedeutung. Konfliktlösungen können im Traum beispielsweise bei anderen beobachtet werden, was eine Form der Distanzierung im Traum bedeutet, die das affektive Niveau regulieren hilft. Sprechen und Denken im Traum sind ebenfalls affektferner und erhöhen die Kontrolle des Träumers. Während das Sprechen (V.R.) im Traum das Traumgeschehen nicht unterbricht, sind explizite Denkprozesse (C.P.) oder Affektkommentierungen (EX AFF-R.) ein Interrupt des filmischen Traumprozesses. Der Träumer distanziert sich damit vom aktuellen Traumgeschehen und kommentiert dieses aus einer Beobachterposition.

FALLBEISPIEL

Der Patient erzählt in den ersten 100 Behandlungsstunden (i.f. Behandlungsbeginn) 43 und in den letzten 100 Stunden (i.f. Behandlungsende) 17 Träume und protokolliert diese in einem Tagebuch. Die durchschnittliche Traumlänge sinkt von 108,5 Worten am Behandlungsbeginn auf 89,5 Worte am Behandlungsende. Die Anzahl der Segmente verändert sich dagegen nicht, was bedeutet, dass die einzelnen Segmente durchschnittlich kürzer werden. Seinen Initialtraum erzählt der Patient in der zehnten Behandlungsstunde (Tab. 1).

Der Traum beginnt mit einer ausführlichen Beschreibung eines Ortes, mit mehreren CEU, einem OP, ATTR, einem SOC SET und IMPLW. Nach S1 folgt eine längere kognitive Bemerkung („ich soll ..."), um in S2 eine Positionierung des SP vorzunehmen. In S3 folgt eine Relation der Selbstveränderung, die vom SP beobachtet wird. Auch in S4 bleibt der SP in der Beobachterposition. Dennoch wird ein kognitiver Interrupt notwendig. In S5 wird ein neuer PLACE eingeführt sowie ein neuer OP mit einer Trajektorie. In S6 beobachtet der Träumer eine Responsrelation zwischen den OP. In S7 kommt es zur ersten Interaktion, in die der SP involviert ist: eine Resonanzrelation. Danach tritt der Träumer mit einem kognitiven Prozess wieder aus dem Traumgeschehen heraus. Ein neuer PLACE in S8 ermöglicht eine Responsrelation. Die in S9 folgende Responsrelation („ausgelacht werden") löst so starke Affekte aus, dass der Träumer einen längeren kognitiv-affektiven Prozess einschiebt. Angst wird als Affekt explizit benannt. In S10 folgt ein vollständiger Szenenwechsel mit neuem PLACE und einer

Tab. 1: Initialtraum, 10. Behandlungsstunde

S1	Straße, zwei rote ältere Backsteinhäuser. Ich bin bei Anna zu Besuch. Sie wohnt in dem einen Haus.
-	Ich soll eine Bettdecke ins andre Haus bringen, in dem Frau Weber wohnt. In der Wohnung weiß ich nicht, wohin ich sie legen soll.
S2	Plötzlich liege ich auf einem schrägen Bett.
S3	Frau Weber wird zutraulich,
S4	legt sich zu mir aufs Bett,
-	ich will aber nicht.
S5	Dann ist das Bett plötzlich auf einer Erhöhung (Heuhaufen), und Webers Nachbarn laufen vorbei
S6	und beschimpfen Frau Weber.
S7	Sie liegt mit mir unter einer Decke.
-	Ich will mich rechtfertigen,
S8	bin in einem auf einer Seite offenen Zimmer. Leute sehen mir beim Ankleiden zu
S9	und lachen mich aus,
-	da ich mich als Frau verkleiden will. Ich will nicht, dass sie alle zusehen
	und habe Angst.
	Ich vergesse auch ein Kleidungsteil, so dass ich mich erneut umkleiden muss. Dann habe ich den Eindruck, dass ich den Leuten, die mich auslachen, nur etwas vormachen soll. Ich will tanzen.
S10	Eine Autoscooterhalle ist die Tanzfläche; sie ist erhöht wie eine Galerie und verschnörkelt wie ein Mississippi-Dampfer. Ich tanze durch die Luft fliegend.

Situation	Positionsfeld	Feld der Trajektorien	Interaktionsfeld
S1	PLACE$_1$ CEU$_1$ (Straße) CEU$_2$ (Häuser) 3 ATTR SP OP$_1$ BEK SOC SET (zu Besuch) IMPLW (sie wohnt)		

Fortsetzung Tab. 1: Initialtraum, 10. Behandlungsstunde

Situation	Positionsfeld	Feld der Trajektorien	Interaktionsfeld
/C.P./			
S2	SP		
	CEU_3 (Bett)		
	1 ATTR (schräg)		
	1 POS REL		
S3	SP		
OP_2 BEK			IR.D ((IR.S))
S4	SP		IR.D ((IR.S))
	OP_2 BEK		IR.D ((IR.C kin))
	CEU_3 (Bett)		
/C.P./			
S5	$PLACE_2$ (Erhöhung)		
	SP	LTM OP_3	
	OP_3 (Nachbarn)		
	CEU_3 (Bett)		
	1 POS REL		
S6	SP		IR.D ((IR.C resp))
	OP_3 (Nachbarn)		
	OP_2 BEK		
S7	SP		IR.C res
	OP_2 BEK		
	CEU_4 (Decke)		
	1 POS REL		
/C.P./			
S8	$PLACE_3$ (Zimmer)		
	1 ATTR		IR.C resp
	SP		
	OP_4 (Leute)		
S9	SP		
	OP_4 (Leute)		IR.C resp
/C.P./			
/EX AFF-R./			
/C.P./			
S10	$PLACE_4$ (Halle)		
	3 ATTR	LTM SP	
	SP		
	CEU_5 (Luft)		

Trajektorie des SP („tanzt durch die Luft").

Die ausführliche Einleitung spricht für einen hohen affektiven Gehalt des aktualisierten Konflikts, der in dieser Darstellung gebunden werden soll. Die Regulierung greift zusätzlich auf einen kognitiven Prozess zurück, um danach erneut im Positionsfeld zu verbleiben. Dies spricht für eine große Vorsicht in der Annäherung an den aktualisierten Konflikt. Es folgt die Beobachtung von Interaktionen anderer, danach ein Interrupt und eine erneute Annäherung über das Feld der Trajektorien. Nochmals wird eine Interaktion vom SP beobachtet, bevor er selbst in eine Resonanzrelation involviert ist. Resonanzrelationen gelten als Interaktionen der Rückversicherung und Stärkung des Sicherheitsgefühls. Nach dieser langen Vorbereitung wird dem SP eine Responsrelation möglich. Diese löst jedoch einen so starken Affekt aus, dass dieser explizit benannt und in einen kognitiven Prozess eingebunden werden muss. Die abschließende Situation knüpft nicht an den vorherigen Traum an. Die Traumgestaltung wirkt wie ein Neubeginn und der SP schwebt im narzisstischen Höhenflug davon.

Auch wenn der Träumer selbst nur den Angstaffekt benennt, legt der Trauminhalt eine starke Schamproblematik nahe, die mit seinen transvestitischen Wünschen zusammenhängt. Der Beginn der psychoanalytischen Behandlung aktiviert die Schamproblematik, da die Aufforderung, sich zu zeigen (frei zu assoziieren), zugleich die Befürchtung auslöst, bloßgestellt und gedemütigt zu werden. Auf die im Traum erlebte Demütigung reagiert der Träumer mit einer Größenphantasie, die ihn der Situation entkommen lässt. Eine "Lösung" des Konflikts ist nur durch Flucht möglich.

Um die strukturellen Veränderungen der Träume dieses Patienten zwischen Behandlungsbeginn und -ende aufzuzeigen, werde ich zuerst die statistischen Daten darstellen und abschließend auf den Beendigungstraum eingehen. Der Mittelwertvergleich der relativierten Häufigkeiten mit dem Mann-Whitney-Test ergibt eine signifikante Abnahme von CEU, eine hochsignifikante Abnahme von POS REL und eine hochsignifikante Zunahme von C.P. im Vergleich zwischen Behandlungsbeginn und -ende. Außerdem zeigt sich eine Tendenz zur signifikanten Zunahme bei den Kodierungen SOC SET, IR.D und V.R. sowie eine Tendenz zur signifikanten Abnahme bei AUX-R (siehe Abb. 1).

Nach Feldern zusammengefasst nehmen die relativierten Häufigkeiten der Kodierungen im Positionsfeld signifikant ab, während die der Kodierungen im Interaktionsfeld signifikant zunehmen. Die Zunahme der Interrupt-Kodierungen ist hochsignifikant. Die Abnahme der Traumlänge gemessen in Worten bei gleichzeitiger konstanter Anzahl an Segmenten korrespondiert mit der signifikanten Abnahme von CEU und POS REL.

Die Positionierungen des Patienten verlieren im Lauf der Behandlung an Ausführlichkeit. Das Verbleiben im oder der Rückzug in das Positionsfeld ist zu Behandlungsbeginn eine wichtige Strategie zur Affektregulierung. Die Traumhandlung und das Involvement des Träumers in eine Interaktion werden hinausgeschoben. Da die Anzahl der Segmente nicht abnimmt, ist anzunehmen, dass der narrative Aufbau der Traumerzählungen erhalten bleibt, aber an Klarheit gewonnen hat. Anders formuliert: Der Patient verliert sich nicht mehr in Details. Kognitive Regulierungsformen (V.R., C.P.) und Distanz-

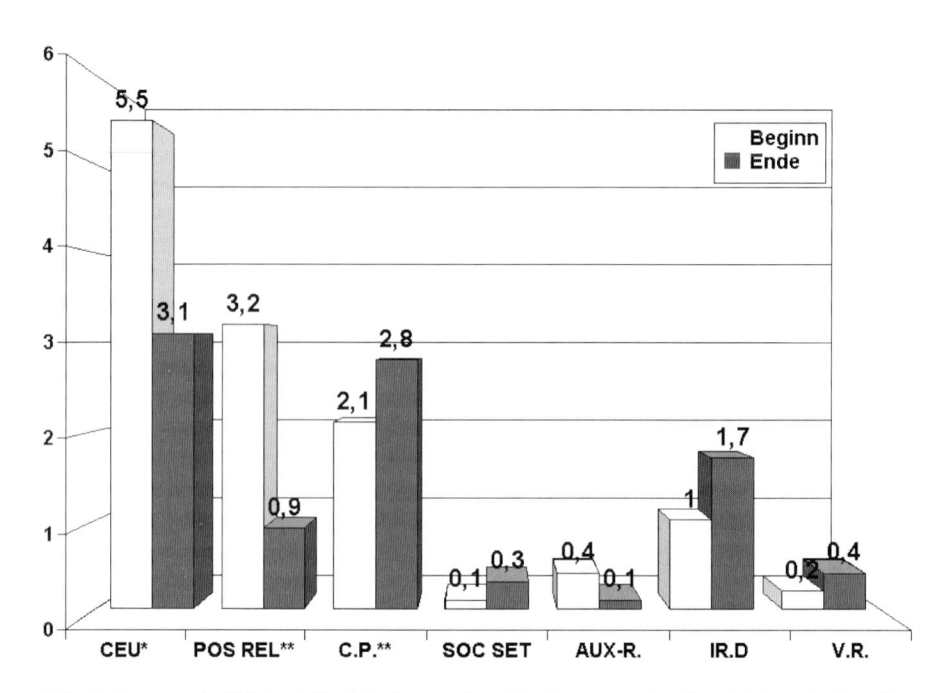

Abb. 1: Durchschnittliche Häufigkeit einzelner Kodierungen im Vergleich zwischen Behandlungsbeginn und -ende

relationen (IR.D) haben dagegen zugenommen. Dass auch die Fähigkeit zum Involvement gewachsen ist, kann man aufgrund der Zunahme von IR.C kin, IR.S und IR.C resp und der Abnahme von misslingenden Interaktionen (FAIL) annehmen.

Der letzte Traum beginnt mit einer Positionierung des SP in einem PLACE und vor einem CEU. Es folgt eine misslingende Interaktion („ich finde nicht"). In S3 verlässt der SP mit einer Trajektorie diesen Ort. Es folgt eine kognitive Bemerkung, die den SP zeitlich verortet und das folgende Traumthema (die Analyse) ankündigt. Die anschließende S4 überrascht und stellt beim Leser (oder Hörer) Verwirrung her. Der SP träumt zu erwachen, hat aber zuvor im Traum nicht geschlafen. Man fragt sich unwillkürlich, ob er nicht real aufgewacht ist. Auch der darauf folgende lange C.P. löst diese Verwirrung nicht. Es könnte auch real sein. Erst mit S5 klärt sich, dass Erwachen und Verschlafen wirklich zum Traum gehören. Die zweite, noch nicht verpasste Stunde wird zusammen mit der Analytikerin verortet. Wieder folgt ein Interrupt, in dem eine Vermutung angestellt wird. In S6 misslingt dem SP erneut eine Interaktion, die er mit einer expliziten Äußerung von Angst kommentiert. Ein neuer OP mit einem neuen PLACE wird eingeführt und bei einer Tätigkeit beobachtet. Erneut folgt ein kognitiver Prozess, in dem es wiederum um eine zeitliche Verortung geht. Es wird drängender. Das Ziel ist bereits sichtbar (S8). Wieder folgt eine Angstäußerung. In S9 beobachtet der SP weiter den zuvor eingeführten OP bei einer Interaktion

Tab. 2: Beendigungstraum, 617. Behandlungsstunde

S1	Ein Laden; ich stehe vor dem Strumpfregal...
S2	finde aber nicht die entsprechenden Strümpfe.
S3	Gehe wieder raus.
-	Ich habe noch ca. dreiviertel Stunden Zeit, bis die Analyse beginnt.
S4	Ich erwache
-	und stelle fest, dass ich die Analyse verschlafen habe. Eigentlich müsste ich jetzt anrufen und sagen, was los ist, sonst macht sie sich vielleicht unnötig Sorgen.
	Irgendetwas in mir sträubt sich, hemmt mich.
	Wenn ich nun aber schon die erste Stunde verpasst habe, muss ich unbedingt sehen, dass ich die zweite nicht verpasse.
S5	Sie (die Analytikerin) und die Stunden sind diesmal in Kirchberg/Heim.
-	Mit dem Fahrrad sollte ich es mit der obigen Zeit schaffen.
S6	Doch ich gerate mit dem Fahrrad in der Ebene auf einen felsigen Berg .... kann nicht rüber: Die Wege sind eng und gefährlich;
-	die Situation macht mir Angst.
S7	In der kleinen Hütte steht ein junger Mann mit langen Haaren, ein Freak, der hat am angstmachenden Felsen etwas zu tun.
-	Ich befinde mich nun schon sehr in zeitlicher Verzögerung, denn die kurze Zeit, die mir noch bleibt, reicht nicht aus, noch rechtzeitig nach Kirchheim zu kommen, obwohl
S8	Kirchheim schon am Horizont sichtbar ist.
-	Ich bin voll Angst, gelähmt ...
S9	Ich beobachte den Freak bei der Arbeit,
S10	mein Fahrrad ist mittlerweile irgendwo oben zwischen den Felsen
-	und ich finde, ich könnte es selbst herunterholen.

Situation	Positionsfeld	Feld der Trajektorien	Interaktionsfeld
S1	PLACE$_1$ (Laden) SP CEU$_1$ (Regal) 1 ATTR POS REL		
S2	SP CEU$_2$ (Strümpfe)		IR.C FAIL

Fortsetzung Tab. 2: Beendigungstraum, 617. Behandlungsstunde

Situation	Positionsfeld	Feld der Trajektorien	Interaktionsfeld
S3	SP	LTM SP	
/C.P./			
S4	SP		IR.S
/C.P./			
/EX AFF-R./			
/C.P./			
S5	SP OP$_1$ BEK SOC SET (Analyse) PLACE$_2$ (Kirchheim) 1 POS REL		
/C.P./			
S6	PLACE$_3$ (Ebene) SP CEU$_3$ (Berg) 1 ATTR (felsig) CEU$_4$ (Wege) 2 ATTR CEU$_5$ (Fahrrad)		IR.C kin FAIL AUX-R.
/EX AFF-R./			
S7	PLACE$_4$ (Hütte) 1 ATTR (klein) SP OP$_2$ 3 ATTR PLACE$_5$ (Felsen) 1 ATTR AFF 1 POS REL		IR.D ((IR.C kin))
/C.P./			
S8	SP PLACE$_2$ (K) (Kirchh.) 1 POS REL (am Horiz.)		
/EX AFF-R./			
S9	SP OP$_2$		IR.D ((IR.C kin))
S10	SP CEU$_5$ (Fahrrad) PLACE$_5$ (K) (Felsen) 1 POS REL		
/C.P./			

mit Berührung (IR.C). In S10 wird ein CEU, das AUX-R. (Mittel zur Fortbewegung) sein sollte, positioniert. Der Traum schließt mit einer positiven Einschätzung der Situation und wird damit zu einem guten Ende gebracht.

An diesem Traum sind mehrere Aspekte auffällig und für diesen Patienten ungewöhnlich. Zum einen bilden S1 bis S3 eigentlich einen eigenen, in sich abgeschlossenen Traum: Auf eine Positionierung folgt eine misslingende Interaktion, die mit einer Trajektorie hinaus aus dem PLACE endet. Der folgende kognitive Prozess leitet ein neues Thema ein. Dieses muss massive Ängste im Patienten auslösen. Traum und Realität sind für den Leser kurzzeitig kaum unterscheidbar. Teilweise ist die Abgrenzung zwischen Situationen und Interrupts schwierig, was bei diesem Patienten ansonsten eher selten der Fall ist. Im zweiten Traumteil (ab S4) folgt mit einer Ausnahme auf jede Situation ein expliziter Interrupt. Zweimal wird explizite Angst geäußert. Trotz des hohen Angstniveaus gelingt es dem Träumer immer wieder, den Traum fortzusetzen. Zwar wird ein Involvement nach der ersten Angstäußerung nicht mehr möglich und der SP beschränkt sich auf die Beobachterposition. Dennoch gelingt es im Traum, eine Lösung zu finden, auch wenn diese selbst nicht mehr bildhaft umgesetzt wird.

Einerseits zeigt dieser Traum die Verstärkung von kognitiven Prozessen und Distanzrelationen. Das Positionsfeld wird in diesem Traum dagegen stark genutzt, mit vielen verschiedenen Elementen und Attributen. Die beiden misslingenden Interaktionen sind untypisch, da diese Kodierung in den 17 Träumen am Behandlungsende insgesamt, d.h. inklusive dem Beendigungstraum, nur dreimal vorkommt. Drei explizite Affektäußerungen sind ebenfalls ungewöhnlich. Der Traum ist nur teilweise typisch für die Traumstruktur des Patienten am Behandlungsende. Anzunehmen ist, dass das nahende Behandlungsende wesentliche Ursache für die starke Angstintensität in diesem Traum ist. Der Patient ist sich unsicher, ob er es alleine schaffen kann, fürchtet, wieder in seine alten Konflikte hineinzurutschen (erster Traumteil). Der Weg zur Analytikerin ist verbaut, durch einen Berg und einen Mann. In Beobachtung des Mannes gelangt der Träumer jedoch zu der Einsicht, dass er durchaus in der Lage ist, selbstständig weiterzukommen.

Zusammenfassung und Diskussion

Typische Träume im Zeitraum des Behandlungsbeginns beginnen mit einer ausführlichen räumlichen Einführung, bauen langsam einen Spannungsbogen auf, der teilweise unterbrochen, dann aber wieder aufgenommen wird. Die Auflösung der Spannung erfolgt jedoch nicht im Traumgeschehen sondern durch Interrupts. Der Patient verfügt über differenzierte Möglichkeiten der Affektregulierung, solange er dem Konflikt nicht zu nah kommt. Überschreitet die Affektintensität die für ihn erträgliche Schwelle, bleibt vor allem die Möglichkeit des Interrupts durch kognitiv-affektive Prozesse sowie die Flucht in eine Größenphantasie, die ihn unerreichbar und unangreifbar macht (er fliegt). Die Träume am Behandlungsende kommen mit weniger Details aus. Der Affekt wird direkt benannt, nicht in zahlreichen Details gebunden. Trotz starker Affekte kann der Träumer in dem begonnenen Traum verbleiben. Die Träume sind kohärenter. Interaktionen mit hohem Involvement sind noch immer ängstigend und verursachen Schmerzen, können aber dennoch eingegangen und ausgehalten werden. Zusammengefasst spricht die Entwicklung für eine Flexibilisierung der Affektregulierung und eine erhöhte Affekttoleranz am Behandlungsende.

Die Einschätzung des Behandlungserfolgs aufgrund der Träume von Behandlungsbeginn und -ende fügt sich gut in andere zu dieser Behandlung vorliegende Forschungsbefunde, von denen einige noch kurz erwähnt werden sollen. Es handelt sich bei dem Patienten um einen zu Behandlungsbeginn 25-jährigen Mann mit transvestitischer Symptomatik, der als narzisstische Persönlichkeitsstörung diagnostiziert wurde. Das erste Jahr der Behandlung war von der narzisstischen Abwehrstruktur geprägt (Leuzinger-Bohleber 1998). In seinem Tagebuch zeigt sich zu Behandlungsbeginn eine Rigidität im Denken, die sein kognitives Spektrum einengt, und eine Neigung zum Intellektualisieren (Leuzinger-Bohleber 1987). Dagegen stehen am Ende der Behandlung selbstreflexive Prozesse im Vordergrund. Die sprachliche Ausdrucksweise im Tagebuch wurde für die Endphase der Behandlung von Ratern als einfacher, schlichter oder unauffälliger eingestuft und wirkt damit klarer, besser lesbar und deutlicher an einen Leser adressiert (Leuzinger-Bohleber & Kächele 1988). Es ist eine zunehmende Akzeptanz eigener Aggressionen und die Abnahme von Scham- und Schuldgefühlen festzustellen. Mittels einer Auswertung von Initial- und Beendigungstraum mit einer Wortstatistik kommen Koukkou & Lehmann (1998) zu dem Ergebnis, dass den häufig wechselnden Objekten im Initialtraum ein eingeengtes Handlungsreservoir gegenübersteht, während im Beendigungstraum die Objekte konstanter bleiben und ein größeres Handlungsspektrum aufweisen. Die Nachhaltigkeit der Veränderungen konnte in katamnestischen Gesprächen ein und zwei Jahre nach Behandlungsende sowie in einem weiteren Gespräch fast 20 Jahre nach Abschluss der Behandlung bestätigt werden (Leuzinger-Bohleber 2005).

Danksagung

Das vorliegende Fallbeispiel ist meiner Dissertation (Döll-Hentschker 2008) entnommen. Ich danke Marianne Leuzinger-Bohleber und Reimut Reiche für die Betreuung meiner Dissertation. Mein Dank gilt darüber hinaus Ulrich Moser, der die Arbeit ebenfalls engagiert und kritisch begleitet hat.

Literatur

Döll-Hentschker, S. (2008). Die Veränderung von Träumen in psychoanalytischen Behandlungen. Affekttheorie, Affektregulierung und Traumkodierung. Frankfurt am Main: Brandes & Apsel.

Koukkou, M. & Lehmann, D. (1998). Die Pathogenese der Neurose und der Wirkungsweg der psychoanalytischen Behandlung aus der Sicht des „Zustandswechsel-Modells" der Hirnfunktionen. In Leuzinger-Bohleber, M., Mertens, W. & Koukkou, M. (Hrsg.), Erinnerung von Wirklichkeiten: Psychoanalyse und Neurowissenschaften im Dialog. Band 2: Folgerung für die psychoanalytische Praxis (S. 162-195). Stuttgart: Vlg. Internationale Psychoanalyse.

Leuzinger-Bohleber, M. (1987). Veränderung kognitiver Prozesse in Psychoanalysen. Band 1: Eine hypothesengenerierende Einzelfallstudie. (PSZ-Drucke). Berlin: Springer.

Leuzinger-Bohleber, M. (1998). Das klinische Datenmaterial. Zusammenfassung. In Leuzinger-Bohleber, M., Mertens, W. & Koukkou, M. (Hrsg.), Erinnerung von Wirklichkeiten: Psychoanalyse und Neurowissenschaften im Dialog. Band 2: Folgerung für die psychoanalytische Praxis (S. 31-35). Stuttgart: Vlg. Internationale Psychoanalyse.

Leuzinger-Bohleber, M. (2005). Therapeutische Veränderungen und deren Nachhaltigkeit. Psychoanalytische und neurobiologische Überlegungen. In Kremp-Ottenheym, H., Juszczak, M. & Schmidt, M. (Hrsg.), Heilung und Stagnation in psychoanalytischen Behandlungen (S. 78-111). (Arbeitstagung der Deutschen Psychoanalytischen Vereinigung in Bad Homburg, 16. bis 19. November 2005). Bad Homburg: DPV.

Leuzinger-Bohleber, M. & Kächele, H. (1988). From Calvin to Freud: Using an artificial intelligence model to investigate cognitive changes during psychoanalysis. In Dahl, H., Kächele, H. & Thomä, H. (Eds.), Psychoanalytic process research strategies (pp. 291-306). Berlin: Springer.

Mertens, W. (2000). Traum und Traumdeutung (2. Aufl.). München: C.H. Beck.

Moser, U. (2003). Traumtheorien und Traumkultur in der psychoanalytischen Praxis (Teil 2). Psyche - Z Psychoanal, 57(0), 729-750.

Moser, U. & von Zeppelin, I. (1999) [1996]. Der geträumte Traum. Wie Träume entstehen und sich verändern (2. Aufl.). Stuttgart: Kohlhammer.

Stern, D. N. (2000) [1985]. Die Lebenserfahrung des Säuglings (7. Aufl.). Stuttgart: Klett-Cotta.

SUSANNE DÖLL-HENTSCHKER
E-MAIL: *doell-hentschker@psych.uni-frankfurt.de*

Christoph Katz

gleichMUT
Gedichte

108 Seiten, ISBN 978-3-8996/-469-9, Preis: 12,- €

PABST SCIENCE PUBLISHERS
Eichengrund 28, D-49525 Lengerich
pabst@pabst-publishers.de
www.psychologie-aktuell.com
www.pabst-publishers.de

Das zählen, was zählt – Zentrale Beziehungskonfliktthemen in Forschung und Praxis

Hermann Staats

ZUSAMMENFASSUNG: Luborskys Methode des zentralen Beziehungskonfliktthemas ZBKT ist in unterschiedliche Richtungen weiterentwickelt worden. Ergebnisse der verschiedenen Vorgehensweisen zur Auswertung von Narrativen sind dabei durchaus unterschiedlich. Die Arbeit beschreibt die Entwicklung des ZBKT-Verfahrens und stellt Ergebnisse aus einer Untersuchung zur Validität unterschiedlicher Vorgehensweisen innerhalb der ZBKT-Methode vor. Neu eingeführte Kategoriensysteme, zusammenfassende Parameter (wie Rigidität und Dispersion), erweiterte Verfahren zum Sammeln von Narrativen (Forschungsinterviews) und unterschiedliche Auswertungsverfahren werden in Hinsicht auf ihre wissenschaftlichen und klinischen Vorzüge diskutiert. Vorgehensweisen für spezifische Forschungsfragen können so gezielt ausgewählt werden.

SCHLÜSSELWÖRTER: Zentrales Beziehungskonfliktthema, ZBKT, Validität, Kategoriensystem, Übertragung, Beziehungsepisodeninterview, BE-Interview

Wenn Patienten Psychotherapeuten oder Ärzten von ihrer Erkrankung erzählen, geben sie damit Informationen und nehmen zugleich eine Beziehung auf. Ihre Hoffnungen sind auf sachkundige Antworten gerichtet und auch darauf, in einer asymmetrisch angelegten Beziehung verstanden zu werden.

In diesen Gesprächen kommen neben sachlichen Informationen häufig Beschreibungen von *Interaktionen* zwischen Menschen vor. Solche kurzen "Narrative" oder "Beziehungsepisoden" laden Zuhörer dazu ein, sich per Identifikation in die Welt des Erzählenden hineinzubegeben. Sie wollen die Adressaten emotional beteiligen und etwas als wesentlich Angesehenes vermitteln. Die Erfassung der Beziehungserwartungen von Patienten und der kompetente Umgang damit sind wesentlicher Teil aller Heilkunst. Ein Verstehen der Erzählungen von Patienten kann gelernt werden.

Der Text erzählt dazu eine Erfolgsgeschichte – die Geschichte des Zentralen Beziehungskonfliktthemas ZBKT – und hebt dabei Untersuchungen zur Validität und klinischen Brauchbarkeit des ZBKT hervor: Wie findet sich das zum Zählen, das etwas zählt, mit dem also klinisch oder wissenschaftlich gut gearbeitet werden kann?

Die Erfolgsgeschichte

Am 17. Januar 1976 (Luborsky 1990a) stellte Lester Luborsky in einer kleinen Besprechung eine Idee vor, die ihm bei seinen Untersuchungen zur "therapeutic alliance" eingefallen war. Beim wiederholten Durchgehen von Transkripten aus therapeutischen Sitzungen waren ihm kurze Erzählungen über Interaktionen mit anderen Menschen aufgefallen. Er entdeckt in diesen Beziehungsepisoden eine Struktur aus Wünschen, Reaktionen anderer Menschen und eigenen Reaktionen auf diese Reaktionen anderer. Diese Struktur wird inhaltlich von jedem Patienten individuell gefüllt – mit seinem zentralen Beziehungskonfliktthema.

Die folgende kurze Erzählung ist ein Beispiel für eine solche Beziehungsepisode:

Mein Mann und ich saßen beim Frühstück, und er las die Zeitung. Ich fragte ihn: „Warum reden wir nicht miteinander?" Er sagte: „Schlag ein Thema vor". Ich dachte: „Er ist so ein Miststück!"

Finden sich mehrere Erzählungen mit ähnlichen Wünschen (z.B. „Ich möchte, dass du mit mir redest"), ähnlichen Reaktionen des Objekts (z. B. „weist mich zurück") und Reaktionen des Selbst („Ich bin wütend, aber still"), so generalisieren Adressaten der Erzählung in der Regel auf ein für die Person typisches Beziehungsmuster. Im Alltag entsteht häufig schon aus einer oder wenigen Erzählungen beim Gegenüber ein Bild des Erzählers. Für eine einigermaßen zuverlässige Bestimmung eines zentralen Beziehungskonfliktthemas werden 10 Beziehungsepisoden verlangt. Mit diesem Vorgehen wird ein – wesentlicher – Aspekt von Erzählungen qualitativ und quantitativ fassbar; andere Aspekte von Erzählungen bleiben unberücksichtigt (vgl. Boothe 1995).

Erzählungen werden innerhalb einer Interaktion erzählt, ihr Inhalt ist nicht zufällig. Ein psychoanalytisch arbeitender Therapeut könnte überlegen, ob die Patientin sein abwartendes Zuhören ähnlich wie in ihrer Erzählung erlebt: Sie möchte Kontakt zu ihm, erlebt aber seine Offenheit für ihre Themen als Anforderung, selbst die Beziehungsarbeit leisten zu müssen. Wenn er nicht aufpasst, kann – auch – er zu einem "Miststück" werden, von dem sich die Erzählerin enttäuscht zurückziehen wird. Das zentrale Beziehungskonfliktthema erfasst dann die Übertragung der Patientin auf ihren Therapeuten. Es kann damit für einen bestimmten Zeitpunkt der Behandlung das benennen, was in dieser Situation besonders wichtig ist.

Luborsky verband also seine Idee eines in Transkripten objektivierbaren zentralen Beziehungskonfliktthemas mit dem psychoanalytischen Übertragungskonzept. Er griff zu Freuds Arbeit "Zur Dynamik der Übertragung" (Freud 1912) und fand die Übereinstimmungen beeindruckend ("striking") (Luborsky 1990 a, S. 3). Tabellarisch parallelisiert er (Luborsky 1990 c, S. 264) Freuds Überlegungen zur Übertragung mit dem ZBKT-Modell und stellte fest, dass das ZBKT fast alle von Freud beschriebenen Aspekte abbildet. Wo nicht, schrieb er ein großes "R" hin – "remains to be studied!". Das ZBKT-Verfahren wurde zu einer Operationalisierung des Übertragungskonzepts und ist seither in zahlreichen Untersuchungen in diesem Sinne verwendet worden (Übersichten z. B. in Staats 2004, Albani et al. 2008).

Die Validität der ZBKT-Methode konnte langfristig nicht nur über die Ähnlichkeit des Konstrukts mit dem Übertragungskonzept belegt werden. Crits-Christoph und andere fanden in einer Gruppe von 43 mit psychodynamischer Einzeltherapie behandelten

Patienten einen Zusammenhang zwischen Interventionen der Therapeuten, die genau auf das ZBKT des Patienten abgestimmt waren, und einem guten Behandlungsergebnis (Crits-Christoph et al. 1988). Zutreffende Interpretationen der W- und RO-Komponente (s.u.) in frühen Behandlungsstunden korrelierten deutlich mit einem positiven Behandlungsergebnis.

Diese bahnbrechende Untersuchung führte zu einer raschen Verbreitung der Methode. Für die Evaluation einer Behandlungsform wurden *operationalisierbare Therapien* verlangt. Eine Operationalisierung des therapeutischen Vorgehens schien für psychoanalytisch orientierte Verfahren bis dahin undenkbar – jeder Patient wird, so heißt es, individuell behandelt, etwas Neues dabei entdeckt, für jeden eine eigene Therapie entwickelt. Die ZBKT-Methode bot erstmals eine Möglichkeit, ein zentrales Konzept psychodynamischer Therapien – die Deutung von Übertragungen – zu operationalisieren. Wenn man Patienten ihr ZBKT mitteilt, ruft dies oft ein spontanes positives Bejahen hervor: „Das stimmt! Ich hätte es so nicht sagen können, aber das trifft etwas!". Das zentrale Beziehungskonfliktthema bildet also Muster ab, die sich in "Reichweite" des Bewussten befinden.

Noch in einem weiteren Aspekt weist das ZBKT auf die Brauchbarkeit klinischer psychoanalytischer Konzepte hin: Bei der Auswertung von Narrativen mit dem ZBKT-Verfahren werden Zusammenhänge zwischen den Komponenten, die innerhalb der einzelnen Beziehungsepisoden auftreten, nicht berücksichtigt. Die drei Komponenten (Wünsche W, Reaktionen anderer RO und eigene Reaktionen RS) werden jeweils für sich in Hinsicht auf ihre am häufigsten vorkommenden Inhalte ausgewertet unabhängig vom Zusammenhang dieser Komponenten in einem Narrativ. Dieses Hinwegsehen über die Zusammenhänge innerhalb einer einzelnen Episode hat methodische Vorteile im Sinne einer einfacheren Auswertung und inhaltliche Vorzüge. Das Auswerten der einzelnen Komponenten für sich löst das zentrale Beziehungskonfliktthema vom manifesten Material der einzelnen Narrative. Die Auswertung bekommt damit Ähnlichkeiten zu einem Zuhören mit "gleichschwebender Aufmerksamkeit", wie es von Freud für die Wahrnehmung unbewusster Zusammenhänge empfohlen wurde: „Es ist gar nicht unsere Aufgabe, ... gleich zu verstehen, dies kann erst später gelingen, wenn wir uns genügend Eindrücke ... geholt haben. Vorläufig lassen wir unser Urteil in der Schwebe und nehmen alles zu Beobachtende mit gleicher Aufmerksamkeit hin." (Freud 1909, S. 259).

Um zentrale Beziehungskonfliktthemen unabhängig von Transkripten aus Therapiesitzungen erfassen zu können, wurden "Beziehungsepisodeninterviews" (Barber et al. 1990, Dahlbender et al. 1993) entwickelt: „Bitte erzählen Sie mir Geschichten aus Ihrem Leben, in denen Sie mit einer anderen Person zu tun hatten....", ist die Einleitung zu einem solchen Interview. Dieses Vorgehen zur Erhebung von Narrativen erweiterte den Einsatz der Methode erheblich – Kinder, gesunde Probanden, Kranke, die nicht in einer Psychotherapie waren – sie alle konnten jetzt mit der Methode untersucht werden. Leider waren viele Ergebnisse unbefriedigend.

So fanden Wilczek et al. (2000) kaum Verbindungen zwischen der Psychopathologie von Patienten und ZBKT-Parametern aus Forschungsinterviews. Sie beschreiben die große Ähnlichkeit der von ihnen bestimmten

ZBKThemen (Wünsche nach Nähe werden von anderen zurückgewiesen und führen zu Enttäuschung) und bezweifeln daher eine prädiktive Valenz von ZBKT-Parametern. Ein solches, in Interviews zur Erhebung von Narrativen immer wieder auftauchendes Muster kann auch als Reaktion der Erzähler auf das Abfragen von Beziehungsepisoden in einem Forschungsinterview verstanden werden (Staats et al. 1997): Der Erzähler wird mit seinen Wünschen, vom Zuhörer verstanden zu werden (hier als Wunsch nach Nähe beurteilt), vom Forschungsassistenten zurückgewiesen (der in diesem Interview die Aufgabe hat, die Erzählungen wenig zu beeinflussen) und erzählt diesem in den Narrativen von seiner Enttäuschung darüber.

1991 kommt ein deutsches Manual zur ZBKT-Methode heraus (Luborsky et al. 1991) und eine überregional aktive ZBKT-Gruppe bildet sich. Die von vielen Ratern als unbefriedigend beklagte Zuordnung von Inhaltskategorien wird durch ein besseres System ersetzt (Körner et al. 2002), das die bestehende Struktur des ZBKT aufrechterhält. Maßgeblich von Dan Pokorny und Cornelia Albani entwickelte Veränderungen führen zu einer weitergehenden Umformulierung des ZBKT: dem LU-System (Leipzig-Ulm oder Logically unified) (Albani et al. 2008).

Dieses System bietet zwei wesentliche Veränderungen:
- Es gibt eine "vierte Dimension": Wünsche werden erfasst als Wünsche an andere und Wünsche an sich selbst – analog zu den Reaktionen anderer und den eigenen Reaktionen.
- Und es gibt nur noch ein Kategoriensystem für WO, WS, RO und RS. Das System wird dadurch weniger leicht intuitiv nutzbar.

Trotz dieser Entwicklungen erscheinen im Vergleich zu früheren Jahren nur noch wenige Arbeiten mit dem ZBKT. Es sieht so aus, als würde die Methode weiter in ihrer kliniknahen Form und in kleineren Projekten angewendet, kaum aber mit ihrer differenzierten Forschungsmethodik.

VERÄSTELUNGEN

Innerhalb der ZBKT-Methode sind weitere Instrumente und Parameter entwickelt worden, die für bestimmte Fragen besonders geeignet sind. Aus Narrativen können zusammenfassende Parameter gewonnen werden, die sich als klinisch bedeutsam herausstellten (z. B. Grenyer & Luborsky 1998, Cierpka et al. 1998, Albani et al. 1999 a). Am stärksten verbreitet sind die Erfassung der
- "Negativität" von Reaktionen und die
- Deutlichkeit, "Pervasiveness", der als zentral eingeschätzten Komponenten.

Änderungen im Verlauf von Psychotherapie sind als Rückgang von Negativität und Pervasiveness beschrieben worden (Crits-Christoph & Luborsky 1990): Mehr Wünsche gehen in Erfüllung – und die Art der Wünsche und Reaktionen wird vielseitiger, "bunter".

Beziehungsmuster können auch auf die Objekte, die in den Narrativen genannt werden, bezogen und für diese separat ausgewertet werden. Eine solche Konzentration auf eine bestimmte Beziehung ist auch schon bei der Erhebung der Narrative möglich, für Partnerschaften z. B. mit dem "Paarbeziehungsepisodeninterview PBI" (Staats 2004).

Hier wird explizit nach Beziehungsepisoden mit dem Partner oder der Partnerin gefragt. In diesen Beziehungsepisoden kann mit einer deutlichen Darstellung von Übertragungen oder Übertragungsbereitschaften auf den Partner gerechnet werden. Untersuchungen mit üblichen Beziehungsepisodeninterviews führten zu anderen Ergebnissen als Untersuchungen an Transkripten von Therapiegesprächen. Es scheint nicht gleichgültig zu sein, welche Vorgehensweisen bei der Erhebung von Narrativen und der Bestimmung von zentralen Beziehungskonfliktthemen eingesetzt werden. Wie die klinischen Theorien zur Übertragung es nahe legen, muss der Einfluss des Adressaten und der des Beziehungsobjekts, von dem gesprochen wird, berücksichtigt werden, um Übertragungen oder Übertragungsbereitschaften zu erfassen. Für die Praxis stellen sich damit Fragen, unter welchen Umständen die untersuchten Narrative erhoben wurden („Wie viel Übertragung ist in diesen Erzählungen enthalten?") und wie sie ausgewertet werden („Werden Übertragungsaspekte erfasst oder eher übersehen?").

Was zählt?

Aufgrund dieser methodischen Schwierigkeiten versuchte Staats (2004), die Qualität unterschiedlicher Verfahren zur Bestimmung der in Erzählungen deutlich werdenden Muster vergleichend zu prüfen. Als abhängige Variable wurde die Qualität der Erfassung von Beziehungsmustern und zentralen Beziehungskonfliktthemen (Übertragungen) über die Re-Test-Stabilität der Ergebnisse nach 6 Monaten operationalisiert. Übertragungen, die gewünschten Inhalte der gesuchten "zentralen" Beziehungskonfliktthemen, sind als zeitlich stabil beschrieben, so dass die Stabilität der Ergebnisse über die Zeit ein Qualitätskriterium der Erfassung dieser Muster darstellt.

Unabhängige Variablen der Untersuchung waren die Art des Interviews (objektunspezifisches Beziehungsepisodeninterview BE-I oder objektspezifisches Paarbeziehungsinterview PBI), die Bedeutung des Adressaten (Probanden in Interviews mit Forschungsassistenten werden verglichen mit Patienten in Interviews mit ihrem Therapeuten) und die Methode der Auswertung, klinischem Denken nah ("maßgeschneidert") oder "wissenschaftlicher" ("im Auszählverfahren") bestimmt. Erwartet wurde, dass die zu bestimmenden Übertragungsmuster klarer hervortreten und besser beurteilbar sind, wenn entweder die Bedeutung der Person steigt, von der erzählt wird, oder die des Adressaten, dem etwas mitgeteilt werden soll.

36 Patienten mit der Diagnose einer Persönlichkeitsstörung oder maladaptiver Persönlichkeitszüge (je 18 mit dem Paarbeziehungsinterview PBI und dem Beziehungsepisodeninterview BE-I) und 56 Probanden ohne klinische Symptomatik und ohne Interesse an einer Psychotherapie (32 mit dem PBI, 24 mit dem BE-I) wurden wiederholt untersucht, und dabei wurden 2800 Erzählungen über Interaktionen aufgezeichnet. Die Bestimmung der Stabilität der gefundenen Beziehungsmuster erfolgte als prozentuale Übereinstimmung und über Cohens Kappa.

Aus den Ergebnissen dieser Untersuchungen werden einige für die Fragestellung dieser Arbeit wichtige Befunde beschrieben:
• Klassische, "objektunspezifische" Beziehungsepisodeninterviews BE-I mit Probanden zeigten im Auszähl-

verfahren (23% bis 42% Übereinstimmung zentraler Komponenten, kappa zwischen .02 und .19) und in der maßgeschneiderten Auswertung (Übereinstimmung 29% bis 65%, kappa zwischen .09 und .39) nur eine geringe Re-Test-Stabilität. Dieses bisher vielfach eingesetzte Vorgehen zur Erhebung von Narrativen erweist sich als ungeeignet zur Erfassung zentraler Beziehungskonfliktthemen.
- Der erwartete Einfluss eines wichtigen Beziehungsobjekts auf die Narrative konnte bestätigt werden. Die Stabilität der Ergebnisse lag in Paarbeziehungsinterviews PBI im Auszählverfahren und in den Beziehungskomponentenmustern sowohl in der Gruppe der Probanden als auch in der Gruppe der Patienten höher als in BE-Interviews. Die beobachteten Differenzen konnten für einige Komponenten und Auswertungsformen statistisch abgesichert werden (bis p<.01, große Effekte). Diese Modifikation der Erhebung von Narrativen verbessert daher die Bestimmung von ZBKThemen.
- Ein Einfluss des Adressaten auf die Narrative wurde ebenfalls bestätigt. Sowohl im BE-I als auch im PBI zeigte sich in den Patientengruppen im Auszählverfahren und in den Beziehungskomponentenmustern eine höhere Re-Test-Stabilität als in den Probandengruppen. Auch hier waren die beobachteten Differenzen unterschiedlich groß und konnten für einige Komponenten und Auswertungsformen gesichert werden (bis p<.01, große Effekte). Auch diese Modifikation in der Erhebung von Narrativen verbessert die Bestimmung von ZBKThemen und Beziehungskomponentenmustern.
- Aus klinischer Sicht am interessantesten sind die Unterschiede in den Ergebnissen der verschiedenen Auswertungsverfahren: Maßgeschneiderte Auswertungen zeigten sich stabiler über die Zeit als Auswertungen über das Auszählen der auf Episodenebenen bestimmten Kategorien (53% bis 69% Übereinstimmung, Kappa zwischen .31 und .63 gegenüber 31% bis 38% Übereinstimmung, Kappa zwischen .15 und .29). Diese Auswertung ist daher bei der Frage nach zentralen Beziehungskonfliktthemen einem Auszählen überlegen und zu bevorzugen.

Sowohl bei Probanden als auch bei Patienten war eine maßgeschneiderte, zunächst qualitativ vorgehende Auswertung in Hinsicht auf die Konstanz der Ergebnisse überlegen. Bei einer Zuordnung der Inhaltskategorien bereits auf der Ebene einzelner Beziehungsepisoden und einem anschließenden Auszählen addieren sich Fehler aufgrund der unterschiedlichen Häufigkeit und inhaltlichen Breite der Kategorien. Eine maßgeschneiderte Auswertung, bei der auf ZBKT-Ebene die Komponenten Inhaltskategorien zugeordnet werden, kann einen Teil dieser Schwierigkeiten umgehen. Mit den verbesserten Inhaltskategorien des LU-Systems steht jetzt eine Möglichkeit zur Verfügung, die Qualität der Erfassung zentraler Beziehungskonfliktthemen, auch bei einer Zuordnung der Kategorien auf der Ebene der einzelnen Episoden, zu verbessern. Im Rahmen einer laufenden Untersuchung der zentralen Beziehungskonfliktthemen bei Patienten mit generalisierter Angst bestätigt sich diese Erwartung aber bisher nicht (Oelze, in Vorbereitung).

Inwieweit mit der Methode des Zentralen-Beziehungs-Konfliktthemas "Übertragungen" erfasst werden oder aber andere Aspekte von Beziehung, lässt sich am besten im Zusammenhang mit der Art der Narrative, die untersucht werden, und der angewendeten Auswertungsmethode beantworten. Der Einfluss des Adressaten, der Situation, in der die Narrative gesammelt werden, und des Objekts, von dem erzählt wird, muss abgewogen werden. In zukünftigen Untersuchungen mit der ZBKT-Methode sollten die Erhebung der Narrative und die Auswertungsmethode daher gezielt nach der Fragestellung der Arbeit ausgewählt werden. Dazu stehen innerhalb der Arbeit mit der "Familie" der ZBKT-Methoden zur Verfügung:

- Unterschiedliche Formen der Auswertung:
  – maßgeschneidert (zur Fokus- oder Übertragungsbestimmung)
  – Auszählverfahren (zur Erfassung von Mustern der Übertragungsbereitschaften)
  – zusammenfassende Parameter wie Negativität und Rigidität und
  – objektspezifische ZBKThemen (z. B. für eine Beziehungsdiagnostik in Partnerschaften)

- Unterschiedliche Kategoriensysteme:
  – Verzicht auf Kategorisierung bei der klassischen Fokusformulierung und beim klinischen Arbeiten mit Therapiemanualen
  – das klassische Kategoriensystem mit dem Vorzug intuitiver Schlüssigkeit einer Verbindung von Wünschen, Reaktionen anderer und eigenen Reaktionen (W-RO-RS) und Nachteilen in der Unvollständigkeit, Ungleichgewichtung und Formulierung der Kategorien
  – eine Verbesserung dieses Systems mit neuen Clusterstrukturen (KÖRNER et al. 2002)
  – das LU-System, das eine theoretisch überzeugende Kategorienbildung anbietet, sich aber intuitiv schlechter nutzen lässt. Es verlangt eine besondere Schulung und wird noch wenig in der klinischen Arbeit eingesetzt.

- Unterschiedliches Ausgangsmaterial, in dem Narrative bestimmt und ausgewertet werden:
  – Transkripte von Therapiesitzungen (z. B. zur Erfassung eines Aspekts der Qualität therapeutischer Interventionen)
  – Interviews zur Erfassung von Übertragungsbereitschaften oder situativen Aspekten einer Befragungssituation (BE-Interviews) und
  – modifizierte Interviews wie das "Paarbeziehungsinterview" PBI

Albani et al. (2008) betonen, dass das ZBKT bewusstseinsnahe Strukturen abbilde und keine Erfassung unbewusster Inhalte von Übertragungen erlaube. Diese Aussage kann relativiert werden, wenn unterschiedliche Vorgehensweisen innerhalb der ZBKT-Methode berücksichtigt werden. Je nach Ausgangsmaterial und Auswertungsverfahren wird mehr oder weniger der prozesshaften Dynamik von Übertragungen erfasst. ZBKThemen stellen sich – wie Übertragungen – nur relativ unabhängig vom Untersuchenden als eine Art "Eigenschaft des Erzählenden" dar; sie bilden sich auch unter dem Einfluss der Wünsche und Beziehungserwartungen an den Zuhörer. Die verschiedenen Erzählungen haben dann etwas Gemeinsames in dem, was sie dem Zuhörer mitteilen wollen; auf ihn richten sich die Wünsche und Erwartungen des Erzählers. Klinisch wird dies als Übertragung auf den Therapeuten verstanden.

Trotz seiner vielfach kritisierten Mängel scheint sich das "klassische" Auswertungssystem in der Praxis weiterhin zu behaupten. Es bleibt Grundlage neuer Behandlungsmanuale, z. B. bei Angststörungen (Leichsenring et al. 2005). Forschungsstand und Anwendungspraxis scheinen sich hier voneinander zu entfernen. Es entwickelt sich eine Vielfalt unterschiedlicher Vorgehensweisen bei der Bestimmung von Beziehungserwartungen mit der ZBKT-Methode, so dass Vorgehensweisen für spezifische Forschungsfragen gezielt ausgewählt werden können, um das zu zählen, was in einer Untersuchung zählen wird.

LITERATUR

Albani, C., Benninghofen, D., Blaser, G., Cierpka, M., Dahlbender, R., Geyer, M., Körner, A., Pokorny, D., Staats, H. & Kächele, H. (1999 a). On the connection between affective evaluation of recollected relationship experiences and the severity of the psychic impairment. Psychother Res, 9, 452-467.

Albani, C., Pokorny, D., Blaser, G. & Kächele, H. (2008). Beziehungsmuster und Beziehungskonflikte. Theorie, Klinik und Forschung. Göttingen: Vandenhoeck & Ruprecht.

Barber, J. P., Crits-Christoph, P. & Luborsky, L. A guide to the CCRT standard categories and their classification. In Luborsky, L. & Crits-Christoph, P. (Eds.), Understanding transference (pp. 37-50). New York: Basic Books.

Boothe, B. (1995). Der zentrale Beziehungskonflikt und die Erzählanalyse: Verwandtes und Divergentes. Vortrag auf dem International Workshop on the Core Conflictual Relationship Theme Method (CCRT). Universität Ulm, 22. - 24.4.1995.

Cierpka, M., Strack, M., Benninghoven, D., Staats, H., Dahlbender, R., Pokorny, D., Frevert, G., Blaser, G., Kächele, H., Geyer, M., Körner, A. & Albani, C. (1998). Stereotypical relationship patterns and Psychopathology. Psychother Psychosom, 67, 241-248.

Crits-Chistoph, P. & Luborsky, L. (1990). Changes in CCRT Pervasiveness during Psychotherapy. In Luborsky, L. & Crits-Christoph, P. (Eds.), Understanding transference (pp. 133-146). New York: Basic Books.

Crits-Christoph, P., Cooper, A. & Luborsky, L. (1988). The accuracy of therapists' interpretations and the outcome of dynamic psychotherapy. J Consul Clin Psychol, 56, 490-495.

Dahlbender, R. W., Torres, L., Reichert, S., Stübner, S., Frevert, G. & Kächele, H. (1993). Die Praxis des Beziehungsepisoden-Interviews. Z psychosom Med, 39, 51-62.

Freud, S. (1909). Die Analyse der Phobie eines fünfjährigen Knaben. GW, 7, 241-377.

Freud, S. (1912). Zur Dynamik der Übertragung. GW, 8, 364-374.

Grenyer, F.S. & Luborsky, L. (1998). Positive versus negative CCRT Patterns. In Luborsky, L. & Crits-Christoph, P. (Eds.), Understanding transference, 2nd ed. (pp. 55-63). Washington: American Psychological Association.

Körner, A., Albani, C., Villmann, T., Pokorny, D. & Geyer, M. (2002). Alternative Clusterstrukturen für die ZBKT-Methode. Psychother Psychosom Med Psychol 52, 363-367.

Leichsenring, F., Winkelbach, C. & Leibing, E. (2005). Psychoanalytisch-orientierte Fokaltherapie der Generalisierten Angststörung. Ein Manual. Psychotherapeut, 50, 258-264.

Luborsky, L. (1990 a). The early development of the Core Conflictual Relationship Theme Idea. In Luborsky, L. & Crits-Christoph, P. (Eds.), Understanding transference. New York: Basic Books.

Luborsky, L. (1990 b). The Relationship Anecdote Paradigm (RAP) Interview as a Versatile Source of Narratives. In Luborsky, L. & Crits-Christoph, P. (Eds.), Understanding transference (pp. 102-116). New York: Basic Books.

Luborsky, L. (1990 c). The Convergence of Freud's Observations about transference and the CCRT Evidence. In Luborsky, L. & Crits-Christoph, P. (Eds.), Understanding transference (pp. 251-266). New York: Basic Books.

Luborsky, L., Albani, C. & Eckert, R. (1991). Manual zur ZBKT-Methode. Übersetzung und deutsche Bearbeitung mit Ergänzungen der Ulmer ZBKT-Arbeitsgruppe. Abteilung Psychotherapie des Universitätsklinikums Ulm.

Oelze, Chr. (in Vorbereitung). Zentrale Beziehungskonfliktthemen bei Patientinnen und Patienten mit generalisierter Angst. Ein Vergleich verschiedener Auswertungsmethoden. Med. Diss, Universität Göttingen.

Staats, H., Strack, M. & Seinfeld, B. (1997). Veränderungen des zentralen Beziehungskonfliktthemas bei Probanden, die nicht in Psychotherapie sind. Z psychosom Med, 43, 166-178.

Staats, H. (2004). Das Zentrale Thema der Stunde. Die Bestimmung von Beziehungserwartungen und Übertragungsmustern in Einzel- und Gruppentherapien. Göttingen: Vandenhoeck & Ruprecht.

Wilczek, A., Weinryb, R. M., Barber, J. P., Gustavsson, J.P. & Asberg, M. (2000). The core conflictual relationship theme (CCRT) and psychopathology in patients selected for dynamic psychotherapy. Psychother Res, 10, 100-113.

HERMANN STAATS
SIGMUND-FREUD-STIFTUNGSPROFESSUR
FÜR PSYCHOANALYTISCH ORIENTIERTE
ENTWICKLUNGSPSYCHOLOGIE
FACHHOCHSCHULE POTSDAM
FRIEDRICH-EBERT-STR. 4
D-14467 POTSDAM
E-MAIL: staats@fh-potsdam.de

Geschwisterbeziehung in den Erzählungen von Frau W. – Eine narrative Einzelfallstudie der Psychodynamik in einer Geschwisterbeziehung auf der Basis der Erzählanalyse JAKOB

Franziska Stärk

ZUSAMMENFASSUNG: Die hier vorgestellte Arbeit[1] befasst sich mit der Darstellung von Geschwisterbeziehung in Erzählungen. Den theoretischen Hintergrund bilden psychoanalytisch orientierte Erklärungsmodelle zur Dynamik von Geschwisterbeziehungen und Überlegungen der klinischen Erzählforschung. Es wird geprüft, ob sich in den untersuchten Erzählungen charakteristische narrative Muster und Konfliktdynamiken finden lassen, ob sich diese im Verlauf der Psychotherapie verändern, und ob diese Ergebnisse mit der psychoanalytischen Forschung zu Geschwisterbeziehung in Verbindung gebracht werden können. Dazu werden 14 Erzählungen aus einer psychoanalytischen Psychotherapie mit der Erzählanalyse JAKOB, einem Instrument der klinischen Erzählforschung, analysiert und mit den besprochenen psychoanalytischen Erklärungsmodellen verglichen. Es zeigt sich, dass in den Erzählungen charakteristische narrative Muster und Konfliktdynamiken vorkommen, und dass sich diese im Verlauf der Psychotherapie verändern. Auch lassen sich die Ergebnisse mit verschiedenen psychoanalytischen Erklärungsmodellen zur Dynamik von Geschwisterbeziehung in Verbindung bringen.

Eine kurze Einführung zur Erzählanalyse JAKOB finden Sie im Beitrag von Marc Luder in diesem Heft.

SCHLÜSSELWÖRTER: Geschwisterbeziehung, Psychoanalyse, Psychodynamik, Konfliktdynamik, klinische Erzählforschung, Erzählanalyse JAKOB

Einleitung

Bei der Geschwisterbeziehung handelt es sich bei vielen Menschen um die zeitlich längste Primärbeziehung. Dennoch wurde sie in der psychologischen Theorie und Forschung bis zu Beginn der 1980er Jahre weit weniger ausführlich untersucht als andere Formen familiärer Beziehungen. Seither haben gemäß dem englischen Sozialwissenschaftler Sanders psychoanalytische, familientherapeutische, empirische und verhaltensbiologische Ansätze zu einem wachsenden Verständnis von Geschwisterbeziehungen beigetragen (2004, S. 81).

---

[1] Dieser Text ist eine gekürzte Fassung der Lizentiatsarbeit "Geschwisterbeziehung in den Erzählungen von Frau W." (Stärk 2008).

Das psychoanalytische Verständnis der Geschwisterbeziehung

Im Zentrum psychoanalytischer Überlegungen zur Geschwisterbeziehung stehen nach Sanders die vertikale Eltern-Kind-Triade und damit die Frage, welche Bedeutung ein Geschwister für diese Beziehung hat (2004, S. 55-56).

Freud betonte drei Aspekte der Geschwisterbeziehung (1917/1991, S. 319-320):
- Das Geschwister als Konkurrent, welches das Kind aus der Mutter-Beziehung drängt und von der Mutter isoliert.
- Das Geschwister als Rivale im Ödipuskomplex, welches den Ödipuskomplex zu einem Familien-Komplex erweitert.
- Die mögliche Wandlung der Rivalitäts-Beziehungen mit dem Heranwachsen der Geschwister, weil das Kind in seinen Geschwistern Liebesobjekte findet, welche die Eltern ersetzen.

Adler setzte diese Überlegungen fort und beschäftigte sich mit der Stellung von Geschwistern in der Geburtenreihenfolge (1926/1947, S. 120-127). Ausgehend vom Grundkonzept einer kindlichen Minderwertigkeit, untersuchte er die Kompensationsversuche des Kindes gegenüber seinen Geschwistern und prägte den Begriff des *Entthronungstraumas* des älteren Kindes durch die Geburt eines jüngeren Geschwisters (Sanders 2004, S. 56-57).

Klein und Winnicott diskutierten neben der Rivalität und Eifersucht von Geschwistern vor allem deren Liebe und Funktion als Übergangsobjekte als Voraussetzung für gelingende Beziehungen im Erwachsenenalter (1932; zit. nach Coles 2003, S. 53-54; 1958; zit. nach Mitchell 2003, S. 2).

Auch Neubauer verwies auf den positiven Beitrag von Geschwisterrivalität, Neid und Eifersucht für die emotionale Entwicklung des Kindes. Das Kind wird sensibler für Vergleiche und seine Selbst-Objekt-Differenzierung wird gefördert (1982, S. 121-142).

Sohni betonte die Grunderfahrung einer horizontalen Beziehung, die das Aufwachsen mit Geschwistern ermöglicht, und die im Unterschied zum Machtgefälle der vertikalen Vater-Mutter-Kind-Beziehung auf Wechselseitigkeit beruht und mehr soziale Unterstützung zulässt (2004, S. 22-23). In aktuellen psychoanalytischen Diskursen gewinnen gemäß Sohni horizontale Beziehungsprozesse wie Geschwister- oder Peerbeziehungen immer mehr Beachtung. Die geschwisterliche Konfliktdynamik wird heute vermehrt als eigenständig und gleichwertig zur vertikalen Eltern-Kind-Dynamik behandelt und untersucht (1999, S. 7).

Beziehungsdynamik

Die Dynamik von Geschwisterbeziehungen besteht gemäß Sohni im Bedürfnis, einander ähnlich zu sein und sich dennoch voneinander zu unterscheiden. Diese Beziehungsdynamik beinhaltet das Potenzial zur Differenzierung und Entfaltung ebenso wie das Risiko des Verlusts von individueller Identität. Bei zu starker Betonung der Gemeinsamkeiten der Geschwister droht ein Identitätsverlust durch Überidentifizierung und Verschmelzung, bei Überbetonung der Verschiedenheiten droht ein Identitätsverlust durch Isolierung. Unbewusste Abwehrprozesse schützen die Identität vor diesen Risiken, beispielsweise wenn sich Geschwister in derselben Situation als völlig unterschiedlich erleben (2004, S. 32-36).

Sohni vertritt eine dialektische Sicht von Identifikation und Abgrenzung. Die Geschwister bleiben in ihrer Unterschiedlichkeit komplementär aufeinander bezogen. Sie nehmen in einem unbewussten Austausch am Unterschiedlichen der anderen teil und entwickeln sich dank dieser Dynamik weiter. Gerade in der psychopathologischen Dynamik von Geschwisterbeziehungen, wo einem Kind in der Familie eine bestimmte Rolle, beispielsweise die des schwarzen Schafes, zugeschrieben wird, zeigt sich diese komplementäre Bezogenheit gut. Die sichtbaren negativen Seiten eines Kindes dienen dazu, dass sich die übrigen Geschwister projektiv daran beteiligen können, ohne sie selbst ausleben zu müssen (2004, S. 36-38).

Geschwisterbeziehung und Narrativ

Nach Boothe, Grimmer, Luder, Luif, Neukom und Spiegel (2002, S. 4) ist Erzählen Bestandteil der Primärsozialisation und ermöglicht es, Ereignisse und ihren Bezug so darzustellen, dass diejenigen, die den Erzählenden zuhören, ebenfalls in das Berichtete involviert worden und das Vorgefallene nachvollziehen und mitfühlen können. Damit dies geschieht, müssen Erzählende Regie führen und Spannung aufbauen. Die Muster der Dramaturgie sind dabei nicht beliebig (Boothe et al. 2002, S. 42-45). Die Spannung wird erzeugt, indem die Zuhörenden auf eine spezifische Art von einer Ausgangssituation zu einer Ergebnissituation geführt werden, wobei bereits in der Ausgangssituation die möglichen Szenarien von Glück oder Katastrophe des weiteren Erzählverlaufs enthalten sind und damit zum Weiterhören verpflichten.

Erzählungen sind in der Psychotherapie von großer Bedeutung, weil KlientInnen ihre TherapeutInnen durch Erzählen auf eine eigene Art und Weise in ihre psychische Situation versetzen, sie an ihrem Erleben und Leiden teilhaben lassen und damit auf ihre Konflikt- und Beziehungsdynamik verweisen (Boothe et al. 2002, S. 4-5). Für die Psychotherapieforschung hat das Erzählen in den letzten zwanzig Jahren so stark an Bedeutung gewonnen, dass seit Mitte der 1980er Jahre von einer narrativen Wende gesprochen werden kann.

Fragestellungen

Ein großer Teil der Daten, die den im vorangegangenen Kapitel erläuterten psychoanalytischen Erklärungsmodellen zur Dynamik von Geschwisterbeziehung zu Grunde liegen, geht darauf zurück, was KlientInnen in der Therapie über ihr Erleben von Geschwisterbeziehung erzählt haben. Dennoch lassen sich systematische Untersuchungen von Erzählungen zu Geschwisterbeziehungen aus der Psychotherapie in der wissenschaftlichen Literatur kaum finden. Deshalb wurde in der vorliegenden Arbeit untersucht, welche Ergebnisse mit einer narrativen Analyse von Geschwistererzählungen gewonnen werden können, und ob diese Erkenntnisse mit den verschiedenen psychoanalytischen Theorien zu Geschwisterbeziehung in Zusammenhang gebracht werden können. Folgende Fragestellungen wurden dazu analysiert:

- *Narrative Muster:* Lassen sich bei der erzählanalytischen Untersuchung von verschiedenen Erzäh-

lungen einer Klientin, in welchen deren Schwester vorkommt, typische narrative Muster finden?
- *Konfliktdynamik:* Lassen sich bei der erzählanalytischen Untersuchung von verschiedenen Erzählungen einer Klientin, in welchen deren Schwester vorkommt, dominante Wunsch- und Angstthemen und Kompromissbildungen finden?
- *Konfliktentwicklung:* Zeigen sich beim Vergleich von Geschwister-Erzählungen zu Beginn der Psychotherapie mit solchen am Ende der Therapie Unterschiede in den narrativen Mustern und Konflikten?
- *Geschwisterbeziehung:* Können die in den untersuchten Erzählungen gefundenen Konfliktdynamiken mit den in der Literatur beschriebenen psychoanalytischen Theorien und Befunden zu Geschwisterbeziehungen in Verbindung gebracht werden?

DATENGRUNDLAGE UND METHODIK

DATENGRUNDLAGE

Das Datenmaterial dieser Arbeit besteht aus 14 Erzählungen von Frau W. Sie wurden den Transkripten einer psychoanalytischen Therapie entnommen. Bei Frau W. handelt es sich um das Pseudonym einer Klientin. Ausgewertet wurden alle Erzählungen der ersten 50 Stunden und der letzten 100 Stunden der Therapie, in denen die jüngere Schwester der Klientin explizit erwähnt wird. Diese beiden Blöcke enthalten je sieben solcher Erzählungen und entsprechen ungefähr demselben Zeitrahmen von je anderthalb Jahren. Dadurch lassen sie sich gut miteinander vergleichen.

METHODIK

Zunächst wurden alle 14 Erzählungen inhaltlich kurz beschrieben und in den Kontext der Psychotherapie gestellt, in der sie berichtet wurden.

Zur Beantwortung der ersten drei Fragestellungen *Narrative Muster, Konfliktdynamik und Konfliktentwicklung* wurde die Erzählanalyse JAKOB verwendet. Dabei handelt es sich um ein qualitatives Instrument zur Untersuchung von Alltagserzählungen im Rahmen psychotherapeutischer Settings. Es wird seit den frühen 1990er Jahren an der Abteilung für Klinische Psychologie, Psychotherapie und Psychoanalyse der Universität Zürich entwickelt und stützt sich methodisch und theoretisch auf verschiedene Ansätze der Psychoanalyse sowie auf die neuere Erzähltheorie und Erzählforschung (Boothe et al. 2002, S. 3-7). Mit der Erzählanalyse JAKOB lässt sich die Dramaturgie mündlicher Alltagserzählungen systematisch untersuchen und mit Konzepten psychoanalytischer Konflikt- und Beziehungsdynamik verknüpfen. Mit Erzählungen sind in sich geschlossene Sprachsequenzen gemeint, die meist eine deutlich erkennbare Struktur mit Anfang, Mitte und Ende aufweisen. Von zentraler Bedeutung für die Untersuchung sind die in den Erzählungen auftretenden Figuren (Objekte) und deren Handlungen (Aktionen). Davon leitet sich auch das Akronym JAKOB ab.

Zur Beantwortung der vierten Fragestellung, ob sich die in den Erzählungen gefundenen Themen und Konfliktdynamiken mit den in der psychoanalytischen Theorie und Forschung zu Geschwisterbeziehungen postulierten Themen und Konflikten in Zusammenhang bringen lassen, wurden die im Theorieteil zusammengefassten psychoanalytisch orientierten Erklärungsmodelle zur Dynamik von Geschwisterbeziehungen verwendet. Von Interesse sind dabei besonders die erzählerischen Darstellungen von *Rivalität, Eifersucht, (ödipalen) Konflikten, Entthronungsszenarien, geschwisterlicher Liebe, Geschwistern als Übergangsobjekten, horizontaler Beziehung und Identifikation und Abgrenzung* zwischen den Geschwistern.

RESULTATE

Narrative Muster	
Narrative Muster	*Ergebnisse*
Anlässe und Themen	Dominanz kindlicher Themen.
Akteure und Statisten	Dominanz weiblicher Akteure und Statisten aus Frau W.'s Familie. Dominanz triadischer Akteurkonstellationen.
Akteurpositionen	Zentrierung immer bei Ich-Figur, Schwester oder Mutter. Marginalisierung aller anderen Akteure und Statisten.
Akteurschicksale	Handlungsinitiative am Anfang oder am Ende der Erzählung fast immer bei Ich-Figur oder Schwester. Totale Einbettung in Fremdinitiative aller kindlichen und männlichen Akteure.
Handlungen (Verben)	Handlungsdominanz von Ich-Figur, Schwester und Mutter.
Konfliktdynamik	
Konfliktdynamik	*Ergebnisse*
Wünsche	Dominanz ödipaler und phallisch-narzisstischer Wünsche.
Ängste	Dominanz ödipaler, analer und phallisch-narzisstischer Ängste.
Abwehr	Vielfältige Abwehr, Dominanz von Abwehrmechanismen der 2. und 3. Ebene (Mentzos 1984, S. 60-67).
Konfliktentwicklung	
Narrative Muster	*Ergebnisse*
Anlässe und Themen	Abnahme kindlicher Themen. Zunahme erwachsener Themen.
Akteure und Statisten	Zunahme von nicht-familiären Akteuren und Statisten. Verschiebung der Statistenrolle von Ich-Figur auf Schwester.
Akteurpositionen	Verschiebung der Zentrierung von Schwester auf Zentrierung der Ich-Figur.
Akteurschicksale	Verschiebung der abwechselnden Handlungsinitiative zwischen Ich-Figur und Schwester auf Dominanz der Ich-Figur.
Handlungen (Verben)	Verschiebung der Handlungsdominanz von Ich-Figur und Schwester auf Ich-Figur. Zunahme von Handlungen der Mutter.
Konfliktdynamik	*Ergebnisse*
Wünsche	Keine Veränderungen.
Ängste	Abnahme ödipaler Ängste. Zunahme analer Ängste.
Abwehr	Keine Veränderungen.

Geschwisterbeziehung

Die in den Erzählungen gefundenen Konfliktdynamiken lassen sich mit den in der Literatur beschriebenen psychoanalytischen Theorien und Befunden zu Geschwisterbeziehungen in Verbindung bringen, besonders mit den von Freud (1917/1991) postulierten Themen von *Rivalität* und *ödipalen Konflikten* (in 12 Erzählungen), mit den von Adler (1926/1947) postulierten *Entthronungssituationen* (in 4 Erzählungen) und der von Sohni (2004) postulierten *Identifikation und Abgrenzung* (in 11 Erzählungen). Alle anderen Aspekte psychoanalytischer Erklärungsmodelle zur Dynamik von Geschwisterbeziehung wie *Geschwisterliebe, Geschwister als Übergangobjekte* oder *horizontale Beziehung* kommen nicht oder selten vor.

Diskussion

Narrative Muster

Verschiedene der oben zusammengefassten narrativen Muster weisen darauf hin, dass in den 14 Erzählungen, in denen Frau W. als Ich-Figur und ihre Schwester vorkommen, jeweils das Thema der Geschwisterbeziehung zentral ist. Die Schwester ist keine zufällige Akteurin oder Statistin. Kommt sie in Erzählungen vor, sind ihre Figur und ihre Interaktionen mit der Ich-Figur von großer Bedeutung. Dies zeigt sich in der Zentrierung der Ich-Figur oder der Schwester in allen Erzählungen, in der Auseinandersetzung um die Handlungsinitiative zwischen der Ich-Figur und der Schwester oder in der Handlungsdominanz der Ich-Figur und der Schwester.

Konfliktdynamik

Der in 9 von 14 Erzählungen gefundene dominante ödipale Wunsch passt gut zu der in der Theorie zu Geschwisterbeziehungen postulierten Rivalitätsthematik. Die weniger reifen Ängste und Abwehrmechanismen der Erzählungen deuten aber darauf hin, dass die Ich-Figur ihrem reifen Wunsch nicht gewachsen ist. Sie wagt sich zwar immer wieder in ödipale Konkurrenzsituationen, wird dort aber von kindlichen Ängsten überrascht und rettet sich meist mit Rückzug und Distanzierung von der Konkurrentin und dem ödipalen Objekt aus der bedrohlichen Situation. Die meisten Erzählungen folgen damit einem Muster von anfänglicher Identifizierung zwischen Ich-Figur und Schwester in einer ödipalen Bewährungsprobe und einer deutlichen Abgrenzung der Ich-Figur von ihrer Schwester am Ende der Erzählung als Rückzug aus der Konkurrenzsituation.

Konfliktentwicklung

Schon bei der ersten flüchtigen Betrachtung fallen deutliche Unterschiede zwischen den ersten sieben und den letzten sieben Geschwister-Erzählungen auf: Die Erzählungen am Ende sind bedeutend länger und handeln nicht mehr nur von kindlichen Themen im engen familiären Kreis. Die Klientin widmet ihren Erzählungen mehr Raum und Zeit, und die erzählte Welt ist größer geworden. Neue Personen mit neuen Requisiten haben die Bühne betreten. Davon ausgehend, dass sich die durch Psychotherapie ermöglichten neuen Einsichten in unbewusste Wünsche, Ängste und Konflikte und Veränderungen des impliziten Beziehungswissens (Neukom, Grimmer & Merk 2005, S. 20-21) in der erzählerischen

Gestaltung von Erlebtem darstellen können, ist dies ein Hinweis darauf, dass Frau W. durch ihre Psychotherapie einen größeren inneren Raum erschließen konnte.

Die Verschiebung der Zentrierung von der Schwester zur Ich-Figur, das Verschwinden der Statistenrolle der Ich-Figur oder die Zunahme an Handlungsinitiative der Ich-Figur im zweiten Erzählblock könnten Hinweise dafür sein, dass Frau W. am Ende ihrer Psychotherapie ihre Geschwisterbeziehung anders erlebt. Wurde der Beziehung zur Schwester zu Beginn des psychotherapeutischen Prozesses möglicherweise eine so große Bedeutung zugemessen, dass beim Auftritt der Schwester in einer Erzählung alle anderen Akteure in den Hintergrund zu treten hatten, um dem Ringen um Initiative zwischen Ich-Figur und Schwester Platz zu machen, gibt es am Ende der Psychotherapie mehr Spielraum für die Ich-Figur.

Bezüglich der Konfliktdynamik ist in den Erzählungen weniger Veränderung sichtbar. Der ödipale Wunsch ist in beiden Erzählblöcken dominant, daneben gewinnt der phallisch-narzisstische Wunsch im zweiten Erzählblock an Bedeutung. Auffällig ist die Zunahme analer Ängste in den letzten Erzählungen. Die Ich-Figur begegnet ihren Wünschen mit einer unreiferen Angst und scheint damit in den Erzählungen am Ende der Therapie ihren Wünschen weniger gewachsen zu sein als zu Beginn. Über eine Erklärung für diese Ergebnisse kann nur spekuliert werden. Möglicherweise konnte sich Frau W. trotz ihrer Psychotherapie in ihrem Konfliktmuster wenig entwickeln und ihre Angst hat sich durch weitere frustrierende Erlebnisse regressiv entwickelt. Vielleicht werden aber in den späteren Esther-Erzählungen auch Erlebnisse mit einer größeren Angstbesetzung dargestellt.

Geschwisterbeziehung

In den Geschwister-Erzählungen von Frau W. finden sich viele Hinweise auf Rivalität, Konkurrenz sowie ödipale Konfliktmuster, während andere Aspekte wie Geschwisterliebe oder eine eigenständige horizontale Geschwisterbeziehung fast nicht vorkommen. Es scheint keine Beziehung außerhalb von Verschiedenheit und Konkurrenz zu geben. Momente von Gemeinsamkeit, Zusammenhalt oder Liebe werden nicht beschrieben. Die Schwestern suchen keine gegenseitige Anerkennung oder Nähe zueinander, ihre Beziehung ist allein durch die Konkurrenz um die exklusive Nähe und Anerkennung einer dritten Person geprägt.

Auf Grund dieser Ergebnisse stellt sich die Frage, ob die in den Erzählungen fehlenden Aspekte von Geschwisterbeziehung in der Tat weniger bedeutend sind oder ob sich in der Beziehung zwischen Frau W. und ihrer Schwester möglicherweise eine übertriebene Rivalitätsthematik zeigt, die nicht mehr als normale und für die kindliche Entwicklung wichtige und positive Beziehungserfahrung gewertet werden kann.

Nach Sohni (2004, S. 41-44) treten destruktive Beziehungsdynamiken von Geschwisterrivalität vor allem dann in den Vordergrund, wenn Eltern ihren Platz als Eltern verleugnen und aufgeben und sich die horizontale Geschwisterbeziehung vertikalisiert. Im Falle von Frau W. könnte eine solche Vertikalisierung stattgefunden haben. Der Vater entzog sich der Vaterrolle, indem er nach der Arbeit sein Hörgerät ausschaltete und für seine Familie unerreichbar blieb. Die Mutter arbeitete außer Haus und überließ Frau W. als erstgeborener Tochter schon früh sehr viel häusliche Verantwortung.

ZUSAMMENFASSUNG

Die zu Beginn dieser Arbeit gestellten Fragen konnten im Verlauf der Studie größtenteils positiv beantwortet werden. In den untersuchten Erzählungen ließen sich charakteristische narrative Muster und Konfliktdynamiken finden, die sich im Verlauf der Psychotherapie veränderten und sich mit verschiedenen psychoanalytischen Erklärungsmodellen zur Dynamik von Geschwisterbeziehung in Zusammenhang bringen ließen. Es bleiben aber auch Fragen offen: Beispielsweise, ob die gefundenen charakteristischen narrativen Merkmale und Konfliktdynamiken nur auf die Geschwister-Erzählungen zutreffen oder sich auch in anderen Erzählungen von Frau W. finden lassen, und ob die Veränderungen der narrativen Muster und Konfliktdynamiken mit der Psychotherapie von Frau W. im Zusammenhang stehen, ob sie auf zeitlich und äußerlich bedingte Umstände zurückgehen oder ob sie zufällig sind. Des Weiteren kann nicht beantwortet werden, ob die in den Erzählungen fehlenden Aspekte von Geschwisterbeziehung wie Geschwisterliebe oder horizontale Beziehung grundsätzlich weniger bedeutend sind als Rivalität, ödipale Konflikte, Identifikation und Differenzierung, oder ob sich in der Beziehung zwischen Frau W. und ihrer Schwester eine übertriebene Rivalitätsthematik zeigt, die nicht mehr als normale Beziehungserfahrung gewertet werden kann.

Mit diesen Fragen zeigen sich die Grenzen einer narrativen Einzelfallstudie mit einer kleinen Anzahl Erzählungen einer einzigen Klientin zu einem klar abgegrenzten Themenbereich, die keine Verallgemeinerungen zulassen. Es wäre daher interessant, die Hypothesen und die sich daraus ergebenden weiterführenden Fragestellungen sowohl mit dem Vergleich einer größeren Anzahl von Frau W.'s Erzählungen wie auch mit Geschwister-Erzählungen anderer KlientInnen zu vertiefen.

LITERATUR

Adler, A. (1947). Menschenkenntnis. Zürich: Rascher. (Original erschienen 1926)

Boothe, B., Grimmer, B., Luder, M., Luif, V., Neukom, M. & Spiegel, U. (2002). Manual der Erzählanalyse JAKOB. Version10/02 (Berichte aus der Abteilung Klinische Psychologie I, Nr. 51). Universität Zürich: Psychologisches Institut, Klinische Psychologie I.

Coles, P. (2003). The importance of sibling relationship in psychoanalysis. London: Karnac.

Freud, S. (2004). Vorlesungen zur Einführung in die Psychoanalyse. Frankfurt am Main: Fischer. (Original erschienen 1917)

Klein, M. (1975). The Psychoanalysis of Children. New York: Dell. (Original erschienen 1932)

Mentzos, S. (1984). Neurotische Konfliktverarbeitung. Einführung in die psychoanalytische Neurosenlehre unter Berücksichtigung neuer Perspektiven. Frankfurt am Main: Fischer.

Mitchell, J. (2003). Siblings. Sex and Violence. Cambridge: Polity Press.

Neubauer, P. (1982). Rivalry, envy, and jealousy. Psychoanalytic Study of the Child, 37, 121-142.

Neukom, M., Grimmer, B., & Merk, A. (2005). Ansatzpunkt Therapeut-Patient-Beziehung: Psychoanalytisch orientierte Psychotherapie. In Perrez, M. & Baumann, U. (Hrsg.), Lehrbuch Klinische

Psychologie-Psychotherapie. Bern: Huber.
Sanders, R. (2004). Sibling Relationships. Theory and Issues for Practice. Hampshire: Palgrave Macmillan.
Sohni, H. (1999). Einführung. In Sohni, H. (Hrsg.), Geschwisterlichkeit. Horizontale Beziehungen in Psychotherapie und Gesellschaft. Göttingen: Vandenhoeck & Ruprecht.
Sohni, H. (2004). Geschwisterbeziehungen in Familien, Gruppen und in der Familientherapie. Göttingen: Vandenhoeck & Ruprecht.

Stärk, F. (2008). Geschwisterbeziehung in den Erzählungen von Frau W. Eine narrative Einzelfallstudie der Psychodynamik in einer Geschwisterbeziehung auf der Basis der Erzählanalyse JAKOB. Universität Zürich: Psychologisches Institut, Klinische Psychologie, Psychotherapie und Psychoanalyse.

FRANZISKA STÄRK
E-MAIL: fra_s@gmx.ch

Karl Hörmann
Tanzpsychologie und Bewegungsgestaltung
Grundlagen der Tanztherapie

Tanzpsychologie analysiert die psychische Wirkung von Bewegung und untersucht Methoden der Bewegungsgestaltung im Hinblick auf Selbst- und Fremdwahrnehmung, Selbstrepräsentation und Kommunikationsmustern bis hin zur Analyse und Umsetzung historischer und zeitgenössischer Stile im professionellen Tanz. Tanzpsychologisch fundierte Bewegungsbeobachtung schult selbst- und stilsicheres Auftreten und wirkungsvolles Entwickeln und Vorführen von Choreographien. Tanzpsychologie eignet sich somit für pädagogische wie auch für therapeutische Zwecke. Besonders in der Therapie gilt es, die eigene innere Musik zu erfahren und künstlerisch zu gestalten. Hierzu bietet dieses Grundlagenbuch für Tanzpädagogik und künstlerische Tanztherapie / Angewandte Tanzpsychologie Kriterien und Methoden.
Univ.-Prof. Dr. Dr. Karl Hörmann ist habilitierter Lehrstuhlinhaber für Musik- und Tanzpädagogik / Musik- und Tanztherapie. Nach seiner Zeit als Gymnasiallehrer war er an der PH Freiburg, Universität Münster, DSH Köln und Karls-Universität Prag tätig und lehrt wieder in Münster. Er gilt als der Begründer der universitären Musik- und Tanztherapie in Deutschland.

388 Seiten, ISBN 978-3-89967-559-7, Preis: 40,- €

PABST SCIENCE PUBLISHERS
Eichengrund 28, D-49525 Lengerich, Tel. ++ 49 (0) 5484-308, Fax ++ 49 (0) 5484-550, pabst@pabst-publishers.de, www.psychologie-aktuell.com, www.pabst-publishers.de

Narrative im therapeutischen Dialog

Vera Luif

ZUSAMMENFASSUNG: Erzählungen spielen nicht nur im Alltagsleben, sondern auch in der psychotherapeutischen Situation eine zentrale Rolle. Welche Funktionen Erzählungen im therapeutischen Dialog erfüllen können und was deren detaillierte Analyse über die Beziehungs- und Konfliktlage des Erzählenden mitteilen kann, ist das Thema des vorliegenden Beitrages.

SCHLÜSSELWÖRTER: Narrativ, Psychotherapie, Erzählanalyse

Was ist eine Alltagserzählung?

Bei der Alltagserzählung handelt es sich um eine spezifische Form der Regulierung der Gesprächsbeiträge zwischen mindestens zwei Kommunikatoren, bei der die Rollen klar verteilt sind (vgl. dazu auch Boothe 2006): Der Erzähler macht einen Einstieg, dem Gegenüber wird die Rolle des Zuhörers zugewiesen. Es finden Einleitungs-, Aufrechterhaltungs- und Abschlussmarkierungen seitens des Sprechers statt. Dabei handelt es sich immer um eine Äußerung, in der ein vergangenes, konkretes Ereignis berichtet wird, das einem regelgeleiteten Aufbau folgt: Es wird eine raum-zeitliche Markierung vorgenommen, und die erzählte Handlung wird in Form eines Anfangs, einer Mitte und eines Schlusses dargebracht (etwas differenzierter nach Labov & Waletzky 1973: Einleitung – Orientierung – Komplikation – Auflösung). Dabei wird ein sequentieller Ablauf verfolgt, was heißt, dass sich die Erzählung über mindestens zwei Handlungssequenzen hinweg abwickelt. Dabei muss immer von zwei Erzählebenen ausgegangen werden, in welchen das Ich einmal als Erzähler, einmal als erzählte Figur agiert. Präsentiert sich das Ich als Erzähler, befindet es sich in einer Situation, in der es retrospektiv Erlebtes erzählt. Mittels kommunikativer Strategien hält es seinen Erzählerstatus aufrecht, kommentiert das Erzählte und interagiert auf diese Weise mit dem Zuhörer. Auf der Ebene des Ich als erzählter Figur wird das Vergangene reaktualisiert, und der Erzähler inszeniert sich in der dargebrachten Handlung als erzähltes Ich in spezifischen Erzähl- und Beziehungskonstellationen.

In Alltagserzählungen findet in der Regel ein Wechsel zwischen erzählter Handlung und Kommentaren, Bewertungen bzw. Erläuterungen statt, die an das Gegenüber gerichtet werden. Die erzählte Handlung dreht sich um das Erzählen aus der Erlebnissituation, bei den Kommentaren, Bewertungen und Erläuterungen handelt es sich um ein Erzählen aus der Retrospektive.

Wird die Alltagserzählung auf diese Art und Weise definiert, werden Textformate wie Berichte oder Aufzählungen aus der Betrachtung ausgeschlossen.

Das Spezifische an Erzählungen macht die Konkretheit des evozierten Ereignisses aus: Daran werden Beziehungsgeflechte, Handlungen und Handlungsintentionen, Interaktionen, Konstellationen und Positionierungen des Erzählers zu seiner Umgebung, seinem Umfeld, den vorkommenden Personen sichtbar. Der Erzähler kann sich nicht ins Beliebige flüchten, sondern muss die Leistung aufbringen, ein konkretes Ereignis zu rekonstruieren.

Welche kommunikativen und psychischen Funktionen haben Alltagserzählungen?

Welche Funktionen hat das Erzählen von alltäglichem Geschehen? Und weshalb soll solchem Erzählmaterial gerade in Psychotherapien besonderes Augenmerk geliehen werden?

Wenn eine Person eine Psychotherapie aufsucht, möchte sie sich selber besser verstehen, ihr Verhalten ändern, aber auch einen Ort haben, an dem sie ihre Nöte und Schwierigkeiten, ihre Gedanken und Reflexionen darbringen kann. Insofern geht es nicht darum, dass die Person objektive Wirklichkeiten berichtet, sondern es werden subjektive Anliegen vermittelt. So will der Therapeut auch nicht herausfinden, ob das Erzählte der Wahrheit entspricht, sondern er will verstehen, was die Erzählung über den Patienten in Hinblick auf dessen Art und Weise der Beziehungsgestaltung, seine Wünsche und Ängste mitteilt.

Der Patient präsentiert sich auf die ihm eigene Weise, er versucht, sein Erleben und Fühlen so zu verbalisieren, dass er sich seinem Gegenüber verständlich machen kann. Der Therapeut soll ihn in seiner Individualität, seiner Beziehungsgestaltung, seiner Konflikthaftigkeit sehen und von ihm wichtige Ereignisse erfahren, er soll ihn aber auch als Person mit einer Geschichte, die sich durch Kontinuität und Kontext auszeichnet, wahrnehmen. In der Schilderung von Begebenheiten, Taten und Vorfällen gibt der Patient auf dramatische Weise zu erkennen, worum es ihm geht und was ihn leiden macht. Indem er erzählt, lädt er sein professionelles Gegenüber dazu ein, sich stellvertretend in seine psychische Situation zu versetzen. Indem der Patient erzählt, illustriert er Beziehungsmodelle, schildert Bewältigungsstrategien, führt Identitätskonstruktionen vor und entfaltet autobiografische Entwürfe.

Betrachtet man die Funktionen von Erzählungen unter den drei folgenden Perspektiven, kann ein umfassendes Bild gezeichnet werden:

Erzähler als Ich-Figur

Der Erzähler präsentiert sich und zeigt sich dadurch in seiner Subjektivität und Intentionalität. Er bringt sein Verständnis bezüglich seiner sozialen Identität und seiner moralischen Werte zum Ausdruck, dokumentiert seine biografische Existenz und integriert ein einzelnes Geschehen in seinen kontinuierlichen Lebenskontext. Dadurch finden eine Ordnung, die Konstruktion von Sequenzialität und die Herstellung von Vollständigkeit statt.

Erzähler und Zuhörer

Erzählen zielt auf Resonanz beim Gegenüber und auf Aufgehobensein in der sozialen Gemeinschaft. Es lädt zur Identifikation ein, ist Ausdruck von Beziehung und Einladung an das Gegenüber, sich gefühlsmäßig zu engagieren, sich berühren und bewegen zu lassen.

Wenn erzählt wird, wird persönliches Erleben dargestellt. Eine vorher vielleicht sachliche Interaktion wird persönlich. Erzählen schafft Vertrautheit, es verführt zu Nähe. Die durch Erzählen vermittelte Nähe kann Trost schaffen, da sie Einsamkeit vorübergehend aufhebt. Und auch für den Hörer hat das Erzählen des Gegenübers in der Regel Genusspotential: Er kann die Spannung mitverfolgen, mitfiebern, mitleiden, ohne selber Opfer des Geschehens sein zu müssen. Indem er mit der Erzählung mitgeht, lässt er sich in ein Geschehen verwickeln, das einen bestimmten Ausgangspunkt hat: Von diesem aus erlebt er Angst und Trauer, Schmerz und Enttäuschung, Freude und Triumph.

INNERE WELT DES ERZÄHLERS

Eine Erzählung beinhaltet immer auch den Ausdruck von Gefühlen. Sie präsentiert Formen emotionaler Verstrickung in Beziehungsgeschehen und löst Probleme: Es werden Kausalitäten für bestimmte Ereignisse geschaffen. In der Erzählung schafft der Erzähler eine spezifische Spannung, die durch seine Wünsche und Ängste konstelliert wird: Die Erzählung dient der Wunscherfüllung und der Angstreduktion.

ANALYSE VON PATIENTENERZÄHLUNGEN

Um den vorausgehenden theoretischen Erläuterungen konkrete Beispiele aus der psychotherapeutischen Praxis an die Seite zu stellen, werden in der Folge zwei Erzählungen der Patientin Amalie untersucht. Deren Psychoanalyse, bestehend aus insgesamt 517 Stunden, wurde auf Tonband aufgenommen und der Forschung zur Verfügung gestellt (mehr zur Patientin Amalie in Thomä & Kächele 2006). Die aufwendige Arbeit der Transkription von über der Hälfte der Therapiestunden verdanken wir der Textdatenbank Ulm um Herrn Professor Horst Kächele und Herrn Professor Erhard Mergenthaler.

BEISPIEL 1 (504. STUNDE)

1   wir sind mal in *[Ortschaft][1] abends spazieren[2]
2   *[Person] war schon im Bett
3   s war ein wunderbarer Sommerabend da im August war des auf en *[Berg]
4   das ist so der einzige schöne Berg dort
5   es war ganz bezaubernd s wirklich 'ne Stimmung
6   und ich war so in Stimmung mit ihm zu reden über uns einen Schritt weiterzukommen
7   und dann ... fing er an zu küssen
8v7 na ja
9   und da war er so erregt
10 und da wollt er mit mir auf der Wiese schlafen
11 und des war so feucht und kühl
12 und ich hab gesagt
13 das tu ich jetzt nicht
14 und ich hab gesagt
15 du ich will mit dir reden
16 da sagt er
17 es geht nicht
18 ich kann jetzt nicht
19 und dann sagt er
20 du ich stell dich an nen Baum
21 und das hat mich wahnsinnig erschreckt

---

[1] Aus Gründen des Datenschutzes werden sowohl Ortsbezeichnungen als auch Namen ausgelassen.
[2] Aus Gründen der Übersichtlichkeit werden die zu untersuchenden Erzählungen segmentiert in Subjekt-Prädikat-Objekt-Einheiten, unterteilt und nummeriert.

22	das fand ich brutal
23	wir haben das nicht gemacht
24	aber das hat mich also wirklich verletzt
25	ich stell dich an einen Baum
26	das war so benützt werden
27	oder

Folgenden Leitfragen wird bei der Untersuchung der Erzählung nachgegangen: Wie präsentiert sich die Patientin in dieser Erzählung? Wie präsentiert sie ihr Gegenüber? Welche Art der Beziehungsgestaltung durch die Patientin lässt sich aus dieser Erzählung ableiten? Welche Wünsche, welche Ängste könnten dieser Erzählung zugrunde liegen?

Aufbau der Erzählung:

„wir sind mal in *[Ortschaft] abends spazieren / *[Person] war schon im Bett / s war ein wunderbarer Sommerabend da im August war des auf en *[Berg] / das ist so der einzige schöne Berg dort / es war ganz bezaubernd s wirklich 'ne Stimmung"

Hier findet die Etablierung einer Zweierszene (Erzählerin und Partner) unter Ausschluss eines Dritten (im Bett) statt. Die Atmosphäre ist stark positiv und romantisch aufgeladen.

„und ich war so in Stimmung mit ihm zu reden über uns einen Schritt weiterzukommen"

Die Ich-Erzählerin wird mit dem Bedürfnis „zu reden" eingeführt; zuvor heraufbeschworene, 'romantische' Möglichkeiten der Szene werden dadurch reduziert. Der jetzige Zustand wird als defizitär gekennzeichnet („weiterkommen").

„und dann ... fing er an zu küssen / na ja / und da war er so erregt / und da wollt er mit mir auf der Wiese schlafen"

Der Partner startet eine Handlungsinitiative, wobei an der Formulierung die ungewöhnliche Auslassung des Objekts bei „küssen" auffällt: Der Partner bleibt bei seinen Avancen alleiniger Akteur. Die Erzählerin kommentiert ihre eigene Befindlichkeit nicht.

„und des war so feucht und kühl"

Bei diesem Segment handelt es sich einerseits um eine 'objektive Tatsachenbeschreibung', andererseits findet eine Begründung des Kommenden durch die äußeren Umstände, nicht durch eigene Bedürfnisse, statt.

„und ich hab gesagt / das tu ich jetzt nicht / und ich hab gesagt / du ich will mit dir reden"

Hier wird das Geschehen mit direkter Rede dialogisiert, und die Handlung wird mit dem Aktivitätsverb der Verneinung aktiv verweigert.

„da sagt er / es geht nicht / ich kann jetzt nicht"

Komplementär dazu geschieht nun die Verweigerung durch den Partner, und es kann eine Symmetrie der Geschehnisse festgestellt werden: Ich will reden – er kann nicht / Er will mit mir schlafen – ich tue es nicht. Bis hierher besteht eine nicht eindeutige Verteilung der Machtverhältnisse.

„und dann sagt er / du ich stell dich an nen Baum"

Ab diesem Segment erfolgt die Einführung eines expliziten Täter-Opfer-Verhältnisses: Die kompromittierende Handlung wird unabhängig von der Stellungnahme des Ich durch den Partner ausgeführt und impliziert Gewalt und Vergewaltigung. Parallel dazu findet keine Verschränkung der Äußerungen statt, jeder verfolgt unterschiedliche Handlungslinien.

„und das hat mich wahnsinnig erschreckt / das fand ich brutal"

Durch die Betonung des empfundenen Schreckens findet ein Schwenken von der Darstellung der Handlungsebene auf die Ebene der inneren Wirkung statt. Die Konnotation eines vollzogenen Gewaltaktes wird erneut bekräftigt.

„wir haben das nicht gemacht"

Zum Schluss der Handlungssegmente wird zwar expliziert, was nicht geschehen ist, aber der Zuhörer erfährt nicht, was sich tatsächlich ereignet hat.

„aber das hat mich also wirklich verletzt / ich stell dich an einen Baum / das war so benützt werden / oder"

In den letzten Segmenten wird das Geschehene kommentiert. Die Erzählerin bestätigt ihren Opferstatus und wiederholt die skandalöse Äußerung ihres Partners.

Beziehungsgestaltung

Nach anfänglicher Einführung einer harmonischen Zweisamkeit findet in der Folge eine Entzweiung und Trennung statt. Die Ich-Figur ist empört: Hätte sie sich lieber dem intellektuellen Genuss des Gesprächs hingegeben, zerstört ihr Gegenüber die Zweisamkeit durch sexuelle Forderungen. Eigene sexuelle Wünsche werden nicht wahrgenommen, sondern in negativer Form an das Gegenüber abgegeben, mit gewalttätiger Konnotation. Dieser Opferstatus bewahrt die Ich-Erzählerin auch davor, sich in die aktive Rolle der Verführerin und Lustträgerin zu begeben.

Interaktive Funktion der Erzählung (Patientin – Analytiker)

Der Analytiker wird dazu eingeladen, sich mit der Analysandin als Opfer zu solidarisieren („oder") und ihre passive, nicht aggressive Position gutzuheißen. Gleichzeitig führt sie dem Analytiker eine sexuell stimulierende Szene vor Augen und präsentiert sich als sexuell begehrliches Objekt.

Beispiel 2 (517. Stunde)

Dieses Beispiel stammt aus der letzten Stunde der langjährigen Psychoanalyse der Patientin Amalie. Es handelt sich dabei um die letzte konkrete Episode, die Amalie in dieser Analyse erzählt hat. Diesem Umstand der letzten Stunde, dem Kontext also der Beendigung, soll in der Betrachtung der Erzählung ein besonderes Augenmerk geliehen werden.

1	spät hat *[Freund] angerufen (...) und war sehr traurig und fertig und hat gesagt
2	ich hatte schon geschlafen
3	ich muss raus hab keine Genehmigung bekommen
4	ich kann nicht bauen
5	und jetzt ist alles kaputt
6	und ich muss mir ne Wohnung suchen
7	und es gibt nichts und irgendwo vielleicht ein altes Bauernhaus oder was
8	und ich hab niemanden außer *[Kollegen]
9	der mir hilft umziehen
10	und solche Dinge und dann
11	er war zuerst ganz freundlich und sagte
12	wie geht es dir

13	erzähl mir und so
14	und ich hab dann noch von den Schlössern erzählt und so Schnack gemacht und ihn dann noch gereizt und gesagt
15	ich hab jetzt einen neuen Liebhaber
16	und da war er sehr betroffen und hat mir erst nicht geglaubt
17	dass ich dann sagte
18	ach lass dich doch nicht so auf den Arm nehmen
19	und dann sagte er
20	wenn du Freitag letztes Mal gehst
21	fällt mir jetzt alles ein (...)
22	wenn du am Freitag zum letzten Mal zu *[Analytiker] gehst
23	sagte er
24	sag ihm einen schönen Gruß von mir
25	und dann nimm ihn mal in den Arm
26	das ist das einzig Vernünftige nach fünf Jahren
27	ich hab gesagt
28	ja ja ist recht
29	ich werd es ausrichten
30	du verstehst doch nichts

Die Erzählung besteht im Wesentlichen aus dem Telefongespräch zwischen der Erzählerin und ihrem Intimpartner.

„spät hat *[Freund] angerufen (...) und war sehr traurig und fertig und hat gesagt / ich hatte schon geschlafen / ich muss raus hab keine Genehmigung bekommen / ich kann nicht bauen / und jetzt ist alles kaputt / und ich muss mir ne Wohnung suchen / und es gibt nichts und irgendwo vielleicht ein altes Bauernhaus oder was / und ich hab niemanden außer *[Kollegen] / der mir hilft umziehen"

Das erzählte Ich befindet sich zu Beginn der Erzählung in einem Zustand der Entspannung, der Intimpartner dagegen ist aufgewühlt und berichtet über Trennung und Verlust.

„er war zuerst ganz freundlich und sagte / wie geht es dir / erzähl mir und so / und ich hab dann noch von den Schlössern erzählt und so Schnack gemacht und ihn dann noch gereizt und gesagt / ich hab jetzt einen neuen Liebhaber / und da war er sehr betroffen und hat mir erst nicht geglaubt / dass ich dann sagte / ach lass dich doch nicht so auf den Arm nehmen"

In dieser Sequenz präsentiert sich das erzählte Ich als scherzend, locker und nicht besonders ernsthaft. Der Intimpartner ist wieder derjenige, der betroffen reagiert und die Dinge, die das erzählte Ich sagt, ernst nimmt.

„und dann sagte er / wenn du Freitag letztes Mal gehst / fällt mir jetzt alles ein (...) / wenn du am Freitag zum letzten Mal zu *[Analytiker] gehst / sagte er / sag ihm einen schönen Gruß von mir / und dann nimm ihn mal in den Arm / das ist das einzig Vernünftige nach fünf Jahren / ich hab gesagt / ja ja ist recht / ich wird es ausrichten / du verstehst doch nichts"

Die letzte Sequenz der Erzählung handelt vom 'Gegenangriff' des Partners: Er bringt den Analytiker (der gleichzeitig der Zuhörer der Erzählung ist) assoziativ als Dritten ins Gespräch und äußert die Möglichkeit einer körperlichen Kontaktaufnahme, welche das erzählte Ich ironisch-verächtlich abtut.

Das Thema der Beendigung wird hier, wie auch in der gesamten letzten Stunde, nur implizit zur Sprache gebracht. Nicht die Ich-Erzählerin, sondern ihr Gegenüber erwähnt diesen Umstand. Eigene Beziehungswünsche ('in den Arm nehmen') signalisiert sie dem Analytiker nur indirekt, ohne als deren Initiantin dastehen zu müssen. Dieser Umgang bannt eine Angst vor Nähe und Beschämung – in Falle einer Offenlegung ihrer Wünsche könnte eine Ablehnung durch männliche Objekte drohen. Abgewehrt werden die Wünsche durch eine Verkehrung ins Gegenteil (Abhängigkeitswünsche werden in demonstrative Autonomie verkehrt) und der Projektion (die eigene Gefühlslage und die eigenen Bedürfnisse werden beim Partner wahrgenommen). Um der Gefahr einer Überforderung und des Zurückgeworfen-Werdens auf eigene Unzulänglichkeiten zu entrinnen, stellt sich das Ich als autonom dar. Die Erzählerin distanziert sich vom Partner zugunsten einer exklusiven, ideellen Gemeinschaft mit dem Analytiker, in der (körperliche) Nähe tabuisiert wird. Indem der Partner lächerlich gemacht, als unwissend entwertet und als Sprachrohr für die eigenen Wünsche benutzt wird, können die emotionalen Anteile des Ichs an der geschilderten Szene (die bestens bekannte Not des verlassenen und verzweifelten Partners und der unmittelbar bevorstehende Abschied vom Analytiker) verborgen bleiben.

PARALLELEN ZWISCHEN DEN ZWEI ERZÄHLUNGEN

Das Gegenüber fungiert als aggressiver und aktiver Akteur, das erzählte Ich hingegen präsentiert sich als Opfer oder als ironische, distanzierte Kommentatorin, die sich nicht in das emotionale Geschehen involviert. Dies bei zwei Themen, die existentiell und auch in der Analyse der Patientin Amalie virulent waren: Der Sexualität und der Frage nach Abhängigkeit bzw. Autonomie. In der ersten gemeinsam betrachteten Erzählung delegiert sie sexuelle Wünsche an das Gegenüber und konnotiert diese mit Aggression und unzulässiger, verletzender Gewalt. In der zweiten Erzählung, der letzten der Analyse – also sozusagen 'kurz vor Schluss' – ironisiert sie die Bedeutung der Beziehung zwischen ihr und dem Analytiker; Gefühle der Abhängigkeit, der Trauer um einen Verlust, des Verlorenseins werden hier an das Gegenüber delegiert und als nichtig abgetan und entwertet.

Diese Bewegungen können aber auch als erfolgreiche Bewältigung des bevorstehenden Endes der Analyse betrachtet werden: Der kompromisshafte Rückzug in eine Position demonstrativer Unabhängigkeit und Selbstgenügsamkeit vermeidet schmerzhafte und lähmende Gefühle der Zurücksetzung und Kränkung. In der indirekten Thematisierung der Beendigung durch die Analysandin zeigt sie sich der Herausforderung des Abschied-Nehmens gewachsen: Sie delegiert die Beschäftigung mit dem Ende und den damit verbundenen negativen Affekten an die Partnerfigur und lässt sich von den Angst auslösenden und schmerzhaften Momenten der Trennung nicht schwächen. So gelingt es ihr, in einem selbstbestimmten Akt Stärke zu zeigen und die Trennung zu vollziehen, ohne sich passiv ausgeliefert fühlen zu müssen oder gar Schaden zu nehmen.

LITERATUR

Boothe, B. (2006). Der Patient als Erzähler in der Psychotherapie. Gießen: Psychosozial Verlag.

Grimmer, B., Luif, V. & Neukom, M. (2008). „Ich muss jetzt gehen". Eine Einzelfallstudie zur letzten Sitzung der Analyse der Patientin Amalie. Psychotherapie & Sozialwissenschaft, 1, 10.

Labov, W. & Waletzky, J. (1973). Erzählanalyse: Mündliche Versionen persönlicher Erfahrung. In Ihwe, J. (Hrsg.), Literaturwissenschaft und Linguistik. Bd. 2 (S. 78-126). Frankfurt/M.: Fischer.

Thomä, H. & Kächele, H. (2006). Psychoanalytische Therapie: Bd. 3. Forschung. Berlin: Springer.

VERA LUIF
E-MAIL: v.luif@psychologie.uzh.ch

KONSTRUKTIONEN IN DER ERZÄHLANALYSE JAKOB[1]

Marc Luder

ZUSAMMENFASSUNG: Die Anwendung der Erzählanalyse JAKOB und die damit verbundene Auswertung der lexikalischen Wahlen der Erzählerinnen (lexical choice) lassen viele praktische und theoretische Fragen bezüglich des Vorgehens bei der Kodierung der Wortwahlen und damit der Bedeutungszuweisung offen. Der vorliegende Beitrag greift am Beispiel von Wortverbindungen mit dem Bestandteil „Zeug" einige dieser Fragen auf und zeigt neue Möglichkeiten der lexikalischen Repräsentation von Bedeutung mit Hilfe von Konzepten der Konstruktionsgrammatik. Der praktische Nutzen dieser Konzepte und die Implementierung im JAKOB-Kodierlexikon werden vorgestellt.

SCHLÜSSELWÖRTER: Erzählanalyse, Konstruktionsgrammatik, Phraseologie, Gesprächsanalyse, Bedeutungskonstitution

EINLEITUNG

Wie können rekurrente sprachliche Muster in Therapiegesprächen erkannt, lexikalisch erfasst und geordnet werden? Ich beschäftige mich im Rahmen der *Erzählanalyse JAKOB* (Boothe 2004; Boothe, Grimmer, Luder, Luif, Neukom & Spiegel 2002) mit der Untersuchung von sprachlichen Konstruktionen in einem Korpus von Alltagserzählungen auf dem Hintergrund von Konstruktionsgrammatik, Korpuslinguistik und Lexikografie. Dabei interessiert mich besonders das Spannungsfeld zwischen der Sichtweise der „klassischen" Linguistik mit ihren Grammatik- und Lexikonformalismen und der Sichtweise der interaktionalen Linguistik oder Gesprächsanalyse, wonach die Bedeutung von Äußerungen in der Interaktion prozesshaft und einzelfallweise entsteht.

Die Analyse von Narrativen kann von verschiedenen Forschungsparadigmen aus angegangen werden; die Spannweite reicht von der konversationsanalytisch orientierten Untersuchung von Mikrostrukturen auf der einen Seite bis zur empirischen Analyse von Kollokationen und Textmustern in großen Textkorpora auf der anderen Seite. Dazwischen existiert eine breite Palette von teils sich ergänzenden, teils sich widersprechenden Sichten und Methoden. Mein Ausgangspunkt ist die Erzählanalyse JAKOB, d.h. die Forschungsfragen und Probleme, die aufgeworfen werden, wie auch die Lösungsmöglichkeiten, die angedacht

---

[1] Leicht erweiterte Fassung meines Beitrages zur "Werkstatt zur Erzählanalyse JAKOB: Erzählungen der Klientin Frau W.".

und angestrebt werden, sind aus der täglichen Arbeit mit der Erzählanalyse JAKOB entstanden.

Nach einem kurzen Überblick über die Erzählanalyse JAKOB sollen ausgehend von einer Beispielerzählung exemplarisch einige Konstruktionen aus einem Korpus von Transkripten untersucht werden. Mit Hilfe von Theorien und Methoden der Konstruktionsgrammatik wird eine Lexikongestaltung vorgeschlagen, die eine verallgemeinernde Darstellung der gefundenen Konstruktionen ermöglicht, die sowohl für die Online-Konsultation des JAKOB-Lexikons als auch für die Suchprozeduren der Computeranwendung AutoJAKOB verwendet werden kann.

Die Erzählanalyse JAKOB

Die *Erzählanalyse JAKOB* (Boothe et al. 2002) ist ein qualitatives Untersuchungsinstrument für *Alltagserzählungen*, von denen wir annehmen, dass sie in kompakter Form emotional bedeutsames Selbst- und Beziehungserleben offenbaren, was in der *Dramaturgie* der Erzählungen zur Darstellung kommt. Die Erzählanalyse JAKOB ermöglicht narrative Einzelfallanalysen auf dem Hintergrund von psychodynamischen und psychoanalytischen Theorien und wird hauptsächlich für die Analyse von mündlichen Erzähltexten aus Psychotherapiegesprächen verwendet.

Die Therapiestunden werden mit dem Einverständnis der Patienten aufgezeichnet und für die Verwendung in der Erzählanalyse transkribiert und aufbereitet. Aus den Transkripten werden mit Hilfe eines Regelkataloges die Erzählungen extrahiert. Erzählungen sind episodische Handlungsabläufe, die räumlich und zeitlich fixiert sind und einen Spannungsbogen mit Start, Entwicklung und Ergebnis gleich einem Bühnengeschehen aufbauen. Der Erzähler als Regisseur stattet die Szene mit Requisiten und Kulissen aus und inszeniert seine eigenen und die Aktionen der Mitakteure. Der Erzähler führt uns einerseits in der Rolle des Erzählers eine Szene vor, daneben stellt er sich selbst als Akteur in dieser Szene dar. Für die weitere Verarbeitung wird der extrahierte Erzähltext in einzelne Segmente unterteilt (Subjekt-Prädikat-Verbindungen).

Die linguistische Analyse erfolgt in mehreren Schritten und verarbeitet morphologische, syntaktische und semantische Merkmale der Textsegmente. Das in der Erzählung verwendete Vokabular und die Figurenkonstellation werden mit Hilfe eines vorgegebenen, psychodynamisch/psychoanalytisch orientierten Kategoriensystems kodiert mit dem Ziel, die besondere Dramaturgie der Erzählung und ihre Vermittlung durch den Erzähler durch präzise lexikalische Analyse zu ergründen. Der erste Handlungsimpuls, die Setzung, weitere Gestaltung und Entwicklung dieses dramaturgischen Potentials im Spannungsbogen der Erzählung erhalten besondere Beachtung und werden als Spielregel bezeichnet.

Nach der textnahen Analyse der *Erzähldynamik* werden in der interpretativen Auswertung Hypothesen zur *Konfliktdynamik* gebildet, die als Kompromissbildung aus dem Zusammenspiel von prototypischen Wunschthemen, Angstmotiven und Abwehrbewegungen verstanden wird[2]. Das Ziel der Erzählanalyse ist eine wissenschaftlich fun-

---

[2] siehe die Beiträge von Judith Brändle und Franziska Stärk in diesem Band.

dierte psychodynamische Konflikt-, Beziehungs- und Prozessdiagnostik.

Ich beschränke mich im Folgenden auf den oben erwähnten Schritt der Kodierung, speziell auf die Kodierung der Verben[3], die *Aktionscodes*. Diesen kommt in der Erzählanalyse JAKOB eine besondere Bedeutung zu, da das Verfahren – wie aus dem Akronym JAKOB ersichtlich – vor allem die in der Erzählung dargestellten „Aktionen" und „Objekte" untersucht. Aus den lexikalischen Wahlen (*lexical choice*, Spence 1980) der Erzählerin sollen psychodynamisch relevante und für die Interpretation der Erzählung relevante Kategorien abgeleitet werden können. Die von der Computerapplikation vorgeschlagenen und überprüften Verbkodierungen werden aktuell im Analyseschritt *Soziale Integration (Erzähldynamik)* für die direkte Bestimmung der Ausprägungen auf den drei Achsen der *Macht*, *Nähe* und *Autonomie* verwendet. Die Verbcodes werden auch für die interpretativen Auswertungsschritte herangezogen, nämlich zur Bestimmung der *Spielregel* und der prototypischen *Wunsch-, Angst- und Abwehrthemen*, die für die Erschließung der *Konfliktdynamik* verwendet werden. Mit dem Schritt der Kodierung und der Bestimmung des *Aktionsrepertoires* der Erzählerin ergeben sich Fragen und Probleme der lexikalischen Zuordnung. Einige dieser Phänomene möchte ich nun anhand eines Beispiels vorstellen.

ERZÄHLUNG „TYPISCH FRAU"[4]

01 E: ich kann mich schLECHT (-)so (-) dann äußern;
02 I: sie haben diesem freund NIcht gesagt- eh du, das ist- (--) das ist dann also MEIne Sache, ob ich ein Kind will oder nicht oder
03 E: ich habe es ihm dann SPÄter eeeh::: noch gesagt;
04 I: ja
05 E: eh::- er habe mich dann SCHAUrig verlEtzt mit dieser bemerkung;
und dann hat er dann (--) aber AUCH wieder
sehr wie mein vater auch=eh:- gefunden-
was ICH jetzt für ein ZEUgs mache- (---)
und das sei TYpisch FRAU
so Zeugs immer so auseinander zu beinlen und zu an(h)alys(h)ieren (h)oder(h) (-)
und SCHON haben wir natürlich wieder krAch gehabt miteinander[oder?]
06 I: [ja=ja=ja]

Die in dieser Erzählung verwendeten Wörter und Ausdrücke zeigen sofort und exemplarisch mehrere Probleme des Kodierlexikons auf. Wie kann die lokale Bedeutung (und damit für die Erzählanalyse JAKOB die passende Kodierung) von Ausdrücken wie „Zeug", „ein Zeug machen", „Zeug analysieren und auseinander beinlen", „typisch Frau", „Krach haben miteinander"

---

[3] Der Fokus liegt auf den verwendeten Verben, weil gemäß psychoanalytischer Auffassung der Erzähler sprachlich handelt (oder die Mit-Akteure handeln lässt), und weil die Erzählung eine Abfolge von Handlungen darstellt. Ebenso wichtig wie die Kodierung der Handlungen ist der Status der in der Erzählung beteiligten Akteure: Führen sie eine Handlung aus (Agens) oder erleiden sie eine Handlung (Patiens)?

[4] Transkriptionsregeln nach GAT (Selting et al. 1998).

im Lexikon abgebildet werden? Es stellen sich mindestens zwei Fragen:

1) Die Erzählung enthält zusammengesetzte Ausdrücke, deren Bedeutung nicht kompositional erfasst werden kann. Diese *Mehrwortausdrücke* können je nach Verwendung als Phraseologismen, Idiome oder Metaphern bezeichnet werden. Ein Lexikon, das diese Ausdrücke abbilden soll, darf deshalb nicht (oder nicht nur) aus Einzelworteinträgen bestehen. Damit verbunden ist die Frage nach dem *Kontext:* Können Lexikoneinträge kontextfrei Bedeutung abbilden?

Der Begriff der *lexikalischen Wortwahl* (Spence 1980) legt nahe, dass es sich bei den lexikalischen Einheiten um einzelne Wörter handelt. Tatsächlich bestand das erste JAKOB-Lexikon aus Einzelworteinträgen, nach dem Vorbild herkömmlicher Wörterbücher. Gegen die Annahme, dass einzelnen Wörtern kontextfrei eine bestimmte Bedeutung zugewiesen werden kann, gibt es allerdings eine ganze Reihe von ernst zu nehmenden Einwänden (Deppermann 2007). Viele Verbausdrücke z.B. bestehen nicht nur aus dem Verb an sich, sondern die Verbbedeutung oder Handlung wird durch einen zusammengesetzten Ausdruck ausgedrückt, z.B. durch ein Funktionsverbgefüge oder durch ein Idiom. Daraus ergibt sich die Forderung nach einem Lexikon mit Mehrworteinträgen.

2) Kann die Bedeutung der oben zitierten Äußerungen *a priori* in einem Lexikon festgelegt werden (Kodierung) oder wird ihre Bedeutung situations- und interaktionsabhängig in der Gesprächsszene lokal generiert? Falls Letzteres zutrifft, ergeben sich Einwände bezüglich eines Lexikons mit festen Kodierungen.

Die Vertreter der *Interaktionalen Linguistik* postulieren, dass die Bedeutung von Äußerungen laufend im Gespräch entsteht, d.h. sie wird in der Interaktion erst hergestellt (Selting & Couper-Kuhlen 2001). Wie kann dieses Phänomen der *Emergenz* im Lexikon (oder in der Grammatik) abgebildet werden? Allerdings kann man kaum annehmen, dass Bedeutung von Grund auf in jeder Situation neu ausgehandelt wird; damit wäre eine effiziente Kommunikation schlichtweg nicht möglich. Sprecherinnen haben für jede Situation ein Repertoire von vorgeformten Ausdrücken (Konstruktionen) zur Verfügung; diese werden sowohl vom Sprecher wie auch vom Hörer als bekannt vorausgesetzt und ermöglichen eine schnelle Kommunikation (Auer 2007). Ein gewisser Teil der *Bedeutungskonstitution* (Deppermann 2006b) wird aber tatsächlich lokal und quasi „live" geleistet; so können z.B. spontan neue Metaphern „erfunden" werden.

KONSTRUKTIONSGRAMMATIK (CONSTRUCTION GRAMMAR)

Die *Konstruktionsgrammatik* ist eine jüngere linguistische Theorie, die sich als Grundlage für eine Betrachtung der oben genannten Phänomene und für ihre Integration ins Lexikon anbietet[5]. Die wichtigste Annahme der Konstruktionsgrammatik ist die, dass sprachliches

---

[5] Ob eine Implementierung in die bestehenden Lexikonstrukturen und in die Prozeduren der JAKOB-Anwendung möglich ist, kann hier nicht geklärt werden. Die wichtigste Voraussetzung wurde allerdings bereits geschaffen: Das JAKOB-Lexikon erlaubt bereits jetzt Mehrworteinträge (siehe Abschnitt "Lexikonprojekt").

Wissen zum großen Teil aus vorgefertigten, mehr oder weniger fixierten Konstruktionen besteht und weniger aus einer Sammlung von abstrakten Regeln, die auf isolierte Lexikoneinträge angewendet werden (Günthner & Imo 2006). Die einzelnen Versatzstücke sind *Form-Bedeutungspaare* und bestehen aus Einzelwörtern, Ausdrücken oder Phraseologismen, die ganz oder teilweise lexikalisiert sein können. Die sprachlichen Formen stehen in unmittelbarem Bezug zu ihren Funktionen, sie sind „*usage-based*" (Langacker 1999). Die Konstruktionsgrammatik wendet sich damit gegen das abstrakte Regelsystem der generativen Grammatik und untersucht die Sprache unter tatsächlichen Gebrauchsbedingungen. Mit den realen Gesprächsdaten wird auf die *gesprochene Sprache* fokussiert, was der Untersuchung der vorliegenden Transkripte/Erzählungen entgegenkommt. Die Syntax der Texte ist nicht wohlgeformt und enthält Ausdrücke aus dem Schweizerdeutschen.

Nach ihren Hauptvertretern werden drei Hauptrichtungen der Konstruktionsgrammatik unterschieden: Die Arbeiten von Fillmore, Kay & O'Connor (2003) beschreiben eine eher formalistische Variante der Konstruktionsgrammatik, die sich generativen Grammatikformalismen annähert und in der *Framesemantik* von Charles Fillmore begründet ist. Daneben gibt es eine eher kognitiv-linguistische Ausprägung, die sich vor allem mit den Namen John Lakoff und Adele Goldberg verbindet (Lakoff 1987; Goldberg 1995). Goldberg legt gleichzeitig Wert darauf, dass Aussagen über die Sprachrealität nur auf Grundlage empirischen Materials gemacht werden können. Die *Radical Construction Grammar* von William Croft (Croft 2001) betrachtet Konstruktionen als einzige Ebene syntaktischen Wissens und hat enge Bezüge zur *Cognitive Grammar* von Ronald Langacker (Langacker 1987), welche ebenfalls zur Familie der Konstruktionsgrammatiken gezählt werden kann. Vertreter der Interaktionalen Linguistik und der Gesprächsanalyse greifen die Ideen der Konstruktionsgrammatik zunehmend auf und integrieren sie in die Theoriebildung einer Grammatik der gesprochenen Sprache (Deppermann 2006a; Günthner & Imo 2006, S. 7f; Günthner 2007; Imo 2007).

Der Begriff der *Konstruktion* ist sehr weit gefasst und in den verschiedenen Modellen der Konstruktionsgrammatik unterschiedlich definiert (Fischer & Stefanowitsch 2007). Konstruktionen enthalten grundsätzlich Informationen aus allen linguistischen Beschreibungsebenen: Syntax, Morphologie, Prosodie, Semantik, Pragmatik, Diskurs (Sequenzialität). Viele gesprächsanalytische Untersuchungen arbeiten implizit oder explizit mit dem Begriff der Konstruktion, wie die Bezeichnungen „Vorgeformtes", „formelhafte Wendungen", „feste Wortverbindungen" und ähnliche zeigen (Gülich 2007; Stein 2004).

Die *Korpuslinguistik* unterstützt ebenfalls Ideen der Konstruktionsgrammatik. Die Bedeutung von *Kollokationspatterns* ergibt sich aus der Analyse ihres Vorkommens und ihrer praktischen Verwendung in großen Textkorpora (Hanks 2004). Von John Sinclair stammt das Idiom/Pattern-Prinzip: Sprecher greifen für ihre Äusserungen auf ein großes Inventar von halb vorgefertigten Phrasen zurück, die von fixierten Mehrwortausdrücken bis zu loseren phraseologischen Präferenzen reichen (Moon 2008).

Für die Erzählanalyse JAKOB übernehmen wir die folgende wichtige Annahme der Konstruktionsgrammatik: Konstruktionen sind Form-Bedeutungspaare in einem Syntax-Lexikon-Kontinuum, d.h. ein bestimmter Ausdruck ist immer mit einer bestimmten Bedeutung gekoppelt, die Ausdrücke können aus einem oder mehreren Wörtern bestehen, der Ausdruck kann mehr oder weniger variabel und damit ganz oder teilweise lexikalisiert sein.

Konstruktionen mit „Zeug" in den Transkripten der Frau W.

Im Folgenden sollen exemplarisch einige Konstruktionen mit dem Wortbestandteil „Zeug" aus der psychodynamisch orientierten 320-stündigen Therapie der Frau W. untersucht werden. In den vorhandenen 303 Transkripten wurden insgesamt 446 Konstruktionen mit dem Wortbestandteil „Zeug" oder „Zeugs" gefunden[6], in Nominalphrasen als Einzellexeme oder als Mehrwortlexeme. Die Verwendung dieser Ausdrücke beruht teilweise auf schweizerdeutschen Dialekteigenschaften. Bei den folgenden als Beispiele ausgewählten Konstruktionen handelt es sich um Funktionsverbgefüge mit den Verben haben, machen, sein, bringen, kommen. Neben der Konstruktion ist die Paraphrase aufgeführt sowie ein Beispiel mit dem Kontext. Die Spalte „Anzahl" gibt an, wie oft die Konstruktion von Frau W. verwendet wird, in Klammer die Verwendung durch den Therapeuten.

Tab. 1: Konstruktionen mit „Zeug" (Transkripte Frau W.)

Konstruktion	Paraphrase	Anzahl	Kontext (Beispiele)
ein Zeug machen	Aufhebens machen, eine Aufregung veranstalten	4	…äh, ich mache da überhaupt kein so Zeugs mehr darum, oder…
ein Zeug haben	ein Durcheinander haben	5 (1)	…und dann hatte ich ein ziemliches Zeugs äh ich raste quasi so kurz vor Feierabend dann äh so richtig los…
ein Zeug sein, ein Zeug geben	mit expletivem „es" gebraucht: es ist ein Durcheinander, ein Theater, eine Aufregung. Es ist eine Sache, es gibt Stress.	5 (1)	…das war noch so äh, war auch immer noch so ein Zeugs mit ihm…
im Zeug sein	im Stress sein, in Aufregung sein.	3 (1)	…also wenn ich wirklich, ganz ausgesprochen im Zeugs bin und unter Druck stehe…
in ein Zeug bringen	in Aufregung bringen, durcheinanderbringen.	2 (1)	…es ist eine wichtige Sache weil, das brachte sie ja nach-nachträglich sehr ins Zeug („is Züüg bracht")…
in ein Zeug kommen, ins Zeug kommen	in große Aufregung geraten.	5 (3)	…und ich kam damals plötzlich so in ein Zeugs…

---

[6] Die Therapie dauerte insgesamt 320 Stunden; es wurden jedoch nicht alle Stunden aufgenommen und transkribiert.

Die aufgeführten Konstruktionen haben gemeinsam, dass sie eine Handlung bezeichnen, und dass das Tun oder Erleben der handelnden Person als „Aufregung", „Theater", „Durcheinander" beschrieben werden kann. Alle Beispiele sind Funktionsverbgefüge, d.h. die Verben sind semantisch weitgehend leer, die Bedeutung des Verbalausdrucks entsteht durch den nominalen Bestandteil. „Zeug"[7] übernimmt als Wortmetapher die Funktion, einen schwierig und nicht eindeutig zu beschreibenden mentalen Zustand darzustellen. Der Quellbereich der Metapher bezeichnet ursprünglich einen konkreten Gegenstand, nämlich Stoff, daneben wird „Zeug" aber für viele nicht näher bestimmte Gegenstände und Sachverhalte gebraucht, oft in einem abwertenden Sinn. Der Zielbereich der Metapher ist der mentale Zustand, der verschiedene Ausprägungen annehmen kann. Die Bezeichnung dieses Zustandes mit „Zeug" erspart der Sprecherin einerseits die Suche nach dem treffenden Ausdruck, ermöglicht ihr andererseits, die Bedeutung des Zustandes vage zu halten und eventuell auch herunterzuspielen (in den Wörterbucheinträgen wird auf die abwertende Funktion der Verwendung von „Zeug" hingewiesen).

Sind diese Konstruktionen kennzeichnend für Frau W. oder handelt es sich um Ausdrücke aus dem allgemein üblichen Sprachgebrauch? Eine informelle Google-Suche speziell nach der Konstruktion „ein Zeug machen" (10.11.2008) ergab ca. 115 Treffer, eingeschränkt auf CH-Domänen nur 33 Treffer (die zweite Spalte der Tabelle 2 enthält die Beurteilung, ob der Ausdruck dem Kontext der anvisierten Konstruktion entspricht).

Belege für die Konstruktion „ein Zeug machen" in der Bedeutung von „eine Aufregung produzieren" wurden nur in den Domänen CH und AT gefunden, die Seiten aus der Domäne DE belegen diese Konstruktion nicht[8]. Auch wichtige Wörterbücher aus dem hochdeutschen Sprachraum führen diesen Ausdruck nicht auf (Duden 10, 2002; Duden 11, 2008; Der kleine Wahrig, 2007), und auch im DWDS (Digitales Wörterbuch der Deutschen Sprache) ist der Ausdruck nicht belegt.

Man kann also sagen, dass die Konstruktion „ein Zeug machen" eine regionale Besonderheit der schweizerischen/alemannischen Sprachregion darstellt, dort aber durchaus ein allgemein verwendeter Ausdruck ist und nicht eine individuelle Konstruktion von Frau W.

Die Analyse der Verwendung der Zeug-Konstruktionen aus Tabelle 1) über die ganze Therapiedauer würde den Rahmen des vorliegenden Artikels sprengen. Eine erste informelle Sichtung der Daten legt aber nahe, dass sehr wohl im Verlauf der Therapie diese Konstruktionen mit zunehmend fixierten Bedeutungen versehen werden, dass sich etwas Formelhaftes entwickelt. Für diese Annahme spricht auch, dass der Therapeut im Laufe der Zeit die Zeug-Konstruktionen, die initial von Frau W. ins Gespräch gebracht werden, übernimmt und selber ebenfalls aktiv verwendet.

---

[7] "Zeug" und "Zeugs" wird hier synonym gebraucht; beide Ausdrücke kommen in den Beispielen vor.

[8] Ausnahme: Beleg aus dem Raum Basel

Tab. 2: Informelle Google-Suche nach "ein Zeug machen" im Sinne von "eine Aufregung produzieren" (Auswahl)

Kontext	Entspricht der Konstruktion?	Region
womit man kostenlos music mixen und scratchen und so **ein Zeug machen** kann.	nein	DE
aber man kann damit Kurvendiskussionen und so **ein Zeug machen**	nein	DE
werbung, die man für so **ein zeug machen** darf	nein	DE
Und über so **ein Zeug machen** die eine Prüfung.	nein	DE
Wenn ich Demos und so **ein Zeug mache**, benutze ich das ziemlich oft	nein	DE
Peelings und so **ein Zeug mache** ich nicht.	nein	DE
Da ich beruflich so **ein Zeug mache**, muss ich die Sendung nicht sehen…	nein	DE
wie kannst du nach deinem wochenend thread jetzt so **ein zeug machen**	ja	DE (Basel)
Dass die Liberalen so **ein Zeug machen** versteht man.	ja	CH
der gesagt hatte, man solle nicht so **ein Zeug machen** um die 275 000	ja	CH
WiE KaNn mAn nUr sO **EiN ZeUg mAcHeN** Voll krass	ja	CH
man solle doch nicht solch **ein Zeug machen** wegen 8000 Fränkli Busse.	ja	CH
Blödsinn, diese elektronische Kunst, was die da für **ein Zeug machen**	ja	AT

Praktische Umsetzung: Lexikonprojekt JAKOB

Im Rahmen eines von der Universität Zürich unterstützten ICT-Projektes (2007/2008) wurde das bestehende JAKOB-Lexikon erweitert mit dem Ziel, dass Einträge als Mehrworteinheiten aufgenommen werden können, und dass dadurch die JAKOB-Kodierung verbessert werden kann. Als Lexikon-Format wurde das bestehende und frei verfügbare OLIF-Format (Open Lexicon Interchange Format) verwendet[9], das den Aufbau von Lexikoneinträgen als Mehrwortstrukturen unterstützt. Die OLIF-Struktur stellt eine große Palette linguistischer Beschreibungskategorien zur Verfügung, die sich am Wortsinn orientieren.

---

[9] OLIF (Open Lexicon Interchange Format), offener Standard für die Darstellung lexikalischer Daten, siehe http://www.olif.net/.

Die technische Umsetzung des Projektes ist abgeschlossen[10], das neue JAKOB-Lexikon wurde mit zahlreichen neuen Einträgen ergänzt (Luder, Clematide & Distl 2008). In Bearbeitung sind konstruktionsspezifische Prozeduren bei der automatischen Kodierung, die Konstruktionen im Text erkennen und unterscheiden, so dass das Lexikonwissen umgesetzt und Mehrwortausdrücke entsprechend kodiert werden können. Es folgt das Beispiel eines Lexikoneintrages, abgebildet sind nur die wichtigsten Felder.

Die genaue Erfassung und Beschreibung der Zeug-Konstruktionen im JAKOB-Lexikon verbessert die Genauigkeit der Kodierprozedur in der JAKOB-Anwendung. Die als Beispiele aufgeführten Funktionsverbgefüge tragen speziell zu einer genaueren Bestimmung der Aktionscodes bei, weil nur mit dem ganzen Gefüge die speziellen semantischen Eigenschaf-

Tab. 3: Beispiel Lexikoneintrag im OLIF-Format „ein Zeug machen"

OLIF-Feld	Wert	Beschreibung
canForm	machen ein Zeug	Kanonische Form des Eintrags
ptOfSpeech	verb	Wortart (des Head)
head	machen	Head des Mehrwortausdrucks
auxType	haben	Hilfsverb
subjField	Kommunikation	subject field, Domäne (Kontext)
definition	sich kompliziert verhalten, ein Drama machen, Aufregung produzieren	Definition, Bedeutung…
semType	act – unspezifische Aktivität	Semantische Kategorie (OLIF-Wertelisten)
synFrame	500 (AkkO)	syntaktisches Satzmuster (Wahrig, 2007)
morphStruct	(zukünftige Verwendung)	Morphologische Struktur
geogUsage	CH	lokale Dialektausdrücke
entryFormation	phr	Marker für Mehrwortausdruck (phrase)
phraseType	idiom	Typ Mehrwortausdruck
entrySource	(z.B. Wahrig, Duden)	Quellenangabe
JAKOBCode	DAR-KAM	Kodierung in der Erzählanalyse JAKOB

---

[10] Die XML-Struktur des OLIF-Lexikons wurde in einer MySQL-Datenbank abgebildet, das Lexikoninterface ist PHP-basiert, um eine einfache Anbindung an die AutoJAKOB-Applikation zu ermöglichen.

ten der Aktion abgebildet werden können.

SCHLUSSFOLGERUNGEN UND AUSSICHTEN

Aktuell werden in der Kodierprozedur der JAKOB-Anwendung nur lexikalisierte Konstruktionen berücksichtigt, d.h. Konstruktionen werden als solche erkannt, wenn sie in der im Lexikon spezifizierten Form vorkommen. Vollständig lexikalisierte Konstruktionen sind das eine Ende des Syntax-Lexikon-Kontinuums. Abstraktere Konstruktionen, wie die teilweise lexikalisierte Konstruktion [haben zu + Infinitiv] („sie hat eigentlich gar nicht so viel zu erzählen gehabt"), oder syntaktische Konstruktionen, wie die weil/wobei-Konstruktion mit Verbzweitstellung („weil ich kann mich exzellent vergraben in meine Arbeit") (Günthner 2001), kann die Kodierprozedur aktuell nicht erkennen.

Einerseits erfordert also das Lexikon weitere Ergänzungen mit Konstruktionen und Konstruktionsvarianten (gegenwärtig umfasst das Lexikon ca. 6000 Einträge), andererseits ist die Entwicklung von geeigneten Parsing-Prozeduren nötig, die abstrakte Konstruktionen in den Erzähltexten erkennen. Bleibt das Phänomen der Emergenz. Wie kann die Bedeutungsveränderung von Konstruktion im Laufe einer Therapie adäquat erfasst und kodiert werden? Im Bereich der kognitiven Linguistik gibt es dazu Modellierungsansätze (Zeschel 2008).

Ziele für die Erzählanalyse JAKOB: Die im System angelegte Kodierung soll reliabler und vom einzelnen Kodierer unabhängiger werden, damit die Kodierung für die weitere Auswertung und Interpretation der Erzählungen nutzbar gemacht werden kann. Die Kodierung soll konsequent die Frage beantworten: Wie handelt das erzählte Ich (Agens) in der jeweiligen Situation?

LITERATUR

Auer, P. (2007). Syntax als Prozess. In Hausendorf, H. (Hrsg.), Gespräch als Prozess. Linguistische Aspekte der Zeitlichkeit verbaler Interaktion (Studien zur deutschen Sprache) (S. 95-124). Tübingen: Gunter Narr.

Bibliographisches Institut (Mannheim). (2002). Duden – Das Bedeutungswörterbuch (3., neu bearb. und erw. Aufl.). Der Duden in zwölf Bänden: Bd. Band 10, Ed. 3. Mannheim: Dudenverlag.

Boothe, B. (2004). Der Patient als Erzähler in der Psychotherapie (2. Aufl.). Gießen: Psychosozial-Verlag.

Boothe, B., Grimmer, B., Luder, M., Luif, V., Neukom, M. & Spiegel, U. (2002). Manual der Erzählanalyse JAKOB: Version 10/02 (Berichte aus der Abteilung Klinische Psychologie Nr. 51). Zürich: Universität Zürich, Psychologisches Institut, Klinische Psychologie I.

Croft, W. (2001). Radical construction grammar: Syntactic theory in typological perspective. Oxford: Oxford University Press.

Deppermann, A. (2006a). Construction Grammar – Eine Grammatik für die Interaktion? In Deppermann, A., Fiehler, R. & Spranz-Fogasy, T. (Hrsg.), Grammatik und Interaktion. Untersuchungen zum Zusammenhang von grammatischen Strukturen und Gesprächsprozessen (S. 43-65). Radolfzell: Verlag für Gesprächsforschung.

Deppermann, A. (2006b). Konstitution von Wortbedeutung im Gespräch: Eine Studie am Beispiel des jugendsprachlichen Bewertungsadjektivs assi. In Deppermann, A. & Spranz-Fogasy, T. (Hrsg.),

Be-deuten. Wie Bedeutung im Gespräch entsteht. 2. Aufl. (Stauffenburg Linguistik) (S. 158-184). Tübingen: Stauffenburg-Verlag.

Deppermann, A. (2007). Grammatik und Semantik aus gesprächsanalytischer Sicht. Linguistik – Impulse und Tendenzen: Bd. 14. Berlin: de Gruyter.

Fillmore, C. J., Kay, P. & O'Connor, M. C. (2003). Regularity and idiomaticity in grammatical constructions: The case of let alone. In Tomasello, M. (Ed.), The new psychology of language. Cognitive and functional approaches to language structure (pp. 243-270). Mahwah, N.J.: Lawrence Erlbaum Associates.

Fischer, K. & Stefanowitsch, A. (2007). Konstruktionsgrammatik: Ein Überblick. In Fischer, K. & Stefanowitsch, A. (Hrsg.), Konstruktionsgrammatik. Von der Anwendung zur Theorie (Stauffenburg-Linguistik) (S. 3-17). Tübingen: Stauffenburg-Verlag.

Goldberg, A. E. (1995). Constructions: A construction grammar approach to argument structure. Chicago: Univ. of Chicago Press.

Gülich, E. (2007). „Volle Palette in Flammen". Zur Orientierung an vorgeformten Strukturen beim Reden über Angst. Psychotherapie & Sozialwissenschaft, 9 (1).

Günthner, S. (2001). „wobei (.) es hat alles immer zwei seiten." Zur Verwendung von wobei im gesprochenen Deutsch. Deutsche Sprache, 4, 313-341.

Günthner, S. (2007). Brauchen wir eine Theorie der gesprochenen Sprache? Und: Wie kann sie aussehen? – Ein Plädoyer für eine praxisorientierte Grammatiktheorie. gidi Arbeitspapierreihe, 6, 1-22.

Günthner, S. & Imo, W. (2006). Konstruktionen in der Interaktion. In Günthner, S. & Imo, W. (Hrsg.), Konstruktionen in der Interaktion (Linguistik – Impulse und Tendenzen) (S. 1-22). Berlin: de Gruyter.

Hanks, P. (2004). The Syntagmatics of Metaphor and Idiom. Int J Lexicography, 17 (3), 245-274.

Imo, W. (2007). Construction grammar und Gesprochene-Sprache-Forschung: Konstruktionen mit zehn matrixsatzfähigen Verben im gesprochenen Deutsch. Reihe Germanistische Linguistik: Bd. 275. Tübingen: Niemeyer.

Lakoff, G. (1987). Women, Fire and Dangerous Things: What Categories Reveal About the Mind: What Categories Reveal About the Mind. Chicago: The University of Chicago Press.

Langacker, R. W. (1987). Foundations of cognitive grammar. Stanford, CA: Stanford University Press.

Langacker, R. W. (1999). Grammar and conceptualization. Cognitive linguistics research: Bd. 14. Berlin: Mouton de Gruyter.

Luder, M., Clematide, S. & Distl, B. (2008). Ein elektronisches Lexikon im OLIF-Format für die Erzählanalyse. In Bernal, E. & DeCesaris, J. (Hrsg.), Proceedings of the XIII. Euralex International Congress (pp. 729-735). Barcelona. Verfügbar unter: http://www.jakob.uzh.ch/docs/ML_OlifEuralex2008.pdf [6.11.2008].

Moon, R. (2008). Sinclair, Phraseology, and Lexicography. Int J Lexicography, 21 (3), 243-254.

Scholze-Stubenrecht, W. & Wermke, M. (2008). Duden 11 – Redewendungen: Wörterbuch der deutschen Idiomatik. Der Duden in zwölf Bänden: Bd. 3. Mannheim: Dudenverlag.

Selting, M., Auer, P., Barden, B., Bergmann, J., Couper-Kuhlen, E., Günthner, S. & Meier, C. (1998). Gesprächsanalytisches Transkriptionssystem (GAT). Linguistische Berichte, 173, 99-122.

Selting, M. & Couper-Kuhlen, E. (Eds.) (2001). Studies in interactional linguistics. Studies in discourse and grammar: Bd. 10. Amsterdam: John Benjamins.

Spence, D. (1980). Lawfulness in lexical choice: a natural experiment. Journal of the American Psychoanalytic Association, 28, 115-132.

Stein, S. (2004). Formelhaftigkeit und Routinen in mündlicher Kommunikation. In Steyer, K. (Hrsg.), Wortverbindungen - mehr oder weniger fest. Jahrbuch / Institut für Deutsche Sprache: Bd. 2003 (S. 262-288). Berlin: de Gruyter.

Wahrig, G. (2007). Der kleine Wahrig: Wörterbuch der deutschen Sprache. München: Bertelsmann

Zeschel, A. (2008). Introduction (special issue on 'Constructions in Language Processing'). Cognitive Linguistics, 19 (3), 349-355.

MARC LUDER
UNIVERSITÄT ZÜRICH
PSYCHOLOGISCHES INSTITUT
BINZMÜHLESTR. *14/16*
CH-8050 ZÜRICH
E-MAIL: *m.luder@psychologie.uzh.ch*

---

*Mechthild Neises,
Gerhard Schmid-Ott (Hrsg.)*

Gender, kulturelle Identität und Psychotherapie

Das Aufbrechen tradierter Geschlechterrollen in modernen Gesellschaften kann Frauen und Männer überfordern - oft mit kritischen Folgen für die Gesundheit.

Der Aufsatzband beleuchtet die Problematik aus biologischen, psychologischen, soziokulturellen, medizinischen Perspektiven - und trägt zum Verständnis geschlechtsspezifischer Aspekte von Erkrankungen bei.

Das Buch vermittelt hilfreiche Informationen und Anregungen für die tägliche Praxis in der Medizin, Psychotherapie und Sozialarbeit.

296 Seiten
ISBN 978-3-89967-366-1
Preis: 25,- €

PABST SCIENCE PUBLISHERS
Eichengrund 28, D-49525 Lengerich
pabst@pabst-publishers.de
www.psychologie-aktuell.com
www.pabst-publishers.de

FUNKTIONEN DES ERINNERNS IM LEBENSRÜCKBLICK ÄLTERER MENSCHEN

Geneviève Grimm

„Das Leben wird vorwärts gelebt und rückwärts verstanden"
Kierkegaard

ZUSAMMENFASSUNG: Sprechen über das eigene Leben gehört zu den Grundbedürfnissen von Menschen. Es ist Selbstverwirklichung und Selbstwahrnehmung, Annahme und Integration des Individuums in sein Umfeld. Angesichts eines langen Lebens und des Gewahrwerdens der eigenen Endlichkeit kommt der Selbstreflexion im höheren Lebensalter eine besondere Bedeutung zu. Erinnerungen erlauben uns die Vergegenwärtigung von Vergangenem und zugleich Vergangenes zu verarbeiten. Erinnerungen werden erzählt und ermöglichen damit dem Individuum, sich in eine Gemeinschaft zu integrieren. Erinnerungen erlauben uns die Bilanzierung des eigenen Lebens. Sie sind das Rohmaterial für die Konstruktion unserer Lebensgeschichte. Sie machen unser Menschsein aus und prägen unsere Identität. Wir sind unsere Erinnerungen.

In einer Studie wird in biografisch-narrativen Interviews mit Menschen im höheren Lebensalter der Frage nachgegangen, welche Formen der Reminiszenz im narrativen Lebensrückblick verwendet werden. Die 265 aus den Interviews extrahierten Erzählungen werden den verschiedenen Funktionen des Erinnerns zugeordnet. Daraus können Schlüsse für eine gezielte Form des Lebensrückblicks in der Psychotherapie mit älteren Menschen gezogen werden.

SCHLÜSSELWÖRTER: Erinnerungen, Funktionen des Erinnerns, Lebensrückblick, Autobiografie, Alter, Erzählen, Identität, Psychotherapie im Alter

AUTOBIOGRAFISCHES ERINNERN

Die autobiografische Erzählung ist, im Unterschied zum faktenorientierten Lebenslauf, kein Bericht über die Realität, sondern gibt Auskunft über die Art und Weise, wie ein Individuum die biografisch relevanten Ereignisse erlebt hat, und welche Bedeutung es ihnen zumisst. „Die biografische Wahrheit ist nicht zu haben und wenn man sie hätte, wäre sie nicht zu brauchen." (Freud 1972, S. 179). Freuds Zitat weist darauf hin, dass unter dem Aspekt der emotionalen Involviertheit Erinnerungen immer verzerrt sind. Erinnern ist motiviert, d.h. es gibt stets einen Anlass, sich zu erinnern. Dieser Anlass entsteht in der aktuellen Situation. Erinnerungen sind zudem vom psychischen, emotionalen Zustand der betroffenen Person abhängig, als das Ereignis passierte, und vom aktuellen emotionalen Zustand im Moment der Erinnerung. Erinnert werden deshalb nicht die reinen Fakten, sondern wie diese erlebt wurden.

Erinnerungen sind zudem beeinflusst vom Selbstbild, von der Tendenz, dieses Selbstbild, den Selbstwert zu schützen und von der Tendenz, sich als moralisch integer darzustellen. Erinnerungen werden deshalb ständig dem Selbstbild angepasst, um dieses nicht zu gefährden.

Erinnern im Alter

Im Alter kommt der Fähigkeit, sich erinnern zu können, eine besondere Bedeutung zu. Integrative, instrumentelle, transmissive und narrative Reminiszenzen sind Formen des Erinnerns, die im höheren Lebensalter an Bedeutung gewinnen und zu einer besseren Selbstakzeptanz und damit zur Gestaltung eines guten Lebens beitragen können.

Bis in die 60er Jahre wurde älteren Menschen Senilität unterstellt, wenn sie sich häufig mit ihrer Vergangenheit befassten. Es wurde darin ein Symptom geistigen Zerfalls gesehen. Die Beschäftigung mit der eigenen Vergangenheit wurde als Flucht vor der Realität, als Flucht vor der Konfrontation und der Auseinandersetzung mit den unausweichlichen altersbedingten Defiziten gesehen und musste deshalb vermieden werden. Aus dieser Sicht ist es nachvollziehbar, dass ältere Menschen keine Ermutigung erfuhren, sich mit ihrer Lebensgeschichte auseinanderzusetzen.

In der aktuellen gerontologischen Forschung, die interdisziplinär ausgerichtet ist, hat ein grundlegendes Umdenken stattgefunden. Altersbedingte Defizite werden nach wie vor nicht ausgeblendet. Diese bilden jedoch nicht mehr den alleinigen Fokus. Älterwerden wird heute unter dem Aspekt seiner Kompetenzen und Ressourcen betrachtet. Kaum ein Thema bietet sich so an wie die autobiografischen Erinnerungen, wächst doch deren Fülle mit der Anzahl gelebter Jahre.

Erinnerungen sind nicht ausschließlich auf die Vergangenheit gerichtet. Sie prägen zugleich unsere Gegenwart und unsere Zukunft. Es ist ein Irrtum, davon auszugehen, „… dass wir uns nur um der Vergangenheit willen erinnern; tatsächlich leben und erinnern sich alte Menschen um der Zukunft willen." (Coleman 1997, S. 364). Der Autor sieht in der Vergangenheit eine „Lebensquelle der Inspiration und Ermutigung." (S. 364). Er sieht die Erinnerung als bedeutsam für die Aufrechterhaltung von Hoffnung.

In der aktuellen Entwicklungspsychologie wird das höhere Lebensalter mitberücksichtigt, weil davon ausgegangen wird, dass jede Lebensphase ihre Entwicklungsaufgaben hat, die es zu bewältigen gilt, die gelingen können, an denen man jedoch auch scheitern kann. Erikson (1963) definiert das höhere Lebensalter als jene Entwicklungsphase, in der als Lebensaufgabe die Akzeptanz, die Integration dessen, was gewesen ist, ansteht. Erikson bezeichnet das Gelingen dieser Aufgabe als 'Ego-Integrität'. Demgegenüber führt deren Scheitern zum 'Lebensekel'. Es wir davon ausgegangen, dass die individuelle Bewältigung der Krise der mittleren Lebensjahre in einen Prozess der Re-Integration, der Neu-Bewertung mündet (vgl. Coleman 2004). Der ältere Mensch nutzt die Erinnerung, um sich selbst eine kontinuierliche Rolle und eine Bedeutung für sein Leben zu verschaffen. Unter diesem Aspekt wurden die Erinnerungen alter Menschen zunehmend in ihrer Bedeutung anerkannt. Sie tragen dazu bei, ein Gefühl der Ego-Integrität zu erreichen. Dabei ist eine starke Betonung emotional bedeutsamer Aspekte festzustellen.

FUNKTIONEN DES ERINNERNS IM LEBENSRÜCKBLICK

Pinquart (1997, S. 168) unterscheidet sechs Formen des Erinnerns.
1. *Integratives Erinnern:* Ziel dieser Form des Erinnerns ist ein besseres Verständnis des eigenen Lebens, die Selbstakzeptanz, dem gelebten Leben Sinn zu verleihen, die Lösung offen gebliebener biografischer Konflikte, das Erleben der Kontinuität von Vergangenheit und Gegenwart sowie die Integration von Gegenwart und Vergangenheit. Neu-Bewertungsprozesse sind beim Erreichen der Selbstakzeptanz beteiligt. Ebenso kann eine Korrektur unerfüllter Ansprüche stattfinden.
2. *Instrumentelles Erinnern:* Bei dieser Form des Erinnerns geht es darum, erinnerte Erfahrungen zur Lösung aktueller Probleme zu nutzen. Die Erinnerung, vergangene Probleme gelöst und schwierige Situationen gemeistert zu haben, stärkt das Gefühl der Selbstkompetenz und beeinflusst die Bewältigung gegenwärtiger Lebensumstände.
3. *Transmissives Erinnern:* Sowohl individuelle wie kulturelle Werte als auch Erfahrungen werden an andere Menschen, oftmals an die jüngere Generation, weitergegeben. Erfahrungen vermitteln zu können, gibt dem erinnernden Menschen eine soziale Funktion, mit der altersbedingte Rollenverluste kompensiert werden können. Das Selbstkonzept kann zudem dann stabilisiert und verbessert werden, wenn transmissives Erinnern das Interesse des Zuhörers zu wecken vermag.
4. *Narratives Erinnern:* Diese Form des Erinnerns dient der Gestaltung der Beziehung zu andern Menschen und hat deshalb primär eine kommunikative Funktion. Sie ist mehr deskriptiv denn interpretativ und wertend. Positive soziale Rückmeldungen auf das Geschichten-Erzählen können eine günstige Wirkung auf das Selbstkonzept haben. Erinnerndes Erzählen kann erlebte Freude vergegenwärtigen. Die erzählende Evokation erfreulicher Vergangenheit hat etwas aktuell Beglückendes. Erinnerndes Erzählen kann um seiner selbst willen lustvoll sein.
5. *Evasives Erinnern:* Werden negative Aspekte der Vergangenheit übersehen und die ausschließlich positiven erinnert, hilft dies, den negativen Aspekten der Gegenwart zu entfliehen. Die selektive Erinnerung positiver Erfahrungen mag kurzfristig das aktuelle Wohlbefinden steigern, sie kann jedoch die aktuellen sozialen Beziehungen beeinträchtigen.
6. *Zwanghaftes Erinnern:* Ständiges Grübeln über unangenehme Ereignisse aus der Vergangenheit ist oft mit Gefühlen von Schuld, Scham und Enttäuschung verbunden. Diese Form des Erinnerns führt zu einem negativen Selbstkonzept und deutet auf ein Scheitern integrativen Erinnerns hin.

Diese Unterscheidung ist bedeutsam, weil unterschiedlich motivierte Formen der Erinnerungen unterschiedliche Antworten des beratenden oder therapeutischen Gegenübers erfordern.

Erinnerungen als Belastungen

Auch wenn die Fähigkeit zum Erinnern unter dem ressourcenorientierten Aspekt betrachtet wird, lässt sich nicht leugnen, dass Erinnern auch eine Belastung sein kann. Coleman (1997) weist nach, dass gewisse Erinnerungsformen dem Wohlbefinden abträglich sind. So ist er der Ansicht, dass zwanghaftes Erinnern mit Fehlanpassung verbunden ist. Erinnerungen sind dann belastend, wenn das erinnerte Ereignis das Individuum an Leib und Seele bedroht hat, wenn sie unser Selbstbild bedrohen, wenn sie mit Schuld und Scham behaftet sind und wenn sie Schmerz, Hilflosigkeit und Ohnmacht verursachen. Zwanghaftes Erinnern führt den Menschen in einen Teufelskreis sich wiederholender quälender Erinnerungen, für die keine Lösung gefunden werden kann. Die dadurch ausgelösten Emotionen können den Menschen überwältigen. Sie führen zur Destabilisierung des Selbst, zur Inkohärenz und damit zur Bedrohung der eigenen Identität.

Lebensrückblick in der Psychotherapie mit älteren Menschen

In der Psychotherapie mit älteren Menschen sind Bemühungen im Gange, die Aufdeckung positiver Erinnerungen zu therapeutischen Zwecken zu nutzen. Werden Menschen bei der Arbeit, ihr Leben erinnernd zu erzählen, unterstützt, können ursprünglich als negativ empfundene Erfahrungen Anstoß für ein persönliches Reifen und für neue Einsichten geben (vgl. Coleman 2004).

Forschungen auf diesem Gebiet haben gezeigt, dass die Wirkungsweise von Reminiszenzen vom Typus der Erinnerung abhängig ist. So stellt sich die Frage, welche Formen zur fördern, welche zu vermeiden sind. Wann geht es darum, Prozesse des integrativen Erinnerns zu unterstützen, um der Vergangenheit eines älteren Menschen Wert zu verleihen? Wann soll für die Bewältigung aktueller Probleme instrumentelles Erinnern als Ressource gestärkt werden? Es ist abzuklären, ob die Selbstakzeptanz des Patienten gefördert werden soll oder ob ein Anstoß für Veränderungen erwartet und erwünscht wird. Lebensrückblick wird als Medium der Verarbeitung psychischer Konflikte und Störungen in der Alterspsychotherapie eingesetzt.

Seniorenprojekt 'Glücks- und Unglückserfahrungen im Lebensrückblick alter Menschen'

An der Abteilung Klinische Psychologie, Psychotherapie und Psychoanalyse des Psychologischen Institutes der Universität Zürich wird aktuell eine lebensgeschichtliche Interviewstudie mit Älteren durchgeführt. Diese will auf der Basis biografischen Erzählens erschließen, wie alte Menschen im Lebensrückblick Erfahrungen, die für sie bedeutsam waren, narrativ gestalten und in welcher Weise sich darin persönliche Modelle guten Lebens verdeutlichen. Zudem wird der Frage nachgegangen, welche Formen der Reminiszenz im narrativen Lebensrückblick verwendet werden. Autobiografische Erinnerungen finden ihren primären Ausdruck in der sprachlichen Form der Erzählung. Das Erinnern von subjektiv wichtigen Ereignissen, das

Vergegenwärtigen vergangener Episoden und die Auseinandersetzung mit der eigenen Vergangenheit dienen der Bewältigung der persönlichen Lebensgeschichte und der Integration sowohl positiver als auch belastender Ereignisse.

In Lebensrückblicksinterventionen im höheren Lebensalter setzt die klinische Gerontopsychologie mit einem psychodynamischen Ansatz auf die heilsame Wirkung eines integrierenden Lebensrückblicks. Angesichts der Tatsache, dass sich die zukunftsgerichtete Lebensperspektive mit zunehmendem Alter verringert, hat retrospektives Nacherleben, Gewichten, Werten und Neubetrachten der vergangenen Lebensgeschichte gerade im höheren Lebensalter seinen Platz. Es geht im Rahmen einer Psychotherapie jedoch nicht nur um den anspruchsvollen integrierenden Lebensrückblick. Es gilt auch, dem Umstand größere Aufmerksamkeit zu schenken, dass Erzählen Vergnügen bereitet, dass erinnerndes Erzählen erlebte Freude vergegenwärtigen kann, dass die erzählende Evokation erfreulicher Vergangenheit etwas aktuell Beglückendes hat. Auch ist Erzählen um seiner selbst willen lustvoll. Autobiografisches Erinnern lädt demnach dazu ein, erlebte Freude und erlebtes Glück erzählend zu genießen.

Für das Projekt wurden von erfahrenen Interviewerinnen 15 narrative biografische Interviews mit acht Frauen und sieben Männern im Alter zwischen 70 und 93 Jahren, die sich weder psychisch noch physisch in einer akuten Krise befanden, geführt. Die interviewten Personen thematisierten einerseits Glück auf reflexiver Ebene oder in summarischer, generalisierender Weise, und sie brachten andererseits Episoden und Ereignisse zur narrativen Darstellung, die sie selbst als Glückser- eignisse ansahen. Sie erinnerten jedoch auch Ereignisse, die sie als leidvoll betrachteten oder die ihnen aus anderen Gründen als erzählenswert in den Sinn kamen.

Wie wird erzählt?

Aus den Interviews wurden 265 Erzählungen extrahiert, 186 von Frauen, 79 von Männern, die mit der an der Abteilung entwickelten Erzählanalyse JAKOB (Boothe et al. 2002), einem auf psychoanalytischem Hintergrund basierten qualitativen Instrument zur Analyse der Erzähl- und der Konfliktdynamik, ausgewertet wurden. Geht man vom Bühnenszenario einer Erzählung aus, sind die Versetzungsregie in ein Dort und Damals, die Setzung von Akteuren und Kulissen und das einmalige Stattfinden einer Episode Kriterien für die Extraktion von Erzählungen.

Es handelt sich nicht um eine repräsentative Stichprobe. Auch repräsentieren die linguistischen und kommunikativen Ressourcen der interviewten Personen nicht das Spektrum sprachlicher Kompetenzen, Stile und Potentiale aller Sprach- und Bildungsgruppen in der Schweiz. Die im Rahmen der Interviews gewonnenen Erzählungen bieten gleichwohl einen exemplarischen Einblick in die Organisation von Erinnerungen und deren Funktion.

Zwei Beispielerzählungen sollen im Folgenden auf die Funktionen des Erinnerns hinweisen.

Fallbeispiel 1

Die 77-jährige Frau Frieda C. wuchs mit einer Zwillingsschwester und acht weiteren Geschwistern auf einem Bauernhof in Deutschland auf. Sie vermisste die Zuneigung der Mutter, die stark in Haus- und Hofarbeit involviert war und daher wenig Zeit mit ihren Kindern verbringen konnte. Frau C. beschlich in der Kindheit oft das Gefühl „eine Zwei am Rücken" zu haben. Mit 29 Jahren heiratete sie. In ihrer Ehe musste Frau C., statt Unterstützung und Loyalität, viel Kummer und Enttäuschung, wie auch Gewalttätigkeit durch ihren Ehemann erfahren. So verlangte dieser nach der Geburt der Kinder, dass Frau C. wieder arbeiten ging und die Kinder fremdbetreut werden mussten. Das war für sie eine schwere Zeit, hätte sie doch so gerne ihre Zeit mit ihren Kindern verbracht. Sie wagte es jedoch nicht, sich gegen ihren Ehemann aufzulehnen. Für sie bedeutete die Scheidung nach 14 Jahren qualvoller Ehe eine Erlösung und einen Schritt in die Freiheit. Frau C. fand in ihrem Berufsumfeld wertvolle Anerkennung und Wertschätzung. Besonders glückliche Momente in ihrem Leben bringt Frau C. wiederholt mit den Geburten ihrer beiden Töchter in Verbindung.

Ein Mädchen
Die Älteste kam zwar mit Kaiserschnitt auf die Welt / aber ich werde das Bild nicht mehr vergessen / als ich erwachte / kam die Schwester und sagte / Sie haben eine Tochter / ich war so happy / obwohl mein Mann ähm wollte unbedingt einen Jungen / und ich war so happy für die Tochter / also wirklich / und es war so ein hübsches ruhiges liebes Kind / wirklich also / die war so ruhig und so lieb und so herzig / also ich ich ich / das war die schönste Zeit da / ja / aber äh er war enttäuscht / weil weil es ein Mädchen war / aber ich war glücklich / ja / ich dachte / ich möchte keinen Buben / Mädchen sind hübscher.

In dieser Erzählung schildert Frau C. ihre Freude über die Geburt ihrer Tochter, ihr Glück angesichts des hübschen, ruhigen, lieben Kindes. Dieser Beschreibung der für sie „schönsten Zeit" steht ihre Schilderung über die Enttäuschung ihres Ehemannes, der lieber einen Sohn gehabt hätte, gegenüber. Diese rückblickende Erzählung ermöglicht Frau C. einen Triumph über ihren Mann, unter dessen Unterdrückung sie gelitten hat. Die rückblickende Erfahrung trägt dazu bei, schwierige Zeiten ihrer Ehe in ihre Lebensgeschichte zu *integrieren* und ihre Selbstakzeptanz zu fördern. Sie vergegenwärtigt in dieser Erzählung auch glückliche Momente in einer schwierigen Phase ihres Lebens. Das *narrative* Erinnern erlaubt ihr zudem, vergangenes Glück zu vergegenwärtigen und nochmals zu erleben.

Frau C. verwendet in der Schilderung dieser Episode sowohl die *integrative* als auch die *narrative* Form des Erinnerns.

Fallbeispiel 2

Der 83-jährige Herr Peter U. zeichnet sich durch eine positive Einstellung dem Leben gegenüber aus. Es sei ihm durchs ganze Leben hindurch eigentlich immer gut gegangen. Als Ältester, neben einer zwei Jahre jüngeren Schwester und einem vier Jahre jüngeren Bruder, wuchs er in einer Lehrerfamilie auf. Der Vater war eine angesehene, respektierte Persönlichkeit. Vielseitig interessiert und begabt konnte dieser seinen Kindern viel Wissen plausibel beibringen. Auffallend oft berichtet Herr U. von Ereignissen, in denen sein Vater eine Rolle als 'Held', als 'Wohltäter' einnahm und damit für seinen Sohn zum nachahmenswerten Vorbild wurde. Wie sein Vater entwickelte Herr U. im Laufe seines Lebens eine große Kompetenz in der Handhabung technischer Geräte, in der Lösung schwieriger technischer Probleme, was er im Laufe des Interviews immer wieder eindrücklich demonstriert.

1. August
Dann fuhren wir an diesem 1. August am Morgen in die Gewerbeschule mit dem Auto, luden die Sachen ein / die wir brauchten / und fuhren nach *G* und installierten dort die Lautsprecheranlage / so dass dann am Abend die Gemeinde *G* also die an der Augustfeier dort in der Nähe des Schulhauses dort konnten die Rede anhören / und dann fragte der Gemeindepräsident meinen Vater nachher / was bin ich Ihnen schuldig / dann sagte mein Vater natürlich / das kostet natürlich nichts / das schenke ich der Gemeinde *G* und das war natürlich schon ein Erlebnis / dass man da etwas tun konnte.

Herr U. schildert in dieser Erzählung seinen Vater als großzügigen Wohltäter. Als sein Sohn hat er allen Grund, auf diesen Vater stolz zu sein. Die Schilderung, der Sohn eines Wohltäters zu sein, und damit am Glanz, der auf den Vater fällt, teilzuhaben, stärkt sein Selbstbewusstsein und seine Selbstakzeptanz. Zugleich erfüllt es ihn mit Genugtuung, damalige Verhältnisse zu schildern. Ein technisches Problem lösen zu können in einer Zeit, in der dies weder alltäglich noch selbstverständlich war, verdient Anerkennung und Bewunderung. Zudem stärkt die positive Reaktion des Zuhörenden das Kompetenzerleben des Erzählenden.

Herr U. setzt zur Schilderung dieses Ereignisses die Formen des *instrumentellen* und *transmissiven* Erinnerns ein.

Fazit

Die Auswertung der Erzählungen hat gezeigt, dass sowohl integrative als auch instrumentelle und transmissive Formen des Erinnerns zu einer Verbesserung der Lebensqualität beizutragen vermögen.

Die Frage nach der individuellen Bedeutung des Erzählens und der Lebensrückschau wurde von den Interviewpartnern und -partnerinnen durchwegs positiv beantwortet, weil sie die Erfahrung gemacht hatten, dass schwierige Episoden aus ihrem Leben in einem neuen Licht gesehen werden konnten. Dadurch erhielten sie die Möglichkeit, gewisse Aspekte ihres Lebens neu zu bewerten, glückliche Ereignisse nochmals zu erleben und Erinnerungen vor dem Vergessen zu bewahren. Dieser Befund lässt vermutlich die Erklärung zu, warum keine zwanghaft-obsessiven Erinnerungen gefunden wurden. Die Integration guter und belastender Erinnerungen scheint ein Indikator für ein gelungenes Leben zu sein.

Literatur

Boothe, B., Grimmer, B., Luder, M., Luif, V., Neukom, M. & Spiegel, U. (2002). Manual der Erzählanalyse JAKOB. Version 10/02. Berichte aus der Abteilung Klinische Psychologie I, Nr. 51. Universität Zürich: Psychologisches Institut, Abt. Klinische Psychologie I.

Coleman, P. C. (1997). Erinnerung und Lebensrückblick im höheren Lebensalter. Z Geront Geriat, 30, 362-367.

Coleman, P. G. (2004). Zur therapeutischen Bedeutung von Erinnern und Lebensrückschau. Psychotherapie im Alter. Forum für Psychotherapie, Psychiatrie, Psychosomatik und Beratung, 4, 9-24.

Erikson, E.H. (1973). Identität und Lebenszyklus: Drei Aufsätze. Frankfurt/M.: Suhrkamp TB.

Freud, S. (1972). Briefe. Ausgewählt und mit einem Vorwort versehen von Margarete Mitscherlich-Nielsen. Frankfurt/M.: Suhrkamp.

Habermas, T. (2005). Autobiografisches Erinnern. In Filip, S.-H. & Staudinger, U., Entwicklungspsychologie des mittleren und höheren Erwachsenenalters (S. 683-713). Göttingen: Hogrefe.

Pinquart, M. (1998). Das Selbstkonzept im Seniorenalter. Weinheim: Psychologie Verlags Union.

GENEVIÈVE GRIMM
LIC.PHIL. PSYCHOLOGIN FSP
KLINISCHE PSYCHOLOGIE,
PSYCHOTHERAPIE UND PSYCHOANALYSE
BINZMÜHLESTR. 14/16
CH-8050 ZÜRICH
E-MAIL:
g.grimm@psychologie.uzh.ch

Peter G. Richter, Renate Rau, Susann Mühlpfordt (Hrsg.)

Arbeit und Gesundheit

Zum aktuellen Stand in einem Forschungs- und Praxisfeld

Seit dem Inkrafttreten der ISO EN DIN 10075 "Mental Workload" ist eine zunehmende Dynamik im Bereich der Gesundheitsförderung und Prävention in Unternehmen zu beobachten. Herausforderungen entstehen dabei in besonderem Maße durch die Flexibilisierung der Arbeitswelt. Ziel ist es, auch unter den neuen Bedingungen die Qualität des Arbeitslebens zu verbessern, indem Sicherheit, Gesundheit und Wohlbefinden aller Beschäftigten geschützt und entwickelt werden. Das setzt die Entwicklung vielfältiger organisationaler, sozialer und personaler Ressourcen auch jenseits der klassischen Erwerbsarbeit voraus.
Die Anwendung von progressiven psychologischen Konzepten und Methoden ist dabei von besonderer Bedeutung. Diese werden von renommierten und jüngeren Autorinnen und Autoren in einem kompakten Überblick dargestellt.

420 Seiten, ISBN 978-3-89967-397-5, Preis: 30,- €

PABST SCIENCE PUBLISHERS
Eichengrund 28, D-49525 Lengerich
pabst@pabst-publishers.de
www.psychologie-aktuell.com
www.pabst-publishers.de

STRESSBEDINGTE ERINNERUNGSBLOCKADEN – NEUROPSYCHOLOGIE UND HIRNBILDGEBUNG

Hans J. Markowitsch

ZUSAMMENFASSUNG: Zusammenhänge zwischen Stress und Gedächtnisstörungen werden anhand von Fallbeschreibungen erläutert. Hierbei wird betont, dass die in Kindheit und Jugend präsenten Umwelt- und Umfeldbedingungen, insbesondere die Familiensituation, eine besondere Bedeutung für die Herausbildung und Festigung der Persönlichkeit im Erwachsenenalter haben. Widrige Gegebenheiten, seien sie psychischer oder biologischer Natur, können – bei wiederholter Exposition – die Freisetzung von Stresshormonen im Gehirn so verstärken, dass es zu kaskadenartigen Entladungen und damit zu einer Überschwemmung des Gehirns mit Stresshormonen kommt, die dann im Extremfall zu einem Syndrombild führt, das als „mnestisches Blockadesyndrom" bezeichnet wird. Dieses Syndrom kann als *circulus vitiosus* selbstverstärkend über Jahre bestehen bleiben und dadurch das Leben des Betroffenen massiv beeinträchtigen.

SCHLÜSSELWÖRTER: Hysterie, dissoziative Amnesie, Freud, mnestisches Blockadesyndrom, Positronenemissionstomographie, funktionelle Kernspintomographie

Weltweit nimmt die Anzahl psychischer und insbesondere stressbedingter Erkrankungen exponentiell zu, während die Zahl somatischer Erkrankungen in den Industriestaaten zurückgeht. Von depressiven Störungsbildern bis zu posttraumatischen Belastungsstörungen finden sich inzwischen Krankheitstypologien, die sehr differenziert charakterisiert in psychiatrischen und neurologischen Manualen erfasst werden (APA, 2003; Dilling et al., 2000). Einige dieser Krankheitsbilder wurden auch schon vor mehr als 100 Jahren erfasst und charakterisiert (Markowitsch, 1992), wobei hier insbesondere in der Tradition von Pierre Janet (1894) und Jean-Martin Charcot (1878) dem Umfeld der damals als Hysterien bezeichneten Krankheitsbilder ein bedeutender Wert beigemessen wurde. In diesem Umfeld fanden sich damals auch weitere, teilweise mit euphemistischen Bezeichnungen wie „Wanderlust" (Burgl, 1900) versehene Krankheiten, die, wie zum Beispiel das Ganser-Syndrom (Ganser, 1898, 1904) bis heute diagnostiziert werden (Staniloiu et al., in Druck) und die – zusammen mit einer Palette assoziierter Symptom- und Syndrombilder – von Sigmund Freud in seinen zahlreichen Publikationen im Umfeld seiner Neurosenlehre detailliert beschrieben wurden (z.B. Breuer & Freud, 1895; Freud, 1898, 1899, 1901a, b, 1910, 1921).

Heutzutage haben die Krankheitsbilder, die damals rein phänomenologisch beschrieben wurden, durch die Etablierung von Neuropsychiatrie und funktioneller Hirnbildgebung vor zwei Dekaden zu einem weit differenzierteren Verständnis unterliegender neuraler Mechanismen und von Zusammenhängen zwischen Umwelteinwirkungen und hirnorganischen Korrelaten und Veränderungen geführt. Wir haben in einer Reihe von Fallbeschreibungen direkte Zusammenhänge zwischen umweltinduzierten Stressereignissen und einer verminderten Funktionstüchtigkeit des Gehirns, gemessen mittels Glukose-Positronenemissionstomographie, aufzeigen können, wobei im Einzelfall therapeutische Maßnahmen, die vorangegangene Gedächtnisblockaden lösten, mit einer Rückkehr des Hirnstoffwechsels in den Normalbereich einhergingen (Markowitsch et al., 1998, 2000). Mit Forschungsergebnissen wie diesem fand die in seinem Werk „Über Narzissmus" von Sigmund Freud gemachte Voraussage, „dass all unsere psychologischen Vorläufigkeiten einmal auf den Boden organischer Träger gestellt werden sollen" (Freud, 1946, S. 143f.), seine Bestätigung.

Auf der anderen Seite belegen andere Ergebnisse der Hirnforschung aber auch, dass nicht, wie früher von manchen Psychoanalytikern behauptet, der Geist über der Materie steht, sondern, dass er direkt von der Materie abhängig ist (Markowitsch & Siefer, 2007). So finden sich insbesondere in Fällen plötzlicher Stirnhirnschädigung Persönlichkeitsveränderungen, die teils nachhaltig negativer Natur sind, teils aber, wie in dem Fall eines Lehrers und Familienvaters wieder umkehrbar sind, wenn sich das Gehirn wieder verändert. Dies wurde beim erwähnten Lehrer dadurch offensichtlich, dass er von einem unauffälligen Familienvater zu einem Pädophilen wurde, der sich an seinen eigenen Kindern verging. Nach Verurteilung und Gefängniseinlieferung klagte er dort über zunehmende Kopfschmerzen, die schließlich als Stirnhirntumor diagnostiziert wurden. Eine Entfernung des Tumors hatte nicht nur ein Verschwinden seiner pädophilen Symptomatik, sondern auch eine Rückkehr in seine Familie zur Folge (Burns & Swerdlow, 2003). Seit Einführung der Methode der repetitiven transkraniellen Magnetstimulation (rTMS) lässt sich zeigen, dass Personen bei Applikation dieser Stimulation kognitive Änderungen einschließlich Lern- und Gedächtnisstörungen aufweisen, ohne dass ihnen der Grund dafür bewusst sein muss, da der Mensch keine Rezeptoren für Magnetismus aufweist (z.B. Capelletti et al., 2007; Rossi et al., 2006; Thiel et al., 2005).

STRESSBEDINGTE GEDÄCHTNISBLOCKADEN

Wir haben über die letzten 12 Jahre eine Reihe von Patienten neuropsychologisch und großenteils auch mit funktioneller Bildgebung (Positronenemissionstomographie, funktionelle Kernspintomographie [fMRT]) untersuchen können, die in der Regel auf Grund eines plötzlichen Schockzustands ihr Gedächtnis verloren haben, genauer gesagt Teile oder die Gesamtheit ihrer autobiographischen Vergangenheit nicht mehr bewusst abrufen konnten. Wir haben dieses Phänomen als „mnestisches Blockadesyndrom" bezeichnet (Markowitsch, 1998, 2000a, 2002; Markowitsch, Kessler, Russ et al., 1999b; Markowitsch, Kessler, Weber-Luxenburger et al., 2000; Brand & Markowitsch, 2008) und sehen eine „Fehleinstellung" auf Hirnebene auf Grund mangelhaft verarbeiteter frühkindlicher Erlebnisse als eine wesentliche Ursache hierfür (Markowitsch, 2000b). Diese Fehleinstellung haben wir in Anlehnung an ein Modell von Aldenhoff (1997) in

Tabelle 1 zusammengefasst. Eine Auswahl von Beispielfällen mit Beschreibung enthält Tabelle 2. In der Regel bezieht sich die Amnesie auf Teile oder die Gesamtheit ihrer psychischen Vergangenheit, im Einzelfall kann aber auch umgekehrt die Zukunft betroffen sein, das heißt, ab einem bestimmten Zeitpunkt, in der Regel einem Stress- oder Schockerlebnis, kommt es zur Unfähigkeit, neue Episoden bleibend abzuspeichern (Abbildung 1). Ein derartiger Fall wurde von Markowitsch, Kessler, Kalbe et al. (1999a) beschrieben.

Kennzeichnend für so gut wie alle Fälle ist das Vorhandensein adverser Umfeldkonstellationen während der ontogenetischen Entwicklung dieser Patienten.

Wie bedeutend derartige negative Lebenserfahrungen sein können, bewiesen Fries und Mitarbeiter 2007 in einer Studie, in der sie sich die Frage gestellt hatten, inwieweit sich eine initial nachteilige, aber schon nach wenigen Jahren korrigierte Umweltsituation langfristig auf die Freisetzung von Bindungshormonen auswirkt. Bindungshormone wie Oxycotin und Vasopressin werden bei der Brustmilchfütterung von Säugling und Mutter gleichermaßen freigesetzt, um die Bindung zwischen beiden zu stärken. Aus analogen Gründen werden sie bei Erwachsenen beim Geschlechtsverkehr ausgeschüttet. Die Forscher untersuchten Kinder im Alter von 6 oder 7 Jahren, die ihre ersten 3 oder 4 Lebensjahre in sehr schlechten Verhältnissen in russischen oder rumänischen Waisenhäusern verbracht hatten, dann aber von US-amerikanischen Familien adoptiert worden waren und mit deren eigenen Kindern weiter aufwuchsen. Sie fanden, dass die adoptierten Kinder sowohl unter einer Standard- oder „Ruhebedingung" als auch dann, wenn sie auf dem Schoß der Mutter saßen und diese sie liebkoste, im Vergleich zu den leiblichen Kindern der Eltern nur wenig Bindungshormone freisetzten. Dieses Ergebnis wird von Fries et al. (2005) sehr pessimistisch beurteilt, meinen sie doch, dass sie damit zeigten, dass eine frühkindliche Fehlentwicklung auch durch nachfolgende positive Konstella-

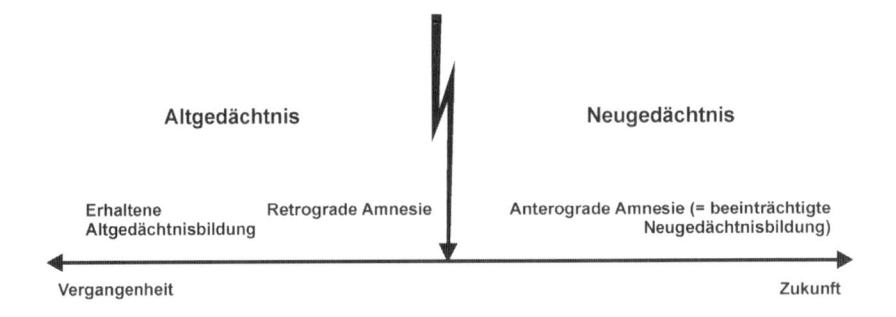

Abb. 1: Schematische Darstellung möglicher Gedächtnisveränderungen nach einem signifikanten Ereignis (Blitzsymbol: Hirnschädigung oder bedeutendes Stress- oder psychotraumatisches Ereignis). Anterograde Amnesie bedeutet die Unfähigkeit, neue Information langfristig zu speichern, retrograde Amnesie das Unvermögen, bereits gespeicherte Informationen wieder bewusst hervorzuholen (abzurufen) (Markowitsch, 2008, 2009)

tionen nur unzureichend korrigiert werden kann und somit diese Menschen womöglich langfristig mit einem Manko hinsichtlich ihrer Persönlichkeitskonstellation leben müssten.

Wir nehmen an, dass in sehr ähnlicher Weise (vgl. Tabelle 1) Patienten mit mnestischem Blockadesyndrom unter nachhaltig negativen Lebenserfahrungen litten und aus diesem Grunde im späteren Leben schon leichtere negative Erfahrungen ausreichen, um sie in ihrer Persönlichkeit beziehungsweise ihrem kognitiven Status zu beeinträchtigen. Sie haben sozusagen durch die frühen Lebenserfahrungen eine „dünne Haut" bekommen. Umgekehrt, so nehmen wir an, schützt eine behütete Kindheit mit der Möglichkeit, seine Grenzen auszutesten, aber im-

Tab. 1: Stressinduzierte Interdependenzen zwischen Gehirn und Verhalten (nach Aldenhoff, 1997 und Markowitsch, 2000)

Frühes psychogenes oder biologisches Trauma
⇊
Biologische Wunde
(Veränderung der Rezeptorstruktur)
⇊
Hypersensitivität für erregende Überträgerstoffe
⇊
Erste Latenzphase
⇊
(Re-)Aktivierung
über psychische Mechanismen
(Trauer, Leid, Deprivation, Rollenkonflikte, etc.)
oder biologische Ereignisse
(Unfall, Operation, Infektionen, etc.)
⇊
Fehlende adäquate emotional-kognitive Verarbeitung
⇊
Zweite Latenzphase
⇊
Emotional-kognitive Dissoziation
⇊
Psychobiologische Stressreaktion
(Veränderung des Cortisolhaushalts, Zunahme der Zahl der β-Rezeptoren)
⇊
Eventuelle Depression
⇊
Mnestisches Blockadesyndrom

Tab. 2. Beispiele von Patienten mit dissoziativen Amnesiezuständen, die wir untersuchten

Alter und Geschlecht	Auslösendes Ereignis	Amnesiezustand und ggf. weitere dissoziative Symptome
17, w	4 unter mysteriösen Umständen verstorbene Mitschüler	vollständige AA
30, m	Soldat, Autounfall mit Gehirnerschütterung	vollständige AA
33, m	Bewusstlos im Bad aufgefunden	AA für die letzten 14 Jahre
35, m	Fugue* von Deutschland nach Sibirien nach hohem Geldverlust	vollständige AA
35, w	Chirurgische Operation (nach vielen vorausgegangenen OPs)	AA für die letzten 14 Jahre, temporär motorische und perzeptuelle Störungen
42, w	Treppensturz	vollständige AA
30, m	Treppensturz	vollständige AA
50, m	Treppensturz im Berufsumfeld, zuvor Mobbing, familiäre Probleme	vollständige AA
28, m	Fugue von Süddeutschland nach Norddeutschland	vollständige AA
50, m	Fugue von Berlin über Frankfurt nach Hamburg, Lebensbedrohliche Situation in Frankfurt (?)	vollständige AA
29, w	Schockerlebnis mit Ermordetem oder schwer Verletztem in China	vollständige AA
16, w	Treppensturz, private Probleme	vollständige AA & SA
18, w	Mononucleosis, Schulstress, Trennung von Freund	vollständige AA & SA
52, w	Missbrauch in Kindheit	vollständige AA für die Zeit zwischen dem 10. und 16. Lebensjahr
37, m	Fugue nach familiärer Konfliktsituation	vollständige AA
46, m	Depression nach vielfältigen familiären Konfliktsituationen	vollständige AA
27, w	Autounfall mit Gehirnerschütterung	vollständige anterograde Amnesie seit 1994, visuelle und auditive Wahrnehmungsstörungen

Abkürzungen: m = männlich, w = weiblich, AA = autobiographische Amnesie, SA = semantische Amnesie, Verlust des Allgemeinwissens
*Unter Fugue versteht man eine dissoziative Amnesie mit zusätzlicher Entfernung ("Flucht") vom Heimatort

mer wieder in die sicheren Arme der Eltern zurückkehren zu können, vor dieser ungünstigen Konstellation. Hierfür möchte ich im Folgenden einige Beispiele anführen.

Fall N.N.

N.N. war ein 37-jähriger Mann mit wenig Selbstbewusstsein, der von seinen alkoholkranken Eltern seit seiner Geburt fehlerzogen wurde. Die Mutter, die eine Tochter wollte und deren einziges Kind er war, steckte ihn bis Schulbeginn in Mädchenkleider. Später schalt sie ihn ständig als „weibisch" und „Waschlappen", der es im Leben zu nichts bringen werde und der ihre Firma ruinieren werde. Tatsächlich entwickelte N.N. sich unselbstständig und war leicht frustrierbar. Er heiratete eine Frau, die in ihrer Dominanz und Herrschsucht mehr oder weniger der Mutter glich, nahm deren Geburtsnamen als gemeinsamen Familiennamen an und ließ sich von ihr sagen, was in der Familie geschehen sollte. So entschied die Frau, dass die Familie trotz Geldknappheit einen längeren Urlaub per Auto nach Skandinavien machen sollte. Drei Tage bevor sie hierzu aufbrachen, fuhr er morgens per Fahrrad zur Bäckerei, um für die Familie Frühstücksbrötchen zu holen. Statt aber damit zurückzukommen, radelte er die nächsten Tage von Nord- nach Süddeutschland und kam schließlich am Hauptbahnhof einer Großstadt an, wo ihn – da er hilflos wirkte – eine Mitarbeiterin der Heilsarmee ansprach und ihm nahelegte, doch die nahegelegene Universitätspsychiatrie aufzusuchen. Er hatte erzählt, dass er nicht wusste, wer er sei, dass ihm, wenn er in Schaufenster geschaut hätte, ein ihm fremdes Gesichtsspiegelbild entgegensah und er nur den Trieb verspürte, immer weiter zu radeln.

In der Klinik gab er an, sein Gedächtnis verloren zu haben, und hier bekam er auch die Bezeichnung N.N., später dann Norbert Neumann. Als Diagnose wurde von einem *psychogenen Fuguezustand* gesprochen, das heißt einer dissoziativen Amnesie, gekoppelt mit dem Drang, den Heimatort zu verlassen. Über eine Vermisstenanzeige konnte er nach Hause zurückgebracht werden. Dieses Zuhause war ihm fremd, und auch seine Frau und seine Kinder waren ihm unbekannt. Er kritisierte aber, wie man mit diesen Möbeln und diesen Tapeten leben könne. Auch mochte er nicht länger, weder als Fahrer noch als Beifahrer, im Auto sitzen: Autos seien zu schnell für Menschen meinte er, obwohl er früher ein begeisterter Autofahrer gewesen war. N.N. sagte, er habe alle Ereignisse seines bisherigen Lebens vergessen: Ihm würden „die Bilder" fehlen, die die persönliche Vergangenheit „normaler" Menschen spiegeln. Er lernte dann seine Vergangenheit wie Schulwissen neu. Sein Faktenwissen war acht Monate nach dem Beginn seiner Fugue bereits hervorragend. Der Zugang zu Episoden seiner persönlichen Lebensgeschichte vor dem Auftreten des Fuguezustands blieb jedoch blockiert. Der Fall wurde in der Publikation von Markowitsch et al (1997a) beschrieben.

Fall A.M.N.

A.M.N. hatte im Alter von vier Jahren gesehen, wie ein Mann im Auto verbrannte. Als er als 23-jähriger Erwachsener einen Brand im eigenen Haus erlebte, trat bei ihm eine dauerhafte retrograde Amnesie auf (vgl. Abbildung 1), die sich auf seine letzten sechs Lebensjahre bezog. Anatomische MRT-Untersuchungen zeigten keine morphologischen Schädigungen seines Gehirns. Mittels 18F-Fluor-Deoxyglukose-Positronenemissionstomographie (FDG-PET) konnte jedoch einmal insgesamt im Großhirn und zum anderen und noch verstärkt in gedächtnisverarbeitenden Regionen seines Gehirns – dem medialen Schläfenlappen und dem Diencephalon – ein verminderter Glukosestoffwechsel nachgewiesen werden. In der Zeit kurz nach dem Hausbrand hatte A.M.N. keine Erinnerung an autobiographische Ereignisse der letzten sechs Jahre und konnte sich auch keinerlei neue Information dauerhaft aneignen. Nach einem Jahr war seine Amnesie noch immer so schwerwiegend, dass er seinem Beruf weiterhin nicht nachkommen konnte, jedoch war eine Vielzahl von Erinnerungen im Verlauf einer psychotherapeutischen Intervention wiedergekommen. Eine zweite FDG-PET-Untersuchung zeigte zu diesem Zeitpunkt entsprechend eine Wiederherstellung des normalen zerebralen Glukosemetabolismus. Erste Fortschritte seiner kognitiven Leistungsfähigkeit ergaben sich acht Monate nach Ausbruch der Amnesie. Der vermutliche Grund für den initialen Verlust nur der letzten sechs Lebensjahre lag darin, dass er mit 17 Jahren seinen Eltern seine sexuelle Orientierung offenbarte und Schule und Elternhaus verließ. Sein Fall findet sich in Markowitsch et al. (1998) und der Follow-up mit funktioneller Erholung in Markowitsch et al. (2000).

Fall W.O.

Ähnlich wie bei A.M.N. fand sich bei dem Fall der von uns schon 1997 publizierten Patientin W.O. eine zeitlich begrenzte retrograde Amnesie, die sich auf die Zeit zwischen ihrem 10. und 16. Lebensjahr bezog und vermutlich ausgelöst wurde durch Missbrauchsprobleme in ihrem häuslichen Umfeld. Die Patientin unterzog sich selbst noch im höheren Lebensalter einer psychotherapeutischen Behandlung, um an ihre damaligen Lebensepisoden heranzukommen. Der Therapeut riet ihr, Bilder aus der Kindheitszeit zu malen, was sie, wenn sie in entsprechender Stimmung war, auch tat. Diese Bilder waren in düsteren Farben gehalten, zeigten häufig ein kleines, verängstigtes Mädchen und eine männliche, dominierende Gestalt. Es gab auch andere, nicht weniger düstere Szenen, die zum Beispiel mehrere Erhängte zeigten oder nur aus abstrakten Mustern bestanden. Die abstrakt gehaltenen Bilder waren für sie emotional gesehen die problematischsten, jedoch konnte sie sie nicht inhaltlich konkretisieren. Wir legten ihr die Bilder vor, während sie im FDG-PET lag und fanden, dass gerade die abstrakten Gemälde die stärksten Aktivierungen in Emotionen verarbeitenden Regionen der rechten Hemisphäre (insbesondere im Schläfenlappenpol) hervorriefen (Markowitsch et al., 1997b).

Fall V.

Praktisch das männliche Pendant zum Fall W.O. war der Fall von V., einem Mann Anfang 50, der in einer Großstadt verzweifelt auf einer Parkbank sitzend aufgefunden wurde und absolut nicht wusste, woher er kam und wer er war. Da auch nach Einlieferung in eine psychiatrische Klinik seine Identität nicht eruiert werden konnte, wurde er der Medienöffentlichkeit vorgestellt, was dann, da sich eine Freundin und ein ehemaliger Kommilitone meldeten, zu seiner Identitätsfeststellung, nicht aber zu einer Wiederkehr seiner Erinnerung führte. Wie unsere anderen Fälle widerspricht damit auch dieser der alten Lehrbuchmeinung, dass eine Konfrontation mit der Realität die Erinnerung zurückbringen würde. Ein Blick in seine Lebensgeschichte ergab eine unglückliche Kindheit des als Waise adoptierten Jungen, der dazu noch (mit hoher Wahrscheinlichkeit) im Internat mehrfach von katholischen Geistlichen vergewaltigt worden war und auch als Erwachsener ein von Problemen durchzogenes Leben führte. Ein aktuelles, ihm sehr bedrohlich erscheinendes Ereignis war Auslöser für seine psychogene Amnesie, beziehungsweise mnestische Blockade.

Fall L.T.

Auch rund 50 Jahre alt war ein berufsunfähiger Lehrer, der sich freiwillig von mir neuropsychologisch und hinsichtlich seiner Persönlichkeit untersuchen ließ, da er über sich und seinen Zustand Bescheid wissen wollte. In schwierigen familiären Verhältnissen lebend, hatte er versucht, ein neues Leben außerhalb der Familie zu beginnen. Gleichzeitig gab er an, im Beruf gemobbt worden zu sein. Als er dann noch im Schulhaus eine Treppe hinunterstürzte, verlor er nicht nur kurzfristig sein Bewusstsein, sondern langfristig seine Erinnerungsfähigkeit, wobei diese auch Schul- und Unterrichtswissen einschloss. Dieser Zustand blieb auch über ein Jahr hin bestehen. Somit haben wir auch hier ein Beispiel dafür, wie es durch eine Akkumulation von persönlichen Krisen zu einer mnestischen Blockade kommen kann.

Fall G.

Eine spezielle Variante der dissoziativen Amnesie stellt das Ganser-Syndrom dar. Hier hatten wir in der jüngeren Vergangenheit mehrere Patienten mit dieser von Ganser vor gut 100 Jahren mehrfach beschriebenen Symptomatik (Ganser, 1898, 1904). Das Ganser-Syndrom ist in erster Linie durch Vorbeireden (Paralogie) gekennzeichnet, man benennt Dinge anders, aber ähnlich, zählt knapp daneben (z.B. 12 Finger statt 10), oder hat eine Kombination von Amnesie, Identitätsstörung und leichteren Wahnvorstellungen. Während es früher hieß, diese Symptomatik treffe vor allem auf Leute zu, die forensisch auffällig seien, findet sich heute eine breitere Palette, die aber durchaus noch deviantes Verhalten einschließt. Wir hatten zwei Arbeiter, die jeweils nach einem Arbeitsunfall unter der Ganser-Symptomatik litten (Staniloiu et al., z.V.e.), und einen, der als „braver" Familienvater wegen eines Jahre zurückliegenden Gewaltverbrechens (Vergewaltigung unter Androhung von Gewalt) angeklagt wurde und anschließend völlig zusammenbrach. Er konnte nicht mehr selbstständig urinieren, sank kognitiv auf das Niveau eines fast Schwachsinnigen und verhielt sich vollkommen lethargisch. Interessanterweise legte auch sein Glukose-Hirnstoffwechsel eine massive Unterversorgung seines Gehirns nahe. Die verminderte Aktivität war über das gesamte Hirn auch für den Laien deutlich erkennbar und bildete somit ein Korrelat seiner geistigen Inflexibilität.

Schlussfolgerungen

Die beschriebenen Fälle legen nahe, dass umweltinduzierte adverse Ereignisse, die auf eine „vorgeschädigte" Persönlichkeit treffen, sich als anhaltende und umfassende mnestische Blockaden auswirken können, die auch auf Hirnebene ihre Spur in Form eines verminderten Hirnstoffwechsels insbesondere in den Bereichen, die für die synchrone Aktivierung von Gedächtnis und Emotion relevant sind, hinterlassen (Brand et al., in press).

LITERATUR

Aldenhoff, J. (1997). Überlegungen zur Psychobiologie der Depression. Nervenarzt, 68, 379-89.

APA (2003). Diagnostic and Statistical Manual of Psychiatric Diseases. Washington, DC: American Psychiatric Association.

Brand, M., Eggers, C., Reinhold, N., Fujiwara, E., Kessler, J., Heiss, W.-D. & Markowitsch, H.J. (in press). Functional brain imaging in fourteen patients with dissociative amnesia reveals right inferolateral prefrontal hypometabolism. Psychiatry Res - Neuroimag Sect.

Brand, M. & Markowitsch, H. J. (2008). Environmental influences on autobiographical memory: The mnestic block syndrome. In: Bäckman, L. & Nyberg, L. (Eds.), Festschrift in honor of Lars-Göran Nilsson. Hove, UK: Psychology Press.

Breuer, J. & Freud, S. (1895). Studien über Hysterie. Wien: Deuticke.

Burgl, G. (1900). Eine Reise in die Schweiz im epileptischen Dämmerzustande und die transitorischen Bewusstseinsstörungen der Epileptiker vor dem Strafrichter. MMW, 37, 1270-1273.

Burns, J. M. & Swerdlow, R. H. (2003). Right orbitofrontal tumor with pedophilia symptom and constructional apraxia sign. Arch Neurol, 60, 437-440.

Cappelletti, M., Barth, H., Fregni, F., Spelke, E. S., & Pascual-Leone, A. (2007). rTMS over the intraparietal sulcus disrupts numerosity processing. Exp Brain Res, 179, 631-642.

Charcot, J. M. (1878). Ueber die Localisationen der Gehirn-Krankheiten. Stuttgart: Bonz & Co.

Dilling, H., Mombour, W. & Schmidt, M. H. (2000). Internationale Klassifikation psychischer Störungen. ICD-10 Kapitel V (F). 4. Auflage. Bern: Huber.

Freud, S. (1898). Zum psychischen Mechanismus der Vergesslichkeit. Monatsschr Psychiatr Neurol, 1, 436-443.

Freud, S. (1899). Ueber Deckerinnerungen. Monatsschrift für Psychiatrie und Neurologie, 2, 215-230.

Freud, S. (1901a). Zum psychischen Mechanismus der Vergesslichkeit. Monatsschr Psychiatr Neurol, 4/5, 436-443.

Freud, S. (1901b). Zur Psychopathologie des Alltagslebens (Vergessen, Versprechen, Vergreifen) nebst Bemerkungen über eine Wurzel des Aberglaubens. Monatsschr Psychiatr Neurol, 10, 1-32 and 95-143.

Freud, S. (1910). Über Psychoanalyse. Fünf Vorlesungen gehalten zur 20jährigen Gründungsfeier der Clark University in Worcester Mass. September 1909. Leipzig: F. Deuticke.

Freud, S. (1921). Über fausse reconnaissance („déjà raconté") während der psychoanalytischen Arbeit. Sammlung kleiner Schriften zur Neurosenlehre, 4, 149-156.

Freud, S. (1946). Zur Einführung des Narzissmus. Gesammelte Werke, Bd. 10. Frankfurt/M.: Fischer.

Fries, A. B., Ziegler, T. E., Kurian, J. R., Jacoris, S. & Pollak, S.D. (2005). Early experience in humans is associated with changes in neuropeptides critical for regulating social behavior. Proc Natl Acad Sci USA, 102, 17237-17240.

Ganser, S. J. (1898). Ueber einen eigenartigen hysterischen Dämmerzustand. Arch Psychiatr Nervenkr, 30, 633-640.

Ganser, S.J. (1904). Zur Lehre vom hysterischen Dämmerzustande. Arch Psychiatr Nervenkr, 38, 34-46.

Janet P. (1894). Der Geisteszustand der Hysteriker (Die psychischen Stigmata). Leipzig: Deuticke.

Markowitsch, H.J. (1992). Intellectual functions and the brain. An historical perspective. Toronto: Hogrefe & Huber Publs.

Markowitsch, H. J. (1998). The mnestic block syndrome: Environmentally induced amnesia. Neurol Psychiatr Brain Res, 6, 73-80.

Markowitsch, H. J. (2000a). Functional amnesia: the mnestic block syndrome. Rev Neuropsychol, 10, 175-198.

Markowitsch, H. J. (2000b). Repressed memories. In E. Tulving (Ed.), Memory, consciousness, and the brain: The Tallinn conference (pp. 319-330). Philadelphia, PA: Psychology Press.

Markowitsch, H. J. (2002). Functional retrograde amnesia – mnestic block syndrome. Cortex, 38, 651-654.

Markowitsch, H.J. (2008). Gedächtnis und Brain Imaging. Fortschr Neurol Psychiatr, 76 (Suppl. 1), S1-S6.

Markowitsch, H.J. (2009). Das Gedächtnis: Entwicklung – Funktionen – Störungen. München: C.H. Beck.

Markowitsch, H. J., Fink, G. R., Thöne, A. I. M., Kessler, J. & Heiss, W.-D. (1997a). Persistent psychogenic amnesia with a PET-proven organic basis. Cogn Neuropsychiatr, 2, 135-158.

Markowitsch, H. J., Kessler, J., Kalbe, E. & Herholz, K. (1999a). Functional amnesia and memory consolidation. A case of persistent anterograde amnesia with rapid forgetting following whiplash injury. Neurocase, 5, 189-200.

Markowitsch, H. J., Kessler, J., Russ, M. O., Frölich, L., Schneider, B. & Maurer, K. (1999b). Mnestic block syndrome. Cortex, 35, 219-230.

Markowitsch, H. J., Kessler, J., Van der Ven, C., Weber-Luxenburger, G. & Heiss, W.-D. (1998). Psychic trauma causing grossly reduced brain metabolism and cognitive deterioration. Neuropsychologia, 36, 77-82.

Markowitsch, H. J., Kessler, J., Weber-Luxenburger, G., Van der Ven, C. & Heiss, W.-D. (2000). Neuroimaging and behavioral correlates of recovery from 'mnestic block syndrome' and other cognitive deteriorations. Neuropsychiatry Neuropsychol Behav Neurol, 13, 60-66.

Markowitsch, H. J. & Siefer, W. (2007). Tatort Gehirn. Auf der Suche nach dem Ursprung des Verbrechens. Frankfurt/M.: Campus Verlag.

Markowitsch, H. J., Thiel, A., Kessler, J., von Stockhausen, H.-M. & Heiss, W.-D. (1997b). Ecphorizing semi-conscious episodic information via the right temporopolar cortex – a PET study. Neurocase, 3, 445-449.

Rossi, S., Pasqualetti, P., Zito, G., Vecchio, F., Cappa, S. F., Miniussi, C., Babiloni, C., & Rossini, P. M. (2006). „Prefrontal and parietal cortex in human episodic memory: an interference study by repetitive transcranial magnetic stimulation." Eur J Neurosci, 23, 793-800.

Staniloiu, A., Bender, A., Smolewska, K., Ellis, J., Abramowitz, C. & Markowitsch, H.J. (in press). Ganser syndrome with work-related onset in a patient with a background of immigration. Cogn Neuropsychiatr.

Thiel, A., Haupt, W. F., Habedank, B., Winhuisen, L., Herholz, K., Kessler, J., Markowitsch, H. J. & Heiss, W.-D. (2005). Neuroimaging-guided rTMS of the left inferior frontal gyrus interferes with repetition priming. NeuroImage, 15, 815-823.

HANS J. MARKOWITSCH
PHYSIOLOGISCHE PSYCHOLOGIE
UNIVERSITÄT BIELEFELD
POSTFACH 100131
D-33501 BIELEFELD
E-MAIL:
hjmarkowitsch@uni-bielefeld.de

Künstlerische Selbstkonstitution und erzählte Beziehungsfantasie

Timo Storck

ZUSAMMENFASSUNG: Anhand der Erzählung einer Künstlerin über ihre Arbeitsprozesse und die Rolle anderer Personen darin wird erörtert, dass künstlerisches Arbeiten und Fantasieren notwendigerweise einer inneren wie äußeren dritten Position bedarf, um aus der Dyade zwischen KünstlerIn und Werk heraustreten und auf Beziehung wie Resultat blicken zu können. Als Vertreterin des Realitätsprinzips in künstlerischen Prozessen kann die Materialität des bearbeiteten Gegenstandes fungieren, wie auch ihre Einbettung in soziale Zusammenhänge. Beides wird im Arbeitsprozess in Gestalt einer Meta-Repräsentanz des zukünftigen Kunstwerks vorfantasiert, bleibt jedoch insofern widerständig, als sich die Materialität/Sozialität des Außen den privaten Fantasien nicht umstandslos fügt. Zugleich ermöglicht gerade dies eine Selbstkonstitution als KünstlerIn. Dazu wird das Konzept der Opus-Fantasie (v. Matt) hinzugezogen.

SCHLÜSSELWÖRTER: Kunstwerk als Erzählung, Fantasieren, Triangulierung, Opus-Fantasie, Realitätsprinzip

Einleitung und Überblick

Bei dem Folgenden handelt es sich um einige Überlegungen, die ich hier unter dem Fokus ›Erzählung‹ zu dem anstelle, was mich im Rahmen meiner Promotion beschäftigt. Diese besteht in einer Studie zur Methodologie und Epistemologie der Psychoanalyse im Rückgriff auf eine Untersuchung künstlerischer Arbeitsprozesse und ich verstehe sie als theoretischen und methodologischen Beitrag zur psychoanalytischen Konzeptforschung (vgl. Storck & Bergande 2009). Es geht dabei um eine systematische Reflexion der Bedeutung und Verwendung von Konzepten wie Fantasie, Sublimierung (vgl. Storck & Soldt 2007), Übergangsraum, Wiederholung (Storck 2006) oder Spiel, zugleich verbindet die Arbeit konzeptuelle und empirische Elemente in Gestalt einer Felduntersuchung in einer Hamburger Kunst-Galerie.

Wenn titelgemäß von der künstlerischen Selbstkonstitution die Rede ist, dann stellt sich die Frage, wie und wodurch jemand zum Künstler wird bzw. aus psychologischer Sicht, wie und wodurch sich jemand als Künstler fühlt und versteht. Ich werde im Weiteren zu begründen versuchen, dass es die Erzählung des eigenen künstlerischen Arbeitens in Gestalt des Kunstwerks ist, die es befördert, innerpsychisch die Repräsentanz eines Künstler-Selbst zu etablieren. Ich werde im Rückgriff auf von Matts (1979) Konzept der Opus-Fantasie dafür argumentieren, künstlerisches Arbeiten als ein notwendigerweise triangulares Geschehen aufzufassen, das nicht nur vorgestellter, sondern auch realer, konkretisierter Anderer bedarf, als Adressaten der Erzählung, in welcher das Kunstwerk besteht. Ich gehe dabei davon aus, dass jedes Kunstwerk aufgrund einer immanenten intersubjektiven Struktur Erzählung ist und dass ebenso jede Erzählung aufgrund der Notwendigkeit einer Anschauung gebenden Formbildung Kunstwerk ist.

TRIANGULIERUNG UND SYMBOLISIERUNG IM RAHMEN KÜNSTLERISCHER PROZESSE

Ich möchte einsteigen mit einer kurzen erzählerischen Sequenz aus einer der Gruppendiskussionen unter Künstlerinnen und Künstlern, die die empirische Seite meiner Studie darstellen. Dabei treffen sich im Rahmen einer öffentlichen Ausstellung in einer kleinen Galerie der/die ausstellende KünstlerIn, die drei Kuratoren, die selbst als Künstler arbeiten, und etwa fünf bis zehn Gäste, um über die Arbeiten und das Arbeiten der jeweils ausstellenden Person zu diskutieren. Das Ganze dauert etwa anderthalb Stunden und findet im Ausstellungsraum statt, d.h. die Arbeiten, um die es geht, sind bei der Diskussion ›anwesend‹ (meist Malerei oder Zeichnung, selten Fotografie, Textilkunst oder Bildhauerei).

Hier ein kurzer Ausschnitt aus dem Bericht einer Künstlerin über ihr Arbeiten:

Also, sehr oft hab ich das Gefühl, das Bild ist stimmig und bin ganz froh, dass es irgendwie zu einem Abschluss kommt, aber es ist nur ein scheinbarer Abschluss. Und nach einer Woche oder nach mehreren Wochen, wenn ich das Bild mir wieder ernsthaft vornehme, dann seh ich, es ist es noch nicht. Es fehlt was. Oder es ist zu viel. Das hab ich bei diesem [hier] gehabt, das hat mehrere Stadien gehabt, von denen ich mich dann getrennt hab, also wo ich wieder Bereiche übermalt hab, zugunsten der Bereiche, die da sind. Und dann hatt' ich gedacht, ja, jetzt ist es das. Und noch mal einige Tage später hab, ich stell mir meine Bilder gerne draußen ins Freie, geh weit weg in den Wald [...] und komm wieder zurück, ganz langsam geh ich auf das Bild zu, um noch mal so'nen frischen, unverbrauchten Eindruck zu haben, und dann denk ich oder ich sehe, ist noch nicht, ist noch nicht das, ne? Es fehlt was, irgendwas ist da. Und dann fang ich an nachzudenken oder [eine Freundin] ist mal gekommen und hat was gesagt, das ist ja auch manchmal sehr hilfreich, ne? Nicht immer, aber, aber manchmal sind vertraute Menschen, die haben einen anderen Blick als ich selber, ich bin zu verbaut. Und, und dann geh ich noch mal wieder ran, aber ich hab, irgendwann kommt so'n Punkt, also wo ich innerlich so das Gefühl hab, [...] Es ist abgeschlossen, also dann bin ich mir sicher. So, und dann, manchmal bin ich mir, manchmal so sicher, da kann kommen, wer will, und ich verteidige das oder ich könnte es verteidigen und könnte sagen, nein, es ist, jetzt ist alles in dem Bild gesagt, was ich sagen wollte oder was ich, was, was, was es sagen wollte, es ist gut so.

In der Betrachtung dieses Ausschnitts sind nun unterschiedliche Akzentuierungen möglich. Was ich hervorheben möchte, ist, dass hier die Beendigung des künstlerischen Arbeitsprozesses erst möglich ist, sobald es ein drittes Objekt gibt. Die im Beispiel erwähnte Freundin fungiert als triangulierendes Objekt, welches es der Künstlerin ermöglicht, aus der dyadischen Beziehung zwischen sich und dem, was im Begriff ist, Werk zu werden, herauszutreten und darauf blicken zu können. Deutlich tritt hervor, wie die

Künstlerin bis dahin um Distanz zum künstlerischen Objekt ringt, Zwischenstadien übermalt und schließlich sogar in den Wald flüchtet: Wenn sie zurückkommt, ist noch dieselbe anwesende Abwesenheit oder abwesende Anwesenheit des Objekts da, sie hat offenbar nicht genügend Abstand gewinnen können. Erst als die Freundin auftaucht, kann die Künstlerin die nötige Distanz zum Objekt einnehmen, die Arbeit daran abschließen, ohne damit die Beziehung zum Kunstwerk aufgeben zu müssen: Sie kann nun das Objekt gegen andere verteidigen; darin sei alles gesagt, was sie habe sagen wollen. Das Objekt ist dadurch Kunstwerk geworden, dass es von einer Künstlerin gefertigt wurde, und sie selbst ist dadurch zur Künstlerin geworden, dass sie ein Kunstwerk hervorgebracht hat. Diese wechselseitige Konstituierung ist nur über eine dritte Position denkbar.

Ich habe mich in einigen Arbeiten gemeinsam mit Philipp Soldt mit der Frage der Triangularität in kunstästhetischen *Rezeptions*erfahrungen auseinandergesetzt (vgl. Storck 2007; Soldt & Storck 2008; Soldt, Storck & Hummitzsch 2009). Dabei war die Annahme leitend, dass eine genuine Kunsterfahrung nur dann möglich ist, wenn erfahrbar werden kann, dass etwas zugleich anwesend und abwesend, fantasiehaft und real ist bzw. etwas ist, dessen man zugleich habhaft werden kann, das einem jedoch auch immer wieder entzogen wird. Dies ist nur möglich, wenn in der Betrachtung eines Kunst-Objekts dieses In-Beziehung-Stehen selbst zum Gegenstand der Vorstellungswelt werden kann. Ebenso wie es entwicklungspsychologisch der Vater als Verkörperung einer dritten Position ist, der es dem Kleinkind ermöglicht, sein eigenes In-Beziehung-Stehen zur Mutter erleben und erst so über Selbst- und Objektrepräsentanzen differenzierend verfügen zu können, d.h. erst dann symbolisieren zu können (vgl. Grieser 2007; Löchel 1996), ist es auch hier entscheidend, dass etwas Dyadisches durch das Ermöglichen eines transdyadischen Elements zu einer auch als solche erlebbaren Beziehung werden kann. Das Spezifikum in der kunstästhetischen Rezeption scheint es dabei zu sein, dass dieses Element des Dritten im Kunstwerk selbst liegt – bzw. dort als etwas Fehlendes liegt, wenn man der derzeit sehr prominenten Rede von einer Absenz im Kunstwerk folgt. Dass auch in der frühkindlichen Dyade günstigenfalls ›in‹ der Mutter etwas gefunden wird, das *nicht* die Mutter ist (beispielsweise deren Repräsentanz des Vaters, ihre Sprache oder auch der ›markiert gespiegelte‹ kindliche Affekt; vgl. Fonagy et al. 2002), thematisiert Meltzer (1988) nicht zufällig als ästhetische Erfahrung, als ›Wahrnehmung von Schönheit‹.

Für uns hat sich der Befund als plausibel ergeben, dass das Kunstwerk eben nicht nur Objekt ist, sondern zugleich Repräsentation einer Beziehung, etwa der *zwischen* An- und Abwesenheit oder *zwischen* inhaltlichen und formalen Aspekten. Mehr noch als die Annahme, das Kunstwerk sei eine besondere Form des ikonischen Zeichens, das nämlich zugleich das repräsentiere, auf das es verweist (vgl. Soldt 2005), ist es unsere These, dass das Kunstwerk vor allem die Repräsentation einer Beziehung ist, nämlich die eines »Selbstverhältnisses« (vgl. Bergande 2007), welches dem Betrachter oder der Betrachterin eine außeralltägliche Form projektiv-identifikatorischer Teilhabe ermöglicht. Das, was das Kunstwerk repräsentiert, ist also eine Selbst-Beziehung oder – wenn man so will – die *Praxis* der Selbstreflexion (vgl. Warsitz 2006), die gleichsam eine identifikatorische Teilhabe an sich selbst ermöglicht: Die Identifizierung des Selbst mit sich selbst.

Nun geht es mir hier nicht um die Rezeption, sondern um die *Produktion* von Kunst und das sich einstellende Selbstverständnis als Künstler. Im oben angeführten Beispiel konkretisiert sich m.E. etwas, das als Teil eines psychischen Zusammenhangs bei jeder künstlerischen Betätigung wirksam ist und das von Matt (1979) als Opus-Fantasie expliziert hat. Im Anschluss an die eben geäußerten Gedanken hinsichtlich der Repräsentation von Beziehungen durch das Kunstwerk kann hier gesagt werden, dass es bei der Opus-Fantasie im Wesentlichen um die innerpsychische Repräsentanz des künstlerischen Fantasierens mit und am Objekt geht, also um eine »Metafantasie im kreativen Prozess« (vgl. von Matt 1979), die Beziehungsfantasie ist.

Von Matt gibt seinem Konzept der Opus-Fantasie, meinem Verständnis nach, zwei unterschiedliche Bedeutungen. Zum einen wird sie ausgewiesen als das im kreativen Prozess vorfantasierte *Produkt*, zum anderen soll es auch die Selektions- und Mutationsinstanz sein, die über das Schicksal der Ich-Fantasien entscheidet, also eine *Funktion* des kreativen Prozesses. Hier taucht die Frage auf, ob eine Opus-Fantasie nun eine bestimmte Art der Vorstellung sein soll oder aber eine psychische Struktur, welche mit Vorstellungen ihrerseits in irgendeiner Weise umgeht. Diese Unbestimmtheit mag ihre Wurzeln im Fantasie-Ausdruck selbst haben, bei dem nicht immer klar ist, ob damit ein Vermögen oder ein inneres Bild gemeint sein soll, zudem mag diese Unbestimmtheit auch ihre Vorteile haben, etwa wenn man das künstlerische Objekt und sei-

ne Repräsentanz als *Prozess*objekt versteht, wie es beispielsweise anknüpfend an die Gedanken Danckwardts (2001; 2005) zur Prozessidentifizierung getan werden kann. Da jedoch hinsichtlich der Bedeutung der Opus-Fantasie als psychischer Struktur einiges an Differenzierungsarbeit gegenüber Konzepten wie Über-Ich, synthetischer Ich-Funktion und anderen nötig wäre, die hier den Rahmen sprengen, beschränke ich mich im Weiteren auf die Bedeutung der Opus-Fantasie als einer bestimmten Form der Vorstellung im Sinne einer Meta-Fantasie im künstlerischen Prozess.

Festzuhalten bleibt zunächst, dass mit dem Ausdruck Opus-Fantasie auch der objektbeziehungstheoretische Charakter hervorgehoben ist. Gattig (2007, S. 56) bemerkt in ähnlicher Weise: »Die Tätigkeit des Künstlers ist immer objektbezogen und per se kommunikativ, die Produkte seiner Arbeit wollen gelesen und betrachtet sein, sie sind ja für den Anderen geschaffen. Im schöpferischen Akt, im Prozess ihrer Herstellung, ist der kommunikative Aspekt bereits enthalten.«

Von Matt zufolge habe die Opus-Fantasie zunächst nichts anderes zum Inhalt als das imaginierte fertige Produkt. Dabei sei sie allerdings bereits soziale Gegebenheit, weil das fertige Werk als unter die Leute gebrachtes vorgestellt, also projektiv-identifikatorisch aus der Perspektive anderer betrachtet wird. Für die literarische Erfindung werde also mit dem fertigen Werk immer der Leser mitfantasiert, als Personifikation sozialer Normen und herrschender wie vergangener Kunst-Ideologie. Nun schlössen die Fantasien des Künstlers über den Leser nicht nur dessen Betrachtung des Werkes ein, sondern auch des Lesers Sicht auf den Künstler selbst. Die Opus-Fantasie beinhalte so auch das vom Künstler fantasierte Bild, das sich der Leser von ihm macht. Damit wird deutlich, welche Prominenz die Triangularität im Konzept der Opus-Fantasie gewinnt: Der Künstler versetzt sich in einen prototypischen Leser als einen fantasierten Anderen hinein, der auf die künstlerische Beziehung zwischen Künstler und Werk blickt. Wesentlich für das Konzept der Opus-Fantasie ist daher m.E., dass sie als Meta-Fantasie die Repräsentation der Repräsentation vorstellt: Sie ermöglicht es dem Künstler, aus der ansonsten dyadischen Beziehung Vorstellungen über das Selbst-als-Künstler und das Objekt-als-Kunstwerk zu abstrahieren. Er kann sich gleichsam vorstellen, was er sich vorstellt.

Indem in Gestalt der Opus-Fantasie als Meta-Fantasie im künstlerischen Prozess ein vorstellbares Drittes geschaffen wird, kann auf verschiedene Objektbeziehungen probeweise geblickt werden: Diejenige zwischen Werk und Betrachter, diejenige zwischen Selbst und Betrachter sowie diejenige zwischen Selbst und Werk. Auf diese Weise präsentiert sich das Konzept der Opus-Fantasie als genuin psychoanalytisches: Fantasieren hat, folgt man Britton (1998), damit zu tun, sich mit einem Ausgeschlossensein auseinanderzusetzen, d.h. beispielsweise dem kindlichen Ausgeschlossensein aus der genital-sexuellen Beziehung zwischen den Eltern. Das Fantasieren ist dann auch hier zweierlei zugleich: Es erkennt zum einen das reale Ausgeschlossensein an, zum anderen ist man in der eigenen Fantasie einer Objektbeziehung nicht nur anwesend, sondern sogar Gestalter: ›Seine Majestät, das Ich‹. Fantasien über ›Kunst-Beziehungen‹ haben somit für den Künstler und sein Selbstverständnis als ein solcher ebenso konstitutive Funktion, wie sie in allgemeiner Weise entwicklungspsychologisch das Subjekt ins Leben rufen.

Deutlich wird ein *Ringen* des Künstlers oder der Künstlerin darum, einen Blick auf sich selbst werfen zu können, was offenbar nötig ist, um auch einen Blick auf das Kunstwerk als etwas vom Selbst Getrenntes werfen zu können. So äußert beispielsweise der Schriftsteller Uwe Johnson: »Ich vergesse nicht, dass ich mich mit diesen Erzählungen an Leute wende, und also behalte ich im Gedächtnis, wie Leute – das ist eine Art allgemeines Leserbewusstsein – sich verhalten würden zu dem, was ich da mache, und ob sie es verstehen würden und wie. Das berücksichtige ich« (Bienek 1962, S. 96f.). Auch einer der Künstler meiner Studie äußert hinsichtlich der Frage, sich selbst fantasierend zum Publikum seines Werks zu machen: »Ich muss manchmal auf 'ne Leiter gehen, um 'n bisschen Abstand zu haben, und es ist für mich immer eine Freude, das nachher in 'nen Rahmen zu tun, und dann denk ich, oh wie sieht das jetzt wohl aus von Ferne? Und dann seh ich plötzlich eben genau wie ihr, dann bin ich genau 'n Publikum meiner eigenen Bilder.«

In diesem Sinne erwähnt auch Gattig (2007, S. 54f.) mit John Berger die »Gewohnheit mancher Künstler [...], ihre Bilder während der Herstellung immer wieder im Spiegel zu betrachten, um sich dadurch in die Position des zukünftigen Betrachters zu bringen. Der Maler projiziert sich dadurch selbst in die Situation eines Betrachters des fertigen Bildes«. Auch für den Künstler in seinem Selbstverständnis *als* Künstler kann also gesagt werden, was Warsitz (2002, S. 1112) über den Menschen überhaupt sagt, nämlich, dass er »ist, was er ist, nur unter Berücksichtigung und in Einbeziehung der Phantasien und Phantasmata, die er sich von sich und vom anderen macht«.

Künstlerische Materialität als Vertreterin des Realitätsprinzips

Dieses Hineinversetzen in einen fantasierten Betrachter ist wesentlich, um das künstlerische Arbeiten zu einem symbolischen Akt werden zu lassen. Nun findet künstlerisches Arbeiten nicht in einem Rahmen statt, der auf der Ebene der Vorstellung allein verbliebe, sondern äußert sich in Gestalt eines Umgangs mit Material und Technik, die etwas zur Anschauung bringen sollen – in formgebenden Arbeitsprozessen. ›Fantasieren allein genügt nicht‹ – könnte man sagen. Erst die Materialität des Arbeitsprozesses, die Körperlichkeit des Subjekts und die des Objekts kann eine trianguläre Struktur befördern. Kurz gesagt: Dass es überhaupt zum Erleben einer Opus-Fantasie als Metafantasie kommen kann, wird erst durch eine äußere dritte Position in Gestalt des Materials oder personaler Anderer ermöglicht.

Für die Erzählung kann, wie es etwa Brigitte Boothe (2005) getan hat, eine notwendigerweise trianguläre Struktur angenommen werden, in der es einen realen Anderen gibt: Es wird nicht einfach erzählt, sondern es wird *etwas jemandem* erzählt. Dabei ist der oder die künstlerisch Erzählende an die Bearbeitung eines Materials gebunden, dessen Widerständigkeit sich darin äußert, dass es durchaus misslingen kann, das Beabsichtigte zur kommunikativen Anschauung zu bringen – ein Marmorblock etwa lässt sich nicht durch die Vorstellungskraft der Fantasie in diejenige Form bringen, in der man ihn sich vorstellt, sondern er muss beschlagen werden – unter Umständen oder womöglich notwendigerweise wird er dann zu etwas anderem, als das vorfantasierte Bild anzeigte.

Ebenso wie es für den Bildhauer die Widerständigkeit des Materials und die Notwendigkeit einer Bearbeitung ist, die den Einzug des Realitätsprinzips bedeutet, so kann auch deutlich gemacht werden, dass die Realisierung der zuvor nur fantasierten Szene, einem Publikum oder einem Zuhörer gegenüberzustehen, den künstlerischen Akt in der Realität verankert. Ein Kunstwerk zu schaffen, würde damit auch immer bedeuten, eine Lücke zu lassen, in welcher erst das identifikatorische Beziehungsangebot an den zukünftig realen Anderen besteht. Einer der Künstler meiner Studie bringt dies anschaulich auf den Punkt, wenn er formuliert: »Wenn ein Kunstwerk [im Verlauf des künstlerischen Arbeitsprozesses; TS] ruft: ›Hier fehlt noch was‹, dann muss man genau prüfen, ob es vom Künstler oder vom Betrachter hinzugefügt werden muss.«

Mitnichten wird künstlerische Produktion oder Rezeption damit zu einem Modell gelingender Kommunikation und ineinander aufgehender Beziehungswünsche. Vielmehr realisiert sich eine Dynamik von Gelingen und Misslingen, von Lustgewinn und Enttäuschung, die das Feld der Kunst insofern zu einem spezifischen macht, als das Kunstwerk selbst diese Dynamik als die der Identifizierung harrende Struktur eines Selbstverhältnisses (vgl. Bergande 2007) in sich birgt.

Schluss

Um zum Abschluss zu kommen: Wie konstituiert sich nun das Selbst-als-Künstler durch die erzählte Beziehungsfantasie zwischen dem Künstler werdenden Selbst und dem Kunstwerk werdenden Objekt?

Subjektivierung bzw. Selbst-Werdung, wie sie die Psychoanalyse versteht, bedarf nicht allein des Anderen, sondern präziser: *der* Anderen, nämlich mindestens zweier. Nicht nur bedarf es zur biologischen Geburt zweier Menschen, sondern auch zur psychisch-symbolischen Geburt sind zwei vom werdenden Selbst unterschiedene Positionen nötig.

Das Erzählen-Können einer Zweier-Beziehung, die gerade dadurch nicht mehr nur als dyadische auftritt, ist es nun, was es ermöglicht, auf sich selbst ›beziehungsweise‹, d.h. als in Beziehung stehend, blicken zu können. In dialektischer Verschränkung wird das Selbst zum Künstler, weil es mit einem Kunst-Objekt interagiert, und dieses zu einem solchen, weil es von einem Künstler-Selbst bearbeitet und gestaltet wird. Eine derartige Triangularität auf der Ebene der Repräsentanzwelt wird befördert über eine – mit Jürgen Grieser gesprochen – *Triadifizierung* in Gestalt einer äußerlich-realen dritten Position, die die Betrachter bzw. Zuhörer besetzen.

Das heißt aber auch, dass Produktion und Rezeption von Kunst konstitutiv miteinander verschlungen sind: Der Künstler findet in seiner Beziehung zum Werk bereits den fantasierten Betrachter und ebenso findet dieser in seiner Beziehung zum Werk seine Fantasien über den Künstler, was zweifellos immer auch eine Kränkung bedeutet. Damit wird auch deutlich, inwiefern Selbstreflexion künstlerischer wie allgemeiner Art jener »Kampf um Beziehung« ist, als den Warsitz (2006, S. 83) sie charakterisiert. Sowohl in der Rezeptions- als auch in der Produktionssituation stoßen wir auf Beziehungen, aus denen wir ausgeschlossen sind, die jedoch – vermittelt über Prozesse der ›Beziehungsarbeit‹ oder ›Selbstreflexion‹ – die Möglichkeit einer passageren identifikatorischen Teilhabe in sich bergen.

Wenn nun, wie gesagt wurde, das fertige Kunstwerk ganz wesentlich die Repräsentation einer Beziehung sein soll und darin das Identifizierungsangebot für den Betrachter besteht, dann stellt sich auch die Frage, wie vom Künstler diese Repräsentation einer Beziehung im Kunstwerk gestaltet wird. Die Antwort, die darauf zu geben ist, lautet: indem die eigene künstlerische Beziehung zum Werk als solche erlebt, d.h. indem Selbst und Objekt auch als getrennte gesehen werden können. Nur dann kann psychisch wie material eine Beziehung repräsentiert werden. Dazu bedarf es des Anderen als triadifizierender und triangulärer Position, dem *durch* die Repräsentanz der Beziehung, die sich im Kunstwerk zur Anschauung bringt, *von* der Beziehung erzählt wird. Da dieser reale Andere im künstlerischen Prozess repräsentiert ist und fantasiert werden kann, wird in Gestalt der Opus-Fantasie ein Blick auf Selbst und Objekt möglich. Dergestalt kann sich das Spezifikum künstlerisch-ästhetischer Erfahrung realisieren: Nämlich das In-Beziehung-Treten zu etwas, das selbst Beziehung ist.

LITERATUR

Bienek, H. (1962). Werkstattgespräche mit Schriftstellern. München: Carl Hanser Verlag.

Bergande, W. (2007). Die Logik des Unbewussten in der Kunst. Subjekttheorie und Ästhetik nach Hegel und Lacan. Wien: Turia + Kant.

Boothe, B. (2005). Die Dynamik des Erlebens in der Patientenerzählung. In Poscheschnik, G. (Hrsg.), Empirische Forschung in der Psychoanalyse. Grundlagen – Anwendungen – Ergebnisse (S. 273-291). Gießen: Psychosozial.

Britton, R. (2001). Glaube, Phantasie und psychische Realität. Psychoanalytische Erkundungen. Stuttgart: Klett-Cotta.

Danckwardt, J. F. (2001). Die Hilflosigkeit des Unbewussten und die Prozessidentifizierungen als Arbeitsebene bei schweren Konflikten. In Bohleber, W. & Drews, S. (Hrsg.), Die Gegenwart der Psychoanalyse – die Psychoanalyse der Gegenwart (S. 409-423). Stuttgart: Klett-Cotta.

Danckwardt, J. F. (2005). Psychoanalytische Betrachtungen zur Entstehung der bogigen Linie (Container-Contained) bei Paul Klee. Ein Beitrag zur Psychoanalyse des Wachstums und der Beeinflussung. Jb Psychoanal, 51, 165-211.

Fonagy, P. et al. (2002). Affect regulation, mentalization, and the development of the self. London: Karnac Books.

Gattig, E. (2007). Vom schöpferischen zum kreativen Prozess. In Soldt, P. (Hrsg.), Ästhetische Erfahrungen. Neue Wege zur Psychoanalyse künstlerischer Prozesse (S. 33-62). Gießen: Psychosozial.

Grieser, J. (2007). Freiheit und Entwicklung im triangulären Raum. Psyche – Z Psychoanal, 61, 560-589.

Löchel, E. (1996). Zur Genese des Symbols in der kindlichen Entwicklung. Kinderanalyse 3, 254-286.

Meltzer, D. (2006). Die Wahrnehmung von Schönheit. In Meltzer, D. & Harris W. M., Die Wahrnehmung von Schönheit. Der ästhetische Konflikt in Entwicklung und Kunst. Tübingen: Edition diskord.

Soldt, P. (2005). Denken in Bildern. Zum Verhältnis von Bild, Begriff und Affekt im seelischen Geschehen. Lengerich: Pabst.

Soldt, P. & Storck, T. (2008). »Je mehr ich das Bild beobachte, desto mehr fühle ich mich davon beobachtet...« Elemente eines psychoanalytischen Modells kunstästhetischer Erfahrung. Zeitschrift für Ästhetik und Allgemeine Kunstwissenschaft, 53 (2), 191-218.

Soldt, P., Storck, T. & Hummitzsch (2009; eingereicht). The dynamics of gaze. Psychoanalytically approaching aesthetic experience. Psychoanal Q.

Storck, T. (2006). Über die Notwendigkeit künstlerischer Wiederholung. Perspektiven eines revidierten Sublimierungskonzeptes. Psychoanalyse – Texte zur Sozialforschung, 19, 151-174.

Storck, T. (2007). »...to calm and subdue my fancy for a more sober and more certain gaze«. Neid und Identifizierung als zentrale Momente in der ästhetischen Erfahrung. In Soldt, P. (Hrsg.), Ästhetische Erfahrungen. Neue Wege zur Psychoanalyse künstlerischer Prozesse (S. 311-346). Gießen: Psychosozial.

Storck, T. & Bergande, W. (2009; in Vorb.). Eine Logik, die zu wünschen übrig lässt. Vorschläge für eine Methodologie der psychoanalytischen Konzeptforschung.

Storck, T. & Soldt, P. (2007). Sublimierung als eigenständiger Vorgang im seelischen Geschehen. Vorschläge für eine psychoanalytische Theorie künstlerischer Produktion. Psychoanalyse im Widerspruch, 38, 59-82.

Von Matt, P. (1979). Die Opus-Phantasie. Das phantasierte Werk als Metaphantasie im kreativen Prozess. Psyche – Z Psychoanal, 33, 193-212.

Warsitz, R.-P. (2002). Verwerfungen und Spaltungen. Die Bioethik als Herausforderung für eine Ethik der Psychoanalyse. Psyche – Z Psychoanal, 56, 1093-1121.

Warsitz, R.-P. (2006). Selbstreflexion als Methode der Psychoanalyse. In Dauber, H. & Zwiebel, R. (Hrsg.), Professionelle

Selbstreflexion aus pädagogischer und psychoanalytischer Sicht (S. 65-86). Bad Heilbrunn: Julius Klinkhardt.

Otto Schmid & Thomas Müller

Heroin – von der Droge zum Medikament

Eine Chronik zur heroingestützten Behandlung in Basel von 1994 -2008

196 Seiten, ISBN 978-3-89967-514-6, Preis: 20,- €

PABST SCIENCE PUBLISHERS
Eichengrund 28, D-49525 Lengerich
pabst@pabst-publishers.de
www.psychologie-aktuell.com
www.pabst-publishers.de

TIMO STORCK
GOLDBERGSTR. 3
D-34125 KASSEL
E-MAIL: tstorck@uni-bremen.de

Identifizierung mit der Kunstfigur –
Einige Überlegungen zum Zusammenhang zwischen Fiktion und Identifizierung

David Lätsch

ZUSAMMENFASSUNG: Der vorliegende Aufsatz enthält einige Überlegungen zum Zusammenhang zwischen der Fiktionalität als Eigenschaft von literarischem Erzählen und den Identifizierungen des Lesers mit der Kunstfigur, die das literarische Erzählen ermöglicht. Nach der zentralen These des Textes bereitet die Fiktion dem Vorgang der Identifizierung dadurch den Weg, dass sie den realen Anderen durch eine fiktionale Figur ersetzt. Identifizierungen unter Menschen fordern den Verzicht auf Rivalität: Der unmäßige Wunsch, statt des Anderen zu sein, muss sich mindern zum Wunsch, wie der Andere zu sein. Diese Verzichtsleistung bleibt für die Identifizierung im Alltag psychische Pflicht und behindert sie. In der Fiktion wird der Verzicht entbehrlich – die Identifizierung wird zum regulären Problem.

SCHLÜSSELWÖRTER: Identifizierung/Identifikation, Empathie, Kunstrezeption, Literaturpsychologie, Psychoanalyse der Literatur, Psychoanalytische Theorie

Die Psychologen haben es bisher nicht zustande gebracht, das geläufige Konzept der Identifizierung anders als unklar, vieldeutig, widersprüchlich zu formulieren. Zu diesem Befund gelangen übereinstimmend Brody und Mahoney (1964, S. 57f), Etchegoyen (1985, S. 3), Herlitz (2002, S. 65ff) sowie Zepf & Hartmann (2005, S. 30ff). Blechner (1988, S. 305; zit. nach Zepf & Hartmann 2005) fasst den Eindruck in der nüchternen Aussage zusammen: «Identifikation ist ein Begriff, [...] der in so verschiedener Weise benutzt wurde, dass er fast nutzlos geworden ist.» Die folgenden Überlegungen gelten der Frage, wie sich Fiktionalität als Eigenschaft literarischer Erzählung auf das Vermögen des Lesers auswirkt, sich mit dem Personal der Erzählung, wie man sagt, zu «identifizieren». Die Fragestellung ruft nach einem konsensuellen Konzept der Identifizierung. Weil dieser Ruf unbeantwortet bleibt, orientieren sich unsere Überlegungen an den intuitiv zugänglichen Formen der Identifizierung, wie Freud (1916, 1921) sie beschrieb.

Etymologische und semantische Klärung

Das Wort Identifizierung (oder bedeutungsgleich: Identifikation) leitet sich ab vom lateinischen Pronomen *idem* (= derselbe, der Gleiche) und dem Verb *facere* (= machen). Identifizieren heißt also wörtlich: gleichmachen, gleichsetzen, identisch machen. Wenn zwei Menschen in diesem strengen Sinn identifiziert werden, gehen sie als *unus atque idem*, als «ein- und derselbe» aus dem Prozess hervor. Eine solche Verschmelzung zweier Einzelwesen ist indessen nicht gemeint, wenn wir davon sprechen, dass wir uns mit einem Anderen identifizieren können. Die etymologische Betrachtung trägt zum Verständnis des Begriffs Identifizierung also nichts Wesentliches bei.

Nicht zu vernachlässigen ist dagegen eine semantische Differenz. Gemeint ist der grundlegende Unterschied zwischen den Verben «sich identifizieren» (reflexiv) und «eine Sache identifizieren» (transitiv), auf die Laplanche & Pontalis (1972, S. 219) hinweisen. Bezieht sich das Substantiv Identifizierung auf das transitive Verb, dann meint es alltagssprachlich zumeist das kategoriale Erkennen eines Dinges (z. B. ich identifiziere dieses Gefäß als Vase). In der Psychoanalyse kommt mit Freuds «Traumdeutung» (1900, S. 319ff) die weitere Bedeutung der Verdichtung zweier Vorstellungen hinzu: Der Traum «identifiziert» meinen Vorgesetzten und meinen früheren Lehrer, indem er den einen für den anderen stehen lässt. Dagegen bildet die Identifizierung, wie sie Gegenstand der vorliegenden Überlegungen ist, eine Substantivierung vom Verb «sich identifizieren» her. Also: Ein Mensch identifiziert *sich* mit einem Anderen oder mit Aspekten der Person des Anderen. Was aber bedeutet das?

FORMEN DER IDENTIFIZIERUNG BEI FREUD

In Freuds Theorie spielt die Identifizierung mehrere Rollen, sie tritt in unterschiedlichen Kontexten auf, mit wandelbarer Bedeutung. Die wichtigsten Auffassungen fasst Freud (1921, S. 118) selbst in seiner Schrift über «Massenpsychologie und Ich-Analyse» zusammen.

Er schreibt: «dass erstens (1) die Identifizierung die ursprünglichste Form der Gefühlsbindung an ein Objekt ist, zweitens (2) dass sie auf regressivem Wege zum Ersatz für libidinöse Objektbindung wird, gleichsam durch Introjektion des Objekts ins Ich, und dass sie drittens (3) bei jeder neu wahrgenommenen Gemeinsamkeit mit einer Person, die nicht Objekt der Sexualtriebe ist, entstehen kann. Je bedeutsamer die Gemeinsamkeit ist, desto erfolgreicher muss diese partielle Identifizierung werden können und so dem Anfang einer neuen Bindung entsprechen» [Zahlen in Klammern v. Verf.].

Die Identifizierung als «ursprünglichste Form der Gefühlsbindung» (1) wird in der Psychoanalyse oft als primäre Identifizierung bezeichnet. Gemeint ist der Sachverhalt, dass der kleine Knabe (vom Mädchen ist selten die Rede) *wie der Vater sein* möchte, sich mit dem Vater identifiziert, bevor er noch den Vater als Liebesobjekt wahrnimmt. Die primäre Identifizierung geht dem Ödipuskomplex (siehe Freud 1924) voraus. Am Ausgang des Ödipuskomplexes steht dagegen die Identifizierung als regressiver Ersatz für eine aufgelöste libidinöse Objektbindung (2). Das Kind beendet die nicht zu gewinnende Rivalität mit dem gleichgeschlechtlichen Elternteil in der Identifizierung mit diesem Elternteil. Da der Knabe den Vater nicht ersetzen kann, wird er *wie er* – da das Mädchen die Mutter nicht ersetzen kann, wird es *wie sie*. Die Liebe zum gleichgeschlechtlichen Elternteil – die neben der Rivalität besteht und so eine Ambivalenz begründet – leistet der Lösung Vorschub; Gleiches gilt für die Angst vor der Bestrafung durch das paktierende Elternpaar, die dann einzutreten droht, wenn das Kind seine Rivalisierungslust nicht zu überwinden vermag. Die Identifizierung mit den Eltern als entscheidender Schritt aus dem Ödipuskomplex bringt auch die Übernahme der elterlichen Vorschriften mit sich, die das Kind in der nun entstehenden Instanz des Über-Ichs verinnerlicht, sozusagen autonomisiert. Das Kind wird sein eigener Gesetzgeber unter der Bedingung, dass es die bestehenden Gesetze der Eltern in Kraft lässt.

Identifizierung im ersten (1) und zweiten (2) Sinn meint den Vorgang, dass ein Mensch einem anderen sich angleicht, sozusagen wird wie er. Wichtig ist der Zusatz, dass sich diese Angleichung in der Regel nicht auf den anderen Menschen als ganzen bezieht, sondern auf Teile, Aspekte seiner Person: «Es muss uns auch auffallen», schreibt Freud (1921, S. 117), «dass [...] die Identifizierung eine partielle, höchst beschränkte ist [...].» Wenn also einer mit dem Anderen sich identifiziert, dann nimmt er Eigenschaften oder Attribute des Anderen in sich auf, übernimmt einen Teil des Anderen für sich selbst. Das ist die summarische Definition, die auch Laplanche & Pontalis (1972, S. 219) für die Identifizierung vorschlagen: Sie sei ein «psychologischer Vorgang, durch den ein Subjekt einen Aspekt, eine Eigenschaft, ein Attribut des Anderen assimiliert und sich vollständig oder teilweise nach dem Vorbild des Anderen umwandelt.» Wann das geschieht, dafür sind mit der primären Identifizierung und mit der Identifizierung als regressivem Objektersatz zur Lösung des Ödipuskomplexes zwei Fälle genannt. Ihnen fügt Freud einen weiteren hinzu, den er in seiner Schrift über «Trauer und Melancholie» (1916) beschreibt. Im klinischen Phänomen der Depression wird die Beziehung zu einem zuvor (im buchstäblichen oder übertragenen Sinn) verlorenen Menschen dadurch aufrechterhalten, dass der Depressive den Verlorenen gleichsam in sich hereinnimmt, ihn verinnerlicht, sich mit ihm identifiziert. Freuds Interpretation will es dann, dass die regulären Selbstvorwürfe des Depressiven eigentlich Vorwürfe an das «introjizierte» Objekt sind, seine Klagen unbewusst Anklagen. Der «Verlust» des Objekts ist in einem übertragbaren Sinn zu nehmen.

Für die bisher beschriebenen Formen der Identifizierung gilt, dass eine Ambivalenz bezüglich des Identifikationsobjekts besteht. Dem Knaben ist der Vater zunächst der, den er ersetzen möchte, der Knabe möchte *statt des Vaters* sein, seine Einstellung zum Vater ist partiell aggressiv, und erst die Liebe zum Vater sowie die Androhung von Strafe bringen ihn dazu, die Rivalität aufzugeben und die Identifizierung zu vollziehen. Der Wunsch, statt des Vaters zu sein, hat sich dann ermäßigt zum Wunsch, wie der Vater zu sein. Gleiches gilt für das Mädchen im Bezug auf die Mutter – wobei sich die Sache kombinatorisch vermutlich freier gestaltet, als Freud es beschrieb. Vater und Mutter mögen zugleich Rivale *und* Gegenstand der rivalisierenden Eifersucht sein; das Kind wirbt gegen den Vater um die Gunst der Mutter *und* gegen die Mutter um die Gunst des Vaters. Wo Vater und/oder Mutter fehlen, beziehen sich die Rivalitätsverhältnisse auf die vertretenden «parentalen Agenten».

Die ambivalente Einstellung zum verlorenen Objekt in der Depression zeigt sich darin, dass die Beziehung zu diesem Objekt ja einerseits nicht aufgelassen werden soll, was die Introjektion erst bewirkt; anderseits ist das Objekt aggressiv besetzt und ruft als solches die als Selbstvorwürfe bewusst werdenden Anklagen hervor.

IDENTIFIZIERUNG IN DER REZEPTION VON ERZÄHLTEM

Die Identifizierung in der Lektüre fiktionaler Erzählungen entspricht nun schwerlich jenem psychologischen Vorgang nach Laplanche & Pontalis (s. o.), «durch den ein Subjekt [...] sich vollständig oder teilweise nach dem Vorbild des Anderen umwandelt». Dass sich das Kind in der Identifizierung den Eltern angleicht, ihre Verhaltensweisen nachahmt, ihre Werte übernimmt, ihre Sprache kopiert und so weiter, lässt sich leicht beobachten. Hingegen fallen die Leser von Abenteuergeschichten nicht dadurch auf, dass sie Säbel schwingend in fremde Länder aufbrechen, und die Leserinnen von Liebesromanen werfen sich während der Lektüre keinen romantischen Liebhabern an die Brust – auch wenn beide Lesertypen, den eigenen Äußerungen nach, mit den jeweiligen Helden «voll identifiziert» sein mögen. Zweierlei Grundsätzliches sondert die Identifizierung in der Lektüre von der Identifizierung, wie Freud sie beschreibt: (1) Der Leser verwandelt sich in keiner äußerlich erkennbaren Weise der Identifikationsfigur an, der Leser *wird nicht* (auch nicht partiell) wie die Figur, mit der er sich identifiziert. (2) Die Identifizierung des Lesers ist nicht dauerhaft, sie besteht während der Dauer der Lektüre und endet mit ihr.

Gegen diese Unterscheidungsmerkmale lässt sich einwenden, dass es das Phänomen der dauerhaften Anverwandlung von Lesern an eine literarische Figur (eine Identifizierung im starken Sinn) in der Geschichte sehr wohl gegeben hat – berühmt ist die «Werther-Epidemie» im 18. Jahrhundert (Fröschle 2002). Eine bleibende Identifizierung von Lesern mit ihren literarischen Helden oder den Autoren, die hinter diesen Helden sichtbar werden, mag aber auch sonst keine marginale Erscheinung sein; besonders intensiv, so scheint es, geht die Identifikationsverlockung von Figuren und Darstellern des Films (Reichert 1993) sowie von den quasifiktionalen Darstellern der Musikindustrie aus. Es handelt sich dann tatsächlich um den von Freud beschriebenen psychologischen Vorgang der dauerhaften Identifizierung, oder genauer: um jene Vorgänge, die Freud mit seinen Überlegungen zu fassen sucht.

Aber diese Phänomene sind doch für gewöhnlich nicht gemeint, wenn man von der Identifizierung in der Kunstrezeption spricht, von der jedem Leser geläufigen Erfahrung also, sich mit einer literarischen Figur voll identifizieren zu können (und mit der anderen nicht). Wenn die flüchtige Identifizierung in der Lektüre aber keine Anverwandlung ist, was ist sie dann?

BEDEUTSAME ANALOGIEN

Freud selbst (1921, S. 117ff) stellt neben den bereits genannten eine weitere Form der Identifizierung dar, die uns Anhaltspunkte liefern wird. Er schreibt (S. 117f):

Es ist ein dritter, besonders häufiger und bedeutsamer Fall der Symptombildung, dass die Identifizierung vom Objektverhältnis zur kopierten Person ganz absieht. Wenn zum Beispiel eines der Mädchen im Pensionat einen Brief vom geheim Geliebten bekommen hat, der ihre Eifersucht erregt, und auf den sie mit einem hysterischen Anfall reagiert, so werden einige ihrer Freundinnen, die darum wissen, diesen Anfall übernehmen, wie wir sagen, auf dem Wege der psychischen Infektion. *Der Mechanismus ist der der Identifizierung auf Grund des sich in dieselbe Lage Versetzenkönnens oder Versetzenwollens.* Die anderen möchten auch ein geheimes Liebesverhältnis haben und akzeptieren unter dem Einfluss des Schuldbewusstseins auch das damit verbundene Leid. [Hervorhebung v. Verf.]

Und weiter (S. 118):

Das eine Ich hat am anderen eine bedeutsame Analogie in einem Punkte wahrgenommen, in unserem Beispiel in der gleichen Gefühlsbereitschaft, es bildet sich daraufhin eine Identifizierung in diesem Punkte, und unter dem Einfluss der pathogenen Situation verschiebt sich diese Identifizierung zum Symptom, welches das eine Ich produziert. Die Identifizierung durch das Symptom wird so zum Anzeichen für eine Deckungsstelle der beiden Ich, die verdrängt gehalten werden soll. [Hervorhebung v. Verf.]

Hier ist also eine Identifizierungsform beschrieben, die nicht die dauerhafte Anverwandlung an einen anderen Menschen, sondern die flüchtige Übernahme einer Verhaltensweise betrifft. Die Identifizierung kommt wesentlich deshalb zustande, weil sich die Identifikationsfigur (die Mitschülerin) in einer Lage befindet, in der ihre Freundinnen sich gerne selbst sähen. Das Moment der Ambivalenz fehlt auch hier nicht: Weil der identifikationsbildende Wunsch nach einem geheim Geliebten den Mädchen verboten ist, muss das sichtbare Zeichen der Identifizierung (der hysterische Anfall) Bestrafungscharakter haben. Die Identifizierung verdankt sich der Tatsache, dass zwischen den Beteiligten «eine bedeutsame Analogie in einem Punkte» besteht.

Hat Freud mit seiner Beschreibung der «Identifizierung auf Grund des sich in dieselbe Lage Versetzenkönnens oder Versetzenwollens» bereits eine gültige Beschreibung der *flüchtigen Identifizierung* geleistet, wie sie sich zwischen Lesern und Figuren, zwischen Rezipienten und Kunstfiguren ergibt? Die Identifizierung, könnte man meinen, bedarf eben nur der «bedeutsamen Analogie in [mindestens] einem Punkte». Überall da, wo wir an unseren Mitmenschen bedeutsame Analogien bemerken, ist der Vorgang der Identifizierung nicht fern; wann immer wir uns in die Lage eines anderen Menschen versetzen wollen oder das auch nur können, sind wir nahe daran, uns mit ihm zu identifizieren. Was Analogien bedeutsam macht, bliebe dann noch zu durchschauen: In Freuds Beispiel war es die «Gefühlsbereitschaft», einen geheimen Geliebten zu haben, ein mehr oder weniger tief verborgener Wunsch. Neben Wünschen wären Ängste, Hoffnungen, biographische Erfahrungen und so weiter zu erwägen, kurzum: jedes persönliche Attribut, dem wir eine für die Identifizierung hinreichende Wichtigkeit zuschreiben. Doch zu alledem passt nicht, dass die Alltagssprache den Ausdruck Identifizierung weitgehend dem Kontext der fiktionalen Darstellungsformen vorbehält; man spricht von Identifizierung im Film, in der Literatur, in der Musik, kaum aber von Identifizierung im Alltag.

Das könnte nun wiederum als Zufall sprachlicher Konvention gelten. Aber es lässt sich auch anders vermuten. Identifizierung als Vorgang in der Alltagswirklichkeit, so meine These, hat deshalb keine sprachliche Prominenz, weil die Identifizierung mit dem Mitmenschen in einer bestimmten Hinsicht weit problematischer ist als die Identifizierung mit einer fiktionalen Figur. Die frühen Identifizierungen des Kindes mit jenem Elternteil, mit dem es zuvor rivalisierte, nötigen ihm einen Verzicht auf:

dass es das Elternteil an seiner Stelle bestehen lasse und sich damit bescheide, zu sein wie dieses. Die Identifizierung fordert den Verzicht. Wenn es nun zutrifft, wie psychoanalytische Konzeptionen seit Freud behaupten, dass die wesentlichen Leistungen der Psyche lebenslang geprägt bleiben durch die Art und Weise, wie sie erworben wurden, dann ist die Vermutung begründet, dass jede spätere Identifizierung mit einem realen Mitmenschen die Verzichtsleistung der (ödipalen) Identifizierung wiederholt. Das heißt: Der Verzicht auf Ersetzung des Identifikationsträgers muss wieder und wieder geleistet werden. Man kann auch sagen: Mit jeder Identifizierung entsteht die Versuchung aufs Neue, den Anderen ersetzen zu wollen. Jede Identifizierung mit einem Anderen fordert den Verzicht, statt seiner zu sein, und die Bereitschaft, lediglich zu sein wie er. Weil dieser Verzicht eine Herausforderung bleibt, kommt es zwischen Menschen vergleichsweise selten zu Identifizierungen (Anverwandlungen), viel häufiger dagegen zu den verwandten Phänomen des Mitgefühls oder der Einfühlung, die keines solchen Verzichts bedingen (siehe unten).

Fiktion und Rivalitätsverzicht

Ganz anders liegen die Dinge dort, wo wir mit den fiktionalen Figuren umgehen, die die Literatur uns bietet. Was eigentlich fiktional ist an der fiktionalen Literatur, stellt sich bei näherem Hinsehen als intrikate Frage heraus. Die üblichen Bestimmungsversuche laufen darauf hinaus, dass fiktionale Literatur von Geschehnissen erzählt, die *nicht wirklich* geschehen sind, und dabei Handelnde etabliert, die es *nicht wirklich* gibt. Fiktionale Texte sind nicht dem Anspruch unterworfen, Geschehenes wirklichkeitsgetreu ab- oder nachzubilden, sondern erfinden eine ihnen eigene Wirklichkeit. Der sinnreiche Bezug dieser Wirklichkeit zur geteilten Wirklichkeit der Menschen lässt sich als Wahrheitsgehalt der Fiktion ansprechen. Fiktionale Texte erzeugen Vorstellungen, aber diese Vorstellungen lassen sich nicht auf reale Objekte der Welt beziehen, sprachphilosophisch ausgedrückt: Sie haben Intension, aber keine Extension. In Freges Terminologie (Frege 2007): Fiktionale Literatur hat zwar Sinn, aber keine Bedeutung. In unserem Zusammenhang ergibt sich daraus eine entscheidende Differenz: Der fiktionale Identifikationsträger hält den Platz nicht besetzt, auf den der Leser es abgesehen hat. Die Identifizierung mit der Kunstfigur lässt zu, dass wir uns an die Stelle der Kunstfigur setzen, und setzt dafür nicht den Rivalitätsverzicht voraus. Bildlich ausgedrückt: In die Kunstfigur schlüpfen wir mühelos, an der undurchlässigen Kontur des Mitmenschen prallen wir ab.

Erst durch die Fiktion ist dem Identifizierungsgenuss der Weg bereitet, wie jeder Leser ihn aus seiner Lektüre kennt. Wer liest, weiß auch, dass die Identifizierung in der Lektüre wiederum nur eine partielle sein muss und meistens ist; die «bedeutsame Analogie» zwischen dem Leser und seiner Identifikationsfigur braucht sich nicht auf die ganze Figur zu erstrecken, ein entscheidendes Detail (etwa eine ersehnte Erfahrung, die die Figur anstelle des Lesers macht) reicht hin. In der Lektüre ergeben sich Identifizierungen mit Leichtigkeit, *weil nicht der Schatten der Rivalität auf die Identifizierung fällt*, um Freuds (1916, S. 435) berühmte Formulierung zu plagiieren.

Identifizierung als Übernahme eines Prozesses psychischer Zustände

Identifizierung in der Rezeption von Erzähltem ist nicht Anverwandlung, sondern Übernahme. Aber Übernahme wovon? Äußerlich hält sich die Angleichung des Identifikanten an das Identifikationsobjekt in engen Grenzen. Wir lesen – wie bei Kafka (1915) – von einem *braven* jungen Mann, der eines Morgens aus unruhigen Träumen erwacht und «sich in seinem Bette zu einem ungeheuren Ungeziefer verwandelt» findet, und sehen uns selbst – durchaus nicht verwandelt. «Innerlich» dagegen verziehen wir uns mit dem beseelten Käfer hinters Kanapee, wo dieser sich vor seinen Nächsten versteckt. Also: Wir vollziehen den psychischen Zustand (bzw. den *Prozess der psychischen Zustände*) mit, die wir der Figur – in der Identifizierung – unterstellen. Das ist der Ort, wo die von Scheler (1913/1973; zit. nach Laplanche & Pontalis 1972, S. 220) vorgenommene Differenzierung zwischen heteropathischer und idiopathischer Identifizierung wichtig wird. Heteropathische Identifizierung heißt: Wir gleichen uns dem Anderen an. Idiopathisch heißt: Wir gleichen den Anderen uns an. Die Identifizierung mit der erzählten Figur vermischt stets beides. Der Erzählzusammenhang suggeriert einen Anderen mit Eigenschaften, die wir verbindlich nehmen. Aber zugleich machen wir die Figur ein wenig zu uns selbst, unterlegen ihr jene «bedeutsamen Analogien», die wir für die Identifizierung benötigen.

Identifizierung heißt im Groben: Übernahme eines Prozesses psychischer Zustände. Dabei ist der Prozess, den wir übernehmen, kein Objekt, das unabhängig von unserer Identifizierung besteht. Der Identifikant unterstellt der Identifikationsfigur einen Prozess psychischer Zustände und fühlt (denkt) ihn selber mit; beides geschieht *in einem*. Ist die fiktionale Figur in ihrer vom Erzählzusammenhang aufgerichteten Objektivität psychisch allzu weit vom Rezipienten entfernt, kommt es also nicht zur «bedeutsamen Analogie», dann bleibt die Identifizierung aus.

Freud (1921, S. 121) spricht in einer Fußnote die Vermutung aus, dass sich die Identifizierung über die auf ihr beruhende Nachahmung bis zur Empathie (Einfühlung) verfolgen ließe. Aus den obenstehenden Überlegungen ergibt sich eine andere Reihenfolge. Die Nachahmung als äußerliche Anverwandlung geht der (flüchtigen) Identifizierung als «innerlicher» Anverwandlung (schöpferische Übernahme eines Prozesses psychischer Zustände) genetisch voraus. Aus dem Vermögen zur Identifizierung entwickelt sich dann die Fähigkeit zur Einfühlung oder, wenn man das lieber hört, zur Empathie. Empathie ist die Instrumentalisierung der Identifizierung, der Akt des Sich-Hineinversetzens in den Anderen ist hier willkürlich unternommen, gewollt zum Zweck des Verstehens. Der Empathische ist darauf aus, dem Anderen etwas nachzufühlen, um ihn zu verstehen; in dieser Relation bleibt die klare Scheidung von Verstehendem und Verstandenem, von Ich und Anderem erhalten. Um es an einer kleinen, aber feinen sprachlichen Differenz zu verdeutlichen: Der sich Identifizierende fühlt so, als sei er ein Anderer; der Empathische fühlt so, als wäre er ein Anderer. Der *conjunctivus irrealis* gehört wesentlich zur Einstellung der Empathie. Der Empathische sieht sich das Innenleben eines Anderen an, der sich

Identifizierende vollzieht es schöpferisch mit.

LITERATUR

Blechner, M. J. (1988). Epistemology: Ways of Knowing in Psychoanalysis – Differentiating Empathy from Therapeutic Action. Contemporary Psychoanalysis, 24, 301-310.

Brody, M. & Mahoney, V. (1964). Introjection, identification and incorporation. International Journal of Psycho-Analysis, 46 (1), 57-63.

Etchegoyen, R. H. (1985). Identification and its vicissitudes. International Journal of Psycho-Analysis, 66 (1), 3-18.

Freud, S. (1900). Die Traumdeutung. In Gesammelte Werke, Bd. 2/3 (S. 1-642). Frankfurt a. M.: S. Fischer 1999.

Freud, S. (1916). Trauer und Melancholie. In Gesammelte Werke, Bd. 10 (S. 428-446). Frankfurt a. M.: S. Fischer 1999.

Freud, S. (1921). Massenpsychologie und Ich-Analyse. In Gesammelte Werke, Bd. 13 (S. 71-161). Frankfurt a. M.: S. Fischer 1999.

Freud, S. (1921). Der Untergang des Ödipuskomplexes. In Gesammelte Werke, Bd. 13 (S. 393-402). Frankfurt a. M.: S. Fischer 1999.

Fröschle, H. (2002). Goethes Verhältnis zur Romantik. Würzburg: Königshausen & Neumann.

Frege, G. (2007). Funktion – Begriff – Bedeutung (2. Aufl.). Göttingen: Vandenhoeck & Ruprecht.

Herlitz, V. (2002). Identifikation und Gegenübertragung – zum Rollen(miss)verständnis in der Kind/Arzt-Beziehung. Balint Journal, 3 (3), 65-71.

Kafka, F. (1915). Die Verwandlung. Leipzig: Kurt Wolff.

Laplanche, J. & Pontalis, J.-B. (1972). Das Vokabular der Psychoanalyse. Frankfurt a. M.: Suhrkamp.

Reichert, H. (1993). Film und Kino. Die Maschinerie des Sehens. Unveröffentl. Diplomarbeit. Institut für Theaterwissenschaft, Universität Wien.

Scheler, M. (1973). Wesen und Formen der Sympathie. Gesammelte Werke, Bd. 7. Bonn: Bouvier. (Original erschienen 1913: Zur Phänomenologie und Theorie der Sympathiegefühle und von Liebe und Hass)

Zepf, S. & Hartmann, S. (2005). Konzepte der Identifizierung. Versuch ihrer theoretischen und klinischen Differenzierung. Forum der Psychoanalyse, 21, 30-42.

DAVID LÄTSCH
KLEINMATTSTR. 20
CH-6003 LUZERN
E-MAIL:
david.laetsch@access.uzh.ch

Diskurse im Narrativ –
Diskursive Konstruktionen einer liminalen und medialen Identität in den narrativen Bewältigungen von erwachsenen Kindern psychisch kranker Eltern[1]

Daniel Sollberger

ZUSAMMENFASSUNG: Der Aufsatz exponiert zunächst den Begriff der Identität im Kontext der soziologischen Etablierung des Biografiebegriffs als Versuch, angesichts der modernen lebensweltlichen Pluralisierung und gesellschaftlichen Individualisierung eine Form personaler Einheit zu konzeptualisieren (Identität auf der Folie von temporaler Prozessualität und Alterität).

Im zweiten Teil wird die exponierte Struktur der Identität an der Situation von Kindern psychisch kranker Eltern, insbesondere im Begriff einer „liminalen" und „medialen" Identität ausgeführt und konkretisiert. Hierbei werden exemplarisch verschiedene narrative Positionierungen in Diskursen der Öffentlichkeit, der Normalität und der Pathologie in der biografischen Erzählung einer betroffenen Tochter analysiert.

SCHLÜSSELWÖRTER: Kinder psychisch kranker Eltern, Narrativ, Identität, Alterität, Bewältigung, Biografie

Diskurs und Narrativ deuten eine Bewegung des Durchlaufens oder Hin- und Herlaufens (lat. discurrere) und eine Bewegung des Sprechens, des Beschreibens, Erzählens und Mitteilens (lat. narrare) an. Während sich die letztere Bewegung des Sprechens und Erzählens in einer diachronen Zeitachse – minimal strukturiert durch einen Anfang und ein Ende – entfaltet, verweist der Diskurs weniger auf einen Prozess, als vielmehr auf eine Struktur (z.B. auf Bedeutungsfelder, Konnotationen, Assoziationsketten, formal, aber auch z.B. auf Erzählmuster, rhetorische Figuren etc.), in die sich ein Erzählablauf einzeichnet bzw. durch die er gestaltet wird. Sprechen wir über Identität oder Identitäten, so ist genau die Überkreuzung dieser zwei Verknüpfungs- oder

---

[1] Dieser Aufsatz basiert auf Resultaten eines interdisziplinären Forschungsprojekts zur Situation von Nachkommen psychisch kranker Eltern, finanziert durch den Schweizerischen Nationalfonds im Rahmen des Nationalen Forschungsprogramms NFP 51 "Integration und Ausschluss" (www.nfp51.ch); Projektleitung: Daniel Sollberger; Mitarbeit: Mara Byland (quantitative, psychologische Teilstudie) und Géraldine Widmer (qualitative, kulturwissenschaftliche Teilstudie). Beiden Mitarbeiterinnen möchte ich an dieser Stelle herzlich danken.

Verkettungsmodi von zentraler Bedeutung, denn im Begriff der Identität finden sich zentral sowohl die geschichtliche Dimension der Kontinuität wie auch die strukturelle Dimension der Kohärenz zu einer Einheit konzeptuell verbunden. Das heißt, dass in einem narrativen Identitätsbegriff, wie er im Folgenden ausgeführt werden soll, ein diachroner oder chronologischer Aspekt mit Fragen der Kontinuität bzw. Diskontinuität einerseits und ein synchroner oder diskurslogischer Aspekt von Kohärenz bzw. Inkohärenz fokussiert wird.

Diese abstrakt skizzierten Zusammenhänge sollen am Beispiel der autobiografischen Erzählungen von Nachkommen psychisch kranker Eltern ausgeführt und konkretisiert werden. Ich gehe dazu in drei Schritten vor: In einem ersten Schritt exponiere ich den Begriff der Identität im Kontext der soziologischen Etablierung des Biografiebegriffs (1). In einem zweiten Schritt werde ich diesen Begriff spezifizieren im Hinblick auf die Identitätsentwürfe der betroffenen Nachkommen (2). In einem dritten Schritt werden exemplarisch anhand eines Interviewabschnitts drei Diskurse von Öffentlichkeit, Normalität und Krankheit entwickelt, die die erzählerische Positionierung einer Tochter einer psychisch kranken Mutter mitbestimmen (3).

Identität und Biografie

Identität ist nichts Gegebenes, sondern etwas, das uns *aufgegeben* ist. Diese Aufgabe verlangt im Prozess der Moderne mit der fortschreitenden Enttraditionalisierung und Pluralisierung von Lebensformen von den Einzelnen eine Toleranz gegenüber der Ambivalenz dieses Prozesses (vgl. Keupp 1996, S. 389; Ahbe 1997, S. 214) als einerseits Befreiung, Freisetzung und Zugewinn individueller Gestaltungsmöglichkeiten, andererseits aber Entwurzelung und Verunsicherung (vgl. Beck & Beck-Gernsheim 1994; Giddens 1997). Für das Individuum wird die Freisetzung zu einer erheblichen Belastung, denn: Die Wahl einer Lebensform wird unumgänglich, so dass auch eine Nicht-Wahl eine Wahl ist (vgl. Beck 1995).

Die Biografie hat im sozialwissenschaftlichen Diskurs dadurch eine große Bedeutung erlangt, dass mit der modernen Entgrenzung der individuellen und kollektiven Lebensmuster die Forderung oder mehr noch: der „Zwang zur Bildung einer Ich-Identität" (Böhme 1996, S. 334) selbst zu einem Leiden wurde. Mit dem Begriff der Biografie wird eine dynamische Einheit einer Ich-Identität unter diesen modernen Bedingungen im Sinn von Kontinuität und Kohärenz zu fassen versucht.

Im Biografiebegriff werden dabei *zweierlei Verknüpfungen* geleistet: Zum einen eine *diachrone Verknüpfung in der Zeit*, zum andern einen *synchrone Verknüpfung mit den Anderen*, den generalisierten Anderen, der Sozietät. *Kontinuität und Kohärenz* sind zwei strukturelle Aspekte personaler Identität. „Wer bin ich?" ist demnach in zweierlei Richtung zu beantworten, zum einen indem ich eine Geschichte darüber erzähle, wie ich zu dem geworden bin, der ich bin, bzw. wie ich geworden sein werde als jener, der einst gewesen sein wird. Im Erzählen spannen sich die Dimensionen von Vergangenheit und Zukunft aus der Erzählgegenwart auf, in welcher Biografiearbeit bedeutet, ein Verständnis darüber zu finden, wie ich im zeitlichen Wandel meiner persönlichen Lebensgeschichte *derselbe* bin. Der identitätsstiftende Konstruktionsaspekt im Erzählen betrifft hier also die Prozesshaftigkeit und Temporalität einer biografischen Identität.

Zum andern weist die Frage, wer ich bin, darüber hinaus nicht nur auf das „Derselbe-Sein" im Wandel der Zeit, sondern auf die Frage des *Selbstseins:* Wer bin ich in Abhebung von andern, in Zugehörigkeit zu andern, im Blick der andern, in der Identifikation, der Übernahme, Ablehnung oder Modifikation der Sichtweise der andern? Die Frage der inneren Kohärenz, der Integration von individuellen Bedürfnissen, Motiven und Wünschen nach Selbstverwirklichung mit sozialen Rollenanforderungen und Erwartungen, normativen Einstellungen und gesellschaftlichen Konventionen ist *auf*gegeben. Im biografischen Erzählen zeigt sich die horizontale Verknüpfung zwischen Identität und Alterität, zwischen sozialer und selbstbezüglicher Dimension der Identität in einer Auslegebedürftigkeit von Identität. Auslegebedürftig heißt, dass sie auf einen Sinn hin verstanden, dass sie plausibilisiert, begründet, mit Beispielen belegt und kommentiert werden muss. In der Orientierung am Anderen wird im Erzählen nicht nur etwas erklärt und erzählt, sondern es wird jemandem erzählt, *es erklärt sich jemand jemandem*.²

Das narrative Selbstbild als biografische Identität entsteht nicht introspektiv, sondern im Spiegel des Anderen, d.h. *inter*subjektiv. Neben der Temporalität, die eine Unabschließbarkeit, eine fortwährend erneut zu realisierende Einheit aktiver Identitätsarbeit signalisiert, bildet die Alterität die andere Seite der Medaille narrativ biografischer Identität. Identitätskonstruktionen sind insofern soziale Positionierungen, Produkte eines sozialen Austauschens und Aushandelns, die auf Akzeptanz und Anerkennung des Andern abzielen.

Biografische Identität als Aufgabe einer – auch erzählerischen – Gestaltung unterliegt dem Risiko des Scheiterns und des Identitätsverlusts, gegen den es anzukämpfen gilt, indem die Aufgabe einer Selbstverständigung und Selbstvergewisserung situativ und kontextabhängig in konkreten Interaktionen auszuhandeln und zu leisten ist. Daraus lässt sich folgern, dass die Selbstvergewisserung eigener Kontinuität und Kohärenz insbesondere dort virulent wird, wo sie in Frage steht, wo Gefährdungen entstehen. Irritationen, Abweichendes, Unerwartetes, Ungewöhnliches, Verunsicherungen, Desorientierung, d.h. eine „Diskontinuität" (vgl. Boueke 1995), ein Abweichen von einer Erwartungsnorm, ein „destabilisierendes Element" (Boothe 1994, S. 24) geben nicht nur Anlässe für Erzählungen, ihre Darstellung bildet zumeist auch explizit ihren Kern.

«LIMINALE» UND «MEDIALE IDENTITÄT» VON KINDERN PSYCHISCH KRANKER ELTERN

Aus qualitativen Studien, die sich um ein vertieftes Verständnis der Welt von Kindern psychisch kranker Eltern bemühen (vgl. Dunn 1995; Deneke 2005; Sollberger 2000), geht hervor, dass die meisten der Betroffenen unter emotionaler Vernachlässigung, Isolation der Familie, Schuldgefühlen und Loyalitätskonflikten leiden. Ebenso werden eine mangelnde soziale Unterstützung für die Kinder und ihre Familien sowie negative Erfahrungen mit In-

---

² In der englischen Konversationsanalytik und Soziolinguistik wurde dafür der Begriff des accounting geprägt, vgl. dazu auch Roesler 2002, S. 1-29.

stitutionen des Gesundheitssystems beklagt. Aus den Erzählungen von betroffenen Nachkommen[3] geht u.a. hervor, dass sich Erfahrungen der Kinder in Extreme aufspalten können und sich für die Kinder zunehmend voneinander getrennte Welten eröffnen:

«[...] daheim ist wie der SCHWARZE GIFTIGE ORT, und und dort, bei der Anna, ist wie so der SCHÖNE, WARME, ORT den es WIRKLICH könnte geben. und sie hat NIE dürfen zu mir. [...] ja und es passt nicht zusammen diese beiden Welten. [ah ja.] die die die doch WARME, und dann die 'wo': für wenn jemand wirklich NORMAL und WARM ist.=kann der das nicht VERSTEHEN wie meine Mutter ist. das das überfordert jemanden. VÖLLIG. ich meine MICH überfordert es ja auch, ich habe also: und das hat NICHT dürfen zusammen, (lacht) nicht dürfen zusammen kommen.»[4]
(39-jährige Tochter einer schizophren erkrankten Mutter, E 906f., 61. Gesprächsminute)

Nicht selten werden Kinder Zeugen von Gewalt und Zwang (etwa im Fall von Zwangshospitalisationen der Eltern), machen traumatisierende Erfahrungen etwa bei Suiziddrohungen, Suizidversuchen oder vollendeten Suiziden des kranken Elternteils oder werden auch selber Opfer von physischer und psychischer Gewalt. Verwirrung, Verunsicherung, Desorientierung und Ängste der Kinder greifen Raum in der Unfähigkeit, Krankheitssymptome der Eltern verstehen und einordnen zu können, in der Unwissenheit über den Grund einer (plötzlichen) Veränderung im Verhalten des Vaters oder der Mutter. Die z.T. traumatischen Erlebnisse in der Familie, wie sie Kinder durch das Anderswerden der Eltern[5], durch Aggressivität und Gewalt machen, aber auch der schleichende Vertrauensverlust führt Kinder und Jugendliche nicht nur zu Infragestellungen der Beziehungen zu den Nächsten, sondern auch zu fundamentalen Zweifeln am Weltbild, an der Realität und letztlich an sich selbst.

Auf der andern Seite tragen die Kinder zugleich unangemessen hohe Verantwortungen in ihren Familien, gegenüber dem kranken wie auch gesunden Elternteil, gegenüber Geschwistern. Es kommt zu parentifizierenden Rollenverkehrungen:

«[...] also in dieser Familie bin ICH irgendwie immer die MUTTER gewesen.»
(21-jährige Tochter einer depressiven Mutter, G 36, 3. Gesprächsminute).

«[...] ich habe *auch* das Gefühl gehabt, ICH bin für alles verantwortlich, für IHN, für die EINLIEFERUNG, für ALLES. Und dass überhaupt irgend etwas stattfindet.»

---

[3] Im Rahmen des oben erwähnten Forschungsprojekts wurden biografische Interviews mit 22 Nachkommen geführt und die detaillierten Manuskripte mittels Positionierungsanalysen (Lucius-Hoene & Deppermann 2005) bearbeitet.

[4] Namen anonymisiert. Die Zitate aus den Interviewtranskripten folgen allgemeinen Transkriptionsregeln, die an dieser Stelle nur kursorisch erwähnt werden sollen. So weist z.B. die Grossschreibung auf die Betonung von Wörtern oder Silben hin, Punkte auf intonatorische Stimmsenkung, Kommata auf leichtes Ansteigen der Stimme, Doppelpunkte auf ein leichtes Stocken im Erzählfluss, "=" für sofortigen Anschluss eines Wortes an das vorherige, "-" für eine kurze Pause. Satzanfänge werden nicht gross geschrieben, ansonsten wurde die Groß-Klein-Schreibung der Leserfreundlichkeit halber beibehalten

[5] Zu den sprachlichen Vergewisserungsversuchen der Identität des sich verändernden Elternteils vgl. Sollberger 2000, S. 61f. u. 73ff..

(22-jährige Tochter eines schizophren erkrankten Vaters, A 155f., 11. Gesprächsminute)

Häufig geschieht dies alles unter Verdikten der Verschwiegenheit angesichts der gesellschaftlichen Stigmatisierung psychischer Krankheit.

So weiß die Welt außerhalb der Familie wenig oder nichts über jene der Familie, die Welt der Familie ist gegenüber der andern auf Stillschweigen, Tabuisierung und Verbergen bedacht. Kinder werden kaum aufgeklärt über die Krankheit ihrer Eltern, je jünger, desto weniger. Die Folgen sind innere und äußere Distanznahmen der Kinder sowohl gegenüber der Familie wie auch der «Außenwelt», Entfremdungserfahrungen, die von Schuld- und Schamgefühlen begleitet sind und die Kinder letztlich auch in Loyalitätskonflikte und eine zumeist innere Isolation führen.

«[...] und ein Kind ist eine seltsame Mischung von Scham und Loyalität [...] und: natürlich: größtmögliche Verwirrung.»
(39-jährige Tochter einer schizophren erkrankten Mutter, E 234f., 83. Gesprächsminute)

In oft seismografischer Wahrnehmung der familiären und elterlichen Stimmungslagen nehmen Kinder (implizit) die Normalitätsperspektive der Außenwelt auf die eigene familiäre Welt ein, in welcher abnorme, verunsichernde und verwirrende Dinge vor sich gehen. Dies setzt eine Differenz der Fremdheit und Andersheit. Zugleich aber stehen sie auch in der Perspektive der Familie, zu der sie gehören und sich infolgedessen auch als Objekt der Außensicht wahrnehmen. Die Zugehörigkeit zur Familie setzt sie in die Andersheit gegenüber der außerfamiliären Welt. Das Gefühl der Andersheit, welches in einer Fragebogenerhebung im Rahmen unserer Studie über 70 der ca. 100 von uns befragten Nachkommen angeben, als Kind gehabt zu haben, beschreibt sowohl das Schwellendasein einer *liminalen* Identität[6] wie auch die Vermittlungsposition einer *medialen* Identität (vgl. dazu Sollberger et al. 2007; 2008). Die Tabuisierung, welche für die Kinder ein großes Problem darstellt, hält beide Welten sowohl getrennt, wie sie sie zugleich zur Aufgabe einer Vermittlung macht. Dies mag einen kleinen Eindruck von der Gefährdung und Infragestellung der eigenen Identität betroffener Nachkommen von psychisch kranken Eltern geben.

Positionierungen im Diskurs der Öffentlichkeit, der Normalität und der Krankheit

Ein plastisches Beispiel für die Balance zwischen den Welten, den Abgrenzungen und Zugehörigkeiten, die die Betroffenen jeweils situativ neu suchen, gibt die Erzählung einer 19-jährigen Tochter einer bipolar affektiv erkrankten Mutter:

«c und dann hat es irgendwie einmal an einem SONNTAGMORGEN das ist ganz GESTOERT. ist einfach vor meiner Türe

---

[6] Im Anschluss an den Ethnologen V. Turner (1989), der zur Bezeichnung lebenskritischer Übergänge zwischen sozialer Trennung und sozialer Angliederung und Inkorporation den Begriff der Liminalität (lat. limen = Schwelle) geprägt hat, ließen sich auch der beschriebene Schwellenzustand der Kinder und die daraus erwachsende Identität als liminal bezeichnen.

c irgendwie so ein BAND, gewesen, so ein rotes Band, so wie ich darf nicht
g vor der Zimmertüre.
c einfach ja, wie so GESPANNT durch das Zi/ also durch: vor der Türe, so wie dass ich jetzt nicht hinaus dürfte, [...]
c bin ich so aufgestanden und xxx was ist denn DAS? dann hat meine Mutter gefunden: jetzt läutest du sofort der Polizei an. und ich habe es natürlich ÜBERHAUPT nicht begriffen? *schön grad aufgewacht? der Polizei anrufen? KEIN GRUND? und nachher WIESO?* läute der Polizei an. sie hat gesagt du musst anläuten. dann habe ich gedacht: das kann EH nicht sein, dss *jetzt* erzählt sie nur Mist? wenn ich jetzt xx erzähle, ist irgendwie – komisch also lustig, aber: es ist schon recht BELASTEND gewesen, zu dieser Zeit.
g m=hm,
c eben dann habe ich der Polizei angeläutet, habe ja müssen, oder?
g also weil das ihr WUNSCH gewesen ist.
c ja, ich habe – MÜSSEN. es ist nicht gegangen also ich hätte ni/ ich habe mich fast nicht können WEIGERN? – also ich weiß auch nicht, was dann passiert=also: (lacht) die hätte wahrscheinlich ein: wieder einen RIESEN Aufstand gemacht? und dann habe ich angeläutet? und dann hat sie gefunden eben, ich solle einmal ein bisschen auf meine Mutter schauen und vielleicht: ob sie in psychiatrischer Behandlung ist?
g hat die POLIZEI gefragt.
c ja, also die haben es sicher AUCH gemerkt, weil sie hat immer gefunden: ja, die Polizei steht auf ihrer Seite: und *überhaupt:* es ist GANZ komisch gewesen.
g aber was haben Sie denn der Polizei GESAGT?
c mm. eben, dann habe ich gesagt ja, es ist schon DANN natürlich <leicht lachend <klar gewesen, dass sie eine manische Depression hat, und dann habe ich gesagt eben? <sie hat eine manische Depression? und: also groß viel habe ich auch nicht sagen können.
g m=hm.
c ich glaube sonst wäre sie *gan/* [...].
g [...] das hat er irgendwie dann gesagt? – dass ähm dass sie das an Leuten kennen? und dass ich jetzt eben soll vielleicht –'LUEGE' dass – ja? dass sie irgendwie in Behandlung kommt.»

(19-jährige Tochter einer bipolar affektiv erkrankten Mutter, C 460ff., 30. Gesprächsminute)

Die Szene verdeutlicht in metaphorischer Art und Weise Abgrenzungs- oder Positionierungsvorgänge, mit denen die Erzählerin verschiedene Welten auseinanderzuhalten versucht. Zunächst schildert sie auf der Ebene des erzählten Erlebnisses und der geschilderten Interaktanten eine Grunderfahrung vieler betroffener Kinder, dass sie sich nämlich mit einer für sie fremden Realität ihrer kranken Mutter konfrontiert sieht, die aus psychiatrischer Sicht als psychotische Realitätsverzerrung beschrieben würde, für Kinder aber nicht selten einfach nur befremdlich wirkt.

In der Schilderung wird deutlich, dass die Mutter sich vor dem wahnhaft vermuteten Eindringen anderer in die Wohnung zu schützen versucht. Sie zieht ein Band und markiert damit in zweierlei Bedeutung eine Grenze: Zum einen symbolisiert das Band die Grenze zwischen Eindringlingen und ihr selbst, insofern als es sozusagen als Spuren sicherndes Mittel dazu dient, dass die Polizei Beweismittel aufnehmen kann. Dies würde letztlich ihre eigene Realitätssicht garantieren, dass nämlich tatsächlich Fremde in der Wohnung gewesen sind und es sich nicht bloß um eine ihr vielleicht auch schon durch andere vorgehaltene wahnhafte Realitätsverkennung handelt. Zum andern symbolisiert das Band aber zugleich die Grenze zwischen der Mutter und der Tochter: Die Tochter wird in ihrem Zimmer zurückgehalten («*ich darf nicht hinaus*») – wobei offen bleibt, ob die Mutter dies aus Angst vor Spurenverwischung tut oder aus Angst um die Tochter, indem das Band fast einen magischen Charakter annimmt. Gleichzeitig nun verlangt die Mutter von der Tochter, dass sie den Kontakt zur Polizei vermittelt, das heißt aber, die Verbindung (Band in dieser Bedeutung) zu genau jener Instanz herstellt, die für Ordnung, Sicherheit, Normalität, Abgrenzung gegen Fremde etc. garantiert bzw. diese wieder etabliert.

Es spielen sich also gewissermaßen zunächst Positionierungen der beiden Akteurinnen im Diskurs der *Normalität* ab. Während die Mutter die Normalität in Frage gestellt sieht, wahnhaft in ihrer Vermutung von Eindringlingen, und diese wieder hergestellt haben möchte durch die zuständige Instanz, sieht die Tochter ihrerseits die Normalität der Mutter in Frage gestellt und zweifelt entsprechend, ob die Polizei die richtige Ansprechpartnerin für das Problem darstellt. Sie signalisiert dies gegenüber der Zuhörerin der Geschichte mit dem metanarrativen Kommentar «*dann habe ich gedacht. Das kann EH nicht sein, dass jetzt erzählt sie nur Mist*».

Die Abgrenzung der Erzählerin gegenüber der Situationsinterpretation der Mutter wird zunächst gegenüber der Zuhörerin deutlich. Diese bildet als generalisierte Andere eine Form von *Öffentlichkeit*. Die Öffentlichkeit findet ihre Präsenz in der Erzählung durch die Polizei, die bezeichnenderweise medialisiert erscheint, nämlich am Telefon über die Vermittlung der Tochter. Diese stellt das Mittelglied zwischen verängstigter Mutter und ungläubiger Öffentlichkeit dar, wobei sie gegenüber der Mutter dem Frieden zuliebe den Kontakt zur Polizei hergestellt hat, gleichzeitig jetzt aber dieser Polizei, die ihr Befremden zum Ausdruck bringt (*«schauen sie ein bisschen zu ihrer Mutter»*), signalisieren muss, dass sie selbst eine durchaus adäquate Situationseinschätzung teilt und sich von der psychotischen Realitätsverkennung der Mutter absetzt – nicht von der Mutter selbst!

Neben dem Diskurs der Normalität und jenem der erzählerisch evozierten Öffentlichkeit eröffnet sich schließlich ein *Krankheitsdiskurs*. Die Tochter weiß um die psychische Krankheit ihrer Mutter und gibt der Polizei, aber auch der Interviewerin, letztlich eben generell der außerfamiliären Öffentlichkeit gegenüber durch den Fachterminus einer manischen Depression zu erkennen, dass sie das wahnhafte Verhalten der Mutter als Ausdruck einer affektiven Erkrankung versteht. Es erfolgt eine gegenseitige Vergewisserung von Polizei und Tochter, indem diese jetzt auch zu erkennen gibt, dass der Polizist ihr von ähnlichen ‚Fällen' berichtet, in denen die Polizei ausrücken muss:

«*das hat er irgendwie dann gesagt? – dass ähm dass sie das an Leuten kennt? und dass ich jetzt eben soll vielleicht – (atmet ein) 'LUEGE' dass (atmet aus) – ja? dass sie irgendwie in Behandlung kommt.*»
(C 503ff., 32. Gesprächsminute)

Die pathologische Kategorisierung des mütterlichen Verhaltens klärt zumindest die öffentlichen sozialen Beziehungen und das dadurch mitbestimmte Selbstbild der Betroffenen. Denn sie präsentiert sich in der öffentlich geteilten Situationseinschätzung zugleich als psychisch gesunde Tochter – gegenüber der Polizei, gegenüber der Interviewerin. Offen aber bleibt damit die Beziehung zwischen der Tochter, die die Ängste der Mutter aufnimmt, und der Mutter, die wahrscheinlich Beruhigung durch den Anruf der Tochter erfährt, möglicherweise aber dennoch ihre Pathologisierung realisiert.

Die Öffentlichkeit, die in Fragen der Normalität, in der Unterscheidung von gesund und krank und in Form verschiedener institutioneller Instanzen in den Geschichten der Nachkommen psychisch kranker Eltern immer wieder erscheint, ist in der narrativen Konstruktion der Identität der Betroffenen von konstitutiver Bedeutung. Auf der Schwelle und in der Vermittlerrolle ist das metaphorische „Band" Abgrenzung und Verbindung zugleich, will heißen: In der Übernahme der Dritt- oder Außenperspektive auf sich selbst („me" nach Mead 1968) erfolgt im Erzählen über eine paradigmatische Situierung in Diskursen von Öffentlichkeit, Normalität und Pathologie eine Identifikation und Verinnerlichung interpersonaler und gesellschaftlicher Wirklichkeit, der sich zugleich aber jener Ich- oder Persönlichkeitsanteil („I") widersetzt, welcher den irreduziblen, in der Kontinuität des Erzählens sich abschattenden individuellen Identitätsaspekt aufscheinen lässt, der sich einer vollständigen sozialen Vermittlung entzieht.

LITERATUR

Ahbe, T. (1997). Ressourcen, Transformation, Identität. In Keupp, H. & Höfer, R. (Hrsg.), Identitätsarbeit heute (S. 207-226). Frankfurt/M.: Suhrkamp,

Beck, U. et al. (1995). Eigenes Leben. Ausflüge in die unbekannte Gesellschaft. Frankfurt a.M.: Beck.

Beck, U. & Beck-Gernsheim, E. (1994). Riskante Freiheiten. Individualisierung in modernen Gesellschaften. Frankfurt/M.: Suhrkamp.

Böhme, G. (1996). Selbstsein und derselbe sein. Über ethische und sozialtheoretische Voraussetzungen von Identität. In Barkhaus, A. et al. (Hrsg.), Identität, Leiblichkeit, Normativität. Neue Horizonte anthropologischen Denkens (S. 322-340). Frankfurt/M.: Suhrkamp.

Boothe B. (1994). Der Patient als Erzähler in der Psychotherapie. Göttingen: Vandenhoeck u. Ruprecht.

Boueke D. et al. (1995). Wie Kinder erzählen: Untersuchungen zur Erzähltheorie und zur Entwicklung narrativer Fähigkeiten. München: Fink.

Deneke, Ch. (2005). Kinder psychisch kranker Eltern: Entwicklungsrisiken und Ansätze zur Prävention. Forum der Kinder- und Jugendpsychiatrie und Psychotherapie, 15, 61-81.

Dunn, B. (1993). Growing up with a psychotic mother: A retrospective study. Am J Orthopsychiatry, 63, 177-189.

Giddens, A. (1997). Jenseits von Links und Rechts. Frankfurt/M.: Suhrkamp.

Keupp, H. (1996). Bedrohte und befreite Identitäten in der Risikogesellschaft. In Barkhaus, A. et al. (Hrsg.), Identität, Leiblichkeit, Normativität. Neue Horizonte anthropologischen Denkens (S. 380-403). Frankfurt/M.: Suhrkamp.

Lucius-Hoene, G., Deppermann, A. (2002). Rekonstruktion narrativer Identität. Opladen: Leske & Budrich.

Mead, G. H. (1968). Geist, Identität und Gesellschaft aus der Sicht des Sozialbehaviorismus. Frankfurt/M.: Suhrkamp (orig. Mind, Self, and Society. Chicago 1934).

Roesler, Ch. (2002). Individuelle Identitätskonstruktionen und kollektive Sinnstiftungsmuster. Diss. Albert-Ludwigs-Universität Freiburg i.Br.: www.freidok.uni-freiburg.de/volltexte /527 [18.02.04].

Sollberger, D. (2000). Psychotische Eltern – verletzliche Kinder. Identität und Biografie von Kindern psychisch kranker Eltern. Bonn: Psychiatrie Verlag Edition Das Narrenschiff.

Sollberger, D. et al. (2007). Biographische Identität zwischen Stigma und Tabu. In Mottier, V. & von Mandach, L. (Hrsg.), Pflege, Stigmatisierung und Eugenik (S. 107-118). Zürich: Seismo Verlag.

Sollberger, D. et al. (2008). Erwachsene Kinder psychisch kranker Eltern. Belastungen, Bewältigung und biographische Identität. In Lenz, A. & Jungbauer, J. (Hrsg.), Kinder und Partner psychisch kranker Menschen: Belastungen, Hilfe-bedarf, Interventionskonzepte (S. 157-194). Tübingen: DGVT.

Turner, V. (1989). Vom Ritual zum Theater. Der Ernst des menschlichen Spiels. Frankfurt/M.: Ed. Qumran.

DR. MED. DR. PHIL.
DANIEL SOLLBERGER
UNIVERSITÄRE PSYCHIATRISCHE
KLINIKEN **(UPK)** BASEL
PSYCHIATRISCHE KLINIK DR. MED.
DR. PHIL. DANIEL SOLLBERGER
LEITENDER ARZT
ABTEILUNG PSYCHOTHERAPIE UND
PSYCHOHYGIENE
WILHELM KLEIN-STRASSE 27
CH-4025 BASEL
E-MAIL: daniel.sollberger@upkbs.ch

Peter Schulz
Pathogene Stressverarbeitung und psychosomatische Störungen

In dieser Arbeit wird der Zusammenhang von Stress und Psychosomatik aus einer neuen Perspektive betrachtet. Entscheidend für die Entwicklung psychosomatischer Erkrankungen ist nicht der Stress oder das Stresserleben an sich, sondern wie der Einzelne sich damit auseinandersetzt. Kommt es zu pathogenen Formen der Stressverarbeitung, entstehen verschiedene Arten von chronischem Stress, die in der Folge die Störungsgenese mitbestimmen. Herausgearbeitet wird, wie pathogene Mechanismen bei der Stressverarbeitung beschaffen sind und welche Bedeutung unterschiedliche Formen pathogener Stressverarbeitung für die Entstehung psychosomatischer Störungen haben. Es werden exemplarisch acht psychosomatische Störungen behandelt. In einem weiteren Teil geht es um den Umgang mit psychosomatischen Erkrankungen, die sich bereits entwickelt haben. Es wird gezeigt, welche Folgen verschiedene Formen ungeeigneter Krankheitsbewältigung für den Verlauf psychosomatischer Störungen haben. **200 Seiten, ISBN 978-3-89967-393-7, Preis: 20,- €**

PABST SCIENCE PUBLISHERS
Eichengrund 28, D-49525 Lengerich, Tel. ++ 49 (0) 5484-308, Fax ++ 49 (0) 5484-550, pabst@pabst-publishers.de, www.psychologie-aktuell.com, www.pabst-publishers.de

Ich, wir und die Anderen – Individualisierungstheoretische Anfragen an eine Theorie narrativer Identität

Wolfgang Kraus

ZUSAMMENFASSUNG: Der Artikel geht davon aus, dass die Frage der Narrativität in der Identitätsentwicklung vor dem Hintergrund der Individualisierungstheorie diskutiert werden muss. Denn aus einer individualisierungstheoretischen Perspektive ergeben sich konzeptionelle Anfragen an eine Theorie narrativer Identität. Ihre Beantwortung erfordert eine kritische Sichtung bisheriger Konzepte und eine neue Sortierung der narratologischen Werkzeuge für die Identitätsforschung. Der Artikel stellt zunächst die aktuellen Kernfragen der sozialwissenschaftlichen Identitätsforschung vor. Diese theorieimmanente Debatte wird in einem zweiten Schritt ergänzt um individualisierungstheoretische Überlegungen zu einer Veränderung der Identitätsentwicklung in der reflexiven Moderne. In einem dritten Schritt werden narratologische Angebote benannt an eine Theorie narrativer Identität, die sich der gesellschaftlich-historischen Situierung ihres Forschungsgegenstandes bewusst ist und ihr eigenes normatives Gepäck ideologiekritisch durchleuchtet.

SCHLÜSSELWÖRTER: Narrative Identität, Individualisierung, reflexive Moderne, Positioning, Small Story, Zugehörigkeit, Alterität

Die Ausdifferenzierung der Identitätsfrage: Fünf Dimensionen

Wer kürzelhaft darüber Auskunft geben soll, worum es bei der Frage der Identität geht, stützt sich – auch in der Fachliteratur – gerne auf die Formulierung, Identität sei die Antwort auf die Frage „wer bin ich?". Die Frage stellt sich jedem Menschen und zwar nicht nur einmal, sondern immer wieder, denn sie kann nicht abschließend beantwortet werden. Zeitläufe und Kontingenzen erfordern immer von Neuem eine Vergewisserung, ob die gefundenen Antworten noch gültig sind. Theoriehistorisch hat sich gezeigt, dass diese kurze Frage allein schon eine erhebliche Komplexität aufweist. Zum einen ist modelltheoretisch die Frage zu beantworten, wer denn über wen nachdenkt bei der Frage „wer bin ich?", wer also Subjekt und Objekt in diesem Denkprozess ist – und wie das Verhältnis der beiden zueinander zu verstehen ist. Zum anderen stellt sich die Frage nach dem sozialen Bezug des Individuums. Entsprechend ist bei jedem Versuch der Entfaltung einer Identitätstheorie der Bezug zum anderen zu finden; Identität und Alterität als unauflösliche Spannung menschlicher Existenz.

In der neueren Identitätsdiskussion hat die auf den ersten Blick doch so einfach zu formulierende Identitätsfrage eine erhebliche Ausdifferenzierung erfahren. Fünf zentrale Dimensionen dieser Diskussion stelle ich vor. Dabei wird deutlich werden, dass die Frage der Narrativität zwar in den Kulissen immer präsent ist, dass aber viele Identitätsdiskurse ohne offene Bezugnahme auf eine Theorie narrativer Identität auskommen.

Zeitbezug

Zum Ersten ist zu präzisieren, dass es bei der Identitätsfrage nicht allein darum geht, wer ich bin, sondern wer ich *in der Zeit* bin, als jemand, der die eigene Entwicklung wahrnimmt, reflektiert und gestaltet. Insbesondere die Zukunft ist eine Zeitperspektive, die oft vernachlässigt wird. Melges (1982) spricht vom *futuring*, der Zukunftsbezogenheit, als bedeutsamem Element der Identitätsentwicklung. Auch Tesch-Römer (1990) betont mit seinem Kernbegriff des *Identitätsprojekts* ihre Bedeutung für die Identitätsarbeit. Beide knüpfen damit an Erik Erikson an, der ebenfalls das Fehlen einer Zukunftsorientierung als Charakteristikum der Identitätsdiffusion benannt hat. An Brisanz gewinnt die Zukunftsfrage durch aktuelle Zeitdiagnosen, welche die Schrumpfung der subjektiven Planungshorizonte konstatieren. „Zusammensetzen und wieder trennen, die alltägliche Erzeugung von Flickwerk, ist an die Stelle des biographischen Lebensentwurfes getreten. Lebensstile anzunehmen, auszutauschen, neu zusammenzustellen, setzt eine enorme Integrationsleistung voraus, die unter ständigem Innovationsdruck hervorgebracht werden muss. Sie kann nur in einer Pluralität von Zeiten geleistet werden" (Nowotny 1995, S. 99).

Sinn

Eine zweite Dimension des Identitätsprozesses ist die Arbeit an den *eigenen Überzeugungen und Sinnkonstruktionen*. Erfahrung ist nicht das, was man erlebt, sondern das, was man mit dem Erlebten macht. Es geht um das Bewerten und Einordnen, um Sinn und Verstehen. In der Identitätsdiskussion finden wir hier den Begriff der *personal ideology* (Marcia 1993), der persönlichen Überzeugungen einerseits und der Sinnkonstruktionen, des *sense making* (Bruner 2002) andererseits. Ein Blick auf die Autobiographieforschung bestätigt die Bedeutung der Sinnkonstruktion. Denn Charakteristikum der modernen Autobiographie ist gerade ihr Anspruch, Leben nicht einfach nachzuerzählen, sondern innere persönliche Entwicklungen für sich und andere verstehbar zu machen. Auch diese Identitätsaufgabe muss schwerer werden angesichts der oben konstatierten Verkürzung von Zeitperspektiven.

Die drei nächsten Dimensionen der aktuellen Identitätsdiskussion fokussieren auf (a) die soziale Bezogenheit jeder Identitätsarbeit, (b) die Machtbezogenheit dieser Situierung und schließlich (c) die damit unablässig einhergehende situative Konstruktionsarbeit.

Gemeinschaft

Die Frage der Alterität stellt eine dritte Dimension dar. Natürlich war der Bezug auf die anderen in der Identitätspsychologie immer schon mitgedacht, denn wir alle sind *Teil von sozialen Gemeinschaften*. Aber in der Identitätstheorie spielen solche Bezüge eine untergeordnete Rolle. Die Betonung der Notwendigkeit, eine *individuelle* Antwort auf die Identitätsfrage zu finden, lässt oft die sozialen Bezüge, in denen letztlich die Antworten konstruiert und vertreten werden müssen, außer acht. Der Wir-Bezug ist zwar vorhanden, aber im Großen und Ganzen gilt nach wie vor Peter Wagners (2002, S. 315) Feststellung, dass die Diskussionen um kollektive und personale Identität merkwürdig unverbunden nebeneinander stehen. Damit werde aber ignoriert, dass der Bezug auf kollektive Identitäten konstitutiv für jede personale Identität sei.

DIE („GANZ") ANDEREN

Eine vierte Dimension ist die Frage der Differenz, des Eigenen und des Fremden und seiner Konstruktion. Man könnte mit einigem Recht sagen, dass die Fragefacetten *Teil von* und in *Differenz zu* zwei Seiten einer Medaille sind. Ich unterscheide sie hier, weil sie mit zwei distinkten Theoriediskussionen verknüpft sind. Der Ab- und Ausgrenzungsfokus wird v. a. in den sogenannten *postcolonial studies* ins Zentrum gerückt. Sie untersuchen das Ausgrenzen und Ausgegrenzt-Werden, die Zuschreibung von Identitäten durch andere und die Machstrategien, die solchen Prozessen zugrunde liegen; und nicht zuletzt versuchen sie, Gegenstrategien zu identifizieren, die es den solchermaßen funktionalisierten Gruppen ermöglichen, die Selbstbestimmung über ihre Identitätsarbeit zurückzugewinnen. Sampson (1993, S. 4) spricht in diesem Zusammenhang von den *serviceable others*, von „dienstbaren" Individuen und Gruppen, deren soziale Funktion es ist, die „Lesbarkeit" eines Erzählers zu erhöhen.

IDENTITÄT ALS REFLEXIVES, SITUATIONSBEZOGENES (SPRACH-) HANDELN

Die fünfte und letzte Dimension der Identitätsdiskussion schließlich kreist um die Frage der Performativität, des *doing identity*. Identität, so betonen die Vertreter dieser Perspektive, ist nicht etwas, was der Einzelne innerlich leistet und wovon er sodann im Ergebnis berichten kann. Identität ist vielmehr ein kontinuierlicher Prozess der Teilhabe in Diskurswelten und der selbstreflexiven Verarbeitung, der Ordnung dieses Erlebens. Identitätsarbeit muss daher situativ und kontextuiert verstanden werden (Keupp et al. 2008).

WIR-BEZUG UND GESELLSCHAFTLICHE INDIVIDUALISIERUNG

Die Ausdifferenzierung der Identitätsfrage darf nicht nur theorieimmanent betrachtet werden, denn sie steht in Resonanz zu gesellschaftlichen Veränderungen. Im Hinblick auf die Bedeutung subjektiver Wir-Bezüge für die Identitätsentwicklung liefert uns die Individualisierungstheorie die wesentlichen Stichworte (Junge 2002). Sie geht davon aus, dass sich in den modernen Industriegesellschaften die Muster dieser Wir-Bezüge verändern. De Singly (2003) unterscheidet eine *erste* Moderne von unserer heutigen, *reflexiven* Moderne. Individualisierung gehörte zwar von Beginn an zum *Programm* der Moderne, Kennzeichen der *ersten* Moderne war es aber gerade, dass die Formen sozialer Bindung relativ stabil blieben. Natürlich gab es gesellschaftlichen Wandel, aber seine Reichweite war beschränkt. Denn die gesellschaftlichen Institutionen: Schule, Gesundheitsversorgung, Sozialwesen, Familie, stellten einen – männlich dominierten – Sozialisationsrahmen dar, der alle in gewisser Weise in ihren Verortungen band.

In „unserer" reflexiven Moderne entkoppelt sich tendenziell die institutionelle Strukturierung von Sozialisierungspfaden; das Angebot an Normalformen für Individualbiografien schwindet; die Bindung an Traditionen und ihre institutionelle lebensphasische Strukturierung wird schwächer. Kollektive Identitäten der ersten Moderne verlieren den Charakter des Gegebenen. Eine solche Offenheit *erleichtert* die individuelle Wahl von Wir-Bezügen und erhöht deren Bedeutung. Das individualisierte Individuum muss dabei nicht mehr auf ein Bindungserbe Rücksicht nehmen. Denn in der reflexiven Moderne hat, so de Singly (2003), das individualisierte Individuum das Recht, sein Erbe zu wählen. Es wächst die „Tendenz der Subjekte [...], ein Mehr an inneren Identitätsmöglichkeiten zuzulassen" (Honneth 2000, S. 1087). Dies hat andererseits zur Folge, dass es für das Individuum immer schwerer wird, seine Identität als Einheit zu artikulieren. Nur noch in je einzelnen Bindungskontexten kann es sich identitär als Ganzes beschreiben. Hahn & Bohn (1999, S. 35) unterscheiden zwei Modi dafür, den Modus der „biographischen Identität" und den Modus einer „partizipativen Identität". Die partizipative Identität nimmt Bezug auf die Gemeinsamkeiten mit anderen, auf soziale Zugehörigkeit. Weil aber die gruppenspezifischen Merkmale nicht eindimensional sind und sich in Teilaspekten artikulieren, bedarf es wiederum der Biographisierung zur Konstruktion einer „Gesamtidentität", die das Individuum als ganze und einzigartige Person beschreibt.

Narrativität und Individualisierung: Konzeptionelle Angebote

Aus einer solchen Perspektive lastet auf der Narrativität die Hoffnung des individualisierten Individuums, im Sich-Erzählen die Heterogenität seiner situativen Selbstvergewisserungen zu strukturieren mit dem Ziel der subjektiven Sinnkonstruktion. Und damit rückt sie auch prominent in das Blickfeld der Identitätstheorie, denn das Sich-Erzählen, das *performing narrative* (Langellier & Peterson 2004) der Individuen ist dann der empirische Ort, an dem Identitätsarbeit analysiert werden muss. Notwendig ist dafür allerdings, dass die konzeptionellen Grundlagen einer *Theorie narrativer Identität* der individualisierungstheoretischen Ausdifferenzierung der Identitätsdiskussion folgen können. Bezogen auf die genannten fünf Dimensionen lassen sich aus der Perspektive einer narrativen Identitätstheorie folgende konzeptionellen Überlegungen identifizieren.

Kritik der Big Story

Relativ unstrittig ist, dass die Subjekte die Frage *„wer bin ich?"* narrativ verhandeln. Weit weniger klar ist allerdings, wie sie das tun. Nicht selten wird impliziert, dass Identitätsarbeit auf die *eine* Lebensgeschichte bezogen ist. Demgegenüber betonen etwa Ochs & Capps (2001), dass die in sich geschlossene Selbsterzählung ein voraussetzungsvoller Spezialfall von Selbsterzählungen ist. Sie setzt eine Erzählsituation voraus (Interview, Therapie u. Ä.), deren Zweck genau die Erzeugung einer solchen Narration ist. Dafür gibt es diskursive Konventionen, die für eine solche Situation gelten und die Erzählung beglaubigen. Aber die narrative Konstruktion des Selbst geht weit über diesen Spezialfall, der in vielen Leben nie eintritt, hinaus. Das Universum der Selbsterzählungen ist also wesentlich größer als die eine autobiographische *big story* des eigenen Lebens (vgl. Bamberg 2006).

KRITIK DER UNILINEAREN ERZÄHLKONSTRUKTION

Auch der *Zeitbezug* in der Identitätsarbeit wird aus narratologischer Perspektive problematisiert. Die Linearität als ein Charakteristikum des Erzählens („...und dann, ...und dann") zeigt sich dann besonders deutlich als ideologisches Korsett, wenn es gilt, disparates Leben, unterschiedliche Lebenswelten und konfligierende soziale Rollen narrativ zu fassen. Und die Frage der Anschlussfähigkeit einer Selbsterzählung für eine Identität als Projekt rückt ins Zentrum narratologischer Aufmerksamkeit, wenn die Gesellschaft für eine solche Zukünftigkeit keine Modelle mehr bereithält. Nichtlineare Erzählungen dagegen öffnen die Erzählung für mehrere Wahrheiten und Perspektiven und für die Erkenntnis, dass manche Erfahrungen sich eindeutigen Interpretationen entziehen. Ein Beispiel für eine nichtlineare Erzählstrategie ist das *sideshadowing* als ein Weg, „um die Affirmationen einer triumphalistischen, unilinearen Sicht von Geschichte zu unterbrechen, in der alles, was vergangen ist, verachtet wird, weil es von irgendeiner unwiderstehlichen historisch-logischen Dynamik für mangelhaft befunden wurde" (Bernstein 1994, S. 3).

STORYTELLING ALS „VIELSINNIGE" KONSTRUKTIONSARBEIT

Aus der Perspektive des sense making, der *Konstruktion von Sinn*, ist Emplotment ein zentrales Merkmal jeden Erzählens. Problematisch wird diese Erzählaufgabe dann, wenn das Sinnreservoir einer Gesellschaft unverbindlicher wird und die Sinnressourcen, die in gesellschaftlichen Erzählmustern zur Verfügung stehen, nicht mehr für ein ganzes Leben herhalten. Wenn das Erbe als Verpflichtung ausfällt, wenn eigene Wahl aus einer Vielfalt von Optionen jeder Sinnkonstruktion zugrunde liegt, dann kommt es zu einer Verkürzung der Perspektive und zu einem Neben- oder auch Gegeneinander von Sinnkonstruktionen in den unterschiedlichen Lebenswelten der Individuen. Kerby (1997, S. 130) konstatiert, dass „die allermeisten keinen zentralen sinnstiftenden Handlungsfaden haben, sondern, um einen Begriff von Deleuze zu borgen, ein ‚rhizomatisches' Leben führen, ein Leben in Teilen und Segmenten". Die Herausforderung an eine Theorie narrativer Identität besteht dann darin, nichtnormativ mit unordentlichen, brüchigen Erzählungen zurechtzukommen, in denen die Individuen im biografischen Sichtflug an ihren Bastelbiographien arbeiten.

SELBST- UND GEMEINSCHAFTSERZÄHLUNGEN IN KOMPLEXER UND WIDERSPRUCHSTOLERANTER VERSCHRÄNKUNG

Die narrative *Konstruktion von Wir-Bezügen* in einer individualisierten Gesellschaft stellt die Theorie vor zwei Herausforderungen. Zum einen haben wir es in hohem Maße mit einem selbstschöpferischen Akt zu tun, denn das Bindungserbe ist ein selbst gewähltes, zum anderen ist die relative Ordnung der Bezüge nicht mehr gesellschaftlich normativ vorgegeben. Das macht es schwerer, sich selbst zu erzählen und es einigermaßen kohärent zu tun. Die Theorie narrativer Identität stützt sich hier auf die Forschung zur Konstruktion von community narratives (Czarniawska 1997) und zu den embedded narratives (Mishler 1986), d. h. die Einbettung individueller Selbsterzählungen in Gemeinschaftserzählungen.

Positionierung als Ringen um Zugehörigkeit und Anerkennung

Zur Analyse der *Differenzbildung* ('im Gegensatz zu') steht aus narrationstheoretischer Sicht als zentrales Angebot das Konzept der Positionierung bereit (Georgakopoulou 2007). Wenn jemand von sich erzählt, so tut er dies, indem er sich selber (und andere) positioniert. Mit diesem Akt der Positionierung konstruiert er den Grad an Autonomie, das Ausmaß an Agency des Protagonisten seiner Erzählung. Er stellt ihn in einem Kräftefeld von Machtbeziehungen auf. Wichtig ist, dass die Positionierung Prozesscharakter hat und dass die Qualität der Aushandlung wesentlich bestimmt ist von individuellen Fähigkeiten, kulturellen Stereotypen und situativen Spezifika. Die Machtdimension in der narrativen Positionierung ist von Harré & Langenhove (1999) genauer ausdifferenziert worden. Zur Analyse der Positionierungsdynamiken schlägt die Positioning-Theorie ein Strukturmodell für Konversationen vor, das aus der Trias von (a) Positionen, (b) Storylines und (c) relativ determinierten Sprechakten besteht. Auf der Grundlage dieser Trias können Konversationen entlang ihrer episodischen Struktur analysiert werden.

Doing Identity – die Bedeutung der Small Stories

Der Prozessaspekt des *doing identity* wird aus narrationstheoretischer Sicht insbesondere durch den Fokus auf das Erzählen in situ, also in der Interaktion und in einer spezifischen Situation betont. Selbsterzählungen sind Ko-Konstruktionen, Erzählkonventionen werden dabei nicht notwendig eingehalten. Und mehr noch, die Individuen reden, pointiert gesprochen, auch dann über sich, wenn sie *nicht* über sich reden. Entsprechend plädiert Georgakopoulou (2007) dafür, die *small stories* aus alltäglichen Konversationen im Kontext einer Theorie narrativer Identität zu analysieren. Nach Bamberg (2006, S. 2) sind *small stories*

- in der Regel sehr kurz und werden in einer Interaktionssituation erzählt.
- Sie thematisieren nicht notwendig den Sprecher (wie in einer Ich-Erzählung), auf keinen Fall ein ganzes Leben, möglicherweise nicht einmal Ereignisse, die der Sprecher erlebt hat.
- Es sind Alltagserzählungen über oftmals banale, nicht unbedingt besonders interessante Dinge.
- Es handelt sich um Geschichten, die aus dem Nichts aufzutauchen scheinen, nicht unbedingt als Geschichten erkennbar sind und auch wieder verschwinden.

Die Subjekte arbeiten also nicht erst an ihrer Identität und reden dann darüber, denn das Reden ist das Tun. Entsprechend geht es bei der Identität nicht nur um die big stories, Selbsterzählungen, biographische Geschichten, mit dem Erzähler als Hauptakteur, sondern um alle möglichen kleinen Geschichten in Konversationen, wo permanent der Prozess des Positionierens und Positioniert-Werdens stattfindet und den Identitätsprozess nährt.

NARRATIVE IDENTITÄT UND INDIVIDUALISIERUNG: KERNKONZEPTE

Eine individualisierungstheoretisch informierte Theorie narrativer Identität ist gut beraten, ihr analytisches Instrumentarium auf seine Brauchbarkeit für die Analyse von Veränderungen in der Identitätsentwicklung zu überprüfen. Aus meiner Perspektive erweisen sich v. a. drei Theoriebausteine als hilfreich:
a) der Fokus auf *small stories* als Ort alltäglicher, situierter und ko-konstruktiver Identitätsarbeit,
b) die subjektive Konstruktion von Wir-Bezügen mit dem Blick auf die Vielfalt von Zugehörigkeiten, das Management von Grenzen und die Konstruktion und das Erleben von Andersheit.
c) die Positionierungstheorie als theoretisches Angebot, die narrative Praxis der individualisierten Individuen zu untersuchen in ihrer Situativität, Machtbestimmtheit, sozialen Rahmung und ihrem normativen Gehalt.

LITERATUR

Bamberg, M. (2006). Biographic-narrative research, quo vadis? A critical review of 'big stories' from the perspective of 'small stories'. In Milnes, K., Horrocks, C., Kelly, N., Roberts, B. & Robinson D. (Eds.), Narrative, memory and knowledge: Representations, aesthetics and contexts (pp. 1-19). Huddersfield: University of Huddersfield Press.

Bernstein, M. (1994). Foregone conclusions. Against apocalyptic history. Berkeley: University of California Press.

Bruner, J. (2002). Making stories. Law, literature, life. Cambridge Massachusetts: Harvard University Press.

Czarniawska, B. (1997). Narrating the organization. Chicago: The University of Chicago Press.

Georgakopoulou, A. (2007). Small stories, interaction and identities. Studies in Narrative 8. Amsterdam: John Benjamins.

Hahn, A. & Bohn, C. (1999). Selbstbeschreibung und Selbstthematisierung: Facetten der Identität in der modernen Gesellschaft. In Willems, H. & Hahn, A. (Hrsg.), Identität und Moderne (S. 33-61). Frankfurt/M.: Suhrkamp.

Harré, R. & Langenhove, L. v. (Eds.) (1999). Positioning theory. London: Blackwell.

Honneth, A. (2000). Objektbeziehungstheorie und postmoderne Identität. Über das vermeintliche Veralten der Psychoanalyse. Psyche, 2000 (11), 1087-1109.

Junge, M. (2002). Individualisierung. Frankfurt/M.: Campus.

Kerby, A. (1997). The language of the self. In Hinchman, L. P. & Hinchman, S. K. (Eds.), Memory, identity, community: The idea of narrative in the human sciences (pp. 125-142). Albany: State University of New York Press.

Keupp, H., Ahbe, T., Gmür, W., Kraus, W., Mitzscherlich, B. & Straus, F. (2008). Identitätskonstruktionen. Das Patchwork der Identitäten in der Spätmoderne. Reinbek: Rowohlt.

Langellier, K. M. & Peterson, E. E. (Eds.) (2004). Storytelling in daily life. Philadelphia: Temple University Press.

Marcia, J. E. (1993). The status of the statuses: Research review. In Marcia, J. E., Waterman, A. S., Matteson, D. R., Archer S. L. & Orlofsky J. L. (Eds.), Ego identity. A handbook for psychosocial research (pp. 22-41). New York: Springer.

Melges, F. T. (1982). Time and the inner future: A temporal approach to psychiatric disorders. New York: Wiley.

Mishler, E. G. (1986). The analysis of interview narratives. In Sarbin, T. R. (Ed.), Narrative psychology. The storied nature of human conduct (pp. 233-255). New York: Praeger.

Nowotny, H. (1995). Wer bestimmt die Zeit? Zeitkonflikte in der technologischen Gesellschaft zwischen industrialisierter und individualisierter Zeit. In Weis, K. (Hrsg.), Was ist Zeit? Faktum, Band 6 (S. 81-99). München: Technische Universität.

Ochs, E. & Capps, L. (2001). Living narrative. Creating lives in everyday storytelling. Cambridge, MA: Harvard University Press.

Sampson, E. E. (1993). Celebrating the other. A dialogic account of human nature. Boulder: Westview Press.

Singly, F. (2003). Les uns avec les autres. Quand l'individualisme crée du lien. Paris: Armand Colin.

Tesch-Römer, C. (1990). Identitätsprojekte und Identitätstransformationen im mittleren Erwachsenenalter. Materialien aus der Bildungsforschung 38. Berlin: Max-Planck-Institut für Bildungsforschung.

Wagner, P. (2002). Das Problem der „Identität" und die Soziologie der Moderne. In Straub, J. & Renn, J. (Hrsg.), Transitorische Identität. Der Prozesscharakter des modernen Selbst (S. 303-317). Frankfurt/M.: Campus.

WOLFGANG KRAUS
METZSTR. 32
D-81667 MÜNCHEN
E-MAIL: w.kraus@gmx.com

Kai Vogeley, Thomas Fuchs, Martin Heinze (Hrsg.)

Psyche zwischen Natur und Kultur

Die Psyche stand schon immer im Spannungsfeld von Natur und Kultur, denn sie ist sowohl Gegenstand der philosophischen Reflexion als auch der naturwissenschaftlich-medizinischen Erforschung. Zwischen diesen Polen bewegte sich seit ihrem Beginn auch immer die Psychiatrie. Einerseits können subjektives Erleben und damit auch psychiatrisch relevante Störungen dieses Erlebens zum Gegenstand neurowissenschaftlicher Forschung gemacht werden, ohne sich damit auf neurobiologische Prozesse reduzieren zu lassen. Andererseits ist das subjektive Erleben aber auch wesentlich geprägt von den historischen Entwicklungen, gesellschaftlichen Verhältnissen und kulturellen Umgebungen, in denen es auftritt.

Dieses Spannungsfeld soll in den philosophischen und psychiatrischen Beiträgen des Bandes ausgelotet werden, der aus dem Jahreskongress 2007 der Deutschen Gesellschaft für Psychiatrie, Psychotherapie und Nervenheilkunde (DGPPN) hervorgegangen ist und an die Bände "Subjektivität und Gehirn" sowie "Willensfreiheit - eine Illusion?" anschließt.

204 Seiten, ISBN 978-3-89967-519-1, Preis: 20,- €

PABST SCIENCE PUBLISHERS
Eichengrund 28, D-49525 Lengerich
pabst@pabst-publishers.de
www.psychologie-aktuell.com
www.pabst-publishers.de

EXKLUSIONSGEFÄHRDUNG UND INKLUSIONSBEGEHREN

Renate Höfer

ZUSAMMENFASSUNG: Dieser Beitrag beschäftigt sich mit subjektiven Strategien sozialer Verortung aus der Perspektive drohender Exklusion. Er bezieht sich damit auf die neue soziale Frage der gesellschaftlich verschärften Auseinandersetzung im unteren Bereich der Gesellschaft und die Art und Weise, wie Subjekte versuchen, trotz Exklusionsgefährdung, sich zugehörig zu erzählen, d.h. drohende Exklusionsgefährdung mit einem Inklusionsbegehren zu beantworten. Aus einer sozialpsychologischen Perspektive werden diese subjektiven Konstruktionsprozesse sozialer Verortung an einem Fallbeispiel nachgezeichnet. Die Ergebnisse basieren auf einer laufenden Untersuchung zu „Individualisierung und posttraditionalen Ligaturen" aus dem Sonderforschungsbereich 536 „Reflexive Modernisierung" der LMU München.

SCHLÜSSELWÖRTER: Exklusionsgefährdung, narrative Identitätskonstruktionen, soziale Verortung

EINLEITUNG

Im Mittelpunkt der Diskussion um Exklusion steht die Frage sozialer Ungleichheit, die sich gemäß sozialwissenschaftlicher Zeitdiagnosen der letzten Jahre dramatisch verändert hat und die Grundlagen des sozialen Zusammenhalts gefährdet (Bude/Willisch 2006; Kronauer 2002). In dieser Debatte tauchen völlig neue Begrifflichkeiten auf. Es ist die Rede vom Prekariat, von einer neuen Gruppe der Exkludierten, von den Überflüssigen, bei denen sich die gesellschaftliche Teilhabe „auf ein Mitlaufen ohne Ziel und ein Dasein ohne Ort reduziert hat" (Bude/Willisch 2006, S. 8). Die klassische Debatte um soziale Ungleichheit, festgemacht an den Begriffen von Schicht und Klasse, wird mit dem Exklusionsbegriff von einem gesellschaftlichen Deutungsmuster abgelöst, bei dem die Frage sozialer Ausgrenzung zentral wird. Es sind vor allem die Folgen der globalisierungs- und rationalisierungsbedingten Umbrüche der Erwerbsarbeit, der veränderten wohlfahrtsstaatlichen Regulierung, aber auch die Folgen eines Wandels der sozialen Beziehungen aus traditionalen kollektiven Einbindungen, die zu einer wachsenden Anzahl von Menschen geführt haben, die den Anschluss an den Mainstream unserer Gesellschaft verlieren bzw. fürchten zu den Überzähligen zu gehören (Bude & Willisch 2006). Bedeutend an dieser Debatte ist nicht allein der quantitative Anstieg dieser Gruppe von Menschen, sondern vor allem auch eine qualitative Veränderung der Ungleichheitsverhältnisse. Das vertikale Schema sozialer Ungleichheit von Oben und Unten wird gleichsam ergänzt durch ein horizontales von Drinnen und Draußen. Es gibt gesellschaftliche Spaltungslinien, die einer Logik von Teilhabe oder Ausschluss, beispielsweise von Wohlstand, von Beschäftigungsmöglichkeiten folgen (vgl. Kronauer 2002) und die nun quer durch die Gesellschaft gehen. Der französische Sozialwissenschaftler Robert Castel (2000) spricht davon, dass sich die Gesellschaft zunehmend aufspaltet: in die Zone der Integration, der Gefährdung und in die Zone der Ausschließung oder Exklusion. Diese Zonen unterscheiden sich durch Abstufungen in den realisierten und realisierbaren Möglichkeiten der gesellschaftlichen Zugehörigkeit und Teilhabe. So ist die Zone der Gefährdung nach Castel charakterisiert als instabile Zwischenzone, die gekennzeichnet ist durch ein prekäres Arbeitsverhältnis verknüpft mit einer fragilen Unterstützung aus der sozialen Nahwelt. Das Konzept der Exklusion bleibt nicht auf der Ebene objektiver Faktoren stehen. Die Rede ist nicht nur von relativer Unterprivilegierung aufgrund von geringem Einkommen, Bildung oder Prestige, sondern von Exklusion aus den dominanten Anerkennungszusammenhängen und Zugehörigkeitskontexten in unserer Gesellschaft. Der Exklusionsbegriff integriert im Kern zwei Aussagen, und unterscheidet sich damit von Konzepten von Armut oder Ungleichheit: Es geht um eine prozesshafte Beschreibung objektiv ökonomisch marginalisierter Positionen am Arbeitsmarkt in Verbindung mit subjektiv erfahrener bzw. wahrgenommener gesellschaftlicher Ausgrenzung und Isolation.

ZUR GESELLSCHAFTLICHEN POSITIONIERUNG – KATRIN, EIN FALLBEISPIEL

Kathrin ist Österreicherin, 36 Jahre alt und hat zwei Kinder im Alter von sechs und acht Jahren. Sie hat einen Hauptschulabschluss und eine Lehre im Hotelfach abgeschlossen. Seit neun Jahren lebt sie in einem Dorf in Südbayern. Seit ihrer Scheidung vor fünf Jahren gehört Katrin zur Gruppe jener Frauen, die als allein erziehende Mutter in die Armutsfalle geraten sind. Sie wird von der Bezirkssozialarbeit betreut und erhält staatliche Unterstützung. Hatte sie zeitweise versucht als Aushilfe in einem Hotel etwas dazuzuverdienen, so wurde ihr auch diese Stelle vor einem Jahr, nach längerer Krankheit, gekündigt.

Legt man das von Castel (ebd.) entwickelte Modell mit den Integrationsmodi Arbeit und soziale Nahbeziehungen zugrunde, ergibt sich ein ambivalentes Bild (s. Abb. 1).

Katrins Erwerbschancen sind prekär, nicht nur in Bezug auf eine neue Stelle, sondern auch auf die Möglichkeit, sich über Arbeit selbst zu finanzieren. Gesundheitlich ist sie angeschlagen und ihre Möglichkeiten zu einer Lebensführung, die dem allgemeinen gesellschaftlichen Standard entspricht, sind kaum gegeben. Auch ihre sozialen Nahbeziehungen, zumindest am Wohnort, sind begrenzt auf eine Person, die sich zudem in einer ähnlich benachteiligten Lage wie sie selbst befindet.

Zusammenfassend kann man unter der Perspektive drohender gesellschaftlicher Exklusion feststellen, dass Kathrin die Teilhabe zu Bereichen verwehrt ist und an die Stelle wechselseitiger Sozialbezüge, die Anerkennungsverhältnisse begründen, zunehmend

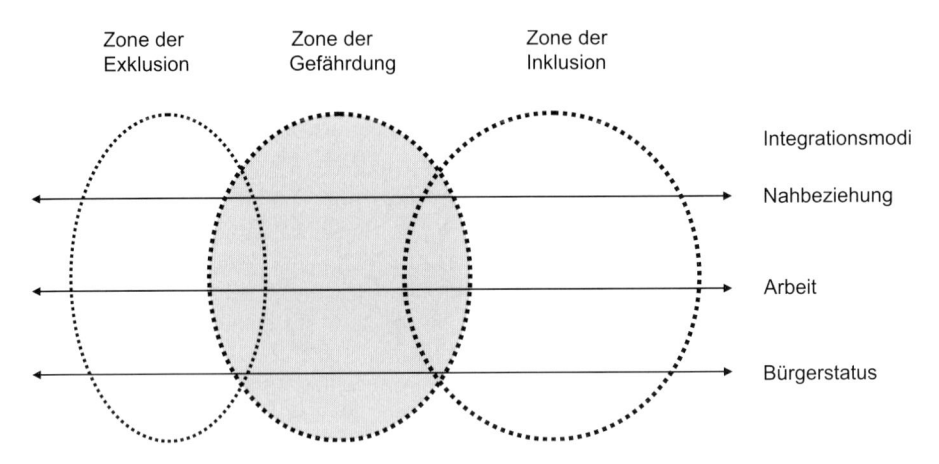

```
Zone der          Zone der          Zone der
Exklusion         Gefährdung        Inklusion
```

Abb. 1: Gesellschaftliche Positionierung von Katrin nach dem Modell von Castel

eine stärkere einseitige Abhängigkeit als Sozialhilfeempfängerin getreten ist. Sie fällt damit nicht aus der Gesellschaft heraus, wohl aber aus dem Geflecht der Wechselwirkung, die Anerkennungsverhältnisse begründet. Katrin selbst beurteilt ihre gesellschaftliche Position dagegen eher weniger exkludiert: Sie sieht sich in der Mitte der Gesellschaft verortet.

Unter einer sozialpsychologischen Perspektive geht es dann um die Frage, wonach die Menschen bemessen werden, ob sie zu den Gewinnern, den Gefährdeten oder den Ausgeschlossenen gehören. Die Beantwortung dieser Frage ist wesentlich davon abhängig, wie ihre identitätsbezogene Bearbeitung der aktuellen Lebenssituation und daran gekoppelt ihre sozialräumliche Positionierung ausfällt. In einer Fülle von Wir-Bezügen realisiert das Individuum seine Identität, die als Zugehörigkeitsbehauptung immer auch eine interpersonale Arbeit an Vertrauen und Anerkennung impliziert. Diese Vielgestaltigkeit seines Erlebens wird vom Individuum dabei erzählend in einem Verweisungszusammenhang organisiert. Diese narrativen Strukturen sind dabei keine Eigenschöpfung des Individuums, sondern im sozialen Kontext verankert und von ihm beeinflusst, so dass ihre Genese und Veränderung in einem komplexen Prozess der Konstruktion sozialer Wirklichkeit stattfindet (Keupp et al. 1999). Diese beiden Aspekte einer identitätsbezogenen Positionierung in einem sozial-räumlichen Kontext werde ich im Folgenden genauer analysieren. Methodisch wurde dieses Wechselspiel von subjektiver Verortung und sozialer Einbettung über eine Kombination aus narrativem Interview und Netzwerkanalyse erhoben.

NETZWERKBEZOGENE POSITIONIERUNG

Wie positioniert sich nun Katrin in ihrem sozial-räumlichen Umfeld? Zur Beschreibung und Analyse ihrer sozialen Bindungen haben wir eine Netzwerkkarte eingesetzt. Die von Katrin genannten Zugehörigkeiten werden in einem gemeinsamen Prozess im Interview hinsichtlich Wertigkeit und Bezug zu einander auf einer Korkplatte platziert und bilden die Grundlage für Erzählungen, die hier nur exemplarisch an kurzen Zitaten dargestellt werden können.

Insgesamt besteht Katrins Netzwerk aus neun verschiedenen Kontexten, die sie derzeit mit ihrem Leben verbindet (s. Abb. 2).

Die zwei Bereiche, das Dorf Pauling und ein Chatroom, die weit weg vom Ich an den oberen Rand gesteckt sind, symbolisieren für Katrin negative Ausgrenzungserfahrungen, die sie in einer Sequenz so beschreibt:

„Ich bin Hausfrau und Mutter von zwei Kindern. Ich leb' in einer Drei-Zimmer-Wohnung in einem Sechs-Familien-Haus. Und ich bin da Herrin, im Haus, eigentlich schon irgendwie der Buhmann, weil ich ja keinen Ehemann habe. Ich bin geschieden, und das ist schon irgendwie eine Ausgrenzung von dem Ganzen. Überhaupt in dem Dorf, wo ich wohn', da ist das dann auch eine Ausgrenzung…..Wenn Du keine aus dem Dorf bist und nichts hast, dann bist Du unten durch."

Katrin positioniert sich in ihrer sozialen Rolle als Hausfrau und Mutter, die sich aufgrund ihrer finanziellen Situation, ihrem familialen Status, aber auch als Fremde im Dorf ausgegrenzt fühlt. Beispielsweise hat sie keine der anderen Mütter aus dem Kindergarten jemals zum wöchentlichen Kaffeekränzchen eingeladen oder ist auf sie zugegangen. Sie empfindet eine große Gleichgültigkeit und auch Kälte ihr gegenüber und fühlt sich als „asozial abgestempelt". Auch im Chat, das als ein Ort gilt, an dem soziale Ungleichheit bzw. Benachteiligung außer Kraft ge-

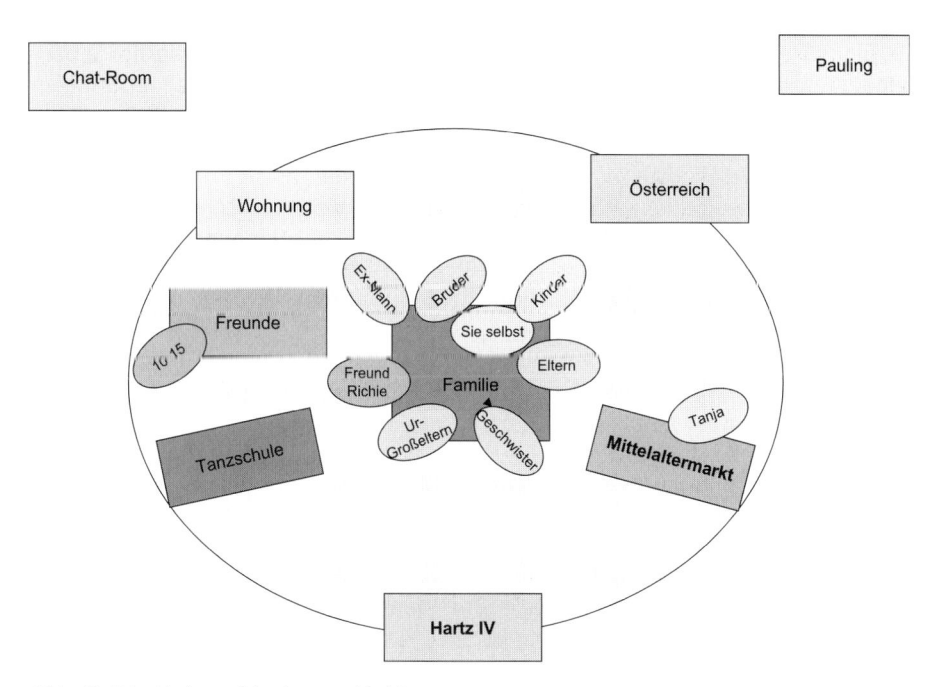

Abb. 2: Die Netzwerkkarte von Katrin

setzt ist, macht sie Erfahrungen von Zurückweisung und negativen Zuschreibungen als „Sozialschmarotzer". Ähnlich negative Erfahrungen erzählt sie bei der Arbeits- und Wohnungssuche und mit dem Hartz-IV-System der ARGE. Letzteres platziert sie deutlich näher am Zentrum. Die Arbeitsagentur schränkt ihr Leben zwar deutlich ein, schützt sie aber vor einem Abstieg. Sie glaubt fest daran, dass durch das Sozialsystem in Deutschland niemand ganz weit nach unten abrutschen kann.

Katrin erzählt sich im doppelten Sinne ausgegrenzt: als Fremde, als Zugezogene im Dorf, die im Sinne einer Etablierten-Außenseiter-Figuration (Elias 1993) Ablehnung erfährt. Und als Abweichende, die den Normen und Erwartungen an ein eigenständiges Leben nicht entspricht. Beide Positionierungen ziehen eine Reihe abwertender Zuschreibungen nach sich. Sie fühlt sich weder im Ort noch in ihrer Hausgemeinschaft beheimatet. Aus diesen Bereichen zieht sie sich zurück: Die „Supertuppermamis" aus dem Ort verkörpern für sie eine Welt, mit der sie nichts zu tun haben möchte. Etwas abgeschwächt gilt dies auch für das Internet. Hier hat sie es aufgegeben Artikel zu schreiben und sich aktiv an Chatrooms zu beteiligen.

Demgegenüber stehen positiv besetzte Zugehörigkeitsbereiche. Diese sind neben ihrer Wohnung vor allem die Familie, die für sie das Zentrum bildet.

„Familie ist für mich einfach ein Immer-füreinander-Dasein. Und das erfahr' ich auch meistens. [..] Ja man wird jetzt einfach nicht ausgelassen... Wie soll ich sagen? Wenn jetzt irgendein Fest ansteht oder so was, es wird halt immer gleich gesagt: Hallo da ist ein Fest oder so oder wie auch immer. Man wird immer kontaktiert. Und man hat auch immer Kontakt... Mein Gott wir sehen uns nicht so oft....... Es ist eigentlich irgendwie ein Zusammenhalt. Ich weiß meine Mutter steht voll und ganz hinter mir. Immer. Und genauso ist es mit mir mit meinen Kindern... Und das ist das Wichtigste glaub' ich. Das ist für mich sehr wichtig, der Zusammenhalt in jeder Hinsicht."

Obwohl die reale Familiensituation alles andere als harmonisch ist, sie seit jeher große Konflikte mit dem Stiefvater hat, projiziert sie sie ihren Wunsch nach Geborgenheit und Schutz auf ihre Herkunftsfamilie. Familie wird zu einer Gemeinschaft, die stark aus Erfahrungen einer glücklichen Kindheit und einzelnen Familienfesten gespeist wird. Neben ihr selbst gehören dazu ihre Kinder, ihre Eltern, – ihr Stiefvater hat dabei keinen Platz –, ihr Bruder, die anderen Stiefgeschwister. Selbst ihren Ex-Mann platziert sie noch im Kern des Netzwerks, ebenso wie ihre engsten Freunde. Ihre Freundin Tanja ist die einzige wichtige Beziehung am Wohnort. Ex-Mann und Bruder wohnen in Nachbarorten, alle anderen Familienmitglieder in Österreich. Auch die anderen Freunde (10 – 15 Personen) leben in anderen Orten (Richie beispielsweise im 500 km entfernten Saarland).

Die überwiegend positiv besetzten Bereiche Familie, Freunde, Wohnung und Österreich (als Heimat) werden ergänzt durch die „Mittelaltermärkte" und das „Tanzen". Vor allem in diesen letzten beiden Bereichen fühlt sie sich anerkannt und kann ihr Sosein auch selbst anerkennen. Das Problem ist, dass sie sich das Tanzen nur ab und zu leisten kann, und dass daraus noch kein Netzwerksegment gewachsen ist, in das sie sich einbetten könnte.

Anders verhält es sich bei den Mittelaltermärkten, die meist an den Wochenenden in verschiedenen Städten stattfinden. Sie plant gemeinsam mit Freunden einen Clan zu gründen. Gefragt, was das Besondere daran ist, antwortet sie:

„.... es ist einfach so, das Miteinander überhaupt auf diesen Märkten, also alle, die hingehen, weil sie gern hingehen, weil's ihnen Spaß macht – mit denen, das ist wirklich ein Miteinander. Auch wenn man Kinder dabei hat und man sieht okay, die Kinder sind jetzt in dem und dem Spielbereich, da steht vielleicht ein Erwachsener da und schaut zu, dass nichts passiert. Aber der schaut dann auf alle Kinder...[..] es ist alles ungezwungen. Ja es ist einfach schön."

Katrins Inklusionsbegehren richtet sich hier auf eine fraglose Gemeinschaft, eine Gemeinschaft, die jeden so akzeptiert, wie er ist und wer er ist. Sie bezieht sich damit nicht auf ein „echtes", sondern ein „gefühltes", idealisiertes Mittelalter, das ihre Sehnsucht nach Gemeinschaft und Zugehörigkeit bedient und gleichzeitig ihrem Alltag Farbe verleiht: Sich verkleiden, im Zelt übernachten, gemeinsam kochen und Musik hören, die sie liebt.

Analysiert man die sozialräumliche Einbettung von Katrin zusammenfassend, erkennt man ein ambivalentes Bild: Der Exklusionserfahrung im lokalen Nahraum stehen verschiedene positive Netzwerkbezüge gegenüber. Sie ist in ein kleines reales, alltäglich erfahrbares, aber auch quasi virtuelles, weil räumlich sehr distanziertes System an Netzwerkbeziehungen eingebettet. Letztere haben zwar den Nachteil, dass sie für alltägliche Fragen und Unterstützungsleistungen kaum in Frage kommen, sind aber auch keiner direkten Realitätsprüfung unterzogen. Darüber hinaus hat Katrin aber, nicht wie viele Armutsbetroffene ein nur homogenes, sondern ein heterogenes Netzwerk, auf das sie im Notfall zurückgreifen kann, etwa auf ihre Familie, die bei manchen Alltagsproblemen auch materiell unterstützend wirkt. Katrin hat sich einen Rückzugsraum, eine Gegenwelt zur sie exkludierenden Nahwelt geschaffen.

IDENTITÄTSTHEORETISCHE STRATEGIEN

Die zweite Analyseperspektive bezieht sich auf Katrins Identitätsstrategien, die es ihr ermöglichen sich auf diese Weise zu verorten. Fragen der Zugehörigkeit, so die Ausgangsthese, lassen sich nicht ohne Bezug auf individuelle Identitätsprojekte bearbeiten. Da eine primäre soziale Verortung in traditionale Gemeinschaften nicht mehr ausreichend gegeben ist, um den Sinn des Lebens und die Frage nach sich selbst zu definieren, entsteht für das individualisierte Individuum ein erheblicher Mehrbedarf an sozial verorteter Selbstkonstruktion. Diese strukturiert sich im identifikatorischen Austausch mit anderen Menschen, da nur die kommunikativ realisierten Bezüge und Widerstände des Anderen eine Selbstbestimmung möglich machen (Mead 1934). Bei Katrin lassen sich differierende Identitätsstrategien erkennen.

In der narrativen *Selbstpositionierung* konstruiert sie sich als jemanden, der sich bemüht das Leben anders zu gestalten, dem aber das Schicksal übel mitgespielt hat. Sie wehrt sich vor allem gegen die Zuschreibung als Sozialschmarotzer, da sie ungewollt und auch unschuldig in diese Situation geraten ist:

„Ja und das find' ich eigentlich schade, weil ich mein' ich bin auch nur ein Mensch, und ich kämpf' mich durch mit dem, was ich zur

Verfügung hab'. Es passt mir überhaupt nicht, dass ich jetzt Hartz IV bekomme, mir wär's auch lieber anders. Aber ich konnte es mir in diesem Moment nicht aussuchen."

Sie wendet sich damit einerseits gegen einen allgegenwärtigen Diskurs, in dem „Alles als möglich" erscheint, und rekurriert auf ihre eingeschränkten Möglichkeiten. Gleichzeitig weist sie ihre Gesellschaftlichkeit nach, indem sie sich an den gegenwärtig geltenden Normen von Eigeninitiative und Selbstorganisation abarbeitet. Sie erzählt sich als Kämpferin, nicht als jemand, der demoralisiert aufgibt.

Des Weiteren wird, als alternative Position zur fehlenden Erwerbsarbeit, ihre Rolle als Mutter zur *zentralen dominierenden Teilidentität*, deren Logik sie ihre Lebenspläne und Handlungsweisen unterordnet. Dieser Rekurs auf Mutterschaft als gesellschaftlich anerkannter Sachverhalt ist eine wertvolle Ressource, um ihr Inklusionsbegehren glaubhaft zu untermauern, sich gegen den Vorwurf der Asozialität zu wehren. Ihr Selbstbild als gute Mutter hält sie durch Abgrenzungsstrategien gegenüber anderen Müttern aufrecht. Sie stellt deren Deutungshoheit in Frage: Sie bezeichnet sie als „Überdrübersupermamis" und qualifiziert sie moralisch ab, da sie ihnen unterstellt, ihren Kindern eine heile familiale Welt nur vorzuspielen, im Gegensatz zu ihr, die mit ihren Kindern ehrlich und authentisch agiert.

Diese Selbstpositionierungen sind im Sinne einer Sekundärpositionierung von Harre et al. (1991) durchaus als selbstbewusste Distanzierung von Fremdpositionierungen zu verstehen, beinhalten aber wenig reale Anerkennungserfahrungen. Diese schafft sich Katrin mittels weiterer Identitätsstrategien.

Eine davon bezieht sich auf *Heimat als garantierten, aber auch imaginierten Ort:* Österreich ist nicht nur das Land, in dem ihre Herkunftsfamilie lebt, sondern steht für eine Heimat, in die sie immer wieder zurückkommen kann, die ihr eine Existenz bietet, in der sie immer Arbeit finden und nicht stigmatisiert werden würde. Mit dieser Strategie blendet Katrin negative Erfahrungen und Begrenzungen aus. Österreich erscheint als imaginierter Fluchtpunkt, als Rückzugs-, aber auch als Anerkennungsraum für den Bereich fehlender Erwerbsarbeit. Auch ihre Familie hat eine ähnliche Bedeutung. Sie symbolisiert, trotz konfliktreicher Konstellation, einen unhinterfragbaren Ort der Zugehörigkeit, auf den Katrin ihr Bedürfnis nach Wertschätzung und sozialer Geborgenheit projiziert.

Eine weitere Strategie bezieht sich auf ihre *Szenezugehörigkeit*, quasi eine Variante des „Second life", das aber im Unterschied zu jenem im Internet über face-to-face-Beziehungen erlebbar ist. Sie verbindet mit dieser Gemeinschaft eine Akzeptanz ihrer Person, wie sie ist und wer sie ist, indem sie die Gruppe in ihrer Erzählung homogenisiert, nicht nach einer Logik von Schicht, sondern am gemeinsamen Erleben von Spaß und Solidarität. Sie schafft sich einen Raum, der identitätstheoretisch ein wichtiges Kriterium erfüllt: Jede Gemeinschaft, auf die Individuen sich beziehen (Keupp et al. 2004), muss in einer bestimmten Form an bestimmten Orten auffindbar sein, damit Anerkennungserfahrungen situativ und alltäglich erfahrbar werden. Die Fragilität liegt natürlich darin, dass dieser positive Verortungskontext nur in größeren Abständen seine Wirkung entfalten kann, allerdings ist er fast der einzig positiv besetzte Kontext, der mit ihrer Freundin Tanja eine lokale Rückbindung erfährt.

In einer weiteren Strategie positioniert Katrin sich im *Hier und Jetzt*. Katrins Narrationen fehlt weitgehend, das „sich in die Zukunft Erzählen". Sie sieht ihre Zukunftsmöglichkeiten in einem sehr negativen Verhältnis zu ihren realen Chancen. Um Stress zu vermeiden, verzichtet sie aktuell auf eine Veränderung ihrer Lebenssituation.

Abschließend noch zwei Bemerkungen eine inhaltliche und eine methodische. Katrin ist ein Beispiel für jemanden, der, wie Martin Kronauer (2002) es nennen würde, „Drinnen im Draußen" lebt. In einem Prozess alltäglicher Identitätsarbeit ist es Katrin gelungen, verstehbare und platzierbare Geschichten zu erzählen, die subjektiven Sinn herstellen und die es ihr ermöglichen, trotz Deklassierungserfahrungen, sich als mehr oder weniger zugehörig zu Gemeinschaften zu erleben. Katrin fühlt sich nicht wirklich exkludiert, vor allem weil es in ihrem sozialen Netzwerk Beziehungen gibt, die sie tragen und sie in ihrem Sosein anerkennen. Die verschiedenen Exklusionserfahrungen führen bei ihr nicht zu einem die ganze Person umfassenden Exklusionsempfinden, da es ihr gelingt über ihre Identitätsmarkierungen sich selbstbestimmt zu verorten. Allerdings zeigt sich bei Katrin eine Verengung und Schließung von Zukunftsperspektiven, die die Gefahr erhöhen, dass sie auf absehbare Zeit der Zone der Verwundbarkeit verhaftet bleibt. Man könnte auch sagen: Sie hat sich im Draußen eingerichtet.

Methodisch gesehen hilft die Netzwerkkarte die Vielfalt diskursiver Selbstpositionierungen zu visualisieren und ermöglicht, in Kombination mit den Erzählungen, eine bessere Beschreibung und Analyse der Einbettung des Subjekts. Das Erstellen der Netzwerkkarte in einem gemeinsamen Aushandlungsprozess selbst löst narrative Erzählungen bzw. small stories aus, die reflexive Prozesse anstoßen. Das offen konzipierte Verfahren der Netzwerkerstellung gibt den Interviewten die Möglichkeit, ihre eigenen Relevanzsetzungen vorzunehmen. Subjektive Verortungen können als aktive und flexible Bezugnahme auf ein Netz von Zugehörigkeitskontexten, in denen unterschiedliche Kriterien wirksam sind und sich gegenseitig überlagern, kenntlich gemacht werden.

LITERATUR

Bude, H. & Willisch, A. (Hrsg.) (2006). Das Problem der Exklusion. Ausgegrenzte, Entbehrliche, Überflüssige. Hamburg: Hamburger Edition.

Callies, O. (2004). Konturen sozialer Exklusion. Mittelweg 36 – Zeitschrift des Hamburger Instituts für Sozialforschung, 13 (4), 16-35.

Castel, R. (2000). Die Metamorphosen der sozialen Frage. Eine Chronik der Lohnarbeit. Konstanz: UVK.

Elias, N. (1993). Zur Theorie von Etablierten-Außenseiter-Beziehungen. In Elias, N. & Scotson, J. L. (Hrsg.), Etablierte und Außenseiter (S. 7-56). Frankfurt a. M.: Suhrkamp.

Keupp, H. et al. (1999). Identitätskonstruktionen. Hamburg: Rowohlt.

Kronauer, M. (2002). Exklusion. Die Gefährdung des Sozialen im hochentwickelten Kapitalismus. Frankfurt/M./ New York: Campus.

DR. RENATE HÖFER
RINGSEISTSTR. 8
D-80337 MÜNCHEN
E-MAIL: hoefer@ipp-muenchen.de

Narration und Figuration –
Zum Aspekt biografischer, kultureller und institutioneller Interdependenz beim Erzählen von Krankheitserleben im Kontext von Migrationserfahrung

Heidrun Schulze

ZUSAMMENFASSUNG: Der Artikel basiert auf einer biografietheoretischen Studie, die aus der Behandlungserfahrung auf einer interkulturellen psychiatrischen und psychosomatischen Station für türkische Migranten hervorging. Grundlage der Studie bilden biografisch narrative Interviews mit über lange Zeit erkrankten und z. T. wieder gesundeten türkischen Migrantinnen und Migranten. Die Ergebnisse der Studie zeigen, wie das Gegenwartserleben (in Deutschland) und das Vergangenheitserleben (in der Türkei) in einem wechselseitig sich aktivierenden Prozess aufeinander bezogen sind. Zur Gegenwartserfahrung gehört auch die institutionalisierte klinische Anamnese- und Behandlungspraxis. Diskutiert wird, wie institutionalisierte interkulturelle Begegnungen und die lebensgeschichtlichen Erfahrungen der PatientInnen sich wechselseitig in der Art des (Nicht-)Erzählens über Lebens-, Familien-, Krankheits- und Migrationserfahrung beeinflussen. Denn Sprechen findet in Auseinandersetzung mit kulturell geprägten und sozialisatorisch verinnerlichten Rede- und Schweigegeboten aus dem Herkunftsland statt. Aber wie erzählt wird, geht nicht vollständig in kulturell geprägten Erzählstilen auf. In gleichem Maße und zur gleichen Zeit wirken auf die Erzählsituation auch institutionelle Rahmungen und diskursive Praxen der Gegenwartskultur ein. Die Zuwendung zur vergangenen Lebenserfahrung und die damit verbundene narrative Präsentation werden in ihrer Genese und Funktion im Kontext eines nicht linearen, sondern interdependenten Beziehungs- und Gesellschaftserfahrungsprozesses analysiert und als »figurative Phänomene« theoretisiert.

SCHLÜSSELWÖRTER: Narration, Figurationsanalyse, Biografieanalyse, lebensgeschichtliches Erzählen, Migration, Krankheit, interkulturelle Behandlung und Beratung

»Wollen Sie die Geschichte von Geburt an oder nur die Geschichte, als ich nach Deutschland gereist bin aus der Türkei?«
(Cem Özlem)

Bei Erzählungen von MigrantInnen ist der Fokus des Zuhörens und Verstehen-Wollens sowie der zur Anwendung kommenden Erklärungsmodelle oftmals von vornherein festgelegt durch den Fokus der ›Interkulturalität‹ (wenn man es kritisch formulieren will) bzw. die Sensibilisierung für kulturelle Differenzen (wenn man es als Chance formuliert). Dies verweist auf die Bedeutung biografischer Erzählungen von Menschen mit unterschiedlicher Kultur-, Gesellschafts- und Lebenserfahrung im

Kontext des Gesundheitssystems im Aufnahmeland, betrachtet aus einer narrationsanalytischen und zugleich kontextualisierenden wie historisierenden Perspektive. Dies verfolgt den Anspruch einer Rekonstruktion jener Konstruktionen, die im Behandlungs- und Beratungskontext bei MigrantInnen in ihrem subjektiven Lebens- wie auch pluralen Vergesellschaftungsprozess zu Tage treten und differenziert werden müssen von jenen, die ihnen durch Homogenisierung und Expertenkategorien aufgrund von Kultur- oder Fremdheitsproblematik zugeschrieben werden. Die außerordentlich mächtige und problematische Erklärungskategorie der Kultur soll daher in den biografischen Narrationen von MigrantInnen in ihrer lebensgeschichtlichen und gesellschaftlichen Genese betrachtet werden, mit einem Schwerpunkt auf folgenden Fragen: (1) Wie wird das Sprechen über das eigene Leben durch die Erfahrungen in Herkunftsland und Aufenthaltsland beeinflusst?, (2) in welche lebensgeschichtliche und gesellschaftliche Erfahrungen ist das subjektive Erleben von Krank- und Gesundwerden eingebettet?, (3) wie wird das Sprechen über Lebens- und Migrationserfahrungen in der institutionellen Praxis des Gesundheitswesens erzeugt?

Interkulturelle Diagnostik. Ein kurzer Überblick

Interkulturelle Sensibilität zeichnet sich in der klinischen Praxis häufig in Form einer daten- und faktenorientierten kulturdifferenzfokussierenden Anamnese aus. Es werden vorab als (kultur-)relevant festgelegte Kategorien abgefragt: Herkunftsregion, ob ländlich oder städtisch, die Familienkonstellation, die Religionszugehörigkeit, das Familieneinkommen, der Schulabschluss und der berufliche Werdegang sowie das Migrationsmotiv. Innerhalb dieser sozialen Praxis interkultureller Behandlung sind vor allem zwei unterschiedliche professionelle Konstruktionen zu differenzieren: die Universalisierung und die Kulturalisierung. Beide Konstruktionsstrategien sind darauf ausgerichtet, Migranten als Gruppe zu homogenisieren und in ihrer Subjektivität zu entindividualisieren (Kalpaka 2002, Schulze 2008). Anhand von Beispielen aus diesem diskursiven Spannungsfeld sollen hier die jeweiligen praxeologischen Konsequenzen beschrieben werden.

Im Kanon des gesundheitswissenschaftlichen Diskurses werden seit ca. 20 Jahren Versorgungslücken und fehlende Zugänge im Gesundheitswesen für Menschen nicht deutscher Herkunft konstatiert. Die in den 60er-Jahren entstandenen Sonderdienste für MigrantInnen wurden nicht in die Regelversorgung übernommen, und die Ethnisierung blieb durch diese Art der Institutionalisierungsformen erhalten. Die Ursache für die schwierige Erreichbarkeit von AdressatInnen kulturell verschiedener Herkunft wurde und wird jedoch nicht in den unhinterfragten Institutionalisierungsformen einer professionellen Praxis der Mehrheitsgesellschaft gesehen. Stattdessen wird auf die angeblichen Defizite jener hingewiesen, die die bestehenden Formen von Beratung und Behandlung nicht oder nur unzureichend nutzen: Demnach hätten beispielsweise türkische Migranten eine mangelnde Fähigkeit zur Introspektion und seien für psychotherapeutische Zugänge nicht geeignet. Hier zeigt sich ein starker Zusammenhang zwischen der Akzentuierung kultureller Differenz und einem universellen Bild dessen, was bei einer Person als selbstverständlich vorausgesetzt wird bezüglich ihrer Zuwendung zu sich selbst (Littlewood 2001) sowie ihrer Versprachlichungs- und Reflexionskompetenz und der damit verbundenen Individualisierungs- und Autonomievorstellung. Auswirkungen derartiger Bilder zeigen sich in der Art und Weise, wie psychische oder psychosoziale Probleme begriffen und bearbeitet werden.

Eine Art der professionellen Haltung im Rahmen interkultureller Behandlung, die sich an den Vorannahmen einer universellen und damit westlichen Psychologie oder Therapie orientiert, ist das Ideal einer ›Gleichbehandlungsmaxime‹ im Umgang mit kultureller Vielfalt. Interviews mit deutschen PsychotherapeutInnen zu bikulturellen psychotherapeutischen Behandlungen belegen, dass es sich bei dem Thema der ›Gleichbehandlung‹ um ein dominantes Deutungsmuster handelt. Gün (2006) zitiert im Rahmen seiner Untersuchung hierzu aus einem Interview eine deutsche Psychotherapeutin: »Nö, da gibt's eigentlich keinen Unterschied … das ist ganz unabhängig vom Kulturkreis, aus dem jemand kommt… Gleich, ob der Patient Migrant ist oder einheimisch, das spielt überhaupt keine Rolle.« (ebd., S. 195).

Interkulturelle Sensibilität zeichnet sich in der klinischen Praxis häufig in Form einer daten- und faktenorientierten kulturdifferenzfokussierenden Anamnese aus. Es werden vorab als relevant festgelegte Kategorien abgefragt: Herkunftsregion, ob ländlich oder städtisch, die Familienkonstellation, die Religionszugehörigkeit, das Familieneinkommen, der Schulabschluss und der berufliche Werdegang sowie das Migrationsmotiv.

INTERKULTURELLE BEHANDLUNG: EINE BIOGRAFIETHEORETISCHE STUDIE

In diesem Diskurs steht meine biografietheoretische Studie über MigrantInnen aus der Türkei, die in der Bundesrepublik erkrankten (Schulze 2006a). Grundlage der Studie bilden biografisch-narrative Interviews mit MigrantInnen, die in einem Psychiatrischen Krankenhaus auf einer Station mit interkulturellem Ansatz für Psychiatrie, Psychotherapie und Psychosomatik behandelt wurden (Koch et al. 1995, Koch 2002). Die von mir interviewten Menschen waren zum Zeitpunkt der Erhebung bereits seit langer Zeit erkrankt. Sie waren in vielen stationären und ambulanten Einrichtungen unterschiedlicher Fachrichtungen behandelt und von diesen – aufgrund diagnostischer Unsicherheit – wechselseitig verwiesen worden. Nach einem langen Leidensprozess kamen sie schließlich mit dem Hinweis auf potenziell migrationsspezifische Phänomene auf die benannte Station. Nach ihrer stationären Entlassung interviewte ich für meine Studie einige dieser ehemaligen PatientInnen. Die Interviews fanden ausschließlich im vertrauten häuslichen Rahmen der GesprächspartnerInnen statt. Ich erklärte mein Interesse an der persönlichen Lebensgeschichte von Menschen, die aus einem anderen Land nach Deutschland gekommen waren. Dabei klammerte ich bewusst in der Einstiegsfrage das Thema Krankheit und die Frage nach den Ursachen von Krankheit aus, um eine empirisch und methodisch begründete Offenheit herzustellen. Interviewt wurden Frauen und Männer im Alter zwischen 30 und 60 Jahren, die aus den verschiedensten Gründen aus der Türkei nach

Deutschland migrierten, deren Leben durch langjährige somatische und psychische Erkrankungsprozesse in Deutschland geprägt war, und die aus den verschiedensten medizinischen Fachgebieten als medizinische ›Fälle‹ begutachtet waren.

Zu typischen Aussagen während und nach den Interviews gehörten: »Ich bin es nicht gewohnt, dass sich jemand für meine persönliche Erfahrung interessiert«; »Es tut gut zu erzählen, auch wenn man traurig wird«; »Ich dachte, ich kann mich nicht mehr erinnern... Ich hatte viel vergessen, was wichtig für mich ist.« Auffällig waren ebenfalls bei allen InterviewpartnerInnen die Resignation im Hinblick auf fehlende Anerkennung in Deutschland, die wiederholte Thematisierung familialer Sprechgebote bei einem gleichzeitigen Wunsch nach Erzählbarkeit sowie die Dominanz von Ohnmachtsszenarien in den Familien, in der Arbeitswelt und im Gesundheitswesen.

Die Gesamtanalyse der Interviews zeigte, dass die Lebenserzählungen durch Ausblendungen schwieriger lebensgeschichtlicher Erfahrungen mit dem Vater respektive den Eltern sowie der umgebenden Sozialwelt strukturiert waren. Im Interview zeigten sich diese Ausblendungen in Form von längeren Pausen, Gesprächsabbrüchen, Konfabulierungen, Bagatellisierungen, im ironisch distanzierenden Lachen beim Erzählen dramatischer Lebenserfahrungen, im Wechsel zwischen deutscher Sprache und Muttersprache (Schulze 2006b). Die Thematisierung familialer Probleme erwies sich durchweg als schwierig, zugleich aber auch als biografiesteuernd.

Interkulturelle Biografie und Krankheit: zwei Fallrekonstruktionen

Cem Özlem

Cem Özlem, Jahrgang 1966, hatte bereits längere Zeit unter Schmerzsymptomen, Angstzuständen und Suizidalität gelitten, als er mit 31 Jahren bei der stationären Aufnahme in eine psychiatrisch-psychosomatische Klinik die Diagnose Schizoaffektive Störung (F.25.1./ICD 10) erhielt.

Aus seiner Sicht hatten ihn Konflikte am Arbeitsplatz krank gemacht. Angefangen habe es, als seine langjährige Stelle im Betrieb während seines einmonatigen Militärdienstes in der Türkei mit einem Kollegen besetzt wurde. »Am Arbeitsplatz hatte ich viele Probleme«, erzählt er, »ich hatte Rückenschmerzen (...), habe gesagt (...), ›warum helft ihr mir nicht, ich hab gesundheitliche Probleme‹ (...), aber es ging mir nicht um meine Gesundheit (...), das hat der Arzt aber nicht verstanden, (…) am alten Arbeitsplatz, wo ich vorher war, hatte ich vieles gefunden, vieles Wertvolle, gute Kollegen, gutes Klima, gute Gesundheit, gesunder Arbeitsplatz, diese Sachen hatte ich bekommen, und ich wollte das nicht so verlieren einfach.« Bei wem auch immer er in dieser Phase Hilfe sucht – er wird nicht verstanden, kann sich nicht verständlich machen. Und hört schließlich auf zu sprechen: »… geredet hab ich kein Wort in dieser Zeit, und dann bin ich gar nicht zur Arbeit gegangen.« Damit gewinnt er ein wenig seiner Selbstbestimmung zurück, doch es geht ihm nicht gut: »beim Neurologen zwei Wochen Termin bekommen, in dieser Zeit habe ich zwei Wochen lang mit keinem gesprochen, und die Depressivität und das Zittern in den Händen hat jeden Tag weiter gedauert, ich hab da in eine Zeit gelebt, das war eine gemischte Zeit, das war ein gutes Gefühl, ein starkes Gefühl, ein Gefühl des Gottes, ne, und es war aber auch ein zerstörtes Gefühl....«

Durch die Versetzung an die andere Stelle, zu den fremden Kollegen, fühlte er sich ausgestoßen, degradiert und verlassen. Dies knüpft an seiner lebensgeschichtlichen Erfahrung an, ein aus der Familie und aus der dörflichen Lebenswelt ausgegrenztes und – wie er selbst sagt – »zerstörtes« Kind zu sein. Diese Erfahrung ist aus der Erinnerungsperspektive für den Biografen nur schwer zu artikulieren. Wie die Erzählung der Arbeitssituation zeigt, werden Gefühle aus der Vergangenheit aktualisiert und – gebunden an die Gegenwartssituation – aussprechbar, d.h. das erzählte Erleben am Arbeitsplatz ist mit einem früheren Erleben im Herkunftsland verbunden. Um Erzählungen in ihrer Genese zu verstehen, werden einzelne Aussagen aus dem Gesamtzusammenhang des gegenwärtigen Lebens und aus dem Gesamtzusammenhang der Lebensgeschichte rekonstruiert:

Im Alter von ca. 2 Jahren war Cem Özlem zusammen mit seinem jüngeren Bruder von Vater und Mutter nach einem Streit auf der Straße des Heimatdorfes ausgesetzt worden. Nach der Trennung der Eltern ging der Vater mit dem jüngeren Sohn nach Deutschland, Cem Özlem wuchs in der Familie des Onkels auf. Im Dorf und in der Schule bezeichnete man ihn mit dem nach türkischer Moral schlimmstmöglichen Schimpfwort als »Sohn einer Hure« und behandelte ihn als Ausgestoßenen. Als er sich weigerte, die Ehre der Familie wiederherzustellen, indem er die eigene Mutter tötete, galt er zusätzlich auch noch als »Feigling«. Mit viel Anstrengung gelang es ihm dennoch, den Status des Klassenbesten zu erringen; so repräsentierte die Schule für ihn einen Ort der Wiederherstellung seiner Würde und einen Ort der Anerkennung – eine Bedeutung, die im Erwachsenenalter der Betrieb bekam. Über die Schule spricht Cem Özlem folgendermaßen: »Ich wollte nur das tun, was die anderen wollten, nur so konnten sie mich akzeptieren, ich war ja ein Ausgesetzter, ich war nicht eine akzeptable Person unter denen, ich war ja ein Hurensohn, und da musste ich wie ein Sklave alles tun, was die wollen, damit sie mich überhaupt als eine Person in ihrem Kreis akzeptieren, das habe ich immer gemacht, hier in Deutschland hab ich das auch gemacht....« Diese Erfahrung wird wieder lebendig, als nach jahrelanger Zugehörigkeit am Arbeitsplatz und einer als sicher erlebten betrieblichen Lebenswelt Unsicherheit droht. Während des biografischen Erzählens vergegenwärtigt sich Cem Özlem seiner Vergangenheit und erlebt neben der Integration bisher desintegrierter Lebenserfahrung nun auch eine heilende Trennung zwischen Vergangenheit und Gegenwart – also Aneignung und Distanzierung zugleich. Die Gegenwartserfahrung des Krankheitserlebens wird während des Erzählens zunehmend mit der eigenen Lebensgeschichte in Zusammenhang gebracht. Im Vordergrund der Präsentation steht eine selbstgesteuerte Bewältigungsgeschichte, die durch den Drang zur Selbstdeutung und Erklärung seines Krankheitserlebens charakterisiert ist. Im Kontrast hierzu der folgende Fall.

Adnan Yildiz

Adnan Yildiz, geboren 1962, litt seit 1994 an schwerem Asthma. Bei seiner Einweisung in eine psychiatrisch-psychosomatische Klinik im Jahre 1997 wurde eine mittelgradige depressive

Episode mit somatischem Symptom (ICD 10) diagnostiziert.

Krank geworden war er nach eigener Ansicht, weil seine Arbeit vom Meister nicht wirklich anerkannt und angemessen entlohnt wurde: »das war einundneunzig, ich hab mit einer anderen Firma Vertrag gemacht, ich wollte da aufhören, ne? (1) Und ich hab meinen Vertrag gezeigt bei Herrn Meister, (...) ich hab gesagt, ›ich gehe zu dieser Firma‹. Er hat dann gesagt, ›ICH GEBE DIR AUCH SO VIEL LOHN, BLEIBST DU HIER‹, UND ICH HAB EIN JAHR GEWARTET, HAT ER NICHT GEMACHT. ICH HAB AUCH neue Maschine gekriegt (1), aber ich hab wieder nicht Lohnerhöhung gekriegt. ER HAT GESAGT, ›ich mache Lohngruppe sechs‹, hat er nicht gemacht (atmet tief (3)), und DANN ist DREIUNDNEUNZIG VIELE FIRMEN IN DEUTSCHLAND SCHLECHT GEGANGEN (1). Damals dann, vierundneunzig (druckst tonlos (4)) war ich paarmal krank (3), er hat dann viel Druck gemacht, hat er gesagt, ›hier, gehst du mal‹, und so (1) hat er gesagt, ne? UND WAS ER VERSPROCHEN HAT, ER HAT NICHT GEMACHT GAR NICHTS (12) (...) ich hab fast immer keine Antwort gegeben, alles geschluckt, ja, ich wollte äh gerne viel sagen.« Nach dem hier geschilderten Ereignis erkrankte Adnan Yildiz.

Wie die Gesamtanalyse des Interviews ergab, besteht eine thematische Verknüpfung zwischen diesem erzählbaren biografischen Erleben am Arbeitsplatz und dem latenten – weil nicht versprachlichbaren und damit nicht integrierbaren – Hauptthema des Interviews, das Adnan Yildiz erst allmählich zu erzählen bereit ist: Als er 17-jährig seinem Vater nach Deutschland folgen musste, ließ er auch seinen eigenen Zukunftsentwurf zurück. »Ich kam 1979, mein Vater hat gesagt, ›musst du nach Deutschland kommen‹, dann hab ich Schule verlassen, Gymnasium dritte Klasse aufgehört, nach Deutschland gekommen, und dann hab ich gleich angefangen zu arbeiten (...) ja, ich wollte normalerweise in der Türkei Schule fertig machen, ich wollte damals Ingenieur werden, aber bei uns ist so, wenn Vater was sagt, müssen wir tun. (...) Damals hat mich mein Vater vom Flughafen abgeholt, ich bin gekommen, und ich hab seine Wohnung gesehen, das war wie ein kleines Gefängnis, es war neun oder zehn Quadratmeter, so ne kleine Wohnung, war zwei Bett und ham wir da geschlafen (5), und (...) ich hab schockiert (9)... .« Damals – so bricht es im Interview in türkischer Sprache aus ihm heraus – sei er »zerbrochen«, die Teile davor und danach scheinen für ihn nicht zusammenfügbar, er hat keine »ganze« Geschichte mehr.

FIGURATION UND NARRATION: ZUR INTERDEPENDENZ VON LEBEN, ERZÄHLEN UND PLURALER GESELLSCHAFTSERFAHRUNG

Beide geschilderten Lebenserzählungen waren durch frühere belastende lebensgeschichtliche Erfahrungen strukturiert. Im Gegensatz zu Cem Özlem vermeidet Adnan Yildiz zunächst mit großer Anstrengung die Thematisierung der Familiengeschichte, um sein gegenwärtiges Leben »nach der Migration« von seiner Lebens- und Familiengeschichte »vor der Migration« voneinander zu trennen. Verstärkt wird dies sowohl durch gesellschaftliche Tabuisierungen im Herkunftsland wie auch durch institutionelle Sprechhandlungen und (kultur- wie symptom-)reduzierende Aufmerksamkeitszentrierungen sogenannter interkultureller Behandlungskontexte. Die professionelle

Praxis des punktuellen Abfragens kultur- und migrationsspezifischer Besonderheiten und der damit einhergehenden expertokratischen Interpretation von Lebenskonstellationen tragen zu dieser Trennung und zur biografischen Diskontinuitätsherstellung bei. Biografische Erzählungen und narrative Bewältigungen sind demnach *biografisch und institutionell* konstituiert. Sprechen über ›Interkulturelles‹ ist ein situatives und damit interaktives Produkt institutioneller Vorgaben und biografischer Passung aufseiten der PatientInnen. In den Fällen von Cem Özlem und Adnan Yildiz war die Kontinuitätserfahrung im biografischen Erleben zunächst unterbrochen, und beide stellen unterschiedliche Bewältigungsformen und Aneignungsprozesse im Kontext interkultureller Behandlungserfahrung dar.

Gemeinsam ist den beiden Lebenserzählungen, dass das Erzählen und in der Folge die Integration von persönlicher und sozialer Geschichte ihnen den Kontakt zur ihren Erfahrungen verhalf – bei Cem Özlem bis hin zur Gesundung. Ihre Vergangenheit in der Türkei von der Gegenwart in Deutschland abzutrennen, stand bei beiden im Dienst einer biografischen Bewältigung. Durch eine offene und gerade nicht migrations- oder krankheitsbezogene Erzählaufforderung überließen sich beide – in unterschiedlicher Intensität – ihren Erinnerungen und stellten ihren Lebensverlauf zunehmend in einen sinnhaften und damit selbstverstehenden Zusammenhang. Dies ist im Krankensystem aber nicht vorgesehen, wo in der Regel nicht ein offener erzählunterstützender Raum geschaffen wird, sondern vielmehr bestimmte von Experten anamnestisch relevant erscheinende Daten abgefragt werden. Die Aufforderung zu biografischen Erzählungen kann im professionellen psychosozialen Alltag die Aneignung von Geschichte, Gegenwart und antizipierter Zukunft leisten und so dem Fremdverstehen, aber auch in besonderer Weise dem Selbstverstehen und damit der biografischen Orientierung und Selbstvergewisserung dienen.

Cem Özlems Geschichte ist wie auch die von Adnan Yildiz eine soziale Geschichte, eine Wechselwirkung von Lebens- und Gesellschaftsgeschichte und immer auch eine Körpergeschichte, eingebettet in historische und politische Bedingungen. Das Wesen der Krankheit ist – wie Weizsäcker (1956) sagt – immer ein biografisches. Interkulturelle Erfahrung ist immer eine individuell lebensgeschichtliche *und* immer auch eine soziale Erfahrung, die in einer Biografie, im Krankheitserleben und im Sprechen darüber zum Ausdruck kommt. Diese Erfahrungen finden, mit Blick auf Migration, Flucht und Vertreibung aber sowohl *in* als auch *zwischen Gesellschaften* statt. Nimmt man eine solche Perspektive ein, dann werden Erzählungen nicht mehr als kulturspezifische Phänomene deutbar, sondern als situativ bedeutsame Verschränkungen unterschiedlicher Gesellschafts-, Kultur- und damit auch Machterfahrung.

Die Analyse der Interviews hat gezeigt, wie die Erfahrungsperspektive von Arbeit und die Erfahrung von Krankwerden und Kranksein mit der Lebensgeschichte verwoben sind – und im speziellen Falle von MigrantInnen mit dem Leben vor der Migration. Wie sich der vergangenen Lebenserfahrung zugewendet und darüber gesprochen wird, ist als Ergebnis eines komplexen Prozesses zu verstehen, in dem die Gesellschafts- und Beziehungserfahrung beider gesellschaftlich-geografisch-kultureller Kontexte – Türkei und Deutschland – sich gegenseitig beeinflussen. Die Art des

Sprechens über biografische Erfahrungen und die Verarbeitung familialer und gesellschaftlicher Tabuierung werden sowohl durch die Beziehungs- und Gesellschaftserfahrung im Herkunfts- wie auch später im Aufnahmeland konstituiert. Gleichzeitig treffen diese biografischen Selbstthematisierungen auf eine institutionalisierte Praxis interkultureller Behandlung, die durch eine expertokratische merkmalsorientierte Zuwendung zu kulturellen und migrationsspezifischen ›Fakten‹ charakterisiert ist.

Geht man zu sehr von der Vorstellung kulturgebundener Erzählstile aus, ist damit die Gefahr verbunden wiederum die Vorstellung einer homogenen, weil von einer Kultur geprägten Art des Sprechens als ›Natur‹ der Sache festzuschreiben. Folglich bleibt der soziale Ort – die institutionelle Praxis, in der das Sprechen geschieht, also der Prozess der Produktion von Erzählungen (Mecheril & Schrödter 2003) – in der konkreten interaktiven Herstellung ausgeblendet.

Zwar ist Sprechen immer an eine kulturelle Praxis und damit sowohl an vergangene wie auch an gegenwärtige Gesellschaftskontexte gebunden (Loch 2007), das Erzählen findet also immer vor dem Hintergrund kulturell geprägter Rede- und Schweigegebote in Anpassung an sozialisatorische Erfahrungen im Herkunftsland statt. Doch es geht nicht vollständig darin auf. Im gleichen Maße und zur gleichen Zeit wirken auf die Erzählsituation auch institutionalisierte Sprechvorgaben und diskursive Praxen (Schulze & Kaya 2005) der Gegenwartskultur ein.

Narrationen sind mit Elias (1987) als »figurative« Phänomene zu verstehen: Sie entstehen zwischen Menschen und in Gesellschaften in, wie Elias sagt, voneinander wechselseitig abhängigen und aufeinander sich beziehenden, durch Machtasymmetrien und Prozesshaftigkeit gekennzeichnete »Figurationen«, die sich nicht auf »Innerpsychisches« oder »Gesellschaftliches« vereinseitigen lassen. Im Kontext von Migration, so müssen wir diesen Figurationsgedanken erweitern, entstehen individuelle und kollektive Narrationen auch zwischen verschiedenen Gesellschaften, Kulturen und Nationen. Eine figurationsanalytische Perspektive – nicht nur auf die Beziehungsordnungen zwischen Menschen in Gesellschaften bezogen, sondern auch als Analyse sozialer Entstehungsprozesse narrativer Präsentationen – birgt die Chance, psychische und leibliche Phänomene in Zeiten ethnischer und kultureller Vielfalt zu verstehen. Eine solche Analyseperspektive ist auf die Interdependenz zwischen den gesellschaftlichen und den darin eingebetteten intersubjektiven und immer auch machtstrukturierten Erfahrungsebenen gerichtet. Diese werden als konstitutive Ebenen für Auswahl und Versprachlichung der Erinnerung und die Art der Versprachlichung angesehen. Damit rücken die Verflechtung persönlicher Narrationen und öffentlicher Diskurse und deren konstituierende Wirkung auf Biografien und Lebensgeschichten ins Blickfeld.

Entscheidend ist der Blick auf die Art ihrer Verflechtung zwischen Gesellschaftserfahrung und Lebenserfahrung sowie der Ort der Produktion interkultureller Narrationen. Narrationen als figurative Phänomene zu verstehen, erfordert aufseiten der Professionellen die Kompetenz, biografische Erzählungen als ein Produkt individueller Lebensgeschichte und gleich zweier Gesellschaftserfahrungen sowie der Erfahrungen zwischen diesen Gesellschaften zu erfassen und zu interpretieren.

Als Cem Özlem mir, der Biografieforscherin, zu Beginn des Interviews die eingangs zitierte Frage stellte, »Wollen Sie die Geschichte von Geburt an oder nur die Geschichte, wo ich aus der Türkei nach Deutschland gereist bin?«, zeigte sich darin seine eigene biografische Arbeit: Er unterscheidet zwar zwischen damals und heute, möchte aber mit seiner ganzen Lebensgeschichte verstanden werden. Damit gibt er ein Beispiel für die »heilsame Wirkung einer erinnernden Vergegenwärtigung der Lebensgeschichte« (Schelling 1989).

LITERATUR

Elias, N. (1987). Die Gesellschaft der Individuen. Frankfurt: Suhrkamp.

Gün, A. K. (2006). Einheimische und Inländer. Probleme bei bikulturellen psychotherapeutischen Behandlungen. In Strauß, B. & Geyer, M. (Hrsg.), Psychotherapie in Zeiten der Globalisierung (S. 192-204). Göttingen: Vandenhoeck & Ruprecht.

Kalpaka, A. (2002). Heterogenität und Homogenisierungsdruck. Anforderungen an das professionelle Handeln in der Einwanderungsgesellschaft. supervision, 4, 38-43.

Koch, E. (2002). Transkulturelle Ansätze in der Psychiatrie. Aufbau einer Station für interkulturelle Psychiatrie und Psychotherapie. In Dettmers, C., Albrecht, N.-J. & Weiller, C. (Hrsg.), Gesundheit, Migration, Krankheit. Sozialmedizinische Probleme und Aufgaben in der Nervenheilkunde (S. 173-187). Bad Honnef: Hippocampus.

Koch, E., Özek, M. & Pfeiffer, W. (1995). Psychologie und Pathologie der Migration. Freiburg: Lambertus.

Littlewood, R. (2001). Von Kategorien zu Konzepten. Plädoyer für eine kulturumfassende Psychiatrie. In Hegemann, T. & Salman, R. (Hrsg.), Transkulturelle Psychiatrie. Konzepte für die Arbeit mit Menschen aus anderen Kulturen (S. 22-38). Bonn: Psychiatrie Verlag.

Loch, U. (2007). Gesellschaftliche Konstituiertheit von Gewalterfahrungen und ihre Sinnzuschreibungen. Folgen für die Soziale Arbeit. In Miethe, I., Fischer, W., Giebeler, I., Gobliersch, M. & Riemann, G. (Hrsg.), Rekonstruktion und Intervention. Disziplinäre Beiträge zur rekonstruktiven Forschung in der Sozialen Arbeit (S. 201-212). Opladen: Budrich.

Mecheril, P. & Schrödter, M. (2003). Re-Inszenierungen von Ausgrenzungserfahrungen in »gemischten Gruppengesprächen«. Psychotherapie und Sozialwissenschaft, 5(4), 302-315.

Schelling, W. (1989). Über heilsame Wirkungen einer erinnernden Vergegenwärtigung der Lebensgeschichte. In Blankenburg, W. (Hrsg.), Biographie und Krankheit (S. 96-100). Stuttgart: Thieme.

Schulze, H. (2006a). Migrieren – Arbeiten – Krankwerden. Eine biographietheoretische Untersuchung. Bielefeld: transcript.

Schulze, H. (2006b). Biographie und Sprache. Erzähltes (Er-)Leben von MigrantInnen – Übersetzen oder Verstehen? In Thole, W. & Cloos, P. (Hrsg.), Ethnographische Zugänge (S. 203-218). Wiesbaden: VS.

Schulze, H. (2008). Interkulturelle Fallarbeit – Einlassen auf plurale Realitäten. In Gahleitner, S. & Hahn, G. (Hrsg.), Klinische Sozialarbeit. Zielgruppen und Arbeitsfelder (S. 75-93). Bonn: Psychiatrie Verlag. (Beiträge zur psychosozialen Praxis und Forschung. 1.)

Schulze, H. & Kaya, A. (2005). Zur Anwendung von Biographieanalyse und Diskursanalyse bei interkulturellen Verstehensprozessen. Vortragsmanuskript. Vortrag vom 23.09.2005. Sechster Bundeskongress Soziale Arbeit, Münster.

Weizsäcker, V. v. (1956). Pathosophie. Göttingen: Vandenhoeck & Ruprecht.

PROF. DR. HEIDRUN SCHULZE
FACHHOCHSCHULE WIESBADEN
FACHBEREICH SOZIALWESEN
KURT-SCHUMACHER-RING 18
D-65197 WIESBADEN
E-MAIL: schulze@sozialwesen.fh-wiesbaden.de

DIE VATERIMAGO IN DER WEIBLICHEN ADOLESZENZ – WERKSTATTBERICHT EINER ERZÄHLANALYTISCHEN STUDIE

Alba Polo

ZUSAMMENFASSUNG: In meiner Doktorarbeit möchte ich herausfinden, welche Bedeutung das verinnerlichte Bild des Vaters im Erleben adoleszenter Mädchen hat. Im vorliegenden Beitrag erfolgt zunächst eine kurze theoretische Einführung, danach werden Fragestellung und Methoden dargelegt. In meiner qualitativen Studie führe ich weitgehend narrativ konzipierte Interviews mit zwölf adoleszenten Mädchen durch; diese sollen sowohl auf Selbst- und Objektbilder sowie Beziehungsepisoden untersucht werden als auch auf intrapsychische Konflikte. Es werden drei Erzählungen von drei Adoleszenten vorgestellt. Aus der Erzählanalyse geht hervor, wie jede Adoleszente auf ihre Weise ein Trennungserleben verbalisiert.

SCHLÜSSELWÖRTER: Weibliche Adoleszenz, Entwicklungsforschung, Vater-Tochter-Beziehung, Erzählanalyse

DIE WEIBLICHE ADOLESZENZ UND DER VERINNERLICHTE VATER

Auslöser für die Idee zu meiner Doktorarbeit waren meine Erfahrungen mit adoleszenten Mädchen, die bei mir in Psychotherapie waren. Die meisten von ihnen waren emotional stark mit ihrem Vater verstrickt. Forderungen und Anklagen sowie Idealisierung und Enttäuschung waren an der Tagesordnung. Aufgrund dieser Beobachtungen stellte sich mir die Frage, ob ein stark konflikthaftes Erleben in Bezug auf den Vater nur bei adoleszenten Mädchen besteht, die in Psychotherapie sind, oder ob dies ein bedeutsames Merkmal im Entwicklungsprozess der weiblichen Adoleszenz im Allgemeinen darstellt. Welche Bedeutung kommt dem Vater in den psychischen *Umgestaltungen* (vgl. Freud 1905) der weiblichen Adoleszenz zu? Die Erörterung dieser Frage soll dazu beitragen, das Verständnis der weiblichen Adoleszenzentwicklung zu erweitern, was wiederum die Reflexion der psychotherapeutischen Arbeit mit adoleszenten Mädchen fördern kann.

ANSATZPUNKTE AUS THEORIE UND FORSCHUNG

Einige Psychoanalytiker, namentlich Anna Freud (1960), Erikson (1966) und Blos (1979), haben der Adoleszenz einen zentralen Stellenwert im Entwicklungsprozess eingeräumt. Der junge Mensch muss neue und schwierige Entwicklungsaufgaben bewältigen, weshalb diese Lebensphase laut Anna

Freud (vgl. 1960) von großer *Disharmonie* geprägt ist.

In der psychoanalytischen Literatur zur Adoleszenz finden drei Entwicklungsaufgaben besondere Beachtung. Für Freud (1905, S. 137) ist die Pubertät maßgeblich geprägt von der Bildung einer endgültigen sexuellen Organisation sowie von der Hinwendung zu Liebesobjekten außerhalb der Familie. Dadurch entsteht laut Freud (ebd.) eine *neue psychische Organisation* überhaupt.

Andere Autoren betonen, wie wichtig der Ablösungsschritt von den Eltern und die Entwicklung der Autonomie in dieser Lebensphase sind. So versteht Blos (1979, S. 147) den Ablösungsprozess als einen heftigen Bruch in der Eltern-Kind-Beziehung: Ein *inneres „Disengagement"* (ebd.) führt den Adoleszenten dazu, sich äußerlich von den Eltern zu distanzieren oder sich gegen sie aufzulehnen.

Die Objektbeziehungen spielen wiederum eine wesentliche Rolle in der *Bildung der Identität* des Adoleszenten. Wie Bohleber (1996, S. 26) betont, werden während der Adoleszenz infantile Identifizierungen überarbeitet sowie neue Identifizierungen und Wertvorstellungen gebildet: „Selbstbild und Identität können sich [jedoch] nur in Bezug auf einen bedeutungsvollen Anderen bilden." (ebd.).

Neuere, empirische Studien zur Eltern-Kind-Beziehung in der Adoleszenz haben auf die *„distinktiven Charakteristiken des Vaters"* (Seiffge-Krenke 2001, S. 53) hingewiesen: So unterscheidet der Vater stärker zwischen Jugendlichen, was ihr Geschlecht angeht, als Mütter. Laut Seiffge-Krenke (2001, S.53) kommt dem Vater in der Individuation der Jugendlichen eine spezifische, von jener der Mutter unterschiedliche Bedeutung zu. Flaake (2001) hat ihrerseits in einer qualitativen Studie dargelegt, wie stark der Vater die psychosexuelle Entwicklung der adoleszenten Tochter mit seiner eigenen Konflikthaftigkeit bezüglich Weiblichkeit und Sexualität prägt.

In zwei unabhängigen Studien suchten Gillman (2000) und Coley (2003) nach einem möglichen Zusammenhang zwischen der psychischen Gesundheit adoleszenter Mädchen und ihrer Beziehung zum Vater. Sie fanden psychische Störungen nur bei Mädchen, die eine emotionale Bindung zu ihrem Vater hatten, welche aber *nicht* von ihrem Vater erwidert wurde. Bei diesen Adoleszenten war das väterliche Nicht-Erwidern ihrer Beziehungswünsche für die Entstehung psychischer Störungen relevant. Laut Coley (2003) ist demnach die Qualität der emotionalen Beziehung *der Tochter zum Vater* ein entscheidender Faktor für das psychische Wohlbefinden der Adoleszenten (vgl. auch Hosley & Montemayor 1997).

Verschiedene Autoren bedauern jedoch, dass wenige Studien die adoleszenten Entwicklungsprozesse *geschlechtsspezifisch* untersuchen (vgl. Erdheim 1988, S. 235, Bohleber 1996, S. 33). Seiffge-Krenke (2001, S. 53/54) sowie Hosley und Montemayor (1997, S. 174) bemerken, dass wenige Studien zur Bedeutung der distinktiven Funktion des Vaters in der Geschlechtsrollenentwicklung und in der Akzentuierung der Geschlechterdifferenz existieren.

FRAGESTELLUNG

Schwerpunkt meiner Untersuchung ist sowohl die Exploration verinnerlichter Selbst- und Objekt- sowie Beziehungsbilder adoleszenter Mädchen als auch die Exploration ihrer intrapsychischen Konflikte; der Fokus liegt dabei auf der Vaterfigur. Folgende Fragen dienen der Orientierung: *Wie stellt die Adoleszente sich selbst, Vater und Mutter in ihren Erzählungen dar? Wie positioniert sich die Adoleszente in ihren Erzählungen in Bezug auf den Vater und in Bezug auf die Mutter? Welche intrapsychischen Konflikte sind aus den Erzählungen ersichtlich?*

METHODEN

Es werden zwölf Interviews mit psychisch unauffälligen adoleszenten Mädchen im Alter von vierzehn bis neunzehn Jahren durchgeführt. Die Adoleszenten werden anhand von Flyern an Schulen und Jugendzentren sowie durch Zeitungsinserate rekrutiert; die Stichprobenauswahl erfolgt schrittweise und nach dem Prinzip des theoretical sampling. Durch eine Heterogenität der sozialen Schicht, Bildung und Herkunft wird eine hohe Kontrastierung der Fälle angestrebt.

Die Interviewmethode wurde speziell auf die Fragestellung und auf die adoleszente Population hin entwickelt. Es handelt sich um ein fokussiert-biografisches Interview, welches weitgehend narrativ konzipiert ist: Das Interview beginnt mit einer offenen Erzählaufforderung und fokussiert das Erleben mit dem Vater. Nebst Erzählungen mit und über den Vater werden auch Erzählungen mit der Mutter und Erzählungen von Trennungssituationen gefördert, sowie Beschreibungen von Selbst- und Objektbildern, in Anlehnung an das Interview-Konzept der „Operationalisierten Psychodynamischen Diagnostik" (Arbeitskreis OPD 2006). Diese Themen werden von der Interviewerin mit Rücksicht auf den Gesprächskontext eingeleitet, sofern sie nicht von der Adoleszenten selbst erwähnt werden. Einzig nach Erzählungen von Träumen wird explizit am Schluss des Interviews gefragt.

Das Auswertungsverfahren beinhaltet zum einen die Erfassung von Selbst- und Objektbildern in Anlehnung an die Methode der OPD. Zum anderen werden konkrete Erzählepisoden extrahiert und anhand der computergestützten Erzählanalyse JAKOB ausgewertet. Die Erzählanalyse JAKOB wurde von Boothe et al. (2002) an der Universität Zürich entwickelt und ermöglicht es, unbewusste Prozesse sprachlich zu erfassen und eine psychoanalytische Beziehungs- und Konfliktdiagnostik zu erstellen. Bis zum jetzigen Zeitpunkt wurden die Interviews durchgeführt und partiell ausgewertet.

ELENA, SANDY UND ALMIRA: VON DER SCHWIERIGKEIT, SICH ZU TRENNEN

Im Folgenden werden drei Erzählepisoden aus drei verschiedenen Interviews dargestellt. Da die Interviews noch nicht vollständig ausgewertet wurden, haben die Erzählepisoden nur eine illustrative Funktion. Sie sind folgend in nummerierten Segmenten, bestehend aus Subjekt-Prädikat-Einheiten, wiedergegeben.

SANDY: LÄSTIGE ABHÄNGIGKEIT

Zum Zeitpunkt des Interviews ist Sandy vierzehn Jahre alt. Sie ist die Tochter von Akademikern, lebt mit ihnen und dem jüngeren Bruder in einem Einfamilienhaus und besucht das Gymnasium. Sandy findet ihre Eltern äußerst konservativ und ihren Lebensstil langweilig. Mit ihren Ansichten erlebt sie sich als fremd, ja sogar „adoptiert", wie sie sagt. Obwohl Sandy den Wunsch hegt, sich von Vater und Mutter abzugrenzen, leidet sie daran, sich nicht verstanden zu fühlen.

Die Mutter lässt sich vom Vater beeinflussen

1   ja keine Ahnung
2   sie ist dann
3   hat dann einfach
4   ich habe das Gefühl
5   sie hat keine eigene Meinung
6   ich habe sie kürzlich gefragt
7   + ? hast du
8   + ? lässt du dich eigentlich vom Papa beeinflussen
9   sagt sie
10 nein sie glaube nicht
11 ich so
12 + ? ja bist du sicher
13 + hast du eine eigene Meinung
14 + wenn du dabei bist
15 sie so
16 + ja
17 und sie hat früher nie einen Helm angezogen
18 und nachher hat mein Vater einmal gefunden
19 ja sie soll doch auch einen Helm anziehen
20 und seit dann muss ich auch einen Helm anziehen
21 und früher hat sie nichts dagegen gehabt
22 wenn ich keinen Helm angehabt habe
23 dann habe ich gesagt
24 + ja zum Beispiel du hast jetzt einen Helm an
25 + und früher hättest du nie einen Helm angehabt
26 + ja ich habe beschlossen (Sandy ahmt die Mutter nach)
27 + man muss Vorbild sein
28 und nachher sind wir an der Barriere gestanden
29 es hat etwa zehn Velofahrer gehabt
30 ich und sie die einzigen mit Helm
31 ich so
32 + danke viel so viel zu Vorbild
33 ? oder
34 und ja

Sandy behauptet, ihre Mutter habe keine eigene Meinung (5). Dies möchte sie der Mutter darlegen und fragt sie prüfend, ob sie sich vom Vater beeinflussen lasse. Als die Mutter dies verneint, führt Sandy eine Beweisszene an. Das hässlich-umständliche Fahrradattribut, der Helm, ist ein Ärgernis, vor dem sich Sandy bisher drücken konnte, weil sich aber die Mutter vom Vater hat beeinflussen lassen, ist nun damit Schluss. Auf Sandys Konfrontation hin argumentiert die Mutter, sie müsse Vorbild sein (27). Sandy akzeptiert die mütterliche Erklärung aber nicht. Für Sandy sind die zahlreichen Fahrradfahrer ohne Helm durch ihre zahlenmäßige Überlegenheit das geltende Vorbild. Aus Sandys Schlussfolgerung (32) geht hervor, dass Mutter und Vater für sie *keine* Vorbilder, sondern eher Antivorbilder sind.

In ihrer Erzählung stellt sich Sandy als diejenige dar, die das Beeinflussungsspiel durchschaut und sich dagegen ausspricht: Sie hat eine eigene Meinung. Sandys Position ist jedoch zwiespältig, denn im Gegensatz zu ihrer *Meinung* ist sie in ihrer *Handlung* dem Willen der Mutter unterlegen und muss sich *von ihr* beeinflussen lassen. Sandys Vorstellung von „sich beeinflussen lassen" hat dabei eine sichtlich negative Bedeutung von Hörigkeit, Selbstaufgabe. Die heftige Kritik der Mutter ist indirekt aber auch eine Kritik am restriktiven Vater. Dieser bleibt in der Erzählung fern, mit ihm wird nicht direkt verhandelt, sein Wille steht jedoch über jenem von Mutter und Tochter; Beide können sich dem väterlichen Einfluss nicht entziehen. So stellt Sandy eine Hierarchie der Fremdverfügung auf: Der Vater verfügt über die Mutter, die Mutter verfügt über die Tochter.

Sandy stellt in ihrer Erzählung die Eltern argumentativ in Frage und stellt ihr eigenes Urteil über jenes der Eltern; dies entpuppt sich jedoch als Versuch, die eigene Handlungsunfähigkeit wieder wettzumachen. Die Diskrepanz zwischen ihren Unabhängigkeitswünschen und der noch bestehenden realen Abhängigkeit ist für Sandy scheinbar unerträglich. Die einzige Möglichkeit, sich dem Einfluss von Vater und Mutter zu entziehen, sieht sie darin, eine „eigene Meinung" zu haben. Die Mutter bekommt Sandys „eigene Meinung" in Form einer verbalen Offensive zu spüren, welche buchstäblich die Funktion einer *Selbst*-Behauptung erfüllt.

ELENA: TRENNUNGSAGGRESSION

Elena ist zum Zeitpunkt des Interviews achtzehnjährig. Sie ist die Tochter von Eltern aus dem Mittelstand und besucht das Gymnasium. Ihre Beziehung zum Vater schildert sie als unterstützend und berichtet von vielen gemeinsamen Tätigkeiten in der Kindheit; in der Pubertät, seien ihre Interessen und jene des Vaters jedoch auseinander gegangen. Der Vater sei „nur noch der Vater" gewesen und Elena habe „schleichend" gemerkt, dass der Vater nicht mehr der einzige Mann sei. Daraufhin erzählt sie folgende Episode:

Keine Küsschen mehr für den Vater

1   als ich mich eben so ein bisschen abgewendet habe also
2   nicht mehr gewollt irgendwie hallo und tschüss mit einem Küsschen oder so
3   ich glaube
4   er hat es überhaupt zuerst überhaupt nicht verstanden
5   hat irgendwie gefunden
6   + ? hä
7   + jetzt tu doch nicht, also
8   und ich habe das Gefühl gehabt
9   + ! nein
10 ist jetzt vorbei
11 und irgendwie er ist äh
12 es ist
13 ich habe einfach gesagt
14 + nein
15 ich weiss jetzt auch grad nicht warum dass ich weine
16 er hat es nachher akzeptiert
17 ? oder
18 aber, ich glaube es ist extrem schwierig gewesen für ihn dann
19 es ist nicht mehr so wie früher
20 das ist
21 da glaube ich schon noch
22 so ein Bruch gewesen

Früher waren sich Tochter und Vater einig, sich mit Küsschen zu begrüßen und zu verabschieden; eines Tages lehnt die Tochter die kindliche Nähe jedoch entschieden ab. Dabei ist Elena diejenige, die sich vom Vater wegbewegt, der Vater steht plötzlich alleine da in seiner Position von „alles ist so wie früher" (19) und reagiert mit Unverständnis. Elena macht aber deutlich, dass sie ihre Ablehnung nicht als eine Laune (7) verstanden haben möchte: zweimal ein klares Nein! (9,14)

Die eigene Ablehnung kommt aber auch für Elena überraschend, ist selbst für sie schmerzhaft (15). In einem Moment, in dem der Vater die gewohnten Zärtlichkeiten austauschen möchte, stellt sie den liebevollen Umgang in Frage und brüskiert den Vater wider Willen. Nur mit Mühe kann dieser schließlich Elenas Willen akzeptieren. So hat Elena aktiv die kindliche Vater-Tochter-Zweisamkeit *gebrochen* (22) – für ihr Erleben eine einschneidende Veränderung: Es gibt etwas, was der

Vater akzeptieren *muss*, und das ist, dass die Tochter nicht mehr so ist und „tut" wie früher (19).

ALMIRA: TRENNUNGSANGST

Almira ist eine fünfzehnjährige Jugendliche aus einer vom Balkan stammenden Arbeiterfamilie. Sie selbst ist mit ihren Eltern und dem zwei Jahre älteren Bruder in der Schweiz aufgewachsen. Nach der obligatorischen Schule absolviert sie nun ein Praktikum zur Berufswahl. Der Vater arbeitet als Koch „Tag und Nacht" und sei, so Almira, sehr „gestresst". Die Mutter bezieht wegen körperlicher Leiden eine Invalidenrente. Im Interview mit Almira dominiert eine ängstliche Bindung sowohl zum Vater als auch zur Mutter, die sich als Sorge um die körperliche Gesundheit der Eltern ausdrückt.

Der Vater musste aufgeschnitten werden

1	Das Schlimmste in meinem Leben ist gewesen
2	als ich am Morgen aufgestanden bin
3	und meine Mami so
4	+ der Papi ist im Spital
5	wir sind ins Spital gegangen
6	weil er hat da irgendetwas gehabt
7	keine Ahnung was es gewesen ist
8	und sie haben ihn aufschneiden müssen
9	haben so einen Sack hingetan
10	und nachher ist alles Dreck herausgekommen
11	und das ist das Schlimmste gewesen
12	und ich habe jeden Tag habe ich gesagt
13	+ gehen wir zum Papi gehen wir zum Papi gehen wir zum Papi
14	jeden Tag
15	meine Mutter musste jeden Tag zum äh zum Mann, zum Papi gehen
16	jeden Tag haben wir zum Papi gehen müssen

Diese Erzählung schildert für Almira „das Schlimmste" (1, 11): Eines Morgens ist der Vater weg, im Spital, und befindet sich eventuell - in Lebensgefahr. Angesichts dieser Bedrohung reagiert Almira mit der wiederholten Forderung an die Mutter: „Gehen wir zum Papi" (13). Die auffallende Iteration wirkt kindlich und scheint ein verzweifelter Versuch zu sein, in ihrer Hilflosigkeit Aktivität zu entwickeln.

Die ängstlich-anhängliche Haltung Almiras geht mit der aggressiven Schilderung der Operation einher: Dem Vater widerfährt körperlich etwas Bedrohliches und er muss „aufgeschnitten" werden (8). In der Umkehrung könnte diese Schilderung aber für eine aggressive und zugleich Angst machende Trennungsphantasie Almiras stehen: In Almiras Vorstellung kann paradoxerweise eine Trennung vom Vater nur stattfinden, wenn dem Vater „das Schlimmste" (1, 11) passiert, ist für sie mit der Vorstellung von dessen Verletzung, vielleicht dessen Tod eng verbunden. Aus des Vaters Inneren kommt „alles Dreck" (10), was bereits einen Zustand von Verwesung andeutet. Demzufolge ist die Vorstellung einer Trennung für Almira höchst beängstigend und muss durch die Inszenierung eines wiederholten Wiedersehens rückgängig gemacht werden. Durch ihre Anhänglichkeit möchte Almira aber vermutlich auch ihre beängstigende *Trennungsphantasie* ungeschehen machen. Eine ängstlich-besorgte Bindung zu den Eltern erlaubt der Tochter, den bevorstehenden Ablösungsschritt, den sie stark aggressiv erlebt, noch hinauszuschieben.

VATERFIGUR UND AGENTIZITÄT

Die drei Erzählungen zeigen exemplarisch, wie bei adoleszenten Mädchen die innere Auseinandersetzung mit dem Selbstbild sowie die Ablösung von den Elternfiguren stattfinden kann. Die Vaterfiguren und die Beziehungskonstellationen unterscheiden sich jedoch in den drei Erzählungen: In Sandys Schilderungen ist die Vaterfigur eine ferne, autoritär-einschränkende, der sich die Tochter zu fügen hat. In Elenas Erzählung ist die Vaterfigur zunächst liebevoll und nah, wird dann aber plötzlich zu jemandem, der ihr unerträglich *zu nahe* kommt. In Almiras Erzählung ist die Vaterfigur zwar emotional nahe, lokal jedoch entfernt, von einer Gefahr bedroht, und die Tochter muss sich ihr besorgt zuwenden.

Den drei Erzählungen ist ein konflikthaftes Trennungserleben gemeinsam, sie unterscheiden sich aber stark in der Agentizität der Erzählperson. Letztere scheint mit dem Erleben von Abhängigkeit beziehungsweise Unabhängigkeit zusammenzuhängen: Sandy kompensiert die eigene Abhängigkeit von Mutter und Vater mit der klaren Bekanntgabe der „eigenen Meinung", Elena grenzt sich mit Bestimmtheit vom Vater ab. Für Almira ist eine Trennungsvorstellung jedoch bedrohlich: Im Gegensatz zu Sandy und Elena möchte Almira keine Trennung, sondern Verbindung schaffen. Ihre Versuche wirken aber hilflos und Almira bleibt dem Vater gegenüber in einer kindlich-abhängigen Position.

LITERATUR

Arbeitskreis OPD (Hrsg.) (2006). Operationalisierte Psychodynamische Diagnostik OPD-2. Das Manual für Diagnostik und Therapieplanung. Bern: Hans Huber.

Blos, P. (1979). The Second Individuation Process of Adolescence. In ders., The Adolescent Passage. Developmental issues. New York: Int. Univ. Press.

Bohleber, W. (1996). Einführung in die psychoanalytische Adoleszenzforschung. In ders. (Hrsg.), Adoleszenz und Identität. Stuttgart: Internationale Psychoanalyse.

Boothe, B., Grimmer, B., Luder, M., Luif, V., Neukom, M. & Spiegel, U. (2002). Manual der Erzählanalyse JAKOB Version 10/02. In Berichte aus der Abteilung Klinische Psychologie I der Universität Zürich, Nr. 51. Zürich: Psychologisches Institut der Universität Zürich.

Erdheim, M. (1991). Psychoanalytische Jugendforschung. In ders., Die Psychoanalyse und das Unbewusste in der Kultur: Aufsätze 1980-1987 (S. 215-236). Frankfurt/M.: Suhrkamp.

Erikson, E. H. (1976). Das Problem der Ich-Identität. In ders., Identität und Lebenszyklus. Drei Aufsätze (S. 123-212). Frankfurt/M.: Suhrkamp.

Flaake, K. (2001). Väter, Töchter und die erste Menstruation. In dies., Körper, Sexualität und Geschlecht. Studien zur Adoleszenz junger Frauen (S. 85-96). Giessen: Psychosozialverlag.

Freud, A. (1960). Probleme der Pubertät. Psyche - Z Psychoanal, 1, 1 23.

Freud, S. (1905). Drei Abhandlungen zur Sexualtheorie. In Sigmund Freud Studienausgabe, 2000, Bd. V. (S. 39-145). Frankfurt/M.: Fischer Taschenbuch.

Hosley Ch. A. & Montemayor, R. (1997). Fathers and Adolescents. In Lamb, M. E. (Ed.), The role of the Father in child development (pp. 162-178). New York: Wiley&Sons.

Levine Coley, R. (2003). Daughter-Father Relationship and Adolescent Psychosocial Functioning in Low-Income African

American Families. Journal of Marriage and Family, 65 (4), 867-875.
Seiffge-Krenke, I. (2001). Neuere Ergebnisse der Vaterforschung. Psychotherapeut, 46, 391-397.
Way, N. & Gillman, D. (2000). Early adolescent girls' perceptions of their relationships with their fathers. A qualitative Investigation. Journal of early adolescence, 20 (83), 309-301.

Tatjana Schnell

Implizite Religiosität

Zur Psychologie des Lebenssinns

2. überarbeitete Auflage

328 Seiten, ISBN 978-3-89967-545-0, Preis: 30,- €

PABST SCIENCE PUBLISHERS
Eichengrund 28, D-49525 Lengerich
pabst@pabst-publishers.de
www.psychologie-aktuell.com
www.pabst-publishers.de

ALBA POLO
PSYCHOLOGISCHE BERATUNGSSTELLE
FÜR STUDIERENDE
WILFRIEDSTR. 6
CH-8032 ZÜRICH
E-MAIL: *alba.polo@psychologie.ch*

AutorInnen in diesem Heft

Judith Brändle, lic. phil., geb. 1982. Studium am Psychologischen Institut der Universität Zürich, Lehrstuhl Klinische Psychologie, Psychotherapie und Psychoanalyse. Forschungspraktikantin und Tutorin am Lehrstuhl mit dem Schwerpunkt Erzählanalyse JAKOB. Lizenziatsarbeit zur erzählanalytischen Traumforschung.

Arnulf Deppermann, Prof. Dr., Dipl. Psych., M.A., geb. 1964, Leiter der Abt. „Pragmatik" am Institut für Deutsche Sprache (Mannheim) und Professor für Germanistische Linguistik an der Universität Mannheim, studierte Psychologie, germanistische Sprachwissenschaft und Philosophie und promovierte mit der Arbeit „Glaubwürdigkeit im Konflikt. Rhetorische Techniken in Auseinandersetzungsprozessen" (Frankfurt am Main: Lang 1997).
Arbeitsschwerpunkte: Konversationsanalyse, Konstruktionsgrammatik, Semantik und Verstehen im Gespräch, Argumentation, Erzählforschung, medizinisch-psychotherapeutische Kommunikation. Herausgeber der Internetzeitschrift „Gesprächsforschung" <www.gespraechsforschung-ozs.de> (mit Martin Hartung).
Lucius-Hoene, G. & Deppermann, A. (2004). Rekonstruktion narrativer Identität. Ein Arbeitsbuch zur Analyse narrativer Interviews. 2. Aufl. Wiesbaden: VS Verlag für Sozialwissenschaften.
Deppermann, A. & Spranz-Fogasy, Th. (2006). Be-deuten. Wie Bedeutung im Gespräch entsteht. 2. Aufl. Tübingen: Stauffenburg.
Deppermann, A. (2007). Grammatik und Semantik aus gesprächsanalytischer Sicht. Berlin: de Gruyter.
Deppermann, A. (2008). Gespräche analysieren. Eine Einführung, 4. Aufl. Wiesbaden: VS Verlag für Sozialwissenschaften.

Cybèle de Silveira-Nüßlein, Dipl.-Psych. et Päd., geb. 1970. Wissenschaftliche Mitarbeiterin am Institut für Psychologie, Arbeitsbereich Psychoanalyse der Goethe-Universität Frankfurt/Main. Ausbildungskandidatin am Frankfurter Psychoanalytischen Institut und des kinderanalytischen Trainings (DPV/IPA). Förderpreis 2007 der Stiftung der Deutschen Psychoanalytischen Vereinigung. Internationale Kongressbeiträge (u.a. Wellington/Neuseeland; Lewiston/USA) zur textlinguistischen Analyse autobiographischen Erzählens.
Silveira, C. de (2002). Affektive und kognitive Aspekte der Traumberichte schizophrener Patienten. In W. Leuschner, S. Hau & H. Deserno (Hrsg.), Traum Expeditionen (S. 249-264). Tübingen: Edition diskord.
Habermas, T. & Silveira, C. de (2008). The development of global coherence in life narratives across adolescence: Temporal, causal, and thematic aspects. Developmental Psychology, 3, 707-721.

Habermas, T., Ehlert-Lerche, S. & Silveira, C. de (in press). The development of the temporal macrostructure of life narratives across adolescence: Beginnings, linear narrative form, and endings. Journal of Personality.
Silveira, C. de (in Druck). Gibt es eine Grammatik von Bindung? – Eine textlinguistische Analyse zu narrativer Agentizität und Distanzierung im Adult Attachment Interview. In: G. Schneider & H.-J. Eilts (Hrsg.), Klinische Psychoanalyse heute? Forschungsfelder und Perspektiven. DPV Herbsttagung 2008.

Susanne Döll-Hentschker, Dr. phil., Dipl.-Psych & Dipl.-Soz., geb. 1964. Psychologische Psychotherapeutin, Psychoanalytikerin (IPA) in eigener Praxis und wissenschaftliche Mitarbeiterin am Arbeitsbereich Psychoanalyse, Fachbereich Psychologie & Sportwissenschaften, Goethe-Universität Frankfurt; Arbeitsschwerpunkte: Affekttheorie und Affektregulierung, Traumforschung, Psychotherapie-Prozessforschung.
Döll-Hentschker, S., Reerink, G., Schlierf, C. & Wildberger, H. (2006). Zur Einleitung einer Behandlung: Die Frequenzwahl. Psyche – Zeitschrift für Psychoanalyse und ihre Anwendungen, 60 (11), 1126-1144.
Habermas, T. & Döll-Hentschker, S. (2007). Psychoanalytische Grundlagen der Entwicklungspsychologie. In M. Hasselhorn & W. Schneider (Hrsg.), Handbuch der Entwicklungspsychologie (S. 62-70). (Handbuch der Psychologie, Bd. 7). Göttingen: Hogrefe.
Döll-Hentschker, S. (2008). Die Veränderung von Träumen in psychoanalytischen Behandlungen. Affekttheorie, Affektregulierung und Traumkodierung. Frankfurt am Main: Brandes & Apsel.

Jörg Frommer M.A., Prof. Dr. med. , geb. 1955. Seit 1996: Leiter der Abteilung für Psychosomatische Medizin und Psychotherapie am Universitätsklinikum Magdeburg. Vorsitzender des Instituts für Psychoanalyse und Psychotherapie Magdeburg e.V. und Vorstandsmitglied des Zentrums für Sozialweltforschung und Methodenentwicklung (ZSM). Aufgabengebiet: Methodologie und Methodik der Psychotherapie- und Beratungsforschung, psychotherapeutische und psychoanalytische Prozessforschung, psychosomatische Kooperationsforschung.
Frommer, J. & Rennie D. L. (Eds.) (2001). Qualitative Psychotherapy Research. Lengerich: Pabst.
Frommer, J., Langenbach, M. & Streeck, U. (2004). Qualitative Psychotherapy Research in German Speaking Countries. Psychotherapy Research, 14, 57-75.
Koenigsmann, M., Koehler, K., Regner, A., Franke, A. & Frommer, J. (2006). Facing Mortality: A Qualitative In-Depth Interview Study on Illness Perception, Lay Theories and Coping Strategies of Adult Patients with Leukemia One Week After Diagnosis. Leukemia Research, 30, 1127-34.
Frommer, J. & Rennie, D. L. (2006). Methodologie, Methodik und Qualität qualitativer Forschung. Psychotherapie Psychosomatik Medizinische Psychologie, 56, 210-217.

Heine V., Schütze F., Köhler M., Köhler K., Koenigsmann M. & Frommer J. (2008). Autobiographical narrative interviews with acute leukaemia survivors: A research paradigm for psycho-oncology. Qualitative Health Research (submitted).

Geneviève Grimm-Montel, lic. phil. Psychologin FSP, geb. 1945. Wissenschaftliche Assistentin an der Abteilung Klinische Psychologie, Psychotherapie und Psychoanalyse der Universität Zürich, Zertifikat in Gerontologie, in Ausbildung zur Psychoanalytischen Psychotherapeutin.
Grimm, G. & Boothe, B. (2007). Glücks- und Unglückserfahrungen im Lebensrückblick alter Menschen. Psychotherapie im Alter, 2 (4), 63-73.
Grimm, G. & Boothe, B. (2007). Narratives of Life: Storytelling in the Perspective of Happiness and Disaster. Journal of Aging, Humanities and the Arts, 1 (3 4), 137-146.

Elisabeth Gülich, Dr. phil., Prof. em., geb. 1937. Universität Bielefeld, Fakultät für Linguistik und Literaturwissenschaft, bis 2002 Professorin für Romanistik/Linguistik. Arbeitsgebiete: Textlinguistik, Konversationsanalyse, Erzählforschung, medizinische Kommunikation. Seit 1995 Zusammenarbeit mit Dr. Martin Schöndienst (Epilepsie-Zentrum Bethel/Bielefeld); interdisziplinäre Forschungsprojekte zur Beschreibung von epileptischen und nicht-epileptischen Anfällen durch Patienten und zur kommunikativen Darstellung von Angst mit dem Ziel einer differenzialdiagnostischen und differenzialtherapeutischen Auswertung konversationsanalytischer Forschungsergebnisse.

Viktoria Heine, M.A., geb. 1979. Magisterstudium der Soziologie und Erziehungswissenschaften wissenschaftliche Mitarbeiterin der Universitätsklinik Magdeburg, Abteilung für Psychosomatische Medizin und Psychotherapie; Aufgabengebiet: Erforschung der biographischen Krankheitsverarbeitung bei Überlebenden einer akuten Leukämie. Seit 2006 zweijähriges Graduiertenstudium „Qualitative Bildungs- und Sozialforschung" an der Otto-von-Guericke-Universität Magdeburg.
Perleberg, K., Schütze, F. & Heine, V. (2006). Sozialwissenschaftliche Biographieanalyse von chronisch kranken PatientInnen auf der empirischen Grundlage des autobiographisch-narrativen Interviews. Exemplifiziert an der Lebensgeschichte einer jungen Patientin mit Morbus Crohn. Psychotherapie & Sozialwissenschaft, 8: 95-145.
Koehler, M., Bölter, A., Koehler, K., Heine, V., Koenigsmann, M. & Frommer, J. (2007). Symposium Perspektiven durch Psychoonkologie 2007: Entwicklung und Stand der Psychoonkologischen Forschung. Tumorzentrum aktuell. Tumorzentrum Magdeburg/Sachsen-Anhalt, 2: 18-22.
Heine V., Schütze F., Köhler M., Köhler K., Koenigsmann M. & Frommer J. (2008). Autobiographical narrative interviews with acute leukaemia survivors: A research paradigm for psycho-oncology. Qualitative Health Research (submitted).

Renate Höfer, Dr. Wissenschaftliche Mitarbeiterin im Sonderforschungsbereich 534 „Reflexive Modernisierung" der Ludwig-Maximilians-Universität München und im Institut für Praxisforschung und Projektberatung. Studium der Architektur und Psychologie in München. Arbeitsschwerpunkte: Identitätsentwicklung von jungen Erwachsenen, Gesundheitsförderung, Salutogenese.
Höfer, Renate (2000). Jugend, Gesundheit und Identität. Studien zum Kohärenzgefühl. Opladen: Leske+Budrich.
Höfer, R., Keupp, H. & Straus, Florian (2006). Prozesse sozialer Verortung in Szenen und Organisationen. Ein netzwerkorientierter Blick auf traditionale und reflexiv moderne Engagementformen. In: Betina Holstein, Florian Straus (Hrsg.), Qualitative Netzwerkanalysen. Konzepte, Methoden, Anwendungen. (S. 267-294). Opladen: Budrich.

Heike Knerich, geb. 1971. Germanistik/Literaturwissenschaft/Biologie M.A. Interessengebiete: Konversationsanalyse, Gesprächsforschung, Kommunikation von Emotionen (speziell von Angst), psychotherapeutische Interaktion, Arzt-Patient-Gespräche. Zurzeit Promotion an der Universität Dortmund (Institut für deutsche Sprache und Literatur) bei Prof. Uta Quasthoff, Zweitbetreuerin Elisabeth Gülich; Thema: Vorgeformte Strukturen beim Sprechen über Angst.

Armin Koerfer, Dr. phil. 1967-1974 Studium der Germanistik, Soziologie und Politologie in Hamburg und Berlin. 1974-1979 Wissenschaftlicher Assistent am Fachbereich 15 (Fachrichtung Linguistik) an der Freien Universität Berlin. 1980-1992 Mitarbeit in Forschungsprojekten zur Sprach- und Hochschuldidaktik, zur Psychotherapiegesprächsforschung, zur Gerichtskommunikation und Erzählforschung. Seit 1992 wissenschaftlicher Mitarbeiter an der Klinik und Poliklinik für Psychosomatik und Psychotherapie der Universität zu Köln. Arbeitsschwerpunkte: Handlungstheorie, Diskursanalyse, Arzt-Patient-Kommunikation, Didaktik.

Karl Köhle, Prof. em. Dr. med. Arzt für Innere Medizin, Arzt für Psychosomatik und Psychotherapie, Psychoanalytiker (DPV, IPV). 1984-2003 Ärztlicher Direktor der Klinik für Psychosomatik und Psychotherapie, Universität zu Köln.
Koerfer, A., Köhle, K. & Obliers, R. (2000). Narrative in der Arzt-Patient-Kommunikation. Psychotherapie und Sozialwissenschaft 2 (2), 87-116.
Koerfer, A., Obliers, R. & Köhle, K. (2005). Das Visitengespräch. Chancen einer dialogischen Medizin. In M. Neises, S. Ditz & Th. Spranz-Fogasy (Hrsg.), Psychosomatische Gesprächsführung in der Frauenheilkunde (S. 256-284). Stuttgart: Wissenschaftliche Verlagsgesellschaft.
Koerfer, A. & Köhle, K. (2007). Kooperatives Erzählen. Zur Konstruktion von Patientengeschichten in der ärztlichen Sprechstunde. In A. Redder (Hrsg.), Diskurse und Texte (S. 629-639). Tübingen: Stauffenburg.

Wolfgang Kraus, Dipl.-Psych., Dr. phil., geb. 1950. Wissenschaftlicher Mitarbeiter im SFB 536 "Reflexive Modernisierung" an der Ludwig-Maximilians-Universität München. Arbeitsgebiete: Narrative Identität, kollektive Identitäten, subjektive Konstruktion von Vertrauen und Zugehörigkeit.
Kraus, W. (2006). Alltägliche Identitätsarbeit und Kollektivbezug. Das wiederentdeckte Wir in einer individualisierten Gesellschaft. In Keupp, H. & Hohl, J. (Hrsg.). Subjektdiskurse im gesellschaftlichen Wandel. Zur Theorie des Subjekts in der Spätmoderne. S. 143-164. Bielefeld: transkript.
Kraus, W. (2006). Die Veralltäglichung der Patchwork-Identität. Veränderungen normativer Konstruktionen in Ratgebern für autobiographisches Schreiben. In Burkart, G. (Hrsg.). Die Ausweitung der Bekenntniskultur – neue Formen der Selbstthematisierung? S. 235-259. Wiesbaden: VS Verlag.
Kraus, W. (2007). Das narrative Selbst und die Virulenz des Nicht-Erzählten. In Joisten, K. (Hrsg.). Narrative Ethik. Das Gute und das Böse erzählen. S. 25-43. Berlin: de Gruyter.

David Lätsch, geb. 1981. 2004-2009 Studium der Psychologie und Philosophie an der Universität Zürich. Forschungsinteressen u. a.: Psychoanalytische Theorie und ihre Verbindung zur Philosophie und Literaturtheorie, Kulturpsychologie.
Lätsch, D. (2008). Schreiben als Therapie, Schreiben statt Therapie: Varianten der Wunscherfüllung in fiktionaler Prosa. Psychotherapie & Sozialwissenschaft, 10 (2), 71-112.
Lätsch, D. (2008). Narziss und die Sehnsucht zum Tode. In B. Boothe (Hrsg.), Ordnung und Außer-Ordnung. Zwischen Erhalt und tödlicher Bürde (S. 84-107). Bern: Huber.
Lätsch, D. (2008). Im Raum der Gründe. Die IPF-Tagung 2007. Psyche, 62 (11), 1170-1174.

Katrin Lindemann, geb. 1980, Germanistik/Pädagogik M.A. Interessengebiete: Konversationsanalyse, Gesprächsforschung, Kommunikation von Emotionen (speziell von Angst), psychotherapeutische Interaktion, Arzt-Patient-Gespräche. Zurzeit Promotion an der Universität Bielefeld (Fakultät für Linguistik und Literaturwissenschaft) bei Prof. Elisabeth Gülich, Thema: Kommunikative Darstellung von Angst.

Gabriele Lucius-Hoene, Prof. Dr. Studium der Medizin und Psychologie. Seit 1979 Akademische Oberrätin an der Abteilung für Rehabilitationspsychologie des Instituts für Psychologie der Universität Freiburg. Psychologische Psychotherapeutin, Klinische Neuropsychologie (GNP). Arbeitsschwerpunkte: neuropsychologische Rehabilitation und psychotherapeutische Betreuung von Patienten mit Hirnschädigungen und ihren Angehörigen, qualitative Sozialforschung, erzähl- und gesprächsanalytisch fundierte Analyse autobiografischer Erzählungen, narrative-based medicine.

Lucius-Hoene, G. (1997). Leben mit einem Hirntrauma. Autobiographische Erzählungen Kriegshirnverletzter und ihrer Ehefrauen. Bern: Huber.
Lucius-Hoene, G & Deppermann, A. (2004). Rekonstruktion narrativer Identität. Ein Arbeitsbuch zur Analyse narrativer Interviews. 2. Aufl. Wiesbaden: VS Verlag für Sozialwissenschaften.
Lucius-Hoene, G. (2002). Narrative Bewältigung von Krankheit und Coping-Forschung. Psychotherapie & Sozialwissenschaft, 4 (3), 166-203.
Lucius-Hoene, G. (2008). Krankheitserzählungen und die narrative Medizin. Rehabilitation, 47, 90-97.

Marc Luder, lic. phil., geb. 1948. Psychologe, wissenschaftlicher Mitarbeiter, Universität Zürich, Psychologisches Institut. Klinische Psychologie, Psychotherapie und Psychoanalyse. Fachgebiet und Interessen: Erzählanalyse, Konstruktionsgrammatik, Linguistische und computerlinguistische Aspekte der Untersuchung von Narrativen, Lexikographie, Psychotherapieforschung.
Boothe, B., Grimmer, B., Luder, M., Luif, V., Neukom, M. & Spiegel, U. (2002). Manual der Erzählanalyse JAKOB: Version 10/02. Berichte aus der Abteilung Klinische Psychologie Nr. 51. Zürich: Universität Zürich, Psychologisches Institut, Klinische Psychologie I.
Luder, M. (2006). JAKOB Report 2005: Die Entwicklung der Erzählanalyse JAKOB von 1989 bis 2005. Berichte aus der Abteilung Klinische Psychologie, Nr. 54. Zürich: Universität Zürich, Psychologisches Institut, Klinische Psychologie I.

Vera Luif, Dr. phil., geb. 1973. Studium der klinischen Psychologie, Psychopathologie und Neueren Literaturwissenschaft an der Universität Zürich. Koordinatorin der Postgradualen Weiterbildung in Psychoanalytischer Psychotherapie an der Abteilung für Klinische Psychologie, Psychotherapie und Psychoanalyse und Dozentin am oben genannten Lehrstuhl. Psychoanalytische Psychotherapeutin in eigener Praxis. Interessenschwerpunkte: Psychose und Erzählen, klinische Narrativik, Psychoanalytische Gesprächsführung.
Luif, V. (2006). Die Psychose als Erzählgeschehen. Eine textanalytische Tagebuchstudie. Lengerich: Pabst.
Luif, V. (2007). „Zwischenwelten". Einträge aus dem Tagebuch eines Schizophrenen. In B. Wildt (Hrsg.), Anderswohin tragen. Würzburg: Königshausen & Neumann.
Grimmer, B., Luif, V. & Neukom, M. (2008). „Ich muss jetzt gehen". Eine Einzelfallstudie zur letzten Sitzung der Analyse der Patientin Amalie. Psychotherapie & Sozialwissenschaft, 1, 10.

Hans J. Markowitsch, Universitätsprofessor Dr., geb. 1949. Erforschung von Gedächtnis und Gedächtnisstörungen an Normalprobanden, neurologischen und psychiatrischen Patienten mit Methoden der Neuropsychologie und der funktionellen Hirnbildgebung; Interesse an Bewusstsein und Selbst. Inhaber des Lehrstuhls für Physiologische Psychologie an der Universität Bielefeld, Direktor am

Zentrum für interdisziplinäre Forschung der Universität Bielefeld, Leiter der Bielefelder Gedächtnisambulanz.
Markowitsch, H.J. (1992). Intellectual functions and the brain. An historical perspective. Toronto: Hogrefe & Huber Publs.
Markowitsch, H.J. (2002/2005/2008). Dem Gedächtnis auf der Spur: Vom Erinnern und Vergessen (1./2./3. Aufl.). Darmstadt: Wissenschaftliche Buchgesellschaft und PRIMUS-Verlag.
Markowitsch, H.J. & Welzer, H. (2005/2006). Das autobiographische Gedächtnis. Hirnorganische Grundlagen und biosoziale Entwicklung (1./2. Aufl.). Stuttgart: Klett.
Markowitsch, H.J. & Siefer, W. (2007). Tatort Gehirn. Auf der Suche nach dem Ursprung des Verbrechens. Frankfurt/M.: Campus Verlag.
Kühnel, S. & Markowitsch, H.J. (2008). Falsche Erinnerungen. Heidelberg: Spektrum.
Markowitsch, H.J. (Ed.). (2008). Neuroscience and crime. Hove, UK: Psychology Press.
Markowitsch, H.J. (2009). Das Gedächtnis: Entwicklung – Funktionen – Störungen. München: C.H. Beck.

Hanspeter Mathys, lic. phil., geb. 1965. Studium der Klinischen Psychologie, Psychopathologie und Theologie an der Uni Zürich. Assistent an der Abteilung Klinische Psychologie, Psychotherapie und Psychoanalyse. Therapeut an der abteilungseigenen psychotherapeutischen Praxisstelle, Dozent am oben genannten Lehrstuhl (Techniken der Traumanalyse; Psychodynamische Diagnostik) und im Rahmen der postgradualen Weiterbildung in psychoanalytischer Psychotherapie der Universität Zürich. Fachpsychologe für Psychotherapie FSP. Psychoanalytische Psychotherapie-Ausbildung am Psychoanalytischen Seminar Zürich (PSZ).
Mathys, H.P. (2006). „Ich hab heut Nacht so einen herrlichen Mist geträumt." – Eine erzählanalytische Untersuchung von Traumberichten. In M. H. Wiegand, F. von Spreti & H. Förstl (Hrsg.), Schlaf & Traum. Neurobiologie, Psychologie, Therapie (S. 141-158). Stuttgart: Schattauer.
Mathys, H.P. (2008). „Ein ganz böser Traum" - Nächtliches Widerfahrnis bei Tageslicht betrachtet. In B. Boothe (Hrsg.), Ordnung und Ausser-Ordnung. Zwischen Erhalt und tödlicher Bürde (S. 269-287). Bern: Huber.
Mathys, H.P. (im Druck). Träume erzählen: Mein Name ist Hase, ich weiss von nichts. Interpretation Interdisziplinär. Würzburg: Königshausen & Neumann.

Alba Polo, lic. phil., geb. 1972. Fachpsychologin für Psychotherapie FSP, Tätigkeit in eigener Praxis und an der psychologischen Beratungsstelle für Studierende der Universität und der ETH Zürich. Davor Psychologin in stationären und ambulanten psychiatrischen Institutionen und an Jugendberatungsstellen. Dissertandin an der Universität Zürich zum Thema: Die Vaterimago in der weiblichen Adoleszenz. Gründungsmitglied des Jungen Forums für Literatur und Psychoanalyse in Freiburg (2007). Forschungsinteressen: Adoleszenz, psychoanalytische Literaturinterpretation, strukturale Psychoanalyse.

Polo, A. (2005). Beziehungserleben und Identitätsfindung im Jugendalter aus entwicklungspsychologischer Sicht.
Polo, A. (2005). Psychische Symptome im Jugendalter als Ausdruck des Beziehungserlebens.
Beide Publikationen sind online zu beziehen unter: http://www.jugendseelsorge.ch/allgemein/publikationen.php

Heidrun Schulze, Prof. Dr. phil, geb. 1958. Diplom-Sozialpädagogin, Diplom-Sozialtherapeutin, Professorin an der Fachhochschule Wiesbaden im Bereich Methoden in der Sozialen Arbeit, Einzelfallhilfe und Gemeinwesenarbeit, Forschungsmethoden in der Sozialen Arbeit.
Arbeitsschwerpunkte: Interpretative Sozialforschung, Biografieforschung, Rekonstruktive Sozialarbeitsforschung, Migration und Krankheit, Resilienz, narrativ reflexive Beratung und Therapie
Schulze, H. (2006). Migrieren – Arbeiten – Krankwerden. Eine biographietheoretische Untersuchung. Bielefeld: transcript.
Schulze, H. (2007). Produktion und Reproduktion getrennter Lebenswelt(en). Lebensgeschichtliches Erzählen im Kontext interkultureller Behandlung und Beratung. Psychotherapie & Sozialwissenschaft. Zeitschrift für Qualitative Forschung und klinische Praxis, 9(2), 45-63.
Schulze, H. (2008). Interkulturelle Fallarbeit – Einlassen auf plurale Realitäten. In Gahleitner, S. & Hahn, G. (Hrsg.). Klinische Sozialarbeit. Zielgruppen und Arbeitsfelder. S. 75-93. Bonn: Psychiatrie Verlag. (Beiträge zur psychosozialen Praxis und Forschung. 1.).

Daniel Sollberger, Dr. med., Dr. phil., geb. 1962. Facharzt FMH für Psychiatrie und Psychotherapie, Leitender Arzt der Abteilung Psychotherapie und Psychohygiene der Universitären Psychiatrischen Kliniken (UPK) Basel.
Studium der Philosophie, Germanistik und Geschichte in Basel und München mit Promotion in Philosophie 1994. 1994-2000 Zweitstudium der Humanmedizin mit Promotion. 2003-2006 Leitung eines SNF-Forschungsprojekts über Kinder psychisch kranker Eltern im Rahmen des NFP 51.
Arbeits-, Interessens- und Forschungsschwerpunkte: Therapie von Persönlichkeitsstörungen und Essstörungen, Psychotherapieforschung, Biographie- und Narrativforschung (narrative Identität), Schnittstellen von Philosophie und Psychiatrie.
Sollberger, D. (2007). Children of Parents with Mental Illness. Plea for a More Extensive Qualitative Research. In: Pletson JE (ed). Psychology and Schizophrenia Research. S. 181-199. New York: Nova Science Publishers.
Sollberger, D., Byland, M. & Widmer, G. (2007). Biographische Identität zwischen Stigma und Tabu. Kinder psychisch kranker Eltern. In: Mottier V, von Mandach L (Hg.): Integration und Ausschluss in Medizin, Psychiatrie und Sozialhilfe in der Schweiz: Zwischen Pflege, Stigmatisierung und eugenischen Konzepten. NFP 51. S. 132-143. Zürich: Seismo Verlag.

Sollberger, D., Byland, M. & Widmer, G. (2008). Erwachsene Kinder psychisch kranker Eltern. Belastungen, Bewältigung und biographische Identität. In: A. Lenz, J. Jungbauer (Hg.), Kinder und Partner psychisch kranker Menschen: Belastungen, Hilfebedarf, Interventionskonzepte. S. 157-194. Tübingen: DGVT.
Sollberger, D. (2008). Beziehung und Beziehungsarbeit aus der Sicht der in der Psychiatrie tätigen Berufsgruppen. In: Küchenhoff J, Mahrer Klemperer R (Hg.): Beziehungsarbeit im psychiatrischen Alltag. S. 42-69. Stuttgart: Schattauer.

Hermann Staats, Prof. Dr. med., geb. 1957. Wissenschaftliche Interessensgebiete sind Beziehungen in Gruppen, Paaren und Familien, Untersuchungen zum Prozess und Ergebnis psychoanalytischer und gruppentherapeutischer Behandlungen, Beratung und Supervision; er arbeitet auf der Sigmund-Freud-Stiftungsprofessur für psychoanalytisch orientierte Entwicklungspsychologie an der FH Potsdam.
Staats, H. (2004). Das zentrale Thema der Stunde. Die Bestimmung von Beziehungserwartungen und Übertragungsmustern in Einzel- und Gruppentherapien. Göttingen: Vandenhoeck & Ruprecht.
Kreische, R., Reich, G. & Staats, H. (Hrsg.). (2004). Innere Welt und Beziehungsgestaltung. Göttingen: Vandenhoeck & Ruprecht.

Franziska Stärk, lic. phil., geb. 1970. Studium der Psychologie an der Universität Zürich, Abteilung für Klinische Psychologie, Psychotherapie und Psychoanalyse. Fach- und Interessensgebiete: Jugendarbeit, Erzählforschung, Fotografie. Tätigkeit/Institution: Offene Jugendarbeit Stadt Zürich.

Timo Storck, Dipl.-Psych., geb. 1980. Derzeit Promotion mit einer Arbeit zur Epistemologie der Psychoanalyse im Rekurs auf eine Untersuchung künstlerischer Arbeitsprozesse. Mitarbeiter am Institut für Soziale Therapie, Supervision und Organisationsberatung, Universität Kassel. Sportpsychologe im Bremer Badminton Verband. In Ausbildung zum psychologischen Psychotherapeuten und Psychoanalytiker (DPV) am Alexander-Mitscherlich-Institut Kassel. Derzeit tätig im Ludwig-Noll-Krankenhaus – Klinik für Psychiatrie und Psychotherapie, Kassel. Arbeitsschwerpunkte: Psychoanalytische Konzeptforschung, Epistemologie und Methodologie. Psychoanalytische Theorie künstlerisch-ästhetischer Erfahrung.
Storck, T. (2006). Über die Notwendigkeit künstlerischer Wiederholung. Perspektiven eines revidierten Sublimierungskonzepts. Psychoanalyse – Texte zur Sozialforschung, 19, 151-174.
Storck, T. (2007). „...to calm and subdue my fancy for a more sober and more certain gaze" – Neid und Identifizierung als zentrale Momente in der ästhetischen Erfahrung. In P. Soldt (Hrsg.), Ästhetische Erfahrungen. Neue Wege zur Psychoanalyse künstlerischer Prozesse (S. 311-346). Gießen: Psychosozial.
Soldt, P. & Storck, T. (2008). „Je mehr ich das Bild beobachte, desto mehr fühle ich mich davon beobachtet" – Elemente eines psychoanalytischen Modells ästhetischer Erfahrung. Zeitschrift für Ästhetik und Allgemeine Kunstwissenschaft, 53 (2), S. 191-218.

Psychoanalyse – Texte zur Sozialforschung
*Indexed in **PsychInfo, Psyndex, Infoconnex** (full text)*

HERAUSGEBER:
: Oliver Decker

REDAKTION:
: Tanja Göttken, Katharina Rothe, Stefan Schröder, Merve Winter, Oliver Decker

ANSCHRIFT DER REDAKTION:
: Universität Leipzig, Abteilung für Medizinische Psychologie
und Medizinische Soziologie, Philipp-Rosenthal-Straße 55, 04103 Leipzig
Tel.: 0341/97-18802, Fax: 0341/97-18809
E-mail: deco@medizin.uni-leipzig.de

BEIRAT:
: Ada Borkenhagen, Berlin
Elmar Brähler, Leipzig
Christina von Braun, Berlin
Hans-Joachim Busch, Frankfurt
Helmut Dahmer, Darmstadt
Günter Gödde, Berlin
Bernard Görlich, Wiesbaden
Sebastian Hartmann, Saarbrücken
Rolf Haubl, Augsburg
Wolfgang Hegener, Berlin
Eva Jaeggi, Berlin
Horst Kächele, Ulm
Ulrich Kobbé, Lippstadt
Joachim Küchenhoff, Basel
Hans-Martin Lohmann, Heidelberg
Wolfgang Mertens, München
Emilio Modena, Zürich
Heidi Möller, Berlin
Roberto P. Neuburger, Buenos Aires
Bernd Nitzschke, Düsseldorf
Christa Rohde-Dachser, Frankfurt/M.
Jochen Schade, Leipzig
Irmingard Staeuble, Berlin
Gunzelin Schmid-Noerr, Frankfurt
Rolf-Peter Warsitz, Kassel
Siegfried Zepf, Saarbrücken

VERLAG UND VERTRIEB:
: PABST SCIENCE PUBLISHERS
Eichengrund 28, D-49525 Lengerich
Tel.: 0049/5484/308, Fax: 0049/5484/550,
Internet: http://www.psychologie-aktuell.com, http://www.pabst-publishers.de
E-Mail: pabst.publishers@t-online.de